청소년활동론

최정경 · 이연수 지음

박철웅 감수

창지사

머리말

청소년활동론은 청소년활동의 이론적 기반과 실천적 접근을 체계적으로 정리한 자료입니다. 청소년지도자, 교사, 그리고 청소년과 함께 일하는 모든 분들에게 유익한 길잡이가 될 수 있도록, 이론과 현장의 목소리를 균형 있게 담아내기 위해 노력했습니다. 또한, 청소년활동의 다양성과 중요성을 강조하며, 시대적 요구에 부합하는 최신 사례와 자료를 포함하려 했습니다.

이 책을 집필하며 가장 중요하게 생각한 점은 청소년을 단순히 지도하거나 보호해야 할 대상으로 보지 않고, 스스로 자신의 삶을 주도할 수 있는 능동적 존재로 인식하는 관점을 담는 것이었습니다. 청소년활동의 본질은 그들의 잠재력을 이끌어내고, 건강한 사회 구성원으로 성장할 수 있도록 돕는 데 있습니다.

책을 통해 다룬 내용이 독자 여러분의 일과 학문적 여정에 실질적인 도움이 되기를 바랍니다. 더불어 청소년들이 더 넓은 세상에서 스스로의 꿈을 실현할 수 있는 발판이 되기를 소망합니다. 이 책의 감수를 맡아주신 박철웅 교수님과 도움을 주신 동료 교수들, 현장 전문가들, 그리고 무엇보다 청소년활동을 통해 변화의 가능성을 보여준 수많은 청소년들에게 진심으로 감사의 마음을 전합니다.

사실 이 책은 꼬마 철학자인 古 최정경 박사의 유작이 되었습니다. 주도적으로 책을 집필한 친구가 안타깝게도 먼 길을 떠났기 때문입니다. 마음이 너무 아려옵니다. 이 책을 하늘의 별이 된 최정경 박사에게 바칩니다.

감사합니다.

2025년 1월
연구실에서
이연수

추천서

이 책의 공동 저자인 최정경 교수는 동료 교수이자 나의 제자이다. 얼마 전 세상을 떠났으니 이 책은 최 교수의 유작이다. 책의 집필에 혼신을 바치는 열정을 다하였는데 아마 하늘의 깊은 뜻이 있었던 것 같다. 기존 청소년활동론 서적의 한계를 극복하려는 고민에서 집필을 시작한 만큼 이 책은 새롭고 다양한 특장점들이 있다. 아래의 용도로 이 책의 특장점들을 활용하면 최고의 결실을 맺으리라 확신한다.

첫 번째로, 청소년활동을 쉽고 바르게 이해하고자 하는 사람들에게는 탁월한 안내서이다. 제1부에서 전개되는 청소년활동의 태동배경에서부터 청소년활동 영역까지의 내용은 청소년활동 최고의 지침서로서 손색이 없다. 이러한 이유에서 특별히 청소년활동을 처음 접하는 청소년학 전공 신입생들의 교재로 추천한다.

두 번째로, 청소년지도자 국가자격시험을 준비하는 수험생들에게 강력히 추천한다. 청소년지도사자격시험과 관련된 핵심과목은 청소년활동론과 청소년육성제도론이다. 특별히 이 책의 제2부와 제3부는 청소년활동론과 청소년육성제도론을 융합한 방식으로 기술되어 있는데 청소년지도사자격시험에서 요구하는 핵심내용을 대부분 담고 있다고 감히 평가한다.

세 번째로, 청소년기관운영자들과 청소년활동사업 기획담당자의 필독서로 추천한다. 이 책의 대표적 특장점은 청소년활동을 사회시스템적 관점에서 접근한 것이다. 청소년활동을 둘러싼 복합적 연계망이 책 저변에 깔려있다. 특별히 제3부와 제4부에서 다루고 있는 청소년활동의 대표정책과 다양한 영역분류는 청소년활동의 활성화를 위한 네트워크의 대상과 방식에 대한 영감을 충만히 제공해 준다.

기존 청소년활동론의 한계를 극복하기 위해 집필된 본 저서는 청소년활동의 활성화뿐 아니라 대한민국 청소년의 행복과 발전에 크게 기여할 것을 믿어 의심치 않는다.

끝으로 여러 난관에도 불구하고 고인이 된 젊은 학자의 유고를 소중하게 여겨 출판을 결정한 도서출판 창지사에 깊은 감사와 존경을 표한다.

감수자 박철웅

차 례

4부 : 청소년활동의 실제

제1부

청소년활동의 이해

1부에 앞서

1부에서는 1장 청소년활동의 개념과 필요성, 2장 청소년활동의 발달 과정, 3장 청소년활동 이론, 4장 청소년활동의 특성과 영역에 관해 학습한다.

1장에서는 청소년활동 개념에 관해 알아본다. 한국에서 청소년활동 개념은 청소년 관련 법 제정과 시행, 청소년정책 기본 계획에 의한 여러 가지 청소년정책의 태동, 청소년단체나 시설의 등장으로 필요 때문에 청소년활동의 개념이 형성되었다. 세부적인 1장의 학습 내용은 우선, 다양하게 논의되는 청소년활동의 개념을 청소년활동의 사전적 개념, 청소년활동의 법적 개념, 학교 교육과정으로서 청소년활동(창의적 체험활동) 개념, 청소년사업으로서 청소년활동 개념, 연구자의 일반적인 청소년활동 개념 중심으로 살펴본다. 또한, 1장에서 설명하는 청소년활동의 필요성은 학교 교육의 한계와 청소년활동의 필요성, 시대변화와 청소년활동의 필요성으로 구분해서 정리한다.

2장 청소년활동의 역사와 등장 배경은 한국과 서양을 구분하여 제시한다. 먼저, 한국의 청소년활동 발달 과정은 근대 이전은 관학과 사학으로 분류되는 교육기관을 토대로 설명하고 근대 이후에는 청소년단체활동을 통해 알아본다. 서양은 산업혁명에 따른 시대적 상황 변화 속에서 일어났던 사회운동으로서의 청소년단체활동을 중심으로 정리한다. 2장의 청소년정책 변화와 청소년활동에서는 청소년정책, 청소년 관련 법 제정과 청소년활동의 관계를 알아본다.

3장 청소년활동 이론에서는 청소년활동 지도 현장에서 청소년지도자에게 청소년활동 프로그램 개발 패러다임을 제공해 주며, 더불어 청소년활동 프로그램 운영의 기초적 원리를 제공하는 경험학습 이론과 구성주의 이론을 다룬다. 경험학습이론은 청소년들이 오감을 통한 경험을 하므로 새로운 사실과 지식 등을 습득한다. 청소년들은 직접 경험하는 일차적 경험과 반성적 사고 과정이라 할 수 있는 이차적 경험을 통하여 온전한 경험을 하게 된다. 구성주의 이론은 지식 · 진리를 받아들이는 과정에서 청소년의 주관적인 해석과 판단을 통하여 지식을 새롭게 재구성한다는 객관주의에 반하는 상대주의적 인식론이다.

4장에서는 청소년활동의 특성과 영역에 관해서 설명한다. 청소년활동의 특성은 분명한 방향성을 가지고 있는 목적적인 활동이며 청소년의 자발적인 참여와 자유분방한 분위기에서 이루어지는 자율적인 활동이다. 또한, 청소년활동은 체계적이고 조직적인 집단적인 활동이며, 무엇보다 중요한 특성인 활동에 참여하는 청소년이 직접적인 체험으로 이루어지는 체험적인 활동과 도전심과 모험심을 배양하게 하는 모험적인 활동으로 특성을 요약한다. 이러한 청소년활동의 특성에 관해 4장에서는 자세히 설명한다. 그리고 청소년활동의 영역은 법률에서의 청소년활동 영역, 청소년활동 사업 내용 중심 영역 분류, 창의적 체험활동의 영역 분류로 구분하여 살펴본다.

제1장
청소년활동의 개념과 필요성

1. 청소년활동의 개념

사회과학에서 개념을 설명할 때, 현상 · 사건 · 상황 등이 나타나기 전에 이론적 · 학문적으로 정의할 수 있고, 다른 측면은 현상 · 사건 · 상황이나 법과 제도 등이 나타난 과정이나 후에 실제적인 개인행동과 사회현상 등을 설명하는 것에 초점을 맞추어 정의할 수도 있다. 한국 사회에서 청소년활동에 관한 개념은 후자 측면에서 청소년활동과 관련하여 법과 정책, 제도 등이 마련되는 과정이나, 시행된 후에 개념 정리되었다고 볼 수 있다.

「청소년기본법」과 「청소년활동 진흥법」 등과 같은 청소년 관련법 제정과 시행, 그리고 청소년정책 기본계획에 의한 다양한 청소년정책의 태동, 청소년단체나 시설의 등장으로 필요에 의해서 청소년활동 개념이 형성되어 제시되었다. 청소년 관련 법에서 법적인 청소년활동 개념을, 청소년정책을 추진하는 주체에서는 정책적 청소년활동 개념을, 청소년활동 지도 현장에서는 실무적인 입장에서의 청소년활동 개념이 나타났다. 더불어 청소년 관련 연구기관이나 청소년 관련학과에 종사하는 연구자들도 이론과 실제를 접목한 일반적인 청소년활동 개념을 조작적으로 제시하였다.

이러한 여러 가지 차원에서 청소년활동 개념 이해를 위한 시도를 종합하여, 김진호 · 권일남 · 이광호 · 최창욱(2022: 6~7)은 '법적 개념으로서의 청소년활동', '학교 교육과정으로서 청소년활동(창의적 체험활동)', '청소년사업으로서 청소년활동', '청소년활동의 일반적 개념' 네 가지 차원으로 청소년활동의 개념을 정리하였다.

따라서 여기에서는 청소년활동에 관한 사전적 개념을 포함하여, 다섯 가지 차원의 개념 중심으로 청소년활동 개념에 관해 기술한다.

1) 청소년활동의 사전적 개념

청소년활동(Youth Activity)은 '청소년'과 '활동'의 합성어이다. 『표준국어대사전』에서 청소년은 "청년과 소년을 아울러 이르는 말로서 「청소년기본법」에 따른 9세 이상 24세 이하인 사람"을 말하고, 활동은 "몸을 움직여 행동하는 것"을 의미한다. '청소년'이라는 용어에 '활동'의 사전적 정의를 포함하여 청소년활동에 관해 정리하면 청소년활동은 "청소년이 몸을 움직여 행동함"이라고 할 수 있다.

청소년이 몸을 움직여서 행동하는 것은 관점에 따라서 상당히 넓거나, 좁게 해석할 수 있다. 일상생활에서 사소하게 이루어지는 산책이나 간단한 육체적 노동에서부터 어떤 목적을 가지고 이루어지는 집단활동까지 넓은 범위를 포함하고 있다. 일반적으로 청소년활동을 이해할 때 광의적 차원에서 이루어지는 야외체험활동이나 스포츠활동 등 집단활동으로서 청소년활동을 떠올린다. 이렇게 떠올리는 이유는 사소하게 몸을 움직여 행동하는 활동보다 조직적인 집단활동 안에서 몸을 움직여서 행동하는 것을 청소년활동으로 여기는 경향성이 높기 때문이다. 청소년이 몸을 움직여 행동한다는 것은 청소년활동이 가지고 있는 본질적 특성을 적절하게 설명하고 있다고 본다. 왜냐하면, 청소년활동이 감각기관을 통한 직접적 체험을 중요시하는데, 직접적 체험이라고 함은 몸을 통하여 움직이기 때문이다. 이같이 사전적으로 정의된 청소년활동 개념은 청소년활동의 기초적 개념을 형성하고 이해하는 데 도움을 준다.

2) 청소년활동의 법적 개념

청소년활동에 관한 법적 개념이 등장한 것은 1991년에 수립된 한국청소년기본계획(1992~2001)을 시행하기 위하여 제정된 「청소년기본법」이다. 「청소년기본법」도 한국청소년기본계획이 마련된 같은 해인 1991년에 제정되어 공포되었다. 당시

「청소년기본법」에서는 청소년활동에 대하여 별도의 용어 정의가 없었으며, 청소년활동 영역을 고유활동, 임의활동, 수련활동으로 구분하여 제시하였다.

청소년활동 영역은 학업 · 근로 · 복무활동영역을 고유활동영역으로, 가정을 중심으로 이루어지는 자유활동영역을 임의활동영역으로, 생활권이나 자연권의 활동장에서 이루어지는 체험활동영역을 수련활동영역으로 구분하였다(한국청소년개발원 편, 2003: 40). 이 같은 세 가지 영역에서 수련활동영역을 청소년정책의 주요한 영역으로 간주하여 체계적인 지원이 이루어졌다. 이때의 청소년수련활동 정의를 「청소년기본법」 제3조를 살펴보면 “청소년수련활동이라함은 청소년이 생활권 또는 자연권에서 심신단련 · 자질배양 · 취미개발 · 정서함양과 사회봉사로써 배움을 실천하는 체험활동을 말한다.”라고 되어있다. 이는 청소년수련활동의 여러 가지 특성 가운데 체험활동을 부각한 것으로 볼 수 있다.

이후 2004년에 「청소년기본법」이 개정되고 「청소년활동 진흥법」이 제정되면서 ‘청소년수련활동’은 ‘청소년활동’이라는 포괄적이고 확장된 법적 개념으로 대체되었다. 개정된 「청소년기본법」 제3조에서 “청소년활동이란 청소년의 균형 있는 성장을 위하여 필요한 활동과 이러한 활동을 소재로 하는 수련활동 · 교류활동 · 문화활동 등 다양한 형태의 활동”이라고 정의하고 있다. 새롭게 제정된 「청소년활동 진흥법」에서 ‘청소년수련활동’이란 청소년이 청소년활동에 자발적으로 참여하여 청소년 시기에 필요한 기량과 품성을 함양하는 교육적 활동으로서 청소년지도자와 함께 청소년수련거리에 참여하여 배움을 실천하는 체험활동을 나타내며 ‘청소년교류활동’이란 청소년이 지역 간, 남북 간, 국가 간의 다양한 교류를 통하여 공동체 의식 등을 함양하는 체험활동, ‘청소년문화활동’이란 청소년이 예술활동, 스포츠활동, 동아리활동, 봉사활동 등을 통하여 문화적 감성과 더불어 살아가는 능력을 함양하는 체험활동이라고 정의한다.

이와 같은 청소년활동의 법적 개념은 한국 사회 청소년활동이 정책적인 필요성에 의해서 법적 기반을 마련하고자 하여 탄생한 개념이라고 이해할 수 있다. 또한, 법의 태동은 청소년 현장에서 실무적으로 청소년활동 개념을 등장시키는 계기가 되었다.

3) 학교 교육과정으로서 청소년활동(창의적 체험활동) 개념

「청소년기본법」과 「청소년활동 진흥법」 등에서 의미하는 청소년활동에 관한 개념이 학교 밖에서 이루어지는 다양한 청소년활동에 관한 것이라면, 학교 교육과정으로서 청소년활동 개념은 학교 내에서 이루어지는 청소년활동에 관한 개념을 말한다. 많은 청소년이 학교에 재학하고 있는 관계로 학교 교육과정으로서 청소년활동 개념 이해는 꼭 필요하다. 학교 교육과정은 교과과목과 비교과목으로 크게 구분하는데, 비교과목인 '창의적 체험활동'이 청소년활동이라 볼 수 있다.

창의적 체험활동은 교과와의 상호 보완적인 관계 속에서 학생의 전인적인 성장을 위하여 학교가 자율적으로 설계 · 운영할 수 있는 경험과 실천 중심의 교육과정 영역이다. 창의적 체험활동은 초 · 중등학교 학생들이 본인의 삶과 연계된 다양한 활동에 참여함으로써 개인의 소질과 잠재력을 계발할 뿐만 아니라 창의성과 포용성을 지닌 민주 시민으로서 삶의 태도를 기르는 것을 목표로 제시하고 있다. 이러한 목표를 달성하기 위하여 창의적 체험활동은 자율 · 자치활동, 동아리활동, 진로활동의 세 영역으로 구성한다. 자율 · 자치활동 영역은 자율활동과 자치활동으로 구성하며, 동아리활동 영역은 학술 · 문화 및 여가활동과 봉사활동으로, 진로활동 영역은 진로탐색활동과 진로설계 및 실천 활동으로 구성한다(교육부, 2022: 5).

4) 청소년사업으로서 청소년활동 개념

청소년사업으로서 청소년활동 개념은 영국 등 유럽 지역을 중심으로 발전해 온 청소년사업(youth work)으로서 청소년활동 개념의 이해이다. 이 차원에서 청소년활동 개념은 포괄적이고 적극적인 청소년활동의 특성을 가정하여, 영국 등 유럽 지역의 'Youth Work'를, 말 그대로 '청소년사업'보다는 '청소년활동'으로 번역하여 사용하는 것이 타당하다는 입장을 취한다(김진호 · 권일남 · 이광호 · 최창욱, 2022: 7). 한국에서 청소년사업은 청소년활동을 포괄하는 개념으로 흔하게 사용하는 용어는 아니다. 여성가족부에서 발행하는 '청소년사업안내' 책자에서 '청소년사업'이라는 용어를 사용하고 있다. 『2024년 청소년사업 안내서』에서 청소년사업을 청소년 참여 증진 및 우대사업, 청소년활동 및 안전사업, 청소년 복지사업, 청소년 보호사업 등으로 구분하여 제시하고 있다. 이를 통하여 청소년활동은 청소년사업의 하나로 간주하고 있음을 알 수 있다.

5) 연구자의 일반적인 청소년활동 개념

청소년정책 · 제도와 법에 근거한 청소년활동 개념은 청소년의 발달 특성과 청소년이 처한 맥락을 파악하여 합리적인 이론을 근거하지 않고 있다는 비판적 시각이 있다. 이러한 시각에서 현장 지도 경험을 가진 연구자들이나 청소년 관련 학과 연구자들의 일반적인 청소년활동 개념에 주목할 필요가 있다. 연구자 관점에서 청소년활동에 관한 개념을 제시한, 『청소년학 용어 사전』에서 청소년활동이 청소년에 의해 이루어지는 제반 활동, 청소년의 자발적인 참여, 실생활에서 청소년이 가지는 체험 등의 요소를 포함하고 있다고 여기며, 청소년활동의 개념을 "실생활에서 청소년의 자발적인 참여를 통해 이루어지는 제반 체험중심활동"으로 정의하고 있다(한국청소년개발원 편, 2004: 373).

연구자들의 청소년활동 개념 정의는 다양하게 제시되고 있다. 한국청소년정책연구원(2007: 156)은 청소년활동을 "청소년지도자나 성인의 조력이 있건 없건 간에, 청소년들이 청소년기에 직면하는 발달적 욕구를 충족시키기 위해 행하는 일련의 행동이나 작용"으로 설명하고 있다. 이 개념에서는 청소년활동의 목적을 강조하는데, 청소년활동 목적이 청소년의 욕구 충족에 있음을 알 수 있다.

진은설 · 임영식(2009: 212)은 청소년활동이란 "청소년의 균형 있는 성장을 위하여 필요한 다양한 활동으로, 청소년이 자발적으로 참여하여 청소년지도자의 지도를 받는 체험활동"이라고 하며, 권일남 · 오해섭 · 이교봉(2016: 29)은 청소년활동은 "청소년기에 이루어질 수 있는 모든 체험적 활동을 의미하며 법적인 활동을 포함하여 비자발적인 활동뿐만 아니라 자발적인 활동까지도 포함하는 것"이라고 말한다. 이러한 개념적 접근에서는 청소년활동의 여러 가지 특성 가운데, 중요하게 여기는 특성인 자발성과 체험성을 강조하고 있음을 알 수 있다.

김도영(2016: 15)은 청소년활동이란 "청소년들이 일상생활에서 자발적으로 참여하여 사회 구성원으로서 필요한 역량을 키우는 데 도움이 되는 체험활동으로 청소년들이 균형 있는 성장을 위해 청소년과 청소년지도자가 함께하는 활동"이라 하였고, 이남 · 김용탁 · 김종국(2023: 18)은 청소년활동이란 "청소년의 균형 있는 성장을 목적으로 청소년지도자의 지도하에 자발적으로 참여하는 체계적인 체험 중심의 활동"이라고 정의하였다. 이같은 개념은 앞서서 여러 개념에서 기술한 바와 같이 청소년활동의 특성인 자발성, 체험성, 목적성을 포함하여 청소년지도자와 함께하는 활동으로 개념 짓고 있다.

이상의 내용을 종합적으로 정리하여 저자는 다음과 같이 청소년활동의 개념을 제시한다. 청소년활동은 "청소년의 바람직한 성장과 발달을 위하여 활동시설에서 다양한 활동프로그램을 지도자와 함께 자발적으로 이루어 가는 체험 · 경험 중심의 활동"이라고 정의한다. 이 정의는 청소년활동의 특성과 청소년활동의 구성요소를 고려한 것이다. 청소년활동의 특성을 통상적으로 목적적인 활동, 자율적인 활동, 조직적인 활동, 체험적인 활동, 모험적인 활동 등으로 본다. 따라서 "청소년의 바람직한 성장과 발달"이라는 목적을 제시하였고 "자발적으로 이루어지는 체험 · 경험 중심의 활동"이라는 표현에서는 자율적인(자발적인) 특성과 체험적인 특성을 확인할 수 있다. 청소년활동이 조직적인 활동인 것은 청소년활동 구성요소를 통해 알 수 있다. 청소년활동의 핵심 구성요소는 ㉠ 청소년, ㉡ 활동프로그램, ㉢ 활동시설, ㉣ 지도자, 4가지 요소로 나타낼 수 있다. 이러한 청소년활동 4가지 구성요소 역시 저자가 제시한 청소년활동의 개념에서 확인할 수 있다. 따라서 네 가지 구성요소 안에서 청소년활동이 시행되므로 주먹구구식이 아닌, 체계적이고 조직적으로 청소년활동이 이루어지는 것을 알 수 있다. 이는 청소년활동이 매우 구조화된 활동임을 의미한다.

> 청소년활동이란 ㉠ **청소년**의 바람직한 성장과 발달을 위하여 ㉡ **활동시설**에서 다양한 ㉢ **활동프로그램**을 ㉣ **지도자**와 함께 자발적으로 이루어 가는 체험 · 경험 중심의 청소년활동이다.

2. 청소년활동의 필요성

청소년활동을 생활 속에서 단순하게 이루어지는 여가활동이나 일상 활동 관점을 벗어나서, 조직적 · 체계적인 수단과 방법을 동원하여 청소년에게 전인적인 성장이라는 목적을 가진 활동이라고 했을 때, 청소년활동에 대한 필요성의 무게는 더욱 커진다. 실제로 청소년활동은 분명한 교육적 목적을 성취하기 위한 활동으로 엄연한 필요성이 존재한다. 여러 가지 측면에서 청소년활동의 필요성을 제시할 수 있으나, 저자는 청소년활동의 필요성을 두 가지 측면으로 제시하고자 한다. 먼저, 학교 교육의 한계와 청소년활동의 필요성이다. 엄청난 교육환경과 학습자의 태도 변화에도 불구하고 학교는 태생적으로 가지고 있는 한계점으로 인하여 여러 가지 문제점이 나타나고 있다. 이러한 문제점을 보완하는 차원에서 청소년활동의 필요성을 제시한다. 다음은 급격한 시대변화에 따른 청소년활동의 필요성에 관해서도 살펴본다.

1) 학교 교육의 한계와 청소년활동의 필요성

청소년들은 학교 교육을 통하여 지덕체(智德體)의 균형 있는 성장과 발달이 필요하나, 학교 교육이 가지고 있는 태생적 · 구조적 한계점으로 인하여 청소년들은 전인적인 성장을 저해 받고 있다. 그러므로 학교 교육의 한계를 보완하는 차원에서 청소년활동이 절실히 필요하다. 학교 교육 비관론자들은 교육 공간의 폐쇄, 교육 시기의 폐쇄, 교육 내용의 폐쇄, 교육 방법의 폐쇄를 학교 교육의 한계점으로 지적하고 있다(차갑부, 2014: 17~22). 학교 교육 4가지 폐쇄성을 살펴보도록 한다.

첫째, 교육 공간의 폐쇄는 학교라는 배움의 장소가 정해진 공간으로 제한되어 있다는 의미이다. 대부분 학생은 학교에 가지 않고서는 교육을 받을 수가 없다. 물론 학교 이외의 공간에서 대안 교육을 받은 학생들도 있지만, 일부 학생들을 제외하고 대부분 학생은 학교라는 일정한 공간에서 교육에 참여한다. 이러한 공간적 제약은 청소년들에게 배움의 다양성을 저해하는 요인이 된다.

둘째, 교육 시기의 폐쇄는 일정한 시기, 즉 학령기에 중점적으로 교육이 이루어지는 것을 나타낸다. 주자는 이렇게 교육 시기와 관련하여 근학문(勤學文)이라는 저서에서 다음과 같이 말하고 있다.

> "사람이 배우는 것이 다 때가 있다. 그때를 놓치게 되면 배우지 못하고 만다. 오늘 배우지 아니하고 내일로 미루고, 올해에 배우지 아니하고 내년으로 미루어서 세월이 하루하루 덧없이 흘러가고 보면 어느덧 늙어 버린다."(차갑부, 2014: 18).

이는 배움의 시기를 오래전부터 중요하게 여겨 왔고, 그러한 인습이 아직도 이어지고 있음을 알 수 있다. 학교 교육이 시간과 공간을 한정하는 이유는 일상생활에서 우발적으로 지식을 습득하는 것보다, 공교육제도로 만들어진 학교 안에서 체계적으로 배우는 것이 매우 유용하기 때문이다(차갑부, 2014: 17~18). 이런 교육 시기의 제약은 교육 공간의 한계와 마찬가지로 청소년들이 "요람에서 무덤까지" 학습에 참여하는 교육 기회의 다양성을 줄인다.

셋째, 교육 내용의 폐쇄가 학교 교육의 한계점으로 드러나는 이유를 영국의 철학자 길버트 라일(Gillbert Ryle)이 제시한 지식에 관한 명제지와 경험지를 통하여 알아본다. 길버트 라일은 명제지는 "가을이 되면 잎이 떨어진다.", "이순신 장군은 명량해전에서 승리했다." 등 머리로 이해하고 말로 설명할 수 있는 배움의 방식이며, 방법지는 자전거 타기, 수영하기 등 '몸으로 익히는' 배움의 방식을 말한다. 학교 교육은 방법지보다는 명제지에 집중하여 교육이 이루어지고 학교 공간과 교육 시기의 한정으로 인하여 학생들은 방법지 습득에 한계를 부단히 느끼게 된다(차갑부, 2014: 20~21).

넷째, 주입식 교육과 암기 위주의 교육 방법 폐쇄도 학생들의 창의적이고 주체적인 인간으로 성장을 방해하는 요인으로 작동하여 학교 교육의 한계로 드러나고 있다. 교사가 제공하는 지식을 일방적으로 받아들이는 교수학습 체계는 학생들의 자기주도성을 개발을 저해하는 요인으로 작용하고 있다.

이와 같은 교육 공간의 폐쇄, 교육 시기의 폐쇄, 교육 내용의 폐쇄, 교육 방법의 폐쇄로 인하여 지덕체를 겸비한 온전한 인간으로서 성장하는 데 어려움을 겪고 있는 청소년들에게 학교 교육을 보완하는 측면에서 청소년활동이 필요할 것이다. 청소년활동은 4가지 학교의 폐쇄적 요인들을 적절하게 보완할 수 있는 특성이 있다. 청소년활동은 학교 안팎의 다양한 공간에 활동할 수 있고, 시간적으로도 큰 제약이 없으며, 활동 내용과 방법에서도 일반적인 지식이나 원리보다는 일상생활에 필요하고 적용이 가능한 살아 있는 실천 지식 습득을 강조하므로 학교 교육의 보완 제도로서 청소년활동이 지극히 필요하다.

2) 시대변화와 청소년활동의 필요성

인류 역사를 살펴보면 끊임없이 발전하고 변화하는 과정이다. 채집 경제에서 생산 경제로 대전환이 이루어진 농업혁명, 과학기술 발달에 기반하여 18세기에 시작한 1차 산업혁명부터, 오늘날의 4차 산업혁명에 이르기까지 거대한 변천사를 가지고 있다. 이와 같은 시대변화는 인간 생활양식, 제도, 규범 등의 변화, 즉 문화의 변동이라고 할 수 있다. 끊임없이 새롭게 변화하는 문화 세상에 사는 청소년들은 능동적인 삶의 태도 및 기술이 중요하다. 특히, 4차 산업혁명 시대라 일컫는 대변동의 시대를 사는 청소년들은 한층 더 그렇다. 이럴수록 체계적인 청소년활동을 통하여 시대변화에 적응하고 주체적인 삶을 청소년들이 살아가게 해야 한다. 이런 삶의 주체자로서 청소년들에게 주어진 시대변화의 상황과 청소년활동의 필요성의 관계를 다음과 같이 제시한다.

첫째, 국제화로 인하여 국가, 민간 차원의 교류 협력 강화되면서 청소년활동 필요성이 높아지고 있다. 인류는 유사 이래로 국가 체제를 형성하고 인접 국가를 비롯하여 멀리 있는 국가까지도 포함하여 국가 간의 교류가 활발하게 진행하였다. 국제화는 과학기술의 진보에 의한 수송 기술 발달로 인하여 더욱 활발해졌다. 수송 기술 발달의 대표적인 결과물이 증기선이다. 증기선의 발달은 이전의 대항해시대의 범선과는 다르게, 산업화시대에서 빠르게 국제화 · 세계화 · 지구촌

화를 가능하게 하는 수단이 되었다. 더욱 진일보한 과학기술은 정보통신기술혁명을 가져왔으며, 그 결과로 국가 간의 교류는 수단과 방법, 속도, 내용에 있어서 혁신적인 변화가 이루어졌다.

새로운 국제화 시대에서 국가 간 교류의 핵심적인 내용은 경제교류와 문화교류이다. 경제교류를 제외한 다양한 문화교류 가운데, 청소년활동과 관련하여서는 청소년 교류활동을 제시할 수 있다. 청소년 교류활동은 성장하고 있는 청소년에게 국제적 감각 형성, 세계시민의식 제고, 글로벌 역량 강화 등을 갖게 하는 중요한 활동이다. 더불어서 컴퓨터와 인터넷, 스마트폰 기술의 발달과 그에 따른 뉴미디어의 활용에 익숙한 청소년들은 쉽게 사이버공간에서 교류활동을 할 수 있다. 따라서 대면활동이나 비대면활동, 대면활동과 비대면활동을 혼합한 활동 등과 같은 방식으로 청소년 교류 활동에 많은 청소년이 적극 참여할 수 있도록 권장하고 지원해야 한다.

둘째, 인터넷과 디지털기기 발달로 인하여 사이버공간에서의 청소년활동이 대폭 증가하여 청소년들의 직접적인 체험 기회가 감소하고 있다. 따라서 가상세계에서 이루어지는 간접 체험보다는 오감으로 부딪히는 현실세계에서 접하는 직접 체험이 더욱 요구됨으로써 청소년활동이 절실히 필요한 실정이다. 예전에 청소년들이 즐기는 비대면 체험활동이라고 하면 일방적으로 주어지는 TV 또는 라디오에 기초한 영상 및 음악 감상 정도가 비대면 체험활동의 전부였다고 해도 과언이 아니다. 그러나 디지털혁명 · 정보통신혁명 등으로 불리는 오늘날의 시대 상황에서 인터넷만 이용할 수 있으면 24시간 언제, 어디서든 게임을 비롯한 상호작용이 가능한 SNS, 영상물 시청, 음악 감상 등의 비대면 활동을 할 수 있다.

하드웨어와 소프트웨어 측면에서 인프라 형성이 잘되어 있어서 청소년들이 비대면 체험활동을 쉽게 하는 이유도 있지만, 한편으로는 입시 위주의 정해진 학습 시간표에 얽매여 있는 청소년들에게는 접근이 쉽고 큰 비용을 들이지 않아도 되기 때문에 여가활동으로서 비대면 체험활동이 증대되고 있다. 이럴수록 청소년들이 하늘을 보며, 바람을 느끼며, 흙을 만지는 등의 오감을 동원하는 직접적인 청소년활동으로서 체험활동이 제공되어야 한다.

셋째, 청소년 생애과정 이행환경과 방식의 변화에 따른 자기 주도적이고 창의적인 삶의 태도를 형성하는데 청소년활동이 긍정적인 영향을 미친다. 〈표 1-1-1〉에서와 같이 과거 청소년 이행 과정과 2000년대 들어온 후의 새로운 청소년 이행 과정은 굉장한 차이가 있다.

〈표 1-1-1〉 청소년 생애과정의 레짐(regime) 변화

과거 청소년 이행	새로운 청소년 이행
길들여진 길(tame zones)	야생 들판 길(wild zones)
제도화된 경로	제도화된 경로 매력 점점 상실
선형적(linear) 이행	비선형적(yo-yos) 이행
표준화(standardize)	탈 표준화
단순, 집합적	복잡, 불확실, 다원화, 기회와 위기 양극화

출처: 이광호(2012), p. 45.

과거 청소년 이행은 정해진 경로를 이용하는 표준화된 선형적 이행이었다. 학령기에 열심히 교육받고, 그다음은 사회적 관계에서 안정된 직업을 찾고, 결혼하여 자녀를 갖는 방식은 점차 끝나고 있다는 것이다. 이제는 과거의 선형적이고 표준화된 이행과 다르게 탈표준화되고 개별화된 이행을 전후좌우로 움직이는 비선형적인 '요요(yo-yos)' 이행으로 변화하고 있다. 길들여진 길이라고 표현하는 과거의 선형적이고 표준화된 이행에서는 예측할 수 있고, 개인의 방향은 비교적 안정적이었지만, 요요 이행은 동시적으로 선택과 위기에 직면하는 야생의 들판 길에 놓이게 되었다(이광호, 2012: 45).

새로운 청소년 이행 과정은 과거의 '공부하고, 직업을 갖고, 결혼하고, 자녀를 출산하고' 하는 삶의 방식에서 벗어나, 아주 복잡하고 다원화된 삶의 방식으로 살아가게 된다. 경로와 형식이 파괴되는 야생 들판 길은 각자도생이라는 현실적 삶의 태도가 청소년들에게 주어지며, 청소년들은 거기에 따른 주체적이고 능동적인 삶의 태도를 형성해야 한다. 누군가가 목적지에 데려다주는 것이 아니기 때문

이다. 각자의 인생 그림을 그리는 데 있어서 도움을 받을 수 있는 것이 청소년활동이다. 한없이 복잡하며 불확실한 새로운 이행 과정을 원만히 지내기 위한 실천 지식과 창의적이며 자기 주도적인 행동 양식을 배우기 위해서는 청소년활동 참여가 매우 필요하다.

넷째, 4차 산업혁명이라는 거대한 문명사적인 시대변화에 따른 청소년들의 욕구가 다양하게 증가하고 있다. 이처럼 다양하게 늘어나고 있는 청소년들의 욕구를 충족시켜 주기 위하여 청소년활동이 필요하다. 정보 습득이 쉽고 세계화한 시대를 사는 지금의 청소년들은 과거의 청소년들보다는 더 많은 여러 가지 지식과 정보, 경험치가 있다. 학습된 지식과 정보, 축적된 경험이 있는 청소년들은 과거 청소년과 비교하면 폭발적 욕구를 지니고 있으므로, 이를 충족하기 위한 수단으로서 청소년활동은 지속해서 권장되어야 한다.

다섯째, 과거의 문제 중심의 청소년을 보는 관점에서 역량 중심의 긍정적 청소년 개발 관점(positive youth development: PYD)의 등장에 따른 청소년활동의 영역확장과 필요성이 증가하고 있다. PYD관점은 청소년발달에 대한 이전의 문제 중심의 결함모델과는 대비된다. 종전에는 청소년들은 결함투성이의 존재이기 때문에 관리 대상으로 받아들여졌지만, PYD관점에 의하면 청소년들이 가지고 있는 무한한 잠재성을 통한 성공적 발전을 강조한다(Cheon, 2008, 천정웅 · 오해섭 · 김정주 · 김민, 2011: 20~21에서 재인용). 청소년 발달에 관한 청소년 개발 관점은 청소년활동 지도에 있어서, 청소년지도자에게 주어지는 청소년활동프로그램 개발의 패러다임을 제공한다. 새롭게 확충된 패러다임을 가지고 청소년지도자는 긍정적 청소년 개발을 위한 프로그램을 확대하고 청소년활동 영역의 다양화를 위한 노력을 해야 한다.

제2장
청소년활동의 발달 과정

1. 청소년활동의 역사와 등장 배경

청소년의 균형 있는 성장과 발달을 위하여 이루어지는 청소년활동에 관한 역사적 등장 배경을 한국과 서양을 구분하여 제시한다. 근대 이전 한국의 청소년활동 역사는 관학과 사학으로 구분되는 교육기관 · 제도 중심으로, 근대 이후에는 청소년단체활동의 역사와 등장 배경을 통해 알아본다. 서양의 청소년활동 역사와 등장 배경은 산업혁명에 따른 사회 변화 속에서 일어났던 사회운동으로서의 청소년단체활동 중심으로 살펴본다. 이같이 한국과 서양의 청소년활동 역사와 등장 배경을 통하여 한국과 서양의 청소년활동 역사적 의미를 객관적으로 해석하고, 그에 따른 청소년활동에 관한 역사적 교훈을 얻고 계승하여, 지금 이루어지고 있는 청소년활동 현장에 반성적으로 적용할 필요가 있다.

1) 한국의 청소년활동 역사

(1) 근대 이전 시기의 청소년활동

한국의 청소년활동에 관한 근대 이전의 역사를 교육기관 · 제도 중심으로 살펴보도록 한다. 왜냐하면, 오늘날의 청소년활동이 학교 교육 보완 차원에서 학교 교육과 구분하여 이루어지고 있지만, 과거에는 청소년활동이 교육과정 안에서 이루어졌기 때문이다. 더구나 근대 이전에는 교육기관 외에서 실시되었던 조직적이고 체계적인 청소년활동 제도나 기관을 찾기 어려운 이유도 있다. 그러면 삼국시대, 고려, 조선시대의 교육기관을 알아보고 청소년활동의 대표적인 교육기관으로서 경당과 화랑도를 살펴본다.

부족 국가 형태를 벗어나서 고대국가의 틀을 갖춘 삼국시대는 유교와 불교가 전래하여 관학과 사학에서 이루어지는 교육이 교육 내용의 중심이 되었다. 함께 한자도 교육활동의 수단으로 상당한 역할을 했을 것이다. 삼국의 대표적인 교육기관으로 고구려에는 관학으로서 고등교육기관인 태학(太學)과 사립 교육기관인 경당(扃堂)이 있었고, 백제에는 기록이 미흡하나 고등교육으로서 박사 제도가 있어서 수준 높은 교육이 시행되었음을 알 수 있다. 신라는 통일신라 이전에 화랑을 우두머리로 한 청소년 수련단체인 화랑도(花郎徒) 교육이 있었고, 통일신라시대에는 국학(國學)이 있었다.

후삼국 시대의 분열 시기를 거쳐 통일국가를 이룬 고려는 유학을 가르치는 국자감(國子監)과 지방에 있었던 향교(鄕校)가 대표적인 관학 교육기관이다. 고려시대 사학으로서 서당은 정확한 기록을 찾아볼 수 없으나, 다만 인종 2년(1124)에 송나라 사신이 저술한『고려도경』에 고려의 학풍에 대한 기록이 있다. 이를 통하여 민간 마을에 서당이 존재했음을 알 수 있다(남궁용권, 2012: 62). 조선시대에는 대표적인 관학으로 성균관(成均館), 사학은 서원(書院)과 서당(書堂)이 운영되었다.

삼국시대, 고려, 조선시대에 설립된 대표적인 교육기관 가운데, 고구려의 경당과 신라의 화랑도 교육을 한국의 청소년활동 원형으로 여기고 좀 더 자세하게 기술한다. 고구려 시대에 있어서 사학의 시초라고 하는 경당에 관해서 중국 고서인『신당서(新唐書)』에 다음과 같은 기록이 전해지고 있다(신득렬 · 이병승 · 우형효 · 김회용, 2011: 133).

> "풍속이 서적을 좋아하며, 누추한 문에 땔나무를 해서 사는 집에 이르기까지 네거리에 커다란 집을 짓고 이를 일컬어 경당이라고 하는데, 자제들이 결혼하기 전까지 밤낮으로 여기서 독서와 활쏘기를 한다."(구당서, 권 199상 열전 149상 동이 고려조)

위의 기록으로는 경당의 설립 시기를 정확히 알 수 없지만, 서민 자제를 대상으로 경서와 활쏘기를 익히는 문무 교육을 한 청소년 교육기관임을 알 수 있다. 또한, 『구당서(舊唐書)』를 보면 교과 내용이 중국 전통적 교육과정의 중심을 이루는 5경과 3사(사기, 한서, 후한서), 삼국지, 진춘추, 자통, 자림, 문선 등 폭넓은 내용이 었다는 것을 알 수 있다(박의수 · 강승규 · 정영수 · 강선보, 1999: 42).

경당의 성격에 관해 다음과 같은 교육사적 해석이 따른다. 첫째, 일찍이 고구려 시대부터 일반 서민 미혼 청소년 자제를 대상으로 한 사립학교가 발생하였다는 것. 둘째, 교과 내용의 범위가 넓고 다양하여 초등에서 중등교육 정도까지를 겸한 민간인 사립학교였다는 것(남궁용권, 2012: 62). 셋째, 서민 자제뿐만 아니라 귀족 자제들도 경당을 이용했을 가능성이 크다는 것. 이러한 해석이 가능한 것은 태학이 수도권에 설치되어 있으므로 태학에 입학이 어려운 지방에 사는 귀족 자제는 경당에 입학했을 것이다. 따라서 경당은 신라의 화랑도 교육과 유사한 교육기관이었음을 확인할 수 있다(신득렬 · 이병승 · 우형효 · 김회용, 2011: 133).

다음은 신라시대 화랑도 교육에 관하여 알아본다. 고구려의 경당과 마찬가지로 문무 교육을 했던 화랑도는 본래 자생적인 청소년운동 집단이었다. 그 시기에 마을마다 곳곳에 용모가 수려하고 타인의 모범이 되며 국가에서 요구하는 인재가 될 만한 청소년이 중심이 되어 운영되었던 수양단체였다(신득렬 · 이병승 · 우형효 · 김회용, 2011: 135). 그러다가 진흥왕 37년인 576년에 체계적인 모습을 갖추고 국가에서 인정하는 단체로 발전되었다.

평상시에는 사회에서 필요한 인재를 양성하는 수양단체였고, 전시에는 용감한 병사로 활동하였던 화랑도 교육의 발단은 지정학적으로 불리했던 신라가 난세의 어려운 상황에서 나라를 구할 수 있는 인재를 양성하고, 국민적 일체 정신을 배양하는 데에 있었다. 이러한 화랑도의 교육 목적을 다음과 같이 정리할 수 있다. 첫째, 유능한 지도자와 선량한 백성을 양성한다. 둘째, 모든 청소년에게 용감한 군인정신과 투철한 애국 사상을 갖도록 한다. 셋째, 모든 신라 백성에게 국토를 애호하는 미풍을 장려하는 데 있다(남궁용권, 2012: 64~65).

화랑도의 교육과정을 살펴보면 지적인 것보다 정의적이고 활동적인 것에 치중했음을 알 수 있다. 무술의 기초가 되는 칼쓰기, 창쓰기, 활쏘기, 말타기, 달리기, 팔매질, 씨름 등을 배웠으며, 정서 도야에 필요한 시, 춤, 음악이 중요한 내용을 이루었다. 또한, 전국의 명산대천을 두루 돌아다니며 심신을 단련하고 청소년에게 필요한 호연지기를 기르는 일을 하였다(박의수 · 강승규 · 정영수 · 강선보, 1999: 47).

고구려의 경당과 신라의 화랑도 교육의 교육 목적과 내용을 보면, 한국을 넘어서 전 세계적으로도 유래를 찾아볼 수 없는 '청소년활동의 전형'이라고 할 수 있다. 하지만 문무를 겸비한 청소년 양성이라는 빛나는 교육 전통은 안타깝게도 지속해서 바르게 계승되지 않았다. 다행히도 근대 이후 새로운 청소년육성제도의 등장과 함께, 경당과 화랑도 교육제도 등과 같은 과거의 교육 전통을 오늘날 청소년활동의 본보기로 삼고자 하는 노력이 지속되고 있다. 따라서 경당과 화랑도가 지녔던 높은 위상을 통하여 우리는 한국인으로서 민족적 긍지와 자부심을 품어도 될 것이다.

(2) 근현대 시기의 청소년활동

제국주의 열강의 시달림 속에 날로 국운이 쇠퇴해 가던 조선 말기에 문호가 개방되면서 재래의 전통적인 유교관에 의해 억눌려 있던 소년들에 대한 인식이 서서히 달라졌다. 일부 선각자들 가운데는 서구식 교육기관을 설립하여 소년들에게 신식 교육을 펴는 등 유능한 인재를 양성하여 기울어져 가는 국운을 바로 잡고자 노력하였다(한국보이스카우트 60년사 편찬위원회, 1984: 40). 이러한 상황의 근현대 시기 한국에서 조직적이고 체계적인 모습의 청소년활동은 청소년단체활동에서 찾아볼 수 있다. 일제강점기에 청소년단체활동은 식민 통치라는 민족적인 수치를 입고 있는 상황에서 등장해 애국심 고취와 자주독립, 계몽활동을 펼쳤다. 대표적인 몇 개의 단체 가운데서 먼저, YMCA를 살펴보고 그다음 흥사단, 보이스카우트 순으로 정리한다.

한국의 YMCA(Young Men's Christian Association)는 미국인 선교사 질레트를 비롯한 여러 선교사와 독립 정신이 고취된 조선 청년 등의 노력으로 1903년 10월에

'황성기독교청년회'라는 이름으로 창립되었다. 창립 직후 독립협회 출신 옥중개종자들의 합류로 YMCA는 명실상부하게 독립협회 정신을 계승한 대중 계몽단체로 급부상하였다. 독립협회의 정신은 YMCA에도 그대로 이어졌으며 YMCA는 나라를 뺏긴 암울한 현실의 대한제국에서 살아가고 있는 대중에 대한 계몽을 국가보존의 방법으로 보고, 근대식 교육사업에 철저히 매진하였다(김희진, 2017: 45).

근대식 교육사업 내용은 1906년도 YMCA 학관의 학제를 통하여 확인할 수 있다. 학제는 산수, 역사, 지리, 외국어 등을 배우는 보통과와 실업교육이 실시되었던 직업과로 구분하였다. 직업과 과목은 염색, 비누와 양초 만들기, 가죽 이기기, 용기에다 그림 그리기, 도자기 굽기, 목공, 철공, 화공, 생리학, 부기, 산수 등이다(김희진, 2017: 28). 또한, YMCA는 다양한 스포츠활동을 통하여 한국 근현대 체육의 발전에 가장 많이 이바지하였다. YMCA는 서양식 경기와 현대체육을 널리 보급하여 청소년들의 건전한 지적 발달과 신체적 발달을 도모한 체육시설 및 레크리에이션 센터였으며, 각종 경기대회를 개최하여 전국적으로 스포츠 보급과 운동기술 향상에 선구자적인 활동을 하였다(문종규, 1999: 63).

흥사단(興士團)은 무실역행의 정신을 함양하여 민족 계몽과 독립의 기초를 준비한다는 목적을 가진 수양단체로 한말 '청년학우회'를 계승하여 1913년 5월 3일 안창호에 의해 미국 샌프란시스코에서 창립되었다(조지숙, 2018: 1). 창립자 안창호는 자신의 신념을 토대로 외세 침략으로 힘들어하는 국민에게 다양한 교육을 통하여 잃어버린 나라의 국권을 회복하고 대중을 계몽시키기 위하여 흥사단을 설립하였다.

흥사단의 교육 내용은 민족대표양성교육, 시민양성교육, 국가부흥교육으로 구분할 수 있다. 해방 전에는 독립을 위한 교육에 헌신했고, 해방 후에는 국가부흥을 위한 인물 양성과 민주 시민을 위한 교육이 시행되었다. 민족 대표 양성 교육 내용을 보면, 흥사단 단원이 되기 위해서는 장시간의 문답식 입단 절차를 원만하게 통과해야 했다. 안창호는 직접 심사위원으로 참여하여 장시간 문답을 통해 예비 단원의 자격과 정신을 평가하였다. 입단 후에도 6개월간 예비 단원의 신분으로 의무를 수행하였고, 다시 입단 문답을 하여 '서약례'를 거쳐 정식 단원으로 인정하였다. 이처럼 엄격한 입단 절차는 단원들의 흥사단에 대한 소속감 증대, 정신무장, 설립목표 등을 위한 목적 달성과 민족 양성을 위한 하나의 교육 형태이다(조성현, 2019: 37).

시민양성교육과 국가부흥교육은 1950년대부터 이후 본격적으로 실시되었다. 시민양성교육은 흥사단의 설립 목표를 부각하며 대외적으로 국가의 발전과 자립성 확보를 위한 발전에 밑거름이 되었고, 내부적으로는 시민참여교육을 통하여 사회교육기관으로 정립하고자 하였다. 1959년 흥사단 서울 지방회 강좌 내용을 보면 경제분야, 수양분야, 철학분야, 역사분야, 정치분야, 불교철학분야, 국제문제분야, 문화사분야, 문학분야, 문화분야, 과학분야 등으로 활발하게 시민양성교육이 이루어졌음을 확인할 수 있다(조성현, 2019: 39~42). 국가부흥교육은 계몽교육과 인재양성 교육을 강조했으며, 대표적인 국가부흥교육으로는 1963년 창립 50주년을 맞아 시작한 '아카데미운동'을 들 수 있다. 지금까지도 이어지고 있는 아카데미 운동은 한국 사회를 이끌 차세대 지도자를 양성하기 위한 것이다.

흥사단 교육이 갖는 현대 시민운동의 교육적 가치에 관해 조의령 · 전일균(2022)은 다음과 같이 제시하였다. 첫째, 시민이 국가의 정치에 참여하고 민주시민으로서 애국애족 정신을 고취할 수 있도록 하였으며, 둘째, 공동체 내에서 서로 협동하며 연대감을 기르고 양성평등을 실천할 수 있도록 하였으며, 셋째, 투철한 역사의식을 갖고 세계화 시대에 시민성 문제를 담론할 수 있는 중요한 주제로 논의되는 것이며, 최종적으로 다문화사회에서 필요로 하는 세계평화의 추구에 그 의의가 있다는 것이다.

다음은 한국의 보이스카우트 활동을 살펴본다. 한국의 보이스카우트 등장 배경을 설명하면 종래의 산발적인 방법으로 실시하던 항일 소년 운동을 보다 체계적인 방법으로 모색하기 위하여 등장하였다. 국제적으로 공인된 보이스카우트 도입을 위한 움직임이 당시의 신문과 잡지에서 통하여 꾸준하게 시도되었다. 이돈화는 『개벽지』(1921년, 12월호)에 기고한 '신조선의 건립과 아동문제'라는 글에서 다음과 같이 시대적 상황과 보이스카우트 필요성에 관해 기술하였다.

"(중략)문명한 각국에 있어서는 소년 단체라는 것이 각종의 형식으로 많이 있는 것은 누구나 다 아는 일입니다. 그러기에 영국에서는 소년의용단(Boy Scout)이라는 대장부적 명패를 가진 단체가 있습니다. 조선과 같이 아직 계몽 시대에 있는 형편으로는 더욱이 소년의 모임이 지극히 필요합니다(중략)."

1907년 영국에서 시작되어 세계 각국으로 전파된 보이스카우트 운동을 받아들일 것을 역설하는 등 사회 일반에서는 보이스카우트 운동에 대해 적극적인 관심을 보였다. 이러한 사회적 배경과 함께 조국의 장래를 도모하며 이 땅의 소년들을 위해 보이스카우트 운동에 관심을 가지고 연구한 선각자들이 있었으니, 이들이 바로 1922년에 조선소년군을 창설한 조철호와 소년척후단을 창설한 정성채이다(한국보이스카우트 60년사 편찬위원회, 1984: 41~43). 조선소년군과 조선소년척후단은 조직의 기반이나 지도 방법 등에서 다소 차이는 있었으나, 스카우트 정신을 근간으로 지(知)·덕(德)·체(體)를 겸비한 훌륭한 시민을 양성하는 전인교육에 목표를 두고 있었다. 보이스카우트는 1937년에는 독립운동을 했다는 구실로 일제에 의해 강제 해산을 당했으며 1945년 광복을 맞아 스카우트운동을 재건하려는 지도자들의 노력으로 1946년 사단법인 대한보이스카우트 중앙연합회라는 이름으로 재발족 되었다. 다시 1947년에는 조선소년단으로, 1948년에는 국호 변경에 따라 대한소년단으로, 1966년에는 보이스카우트한국연맹 등으로 여러 차례 바뀌어 오다가, 1968년부터 현재의 사단법인 한국보이스카우트연맹으로 명명되었다(한국민족문화대백과 홈페이지).

2) 서양의 청소년활동 역사

서양의 청소년활동 등장 배경을 살펴보기 위해서는 근대를 기점으로 변화된 여러 가지 상황을 이해하여야 한다. 시대적 다양한 상황의 변화는 청소년기의 탄생이라는 견해를 제시하였고, 그런 결과로 새롭게 규정된 청소년기를 살아가는 청소년들은 변화된 환경에서 힘들어하였다. 이 같은 어려움을 겪고 있는 청소년들의 문제를 해결하기 위하여 근대적 청소년활동이 등장하였다고 볼 수 있다.

변화된 사회적 상황 중 가장 큰 변화는 18세기 중엽 영국에서 시작되어 전 유럽과 미국에 퍼진 산업혁명으로, 산업화에 따른 공장 노동의 탄생, 도시화, 인구 증가 등이다. 또한, 그전 학교 교육제도와는 다른 의무교육으로서 공교육 등장이다. 대표적인 사례로 1870년 영국에서 「교육법」이 개정되어 모든 사람에게 기초단계의 공교육을 받게끔 하였다(구학서, 2003: 288). 프랑스도 특권계층의 전 유물적 지위가 사라지고 대중의 보편적 교육으로 바뀌었다(한국청소년개발원 편, 2003: 57).

이같이 많은 청소년이 공교육이 이루어지는 제도권 학교에서 공부하고, 공장에서 근로도 하게 되었는데, 이런 변화는 가정에서 청소년에게 대하는 태도를 바꿨으며, 사회 구성원들도 청소년들을 다른 식으로 보기 시작했다. 사회변화상 가운데, 근대적 의무교육 제도로서 등장한 학교는 아동기와 성인기 중간단계로 청소년기를 규정하는 중요한 계기가 되었다. 다른 변화는 교육학, 심리학, 사회학 등 근대 사회과학의 등장이다. 특히, 심리학은 청소년들의 성장과 발달에 관한 수많은 지식과 정보를 제공하여, 그중 많은 내용이 상식이 되어, 아동기와 성인기와 다른 청소년기를 탄생하게 하는 이론적 배경이 되었다(김현철 · 고미숙 · 박노자 · 권인숙 · 나임윤경, 2009: 23).

변화된 세상에서 이전과 다른 발달 과정으로서 새롭게 규정된 청소년기를 살아가는 근대 청소년들은 성인들과 마찬가지로 변화된 사회를 살아가면서 상당한 어려움을 경험하게 되었다. 더구나 일부 청소년들은 힘든 노동자로서 공장 생활, 번잡한 도시에서 거주하므로 심리적 고통을 심하게 당하였다. 특히, 어린이 노동문제가 심각하게 대두되었다. 기계를 작동하는 데에 어른의 체력이 필요하지 않아서 어린이를 고용했다. 고용주들은 어린이의 생산성이 어른과 비슷함에도 불구하고 어린이에게는 임금을 훨씬 적게 지급하였다. 많은 어린이가 폐암과 다른 질병에 걸려 25세 전에 죽었다. 어린이 혹사에 대한 보고서들이 나왔으며, 이들 보고서로 인해 어린이 노동의 참사가 세상에 드러나게 되었다. 결과, 1833년과 1844년에 영국에서 「공장법」을 제정하여 9세 미만의 어린이에게는 일을 시킬 수 없으며 야간작업도 금지했다. 18세 이하의 청소년에게는 노동시간이 12시간을 초과할 수 없도록 규정했다(현승일, 2011: 589~590).

근대의 사회 · 경제 구조 변혁인 산업혁명으로 인한 산업화, 도시화, 공장 노동 증가와 학교 제도 및 사회과학 발달 등의 시대 상황은 심각한 심리 · 사회적 문제를 청소년들에게 겪게 하였다. 청소년뿐만 아니라 성인들도 여가생활에 관한 욕구와 탈문명화에 대한 욕구가 나타났다. 청소년 전문가들은 문제의 원인을 과학기술의 발달과 산업혁명으로 인한 문명화된 사회 구조에서 찾았으며 이를 개선하고자 하였다. 이러할 때 선구자적으로 청소년문제를 해결하고자 출현한 것이 청소년단체이다. 청소년 단체활동은 서양의 근대적 청소년활동 출발에 지대한 영향을 미쳤다.

우선 대표적 단체로는 19세기 영국에서 출현한 YMCA를 들 수 있다. 영국 런던에는 산업화로 인하여 수많은 젊은이가 일자리를 찾아서 도시로 몰려들었다. 몰려든 젊은이들은 공장 노동, 불결한 주거 환경, 술에 취한 생활 등으로 건강이 나빠졌고, 제대로 된 여가 활동도 부족하였다. 혼란한 삶을 사는 런던 젊은이들의 영적, 사회적, 지적 부족함을 충족해 주고, 참된 기독교인으로 삶을 영위하게 하도록 1844년 조지 윌리엄스(George Williams)에 의해 설립되었다. YMCA 활동을 통하여 청소년들은 방탕한 생활을 멀리하고 깊은 신앙심을 토대로 질 높은 삶을 영위하도록 하였다(이가람, 2013: 19). 영국에서 태동한 YMCA는 미국으로 건너가 신앙 운동과 스포츠활동을 결합하여 유연하고 포용적인 방법으로 활동을 전개하였다. 신앙 운동에 스포츠활동이 결합한 이유는 영적, 정신적, 신체적으로 조화된 젊은이를 키우기 위해서였다. 미국에서의 이러한 활동 취지는 오늘날의 청소년활동 목표인 지성과 인성의 조화로운 성장이라는 것에도 계승되고 있다.

보이스카우트(Boy Scout) 활동 설립자는 전쟁에 참여한 경험이 있었던 군인 베이든 포우엘(Baden-Powell) 중장이다. 베이든 포우엘은 군 정찰 활동의 경험을 통해, 당시 산업사회에서 지식과 기술을 맹신하고 물질적 가치를 최고로 여기는 청소년들에게 도덕적 품성을 되살릴 수 있는 길이 보이스카우트 활동이라고 확신하고 운동을 시작하였다. 군에서 경험을 토대로 청소년에게 적합한 이념, 내용, 방법을 정리하여 1907년 브라운시 섬(Brownsea Island)에서 실험적으로 적용한 후, 선풍적인 인기를 얻어 오늘의 스카우트활동으로 발전되었다(한국청소년개발원 편,

2003: 61). 스카우트 활동은 야외에서 이루어지는 야영활동을 통해서 모험심과 연대 의식을 형성한다. 그러므로 다양한 청소년활동 영역에서 야외에서 이루어지는 모험활동으로서 스카우트활동의 위상은 상당하다.

2. 청소년정책 변화와 청소년활동

청소년활동 개념에서 살펴본 바와 같이, 청소년활동은 단순한 활동이 아닌 매우 조직적이며 체계적인 활동이므로 국가의 법과 제도에 기반한 청소년정책으로 청소년활동이 전개된다. 따라서 국가 주도의 청소년 관련 법이나 청소년정책에서 다루어지고 있는 청소년활동에 관한 이해가 필요하다. 청소년정책이나 청소년 관련 법 제정과 청소년활동 관계를 알아보기 위하여 우선 한국 사회 청소년정책의 전반적인 역사적 변화 과정을 알아본다. 그리고 1990년 이후 청소년활동 사업 내용 발전 과정을 '청소년정책 기본계획(1차~7차)'에 나타난 청소년활동 사업 부문 주요 과제를 통해 살펴본다.

1) 한국 사회 청소년정책의 역사적 변화 과정

한국 사회 청소년정책의 변천 과정은 중앙정부 청소년정책 담당 부처 및 주요 관계 법령 제정과 맥을 같이하며, 청소년정책의 변천 과정은 일반적으로 7단계로 구분한다(여성가족부, 2023: 3). 7단계로 나누는 청소년정책과 청소년 관련 법의 변천 과정은 〈표 1-2-1〉와 같이 나타낼 수 있다. 7단계로 구분되는 한국 사회 청소년정책의 역사적 변화 과정에서 정책적 패러다임의 큰 변화가 있었던 시점이 3단계에서 제정된 「청소년육성법」이다. 「청소년육성법」이 제정되기 전까지의 1단계와 2단계에서는 보호가 필요한 청소년 중심과 청소년 일탈 및 비행 예방, 규제 등 청소년의 긍정적 개발보다는 청소년을 청소년 비행과 같은 사회적 문제를 일으키는 주체이거나 피해 대상으로 간주하여 이들을 선도하고 보호하고자 하는 관점이 지배적이었다(여성가족부, 2023: 4). 이후 4단계에는 「청소년기본법」, 「청소년보호법」, 「청소년활동 진흥법」, 「청소년복지지원법」 등 청소년에 관한 주요 관계 법령이 제정 · 시행이 되었고, 중앙정부 차원의 청소년 중장기기본계획이 수립 · 추진되면서 청소년에 대한 긍정적인 관점과 개발이 본격적으로 확산되었다. 5단계에서는 위기청소년통합지원체계 등 청소년복지 기반이 조성되었고, 청소년참여와 인권향상을 위한 정책들이 확대되었다(여성가족부, 2023: 5). 6단계에서는 주무 부처가 보건복지가족부로 이관되어 아동정책과 청소년정책이 통합적으로 추진되었으나 상당한 갈등을 겪은 후, 7단계 시기에 다시 여성가족부로 이관되었다. 7단계 시기에 학교 밖 청소년 지원에 관한 법률이 제정되어 청소년정책 대상이 확대되었고, 사설 해병대 캠프 사고와 세월호 참사 등의 안전사고들로 인해 청소년정책 및 사업에 있어 청소년의 안전이 무엇보다 강조됨에 따라 '청소년수련활동 신고제'를 시행하게 되었다(여성가족부, 2023: 6).

〈표 1-2-1〉 청소년정책과 청소년 관련 법의 변천 과정

단계	시기	특성	명칭	주무 부처(기구)	청소년 관련 주요 법령
1단계	1948.8 ~1964.9	부처별 산발 추진	부처별 관련 업무 추진	각 부처	교육법(1949) 소년법(1986) 아동복리법(1961)
2단계	1964.10 ~1977.8	부처 차원의 조정	부처 차원의 조정	내무부 무임소장관실	-
3단계	1977.8 ~1988.6	정부 차원의 조정	청소년 대책위원회	국무총리실 문교부	청소년육성법(1987)
4단계	1988.6 ~2005.4	정부 차원의 조정, 부처 차원의 총괄 집행	청소년 육성위원회	체육부/ 체육청소년부/ 문화체육부/ 문화관광부/ 문화관광부-국무총리실 (청소년보호위원회)	청소년기본법(1991) 청소년보호법(1997) 청소년의 성보호에 관한 법률(2000) 청소년활동 진흥법(2004) 청소년복지지원법(2004) 학교폭력예방법(2004)

단계	시기	특성	명칭	주무 부처 (기구)	청소년 관련 주요 법령
5단계	2005.4 ~2008.2	청소년조직 통합, 단일 청소년 전담 조직 출범	청소년위원회/ 국가청소년위원회	국무총리실	–
6단계	2008.3 ~2010.2	아동정책과 청소년정책의 통합	보건복지가족부	보건복지가족부	아동 · 청소년의 성보호에 관한 법률(전부개정, 2009)
7단계	2010.3 ~현재	여성가족부 개편 및 이관	여성가족부	여성가족부	학교 밖 청소년 지원에 관한 법률(2014) 2023 새만금 세계잼버리스카우트 지원 특별법(2018)

출처: 여성가족부(2021) 내용을 임동호 외(2021: 31)가 수정 · 보완.

한편, 해방 이후 한국 사회 청소년정책의 역사적 변화 과정을 이광호(2012: 393)는 '청소년문제 대응 시기(1961~1984년)', '청소년 건전 육성을 위한 종합적 대책 시기(1984~1991년)', '고유 영역 중심의 청소년육성정책 시기(1991~현재)'로 구분하였다. 먼저, '청소년문제 대응 시기'는 아동 · 청소년 선도 및 보호에 정책 이념이 맞추어져서 일부 문제 청소년의 단속과 보호 및 요구호 아동복리 증진이 중요한 정책과제였다. 다음은 '청소년 건전 육성을 위한 종합적 대책 시기'의 정책 이념은 아동 · 청소년 건전 육성 및 보호였고, 다수 청소년의 여가 시간 선용과 청소년활동 참여, 환경 개선 및 일반 아동복지 증진이 정책과제였다. 끝으로 '고유 영역 중심의 청소년육성정책 시기'는 청소년육성과 보호의 정책 이념을 가지고 있었다. 이 시기의 정책과제를 살펴보면, 전반기(1991~2004년)에는 청소년수련활동 중심이고 후반기(2004년 이후)에는 청소년활동, 복지, 보호 중심의 청소년육성제도였다. 좀 더 부언하면, 이 시기는 청소년수련활동 중심의 청소년육성정책을 보다 엄격하게 규정하여 체계화한 전반기와 청소년활동, 청소년복지, 청소년보호를 주요한 고유 영역으로 하는 청소년육성정책의 틀을 주축으로 하는 후반기로 구분할 수 있다(김진호 · 권일남 · 이광호 · 최창욱, 2022: 182). 〈표 1-2-2〉에서 청소년정책 역사적 변화 과정에 관하여 앞서 설명한 내용과 함께, 청소년정책의 주요 영역과 법령을 포함한 내용을 확인할 수 있다.

〈표 1-2-2〉 한국 사회 청소년정책의 역사적 변화 과정

구분	청소년문제 대응 시기 (1961~1984년)	청소년 건전 육성을 위한 종합적 대책 시기 (1984~1991년)	고유 영역 중심의 청소년 육성정책 시기 (1991년~현재)
정책 이념	청소년 선도 및 보호 (아동복리)	청소년 건전 육성 및 보호 (아동복지)	청소년육성과 보호 (아동복지)
정책 과제	일부 문제 청소년의 단속과 보호 및 요구호(要救護) 아동복리 증진	다수 청소년의 여가 시간 선용과 청소년활동 참여, 환경 개선 및 일반 아동복지 증진	전반기(1991~2003년) - 청소년수련활동 중심 후반기 (2004년 이후) - 청소년활동, 복지, 보호 중심의 청소년육성제도
청소년 연령	0~24세	12~24세(1985~1987년) 9~24세(1987년 이후)	9~24세(청소년기본법) 19세 미만(청소년보호법)
주요 영역	청소년문제 영역(비행, 문제 행동 단속, 보호) 중심	청소년 건전 육성과 문제 예방을 위한 종합적 대책	청소년육성정책(고유 영역: 활동, 복지, 보호 중심)
주요 법령 제정	• 미성년자보호법(1961년) • 아동복리법(1961년) • 청소년보호대책위원회 규정(1964년)	• 아동복지법(1981년 법 명칭 개정) • 청소년육성법(1987년)	• 청소년기본법(1991년) • 청소년보호법(1997년) • 아동 · 청소년 성보호에 관한 법률(2000년) • 청소년활동 진흥법(2004년) • 청소년복지지원법(2004년)

출처: 이광호(2012), p. 393.

2) 청소년정책 기본계획과 청소년활동

(1) 청소년정책 기본계획의 정책 기조 및 과제와 주요성과

「청소년기본법」 제13조 및 제15조에 근거하여 여성가족부장관은 관계 중앙행정기관의 장과 협의한 후, 청소년정책위원회의 심의를 거쳐 청소년육성에 관한 기본계획을 5년마다 수립하여야 한다. 이러한 계획을 바탕으로 관계 부처 및 지방자치단체는 세부적인 시행계획을 수립하여 시행하여야 한다.

청소년정책 기본계획은 1993년부터 1997년까지의 기간으로 '1차 청소년육성 기본계획'이 시작되어, 2023년부터는 6차까지의 청소년정책 추진 성과를 바탕으로 급격한 사회환경 변화에 따른 새로운 정책 수요 등을 반영하여 '7차 청소년정책 기본계획'이 2027년까지 시행된다. 한편, 1차부터 3차까지는 '청소년육성 5개년계획'이라는 표현을 사용하였고, 4차부터는 '청소년육성'이라는 표현을 '청소년정책'으로 변경하여 '청소년정책 기본계획'이라고 부르고 있다. 이러한 청소년정책 기본계획에는 그간의 주요한 성과, 한계 및 과제에 관해 평가를 나타내고, 그다음 추진 방향(비전 및 목표 등)과 함께 정책과제 등을 제시한다. 여성가족부의 『2022년 청소년백서』와 '7차 청소년정책 기본계획'에 정리된 '청소년정책 기본계획의 정책 기조 및 과제와 주요성과'를 살펴보면 〈표 1-2-3〉과 같다.

〈표 1-2-3〉 청소년정책 기본계획의 정책 기조 및 과제와 주요성과

구분	정책 기조 및 과제	주요성과
제1, 2차 청소년육성 5개년 계획 (1993~2002)	• 미래 준비를 위한 청소년활동 기반 • 동반자적 청소년 지위 부여와 청소년 참여 기초 마련 • 청소년보호정책 강화	• 청소년정책 범주 확대 및 기능 현실화 • 청소년을 대상에서 참여 주체로 인정 • 지역, 현장 중심의 자율과 열린 운영
제3차 청소년육성 5개년 계획 (2003~2007)	• 주 5일제를 대비한 창의적 청소년활동 기반 조성 • 참여, 인권과 복지의 지속적 확대 • 청소년정책과 사업 범국민적 인식 제고	• 청소년행정 체계의 통합 일원화 • 위기청소년 통합지원 등의 청소년복지 기반 조성 • 청소년정책과 사업 추진체계 정비

구분	정책 기조 및 과제	주요성과
제4차 청소년정책 기본계획 (2008~2012)	• 아동정책과 청소년정책의 통합 추진 • 보편적 · 통합적 청소년정책 추진	• 청소년 체험활동 관련 기반 확충 • 청소년의 정책 참여 기회 확대 • 지역사회 청소년안전망 기능 강화 • 인터넷 · 게임중독 예방법 · 제도 개선
제5차 청소년정책 기본계획 (2013~2017)	• 가족 · 여성정책과 연계 발전 전략 지향 • 모든 청소년으로 대상 확대 • 선제적 · 균형적 청소년정책 추진	• 학교 밖 청소년 지원을 위한 법적 근거 마련 및 인프라 구축 • 청소년수련활동 신고 인증 및 수련시설 종합 안전 점검 평가 의무화 • 청소년정책 분석평가 기반 마련을 통한 정책실효성 제고
제6차 청소년정책 기본계획 (2018~2022)	• 청소년 참여를 확대하고 청소년을 존중하는 사회적 기반 강화 • 청소년 주도 활동 활성화를 위한 정책 패러다임 전환 • 차별 없이 성장할 수 있는 사회적 안전망 강화	• 위기청소년 및 학교 밖 청소년 맞춤 지원체계 구축 • 청소년 보호서비스의 실효적 제공 기틀 마련 • 유관 기관 협업체계 강화 및 지역 중심 전달체계 확대
제7차 청소년정책 기본계획 (2023~2027)	• 플랫폼 기반 청소년활동 활성화 • 데이터 활용 청소년 지원망 구축 • 청소년 유해환경 차단 및 보호 확대 • 청소년 참여 · 권리 보장 강화 • 청소년정책 총괄 조정 강화	

출처: 여성가족부(2023), 관계부처합동(2023).

(2) 청소년활동 영역 중심의 청소년기본계획 주요 과제

앞서서 〈표 1-2-3〉에서 정리한 청소년정책 기본계획의 정책 기조 및 과제와 주요성과는 청소년활동을 포함하여 청소년복지, 청소년보호, 청소년참여, 청소년교류 등 청소년영역 전반에 걸친 정책과제와 주요성과를 정리하고 있다. 여기에서는 영역을 좁혀서 청소년활동 영역 중심으로 청소년정책 기본계획의 주요 정책과제를 살펴보고자 한다.

먼저, 제1차 청소년육성 5개년 계획(1993~1997년)의 청소년활동 영역과 관련한 추진 정책과제(추진 목표)는 '건전한 청소년활동 지원'이다. 건전한 청소년활동 지원을 위한 세부 과제로는 수련프로그램을 개발활용, 청소년지도자 양성 및 청소년단체 육성, 청소년수련시설 확충과 운영이 세부 과제에 포함되었다.

제2차 청소년육성 5개년 계획(1998~2002년)의 청소년활동 영역과 관련한 중점 정책과제(추진 목표)는 '청소년이 주체가 되는 문화체육 중심의 수련활동 체제 구축'이다. 이러한 정책과제 수행을 위한 세부적인 과제로는 청소년이 활동 주체가 되는 공간 확충과 운영 활성화, 특성화 · 차별화된 수련프로그램 개발 보급, 청소년단체의 자율화 · 자기 특성화, 전문화된 청소년지도사의 양성 배치가 있었다.

제3차 청소년육성 5개년 계획(2003~2007년)의 청소년활동 영역과 관련한 중점 정책과제(추진 목표)는 '주 5일제 대비 창의적 청소년활동 여건 조성'이다. 주 5일제라는 청소년 환경에 맞는 청소년활동 여건을 조성하기 위한 세부 과제로는 청소년수련시설 확충 및 운영 활성화, 특성화된 청소년수련 프로그램 개발 · 보급, 청소년단체활동의 활성화, 다양한 체험활동 기회 확대, 청소년문화 · 예술활동 확대였다.

제4차 청소년정책 기본계획(2008~2012)의 청소년활동 영역과 관련한 중점 정책과제(추진 목표)는 '청소년의 자기 주도적 역량증진'이다. 청소년의 자기 주도적 역량증진을 위한 세부 과제로는 다양한 체험활동 기회 확대, 시민역량 증진 및 인성교육 강화, 자기 주도적 진로 개척 추진을 제시하였다.

제5차 청소년정책 기본계획(2013~2017)의 청소년활동 영역과 관련한 중점 정책과제(추진 목표)는 '청소년의 다양한 역량 강화'이다. 청소년의 다양한 역량 강화라는 주요한 정책과제 추진을 위한 세부 과제로는 청소년 역량증진 활동 활성화, 글로벌 · 다문화 역량 강화, 청소년의 인성 및 민주시민 교육 강화였다.

제6차 청소년정책 기본계획(2018~2022)의 청소년활동 영역과 관련한 중점 정책과제(추진 목표)는 '청소년 주도의 활동 활성화'이다. 청소년 주도의 활동 활성화를 위한 세부 과제로는 청소년활동 및 성장지원 체계 혁신, 청소년 체험활동 활성화, 청소년 진로교육 지원 체제 강화를 내세웠다.

제7차 청소년정책 기본계획(2023~2027)의 청소년활동 영역과 관련한 중점 정책

과제(추진 목표)는 '플랫폼 기반 청소년활동 활성화'이다. 플랫폼 기반 청소년활동 활성화를 위한 세부 과제는 청소년 디지털 역량강화, 청소년 미래 역량 제고, 다양한 체험활동 확대이다. 최근 시행되고 있는 제7차 청소년정책 기본계획을 좀 더 자세히 살펴본다. 제7차 청소년정책 기본계획의 비전은 '디지털 시대를 선도하는 글로벌 K-청소년'이다. 이는 청소년 환경이 디지털 미디어와 디지털기기 등으로 인하여 청소년 디지털 활동이 강화되고 있는 측면을 반영한 것으로 볼 수 있다. 디지털 시대에 맞는 청소년 역량 강화를 위한 세부적인 과제를 〈표 1-2-4〉에서 정리하고 있다. 앞서 기술한바 같이 '플랫폼 기반 청소년활동 활성화'라는 대과제 아래, 네 가지 중과제가 있다. 네 가지 중과제는 청소년 디지털 역량 강화 활동, 청소년 미래 역량 제고, 다양한 체험활동 확대, 학교 안팎 청소년활동 지원 강화이다. 우선, 청소년 디지털 역량활동 강화를 위한 소과제로는 디지털 활동 및 교육 지원, 청소년활동 지원체계 디지털 기반 개선이다. 두 번째, 청소년 미래 역량 제고를 위한 소과제는 미래 역량 제고 활동 확대, 진로체험 및 교육 지원이다. 세 번째, 다양한 체험활동 확대를 위한 소과제는 테마별 활동기회 제공, 자기주도적 활동프로그램 확대, 안전한 청소년활동 기반 마련이다. 끝으로 제시하는 중과제는 학교 안팎 청소년활동 지원 강화이다. 이에 따른 소과제는 학교 연계 청소년활동 지원, 지역사회 연계 학교 안팎 청소년활동 강화이다. 이러한 제7차 청소년정책 기본계획의 청소년활동 영역 관련 과제를 대과제, 중과제, 소과제, 세과제 순으로 정리하면 〈표 1-2-4〉와 같다.

〈표 1-2-4〉 제7차 청소년정책 기본계획의 청소년활동 영역 관련 과제

대과제	중과제	소과제	세과제
플랫폼 기반 청소년활동 활성화	청소년 디지털 역량 활동 강화	디지털 활동 및 교육 지원	디지털 기반 활동 기회 확대
			맞춤형 디지털 교육 활성화
			디지털 교육 사각지대 해소
			디지털 · 미디어 문해력(Literacy) 함양
			디지털 윤리 규범 확산 · 실천
		청소년활동 지원 체계 디지털 기반 개선	청소년활동 데이터 관리 · 활용 지원
			청소년활동 디지털 플랫폼 구축
			디지털 청소년활동 공간 구축
	청소년 미래 역량 제고	미래 역량 제고 활동 확대	청소년활동 역량지표 개선 및 커리큘럼 개발
			신기술 · 신산업 및 환경 분야 청소년활동 지원
			금융 · 경제 분야 청소년 교육 실시
		진로체험 및 교육 지원	전문 분야별 진로탐색 활동 지원
			진로체험기관 간 협업 통한 체험 기회 확대
			청소년 진로 정보제공 및 교육 강화
	다양한 체험활동 확대	테마별 활동기회 제공	청소년 국제교류 활성화
			문화예술 분야 활동 · 교육 지원
			생활체육 및 스포츠 체험 기회 확대
		자기주도적 활동 프로그램 확대	프로젝트 기반 학습 활동 강화
			청소년자기도전포상제 운영 활성화
			청소년 자원봉사활동 내실화
		안전한 청소년활동 기반 마련	청소년수련시설 정보관리 체계화
			청소년수련시설 종합평가 내실화
			청소년활동 안전 인식 확산

대과제	중과제	소과제	세과제
플랫폼 기반 청소년활동 활성화	학교 안팎 청소년 활동 지원 강화	학교 연계 청소년활동 지원	청소년활동 프로그램과 학교 협력 강화
			학교시설 활용 청소년활동 확대
		지역사회 연계 학교 안팎 청소년 활동 강화	지역 내 소규모 청소년활동 공간 설치 · 운영
			지역 내 청소년 방과후 활동 및 돌봄 활성화
			지역사회 청소년활동 협력 · 지원체계 내실화

출처: 관계부처합동(2023), pp. 81~82.

제3장
청소년활동 이론

1. 경험학습 이론

청소년활동 지도 현장에서 청소년지도자에게 청소년프로그램 개발 패러다임을 제공해 주는 동시에, 청소년활동 프로그램 운영의 기초적 원리를 제공해 주는 두 가지 이론을 살펴보기로 한다. 먼저 경험학습 이론인데, 이 이론은 청소년활동의 중요한 특성인 '직접경험'을 강조하는 이론이다. 교실에서 도감을 펼쳐 놓고 간접적인 경험을 하는 것이 아니라, 교실 밖에서 직접적인 경험을 하며 배우는 것을 강조하는 것이 경험학습 이론이다. 이러한 경험학습을 이해하기 위하여 경험학습 이론의 배경, 경험학습의 개념, 경험학습에서 반성적 사고와 청소년활동 관계를 살펴본다.

1) 경험학습 이론의 배경

경험학습 이론의 사상적 배경은 실용주의 교육사상이고, 그 실용주의를 모태로 전개된 진보주의 교육 사상에서 찾을 수 있다. 19세기 말과 20세기 초에 시작되었고 전개된 실용주의(pragmatism)의 창시자는 피어스(C. S. Peirce)이고, 이를 계승, 발전시킨 인물은 제임스(W. James)이며, 완성한 인물은 듀이(J. Dewey)다. 실용주의 학자들은 우리가 학습하고 탐구하는 진리 · 지식이 우리의 생활을 바람직한 방향으로 변화시켰을 때 비로소 쓸모 있고 유용한 진리 · 지식이라고 주장했다. 또한, 세계는 끊임없이 변화와 발전, 생성과 소멸한다고 했다. 즉, 물질세계뿐만 아니라 정신세계(가치나 태도 등)까지도 시간, 장소, 환경의 조건에 따라 변한다는 상대론적 입장을 펼쳤다(이병승 · 우영효 · 배제현, 2015: 118).

한편, 진보주의 교육(progressive education)은 영국의 경험론과 공리주의, 다윈의 진화론과 결합하여 이루어진 실용주의 철학에 기반을 둔 후, 자발적 · 능동적 · 전인적 인간 육성을 목표로 하고 출발한 현대 교육사상이다. 대표적인 이론가는 듀이(Dewey)를 필두로 하여 차일즈(Childs), 카운츠(Counts), 킬패트릭(Kilpatrick), 타이어(Thayer), 보드(Bode) 등이다(남궁용권, 2012: 284). 이들은 학습이란 교재의 지식을 일방적으로 전수하고 전수 받는 과정이 아니라, 아동 스스로가 자신의 문제를 해결해 갈 수 있는 생활 경험으로 구성되어야 한다고 주장했다. 그래서 그들은 책보다는 학습자의 직접적인 경험을 중시하였다. 아동들이 직면한 문제를 스스로 해결해 가는 동안에 경험을 쌓게 되고, 이 경험은 참된 지식의 토대가 될 수 있는 것이다(이병승, 우영효, 배제현, 2015: 121). 또한, 진보주의자들은 ① 권위적 교사, ② 교재 중심의 딱딱한 교육방식, ③ 암기 위주의 수동적 학습, ④ 교육을 사회로부터 고립시키는 폐쇄적 교육철학, ⑤ 체벌이나 공포 분위기에 의한 교육방식(박의수 · 강승규 · 정영수 · 강선보, 1999: 364)에 반대하는 운동을 전개하였다.

경험학습 이론의 초석을 다진, 진보주의 교육 운동은 아동중심주의에 입각하여 '행함으로 배우는(learning by doing)', 즉 최근의 용어를 빌리면 아동의 '자기 주도 학습'을 내세웠다. 또한, 학교는 학습하기에 쾌적한 장소가 되어야 하며, 모든 학습은 아동의 흥미나 욕구에 초점을 맞춰야 한다는 것을 강조했다(신득렬 · 이병승 · 우형효 · 김회용, 2011: 284).

2) 경험학습의 개념

경험학습의 개념 제시에 앞서 우선, 경험의 개념에 관해 살펴본다. 경험이라는 것은 실제로 '해 보는 것'과 실제로 '겪어 보는 것'을 말한다. 덧붙이자면, 해 보는 것과 겪어 보는 행위를 통하여 알게 되는 지식이나 기능을 말한다. 모든 사람의 일상생활은 오감을 통한 경험의 연속이라고 말할 수 있다. 항상 접하는 사소한 경험도 있고, 일생에 걸쳐 쉽게 경험할 수 없는 극적인 경험을 할 수도 있다.

경험에 관한 다양한 정의를 〈표 1-3-1〉에서 행동의 관점, 앎의 관점, 상호작용의 관점, 과정의 관점, 마음의 관점으로 제시하고 있다. 관점에 따른 경험의 정의는 다음과 같다. 행동의 관점에서는 실제로 행하는 행위와 실제로 겪는 행위로 정의한다. 앎의 관점에서는 보유하고 있는 지식이나 기능 및 획득되는 지식이나 기술로 정의한다. 상호작용의 관점에서는 영향을 미치는 인간 내면의 것과 영향을 미치는 외부 객관적인 것으로 구분하여 정의한다. 과정의 관점은 행위의 결과로 얻는 지식이나 기술의 형성 과정을 말하며, 마음의 관점에서는 감각이나 지각 작용에 의하여 깨닫게 되는 객관적 대상에 관한 내용, 즉 성찰을 의미한다. 이러한 경험은 간접적인 경험보다는 직접적인 경험이 새로운 사실이나 기술을 익히는 데 더 많은 도움이 될 것이다. 특히, 청소년기의 직접적인 경험은 진귀한 것, 미지의 것을 탐색하려는 지적 호기심이 충만한 청소년들에게는 더욱 의미가 있다.

〈표 1-3-1〉 경험의 8가지 정의

경험을 바라보는 관점	경험의 정의
행동의 관점 (Perspective on Behavior)	실제로 행하는 행위(능동적): Active Behavior (AB)
	실제로 겪는 행위(수동적): Passive Behavior (PB)
앎의 관점 (Perspective on Knowing)	보유하고 있는 지식이나 기능: Acquired Knowledge (AK)
	획득되는 지식이나 기술: Gaining Knowledge (GK)
상호작용의 관점 (Perspective on Interaction)	영향을 미치는 인간 내면의 것: Internal Conditions (IC)
	영향을 미치는 외부 객관적인 것: Objective Conditions (OC)
과정의 관점 (Perspective on Process)	행위의 결과로 얻는 지식이나 기술의 형성 과정: Process of Doing (PoD)
마음의 관점 (Perspective on Mind)	감각이나 지각 작용에 의하여 깨닫게 되는 객관적 대상에 대한 내용, 즉 성찰: Enlightenment via 6 Senses (Ev6S)

출처: 윤성철(2018), p. 35.

경험에 초점을 맞추는 경험학습(experiential learning) 이론의 지적 토대를 제공한 듀이는 그의 저서『경험과 교육(experience and education)』에서 학습자가 체험활동을 통해 근본적으로 새롭게 변화하는 것에 대해 강조하였다(전희일 외, 2018: 108). 또한, 듀이는 저서에서 인간의 교육은 경험을 통해 이루어진다고 하였고, 학교에서는 학생들에게 다양한 교육적 경험을 제공함으로써 학생들이 현실 세계와 유사한 경험을 할 수 있도록 하는 교육을 해야 한다고 주장하였다. 이러한 경험학습 이론은 인간의 학습은 '경험'을 통해 이루어진다고 보며, 이 같은 경험의 결과가 인간의 변화를 초래하며, 경험은 학습의 자원이고 과정이며, 결과라고 보는 이론이다(양홍권, 2017: 123).

경험학습은 학습하는 것에 대해서 듣고, 말하고, 읽는 대신에 학습하는 것의 맥락에 학습자가 직접 참여하는 신체적 활동, 실제적 체험을 통해서 학습하는 것(learning by doing)을 의미한다(Lang and Evans, 2006, 김영인 · 김민, 20018: 32에서 재인용). 또한, 경험학습은 한 개인이 활동에 참여하고, 자신의 참여와 활동 경험을 비평적으로 돌이켜보고, 그것이 기억할 만큼 유용하고 중요한지를 판단하고, 이를 토대로 또 다른 활동을 수행하기 위해 이전의 경험을 통하여 형성된 정보를 활용하는 접근방법을 말하기도 한다(한국청소년개발원, 2004: 47).

한편, 오윤선 · 황인숙(2019: 129)은 콜브(Kolb), 자비스(Jarvis), 메지로우(Mezirow) 등의 여러 학자가 정리한 경험학습에 관한 논의를 종합하여 "경험학습이란 학습자가 실제적 활동이나 체험을 통해 학습함으로써 전환된 사고를 획득하고 이걸로 인하여 새로운 감정 및 태도 그리고 확장된 지식을 형성하는 과정"이라고 정의하였다.

3) 경험학습의 과정

경험학습 과정에 관심을 두고 주목한 사람이 콜브(kolb)다. 콜브는 복잡한 인간의 학습 과정을 간단하게 순차적인 과정을 통하여 설명하였다. 콜브의 경험학습 모형은 [그림 1-3-1]에 나타나 있는 것처럼 '구체적 경험', '반성적 관찰과 분석(성찰적 관찰)', '추상적 개념화', '능동적 실험' 네 가지 단계로 구분하였다. 콜브의 경험학습 모형의 네 가지 단계를 양흥권(2017: 124~125)과 오윤선 · 황인숙(2019: 131~134)이 기술한 내용을 바탕으로 정리하면 다음과 같다.

첫 번째 단계는 '구체적 경험'이다. 이 단계에서 학습자는 새로운 학습경험을 하고자 하는 학습의 장(즉, 환경)에 대하여 편견 없이 받아들이는 높은 개방성과 동기를 가지고 학습(이하, 활동과 같은 의미)에 임하게 된다. '구체적 경험' 단계에서 주로 사용하게 되는 정신적 과정은 구체적 이해(apprehension)이고, 학습자는 시각, 청각, 미각, 후각, 촉각 등 오감을 통해 경험을 지각하고 수용하는 단계이다. 주변의 자연, 문화, 상황, 사안, 사람, 사건, 현상 등은 모든 경험의 재료이다. 예를 들어, 노인시설 자원봉사활동에 참여한 '푸름이'라는 청소년이 있다면, 우선 활동에 앞서서 본인이 자발적인 의지로 높은 수준의 참여 동기가 있어야 한다. 실제 봉사활동에 참여하게 되면, 이 단계에서 오감을 총동원해서 자원봉사활동에 임하여야 한다. 푸름이는 방문한 시설, 만나는 관리자 및 어르신 등 관계자들과 소통하며 봉사활동 경험을 한다. 이런 자원봉사자 푸름이의 전방위적인 봉사활동 경험은 '반성적인 관찰과 분석'을 위한 토대가 된다.

두 번째 단계는 '반성적인 관찰과 분석'이다. 이 단계는 학습자가 자신의 총체적 경험을 스스로 다양한 관점에서 성찰하는 과정이며, 1단계 '구체적 경험'이 3단계 '추상적 개념'으로 전환이 되는 내포(intension)가 발생한다. 내포는 외부 환경에서 경험한 것을 내적인 표상이나 상징으로 전환하는 과정이다. 이 과정에서 학습자는 깊이 있는 반성적 사고를 통하여 기존의 사고나 이론의 틀에서 벗어나서, 새로운 사고와 지식을 창조할 수 있는 역량을 기른다. 이 단계를 예를 들면, 푸름이가 노인시설에서 봉사활동을 하면서 어르신들의 생생한 생활세계를 보고,

느끼는 경험(관찰)을 함으로써 '이 어르신은 어떤 삶을 사셨을까?', '나는 노년기에 어디서 생을 마감하게 될까?', '봉사활동을 하면서 오기 전에 생각했던 것보다 어르신 요양 시설이 깨끗하고, 선생님들도 친절하였다.' 등과 같은 스스로 경험(관찰)에 대한 분석적 사고를 시행하는 것이다.

세 번째 단계는 '추상적 개념화'이다. 이 단계는 분석적 관찰 및 성찰에 기반을 두고 통합적 아이디와 개념을 생산하는 단계이다. 여기서 사용하는 추상적 이해(comprehension)는 상징적이고 추상적인 개념을 이해하는 것인데, 이를 통하여 새로운 경험에 대한 새로운 가설을 형성하는 것이다. 학습자는 2단계의 '반성적인 관찰과 분석'의 결과에 대한 심도 있는 추상적 이해 작업을 통하여 새로운 지식과 원칙 등을 세운다. 예컨대 푸름이가 2단계에서 성찰한 내용을 토대로 '나는 이제 어르신 요양 시설이 냄새나고 지저분할 것이라는 편견을 버려야겠다.' 또는 '앞으로 편견을 버리고 더욱 열심히 봉사하겠다.'라는 새롭게 형성된 가설(태도 및 가치, 지식과 기술, 형식 등)을 품고 푸름이는 봉사활동을 해야겠다는 아이디어를 갖게 되는 것이다.

마지막 단계는 '능동적 실험'이다. 이 단계는 추상적 개념을 기반으로 새로운 아이디어의 개념을 현장에 실제로 적용하는 단계이다. 여기서는 외연(extension)을 적용하여 내적이고 추상적인 개념으로 정리된 가설을 외부의 새로운 경험으로 전환하는 과정이다. 전환은 새롭게 실제로 적용한다는 것을 뜻한다. 예를 들어, 푸름이가 3단계에서 정리된 가설을 바탕으로 전에 갔던 노인시설을 재방문한다든지, 새로운 시설에 가서 후속 봉사활동을 하는 과정이 '능동적 실험'이다. 이 단계에서 학습자는 다음 활동의 계획을 세우기도 한다.

한편, 콜브의 경험학습 이론은 4단계가 순차적으로 반복되는 과정을 통해 이루어지며 학습자의 지식을 확대해 준다. 하지만 경험학습 과정을 지나치게 단순화, 정형화, 고착화하였다는 비판점도 있다.

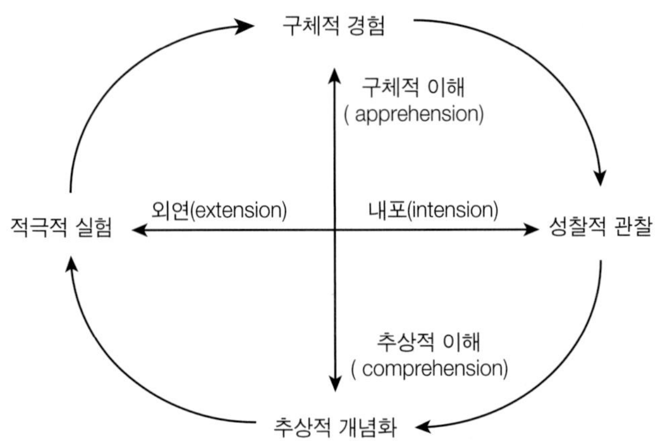

[그림 1-3-1] 콜브(kolb)의 경험학습 모형

출처: 콜브(1984), p. 42; 한상만(2013), p. 36에서 재인용.

4) 경험학습에서 반성적 사고와 청소년활동

듀이(Dewey, 1933)는 반성적 사고(reflective thinking)를 "자신의 신념이나 실천적 행위에 대한 원인 또는 궁극적인 결과를 적극적으로 끈기 있고 신중하게 고려하는 문제 중심적인 사고"로 정의하면서 학습자의 자발적이고 의식적인 과정이라고 하였다. 반성적 사고가 '의심스러운 상황에서 확인된 상황으로 움직이는 사고'이고, '알려지지 않은 것에 대한 추론'이며 '증거에 근거한 신념'을 내포하고 있으므로, 반성적 사고가 일어나는 상황은 자신의 경험이나 습관에 근거하여 해결할 수 없는 불안정한 상황이다. 따라서 반성적 사고를 통하여 상황이 해결되면 학습자는 더욱 발전된 사고와 지식을 획득할 수 있다(박지훈 · 남정희 · 강유진 · 박종석 · 손정우, 2019: 116).

반성적 사고(성찰, reflection)는 경험학습에서 매우 중요하다. 경험은 단순히 해보는 것, 또는 기계적인 행위나 활동만을 의미하지 않으며, 경험은 반성적 사고(성찰)와 결합된 활동을 의미한다. 행위나 활동이 경험의 외부적 요소라면, 성찰은 경험의 내부적 요소이다. 경험이 의미 있는 것이 되려면 반드시 거기에는 반성적 사고(성찰) 과정이 개입되어야 한다(Dewey, 1916; 김영인 · 김민, 2018: 32에서 재인용).

듀이는 경험을 일차적 경험과 이차적 경험으로 분류하고 있다. 일차적 경험은 아직 사고나 반성을 거치지 않은 삶에서 부딪쳐서 발생되는 막연한 실제 경험이다. 이차적 경험은 일차적인 경험을 바탕으로 마음에서 반성과 숙고를 통해서 일어나는 관념이나 판단 같은 내적 경험이다. 듀이가 말하는 하나의 경험은 삶의 실제적인 경험에서 체계적인 사고가 개입된 이차적인 경험을 말한다. 이것은 사고나 반성을 통하여 이루어진다는 측면에서 반성적 경험(reflective experience)이라고 하였다(Dewey, 1925: 17-18; 손옥주, 2014: 52~53에서 재인용).

일차적 경험은 경험의 능동적인 측면이고, 이차적 경험은 경험의 수동적 측면이라고 할 수 있다. 이러한 능동적인 측면과 수동적 측면의 경험이 합해진 것을 온전한 경험이라고 할 수 있다. 이러한 측면에서 경험이란 학습자 입장에서 볼 때, 능동적 측면에서 행위 또는 활동을 해 보는 것(doing)과 수동적 측면에서 정보 또는 자극을 받아 의미를 파악하는 것(reflection), 즉 작용과 반작용이 동시에 결합한 역동적 과정이라고 할 수 있다(김영인 · 김민, 2018: 32).

이상의 내용을 부언하면 경험학습의 과정은 [그림 1-3-2]에서 보는 것처럼 일차적 경험(능동적 경험)이라는 것은 학습자(청소년)가 체험환경(인간, 자연, 사회문화, 지식과 기술, 사건, 현상 등)에 대하여 직접 작용을 가하는 것이고, 이차적 경험(수동적 측면)은 체험환경이 학습자(청소년)에게 가해지는 반작용의 과정이라고 설명할 수 있다. 예컨대, 한 청소년이 등산 활동을 하는 것은 일차적 경험(능동적인 측면)이고, 등산 과정이나 후에 느끼는 즐거운 감정, 자연경관의 아름다움과 위대함에 대한 감동, 등산을 통하여 심신이 건강해지는 것 등은 반작용 결과로 나타나는 이차적 경험(수동적인 측면)이다. 결과적으로 경험은 능동적 측면(활동하는 것)과 수동적 측면(의미를 파악하는 것)은 동시에 역동적으로 일어난다. 이 역동적인 과정에서 학습자(청소년)에게 최적한 학습이 이루어지는 것이 경험학습 이론의 주요한 특징이라고 할 수 있다. 경험의 역동적 과정은 앞서 설명한 등산 활동의 예처럼, 많은 청소년이 청소년활동 프로그램 가운데서 쉽게 경험할 수 있다.

한편, 청소년활동은 교사(지도자)에 의해서 일방적으로 주어지는 정보와 지식보다, 청소년활동 프로그램에 참여하는 청소년들이 경험을 통하여 현실 생활에서 즉각적으로 사용할 수 있는 지식과 정보를 제공하는 것에 초점이 맞춰진다. 따라서 청소년이 행동하면서 배우고, 그 배움을 실제 활용하는 것을 강조하는 경험학습 이론은 청소년활동에 관한 상당히 의미 있는 이론적 배경과 실천적 아이디어를 제공해 줄 수 있다.

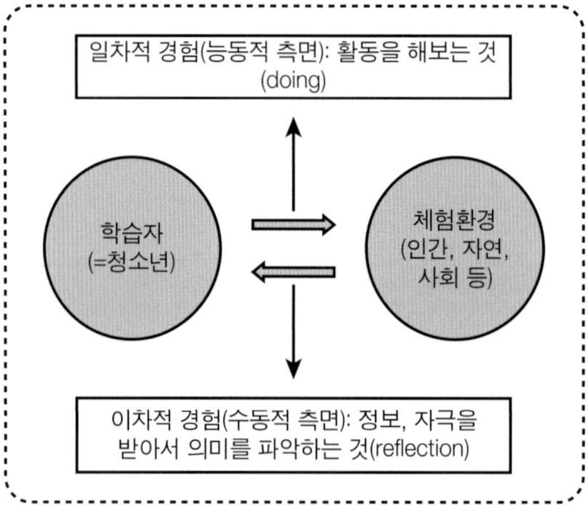

[그림 1-3-2] 일차적 경험과 이차적 경험의 학습 과정 모형

2. 구성주의 이론

구성주의 이론은 교실에서 교사가 제공하는 지식 · 진리를 학습자(청소년)가 무조건 흡수하는 것이 아니고, 학습자(청소년)의 주관적인 해석과 판단을 통하여 지식을 새롭게 재구성하는 것이다. 따라서 일방적인 지식의 수용체계에서 벗어나는 청소년활동 현장에서 적용할 수 있는 매우 합당한 이론이 구성주의이다. 이러한 구성주의 이론을 이해하기 위하여 구성주의 이론의 배경, 객관주의와 구성주의, 인지적 구성주의와 사회적 구성주의, 구성주의 이론의 학습 원리와 청소년활동 지도에 관해 알아본다.

1) 구성주의 이론의 배경

구성주의(constructivism) 이론은 기존에 절대주의적인 인식론을 가지고 있는 객관주의에 반하는 상대주의적 인식론이다. 우리가 존재하는 이 세계는 불변의 진리를 그대로 받아들이며 살아가는 세계가 아니라, 진리를 맥락(context)에 따라 창조적으로 해석하여 의미를 부여하며 살아가는 세계로 보는 이론이다.

이와 같은 구성주의 등장 배경은 사회 · 역사적인 변화에 기인한다. 산업화 시대에 강조되었던 집단화, 표준화, 보편화 등의 개념들이 정보화 시대에 이르러 개인화, 다양성, 창의성, 불확실성 등으로 변화되었다. 이러한 정보화시대의 변화는 교육 현장에서도 지식의 본질은 무엇인가와 지식이 어떤 과정을 거쳐 습득하고 형성되는가에 대한 철학적 견해, 즉 앎에 대한 인식론(epistemology)의 논의가 이루어졌다. 기존의 학습에 대한 개념은 외부에 존재하는 지식을 잘 구조화하여 학습자에게 전달하고, 학습자는 전달된 지식을 그대로 받아들이게 하는 객관주의적 인식론이었다. 그러나 이러한 학습에 대한 개념의 반전은 구성주의 이론의 등장과 함께 더욱 활발해졌다(Duffy & Jonassen, 1992; von Glasersfeld, 1989; 나일주, 2007: 152에서 재인용).

구성주의는 글라저펠트(von Glaserfeld, 1995)가 주장하듯이 1920년대 실용주의자인 듀이(Dewey)의 사상과 매우 관련이 있다. 이런 사실은 구성주의가 새롭게 연구된 이론이 아니라, 이미 현장에서 실천되어 왔다고 볼 수 있다. 하지만 산업사회를 지배하던 객관주의 인식론에 묻혀서 빛을 발휘하지 못했고, 정보화시대를 맞이하여 적합한 이론으로 재등장하게 되었다(전희일 외, 2018: 123). 정리하자면 구성주의는 근래에 새롭게 만들어진 이론이 아니라, 근현대의 시대적 변화의 조류와 결을 함께하는 거대한 교육 패러다임이며 실천적 교수-학습이론이다.

2) 객관주의와 구성주의

객관주의는 전통적인 교육철학과 교수 · 학습 방법에 기초하고 있는 인식론이며 사실주의와 행동주의에 근원을 두고 있다. 객관주의는 인간의 외부에 실세계가 존재하고, 그 실세계는 인간의 경험과는 독립적으로 존재한다고 가정하므로(박성익 · 임철일 · 이재경 · 최정임 · 조영환, 2023: 134), 이 세상의 모든 진리 · 지식은 객관적으로 외부 세계에 존재한다고 본다.

이에 반하여 구성주의 세계관은 외부 세계가 존재하나, 인간의 주관적 경험과 해석에 의해 새롭게 구성되며 맥락적으로 존재하는 세계로 이해한다. 그러므로 학습자가 자신이 경험하고 인지한 외부 세계 정보와 지식을 수동적으로 받아들이는 존재이기보다는 교수자가 전달하는 지식에 대하여 학습자가 주체적 해석 과정을 거쳐서, 지식을 주체적으로 구성하면서 받아들인다는 상대적 입장의 이론이다(양흥권, 2017: 115).

좀 더 면밀하게 객관주의와 구성주의는 차이를 정리하면 〈표 1-3-2〉와 같다. 철학적 관점을 살펴보면 객관주의는 세계가 학습자의 경험과는 별도로 외부에 객관적으로 존재한다고 본다. 따라서 교수자는 외부세계에 존재하는 객관적인 진리 · 지식에 대하여 객관적으로 전달하는 역할을 하며, 학습자는 교수자가 전달하는 내용을 '있는 그대로' 받아들이면 되는 것이다. 그러므로 객관주의에서 학습이란 외부세계에 객관적으로 존재하는 진리 · 지식이 학습자의 내부세계로 그대로 옮겨지는 것을 의미한다.

구성주의는 철학적 관점에서 학습자가 경험하는 세계는 존재하나, 그 세계를 경험한 것에 대한 의미는 학습자에 의해 해석되고 '구성되는 것'으로 파악한다. 따라서 교수자는 지식의 전달자가 아니라 학습자가 경험하고 받아들이는 진리 · 지식에 대하여 적절하게 의미를 부여하고 해석하도록 지원해 주는 역할을 해야 한다. 그래서 구성주의에서 학습이란 학습자가 경험에 근거해서 의미를 개발하는 능동적인 과정으로 본다.

객관주의와 구성주의는 철학적 배경에 따라 교수–학습법이 다름을 알 수 있다. 객관주의는 객관적 지식을 교수자가 강의식(주입식)으로 지식을 전달하기 때문에 교수자 중심의 수업이 이루어진다. 하지만 구성주의는 주어진 경험이나 지식에 대하여 주관적인 해석을 하며 의미를 부여하는 과정을 거치기 때문에 교수자 중심이 아닌, 학습자 중심의 수업이 이루어지고, 토의식 방법 등 다양한 수업 방법이 적용될 수 있다.

〈표 1-3-2〉 객관주의와 구성주의 비교

구분	객관주의	구성주의
철학	세계는 우리의 경험과는 별도로 외부에 객관적으로 존재	세계는 인간의 해석 우리가 경험하는 세계는 존재하나 그 의미는 인간에 의해 부여되고 구성되는 것임
교수	교수자에 의해 기존의 진리가 전달되는 것	학습자가 세상에 대한 의미를 구성하도록 보조, 지원하는 것
학습	외부의 절대적인 진리가 학습자의 내부 세계로 전이되는 것	개인적인 경험에 근거해서 의미를 개발하는 능동적인 과정
수업의 중심	교수자	학습자
교수자의 역할	진리 전달자	학습 보조자, 학습 촉진자, 코치 등
수업방법	강의식 중심	문제기반학습(PBL), 토의식, 발견학습, 탐구학습, 대화학습, 도제학습, 프로젝트 학습 등

출처: 박성익 · 임철일 · 이재경 · 최정임 · 조영환(2023), p. 137.

3) 개인적 · 인지적 구성주의와 사회적 구성주의

인간이 지식을 구성할 때(지식 습득 과정) 영향을 주는 요인에 따라서 개인적 · 인지적 구성주의와 사회적 구성주의로 구분할 수 있다. 이 두 관점은 개인의 인지적 과정에 초점을 두느냐, 개인이 속해 있는 사회 상황에 초점을 두느냐에 따라서 다르게 개념화된다. 지식 구성에 영향을 미치는 주요한 요소로 개인적 · 인지적 구성주의는 개인의 인지적 활동을, 사회적 구성주의는 사회적인 상호작용을 강조하는 것이 큰 차이이다.

(1) 개인적·인지적 구성주의

개인적 · 인지적 구성주의는 한 개인이 지식 형성 과정에 있어서 사회적 환경은 아무런 영향을 주지 못하며, 지식은 외부에 객관적인 실재 형태로 존재한다는 객관주의 인식론을 부정하는 견해를 가지고 있다. 글라저펠트(Glasersfeld, 1995)에 의하면, 객관적 실재라는 것은 자신들의 세계를 규정하기 위하여 개인들이 고안하고 받아들인 정신적 구성물에 불과한 것이며, 집단 구성원으로서의 개인은 사회 구성원들의 보편적 개념 체계를 수용하기보다 자기 자신의 해석을 구성하고 나아가 세계에 관한 지식을 구성한다는 것이다(권낙연 · 김동엽, 2006: 363).

개인적 · 인지적 구성주의는 글라저펠트가 피아제(Piaget)의 유기체의 환경에 대한 적응과정에서 나타나는 동화(assimilation), 조절(accommodation), 평형화(equilibrium)의 개념을 도입하여 인간의 지식 형성 과정을 설명함으로써 등장하였다고 할 수 있다(김영인 · 김민, 2018: 39). 피아제는 학습이란 학습장면에서 한 개인이 인지적 갈등이 일어날 때 동화와 조절이라는 심리적 기제를 작동하여 인지구조를 적절하게 변화시키는 과정이다. 동화와 조절의 과정은 인간이 수동적으로 지식을 전달받는 것이 아니라, 능동적으로 정보를 내면화시킴을 보여 준다. 개인적 · 인지적 구성주의는 이러한 인지적 활동이 지식 구성에 핵심적인 역할을 한다고 전제하고, 동화와 조절을 촉진할 방법에 관심을 둔다(박성익 · 임철일 · 이재경 · 최정임 · 조영환, 2023: 139).

(2) 사회적 구성주의

사회적 구성주의는 지식의 구성 과정에서 사회적 상호작용이 우선 고려되어야 한다는 관점으로 비고츠키(Vygotsky)의 발달심리 이론에 이론적 근거를 두고 있다. 비고츠키의 이론에 의하면, 인간의 인지적 발달과 기능은 사회적 상호작용이 한 개인에게 내면화되어 이루어진다고 하였다. 따라서 지식 구성체계를 개인의 인지 작용과 사회적 관계를 따로 보지 않는다(나일주, 2007: 157). 여기서 내면화(internalization)란 사회적 활동이 개인의 내면적 정신활동으로 변환되는 과정, 즉 사회적 상호작용을 통해서 구성된 지식이 개인의 인지구조에 정착되는 과정이라고 할 수 있다(권낙연 · 김동엽, 2006: 156).

정리하면, 피아제(Piaget)의 경우, 인간은 자신의 주관적인 형태로 지식을 구성하고 그 지식을 바탕으로 또 다른 지식을 형성해 가는 인식적 행위 중심을 개별 인간의 주관성으로 보았지만, 비고츠키는 지식은 먼저 사회적인 차원에서 구성되고, 이것이 개별적인 인간들의 상호작용을 통해 개인 안에서 내면화함으로써 재구성된다고 보았다(나일주, 2007: 253~254).

비고츠키는 사회적 · 문화적 상호작용의 중요성을 아동의 '근접발달영역(Zone of Proximal Development, ZPD)' 개념을 통해 면밀하게 설명하고 있다. 근접발달영역은 실제적 발달과 잠재적 발달 수준 간의 거리를 말한다. 실제적 발달 수준은 아동이나 청소년이 남의 도움 없이 혼자서 과제를 해결할 수 있는 능력 수준을 의미한다. 그리고 잠재적 발달 수준은 혼자서는 해결할 수 없지만, 성인이나 앞선 또래의 도움을 받아 해결할 수 있는 능력 수준을 의미한다(김영인 · 김민, 2018: 41).

근접발달영역인 실제적 발달과 잠재적 발달 괴리에 관해서, 예를 들어 설명하고자 한다. 예컨대, 정신연령이 8세인 A, B 두 아동이 있다고 하면, 이들의 실제적 발달 수준은 동일하다. 이들은 8세 수준의 문제를 타인의 도움 없이 독자적으로 해결할 수 있기 때문이다. 그러나 잠재적 발달 수준은 실제적 발달 수준보다 높을 수 있으며, 두 아동이 서로 다를 수 있다. 만일 A와 B가 혼자 힘으로는 해결할 수 없는 문제를 교사와 동료들의 도움을 받아서 A는 9세 수준, B는 12세 수준의 문제를 풀 수 있다면, A의 잠재적 발달 수준은 9세, B의 잠재적 발달 수준은 12세가 되고, 이들의 ZPD는 9세와 8세의 차이, 12세와 8세의 차이로 나타난다(Moore, 2000; 권낙연 · 김동엽, 2006: 159에서 재인용).

〈표 1-3-3〉 실제적 발달 수준과 잠재적 발달 수준의 괴리

구분	아동 A	아동 B
(a) 발달 수준 : 조력을 받아 과제를 해결할 수 있는 능력 수준	9세	12세
(b) 발달 수준 : 혼자 힘으로 과제를 해결할 수 있는 능력 수준	8세	8세
ZPD(a와 b의 간격)	1세	4세

출처: 권낙연 · 김동엽(2006), p. 159.

근접발달영역은 구성주의적 학습의 민감 영역으로서 타인의 조력과 자기 주도적인 문제해결을 통해서 의미 있는 지식을 구성할 수 있는 최적의 발달 영역이라고 할 수 있다. 초기 단계에서는 타인의 조력과 협력적 학습이 필수적이다. 그러나 후기에 이르면 자기주도적인 능력이 형성되면서 스스로의 도움을 통한 문제해결이 가능해지므로 타인의 조력은 서서히 감소되어야 한다(권낙연 · 김동엽, 2006: 160). 근접발달 영역에 속하는 아동에게는 구조화를 할 수 있는 단서를 제공하거나, 세부 사항과 단계를 기억할 수 있도록 도움을 주고, 꾸준히 노력하도록 격려하는 것이 필요하다. 이러한 도움과 격려는 성인이나 더 능력 있는 동료들에게서 제공될 수 있다. 이 영역이 바로 가르침이 필요한 단계이며, 진정한 학습이 가능한 단계이다. 아동이 지적으로 성장하는 데 필요한 요소를 지원하는 도움을 스캐폴딩(scaffolding)이라고 하며, 이는 궁극적으로 아동이 자신의 힘으로 문제를 해결할 수 있는 단계에 도달할 때까지 제공되는 도움이나 보조를 의미한다(박성익 · 임철일 · 이재경 · 최정임 · 조영환, 2023: 140).

4) 구성주의 이론의 학습 원리와 청소년활동 지도

구성주의는 청소년활동 프로그램 개발 과정에서 지도자에게 개발 패러다임을 제공해 주고, 개발된 프로그램을 실행하는 단계에서는 청소년활동 지도의 원리로 작동하게 된다. 따라서 구성주의 이론의 학습 원리를 이해하고, 이해한 원리를 바탕으로 청소년지도자는 청소년활동 지도에 임하면 훨씬 더 높은 청소년활동 효과를 기대할 수 있을 것이다.

구성주의 이론의 학습 원리를 정리하면 다음과 같다(Fosnot et al., 1996; 김종문, 2000; 김영인 · 김민, 2018: 43~44에서 재인용). ㉠ 학습은 구성적 · 능동적 과정, ㉡ 학습은 반성적 능력을 통해서 추진, ㉢ 학습은 사회적 · 대화적 활동, ㉣ 학습은 적절한 인지적 불균형에 의해서 촉진, ㉤ 학습은 도구와 상징을 통해서 추진, ㉥ 학습은 삶의 방법을 알게 하는 과정이다. 이상의 여섯 가지 원리에 대하여 좀 더 세세하게 설명하도록 한다.

첫째, 구성주의에서 학습은 구성적 · 능동적으로 이루어진다는 것이다. 구성주의 학습은 학습자에 의한 능동적인 지식 구성이 본질이기 때문에 학습자의 자율성, 자기 주도성, 능동적인 참여가 매우 중요하다. 능동적인 학습이 이루어지기 위해서는 주입식 · 수동적 원리로 이루어지는 일방적인 수업이 아닌, 학습자의 자발성에 기초한 능동적 학습 참여 원리가 매우 중요하게 적용되어야 한다.

둘째, 구성주의에서 학습은 반성적 능력을 통해서 추진된다는 것이다. 반성적 능력은 학습자가 맥락에 적합한 지식을 구성하는 원동력이 된다. 반성적 능력을 함양하여 학습자가 창의적인 지식 습득을 하기 위해서는 평소 '반성적 글쓰기' 등을 통하여 반성적 능력을 키워야 한다.

셋째, 구성주의에서 학습은 사회적 · 대화적 활동을 통해 이루어진다는 것이다. 이는 교수자와 학습자, 학습자와 학습자 간의 수평적이고 민주적인 대화 관계에서 학습활동이 전개되는 것을 말한다. 양방향의 원활한 의사소통은 경험의 본질적 의미가 이해되고 공유될 수 있으며 의미 형성이 촉진될 수 있기 때문이다. 학습조직은 학습활동, 학습주제, 학습 과제와 반성 등과 관련된 담론 공동체가 될 필요가 있다.

넷째, 구성주의에서 학습은 적절한 인지적 불균형에 의해서 촉진된다. 인지적 불균형은 학습자의 능력보다는 과제의 수준이 조금 더 높을 때 일어나며, 이런 인지적 불균형은 학습을 촉진하는 계기가 된다. 딜레마 상황, 모순적 상황 등과 같은 불균형 상황은 학습을 촉진하는 요소가 된다.

다섯째, 구성주의에서 학습은 도구와 상징을 통해서 추진된다. 학습에서 다양한 물리적 도구, 언어를 중심으로 하는 다양한 상징 체계가 활용될 수 있어야 한다. 물리적 도구와 상징체계를 사용하는 것은 학습자가 정보와 지식(학습 내용)을 쉽게 이해하고 터득할 수 있으므로, 학습자는 정보와 지식에 의미를 부여하고 지식을 새롭게 구성하는 데 도움이 된다.

여섯째, 구성주의 학습은 삶의 방법을 알게 하는 과정이다. 구성주의 학습은 외부에 존재하는 명제적 지식을 발견하고 수용하는 과정이 아니라, 학습자 스스로가 삶의 맥락에 적합한 지식을 형성하는 과정이다. 삶의 맥락에 적합한 지식이란 방법적 지식이며, 방법적 지식은 무엇을 알기 위한 것보다 무엇을 할 수 있는가와 관련된다. 정리하자면 구성주의 학습은 앎 자체, 즉 'what'보다는 앎의 방법(방법적 지식)인 'how to'를 알게 하는 것이 중요하다. 이상의 구성주의 패러다임 기초한 학습 원리는 청소년활동 지도에 있어서 매우 적절한 이론적 배경이다. 따라서 청소년활동은 청소년 발달 과정에서 나타나는 문제에 관해 예방하고 해결책을 제시하는데 초점이 있다.

또한 청소년활동 지도현장에서 청소년지도자는 구성주의를 지향하는 '지식의 재구성'이라는 것을 두 가지 측면으로 이해하고 청소년활동 지도에 임해야 한다. 먼저, 앞서 언급했듯이 청소년(학습자)이 객관적 지식 덩어리를 주관적으로 해석하는 측면이고, 다른 측면은 학습방법(활동방법)을 재구성하는 측면이다. 그러므로 청소년지도자는 청소년활동 지도 현장에서 구성주의 관점에 맞는 활동 방법을 재구성해서 활용해야 한다. 전통적인 주입식 활동 방법보다는 구성주의에 입각해서 집단으로 시행되는 토론식, 프로젝트, 대화학습, 탐구학습 등 활동 방법이 적합하다. 이러한 방법을 적용하여 이루어지는 청소년활동 현장에서 청소년지도자는 조력자, 보조자, 촉진자, 안내자, 멘토 등의 역할을 하며, 활동에 참여한 청소년은 객관적 진리를 주관적으로 해석하여 받아들이게 된다.

구성주의 바탕의 청소년활동 지도 현장에서 청소년(학습자) 자발성과 능동성을 가지고 주어지는 정보와 지식을 아무런 필터링 없이, 사실 그대로 받아들이는 것이 아니고, 주어진 지식에 대하여 '아! 이것이 사실일까?', '1+1=2가 정말 맞는 답일까?' 의문을 품고, 이의를 제기하며 반성적 사고를 하며 지식을 재구성해 나가야 한다. 이와 같은 진리(정보와 지식 등)에 관한 철저한 자기검열과 해석을 청소년(학습자)이 함으로써, 당면한 문제를 해결할 수 있다.

제4장
청소년활동의 특성과 영역

1. 청소년활동의 특성

청소년활동은 청소년이 현재의 시공간에서 즐겁고 행복할 수 있도록 당면한 문제를 해결해 주는 데 초점을 둔다. 그러기 위해서 청소년활동의 가치 및 목적을 바탕으로 청소년과 원활하게 소통할 수 있는 청소년활동 방법과 청소년활동 내용을 가지고 청소년활동을 전개하여야 한다. 이러한 청소년활동이 전개되는 일련의 과정에서 적용되고 나타나는 청소년활동의 특성에 관해 알아보고자 한다. 한국청소년개발원(2003: 41~42)에서는 청소년활동의 특성을 목적적인 활동, 자율적인 활동, 조직적인 활동, 체험적인 활동, 모험적인 활동으로 구분한다. 이와 같은 청소년활동의 특성을 정리해 보면 다음과 같다.

1) 목적적인 활동

청소년활동은 분명한 목적과 목표를 가지고 있다. 청소년활동은 이념적 성격으로서 거시적인 방향성이 있고, 방향성 아래 세워지는 미시적인 목적과 목표를 가지고 있다. 거시적인 측면에서 청소년활동 방향과 지침이 되는 청소년활동 이념을 논의하는 것은 상당히 난해한 문제이다.

따라서 법률에서 정하는 이념을 제시하고자 한다. 「청소년기본법」의 기본이념을 성취하기 위해서는 다양한 청소년활동이 필요하므로, 「청소년기본법」의 기본이념을 청소년활동의 이념으로 보아도 무난하다고 생각한다. 「청소년기본법」 제

2조(기본이념)에서 "이 법은 청소년이 사회 구성원으로서 정당한 대우와 권익을 보장받음과 아울러 스스로 생각하고 자유롭게 활동할 수 있도록 하며 보다 나은 삶을 누리고 유해한 환경으로부터 보호될 수 있도록 함으로써 국가와 사회가 필요로 하는 건전한 민주시민으로 자랄 수 있도록 하는 것을 기본이념으로 한다."라고 되어있다. 즉, 청소년이 권리를 보장받고, 자유로운 활동을 하며, 유해환경으로 안전하게 보호를 받는 것 등을 통하여 민주시민으로 성장하게 하는 것이 「청소년기본법」의 기본이념이다. 이와 같은 거시적인 이념을 성취하기 위하여, 청소년활동은 분명한 목적과 목표를 가지고 있다. 목적과 목표는 이념보다는 구체적이고 실천적이며 실현할 수 있는 내용으로 구성된다.

2) 자율적인 활동

청소년활동은 청소년의 자발적인 참여와 자유분방한 분위기 속에서 이루어지는 자율적인 활동이다. 자율적인 활동은 학업과 같은 의무적인 활동에 반하는 것으로, 청소년활동이 시행되는 일련 과정에서 적용되는 주요한 청소년활동 특성이다. 자율적인 활동을 자발적인 참여와 자유분방한 분위기, 두 축으로 이해하고자 한다.

먼저, 청소년의 자발적인 참여 의미는 청소년활동 프로그램에 참여를 청소년 스스로가 선택하고 결정한다는 것이다. 의무적인 활동 공간(학교 등) 이외의 장소에서 이루어지는 청소년활동(프로그램)에 참여를 스스로 결정하는 것, 도중에 중단하는 것 등의 의사 결정을 하는 것을 나타낸다. 그다음 자유분방한 분위기는 활동 공간이 자유분방한 것뿐만 아니라, 활동프로그램을 진행하는 지도자의 자유분방한 태도도 포함되며, 청소년활동 프로그램 내용도 청소년에게 자유분방한 태도를 형성할 수 있도록 구성되어야 한다는 측면도 내포하고 있다.

결과적으로 청소년활동이 자율적인 활동이라고 특성을 얘기할 수 있음은 활동프로그램에 참여하는 청소년이 자유분방한 태도를 형성할 수 있는 활동프로그램이 구성되어 있고, 활동장 분위기도 자유분방하며, 지도자가 유연하고 융통성 있는 자유분방한 지도력을 가지고 있어야 한다. 이렇게 청소년활동이 자율적으로 이루어지기 위한 여건이 형성된 가운데, 청소년이 활동 참여를 스스로 결정하게 되면 온전하게 자율성이 확보된 청소년활동이 이루어졌다고 할 수 있다.

3) 집단적인 활동

청소년활동은 체계적이고 조직적인 집단활동이다. 청소년활동이 형식교육으로서 학교 교육과는 다르게 무형식 · 비형식교육으로 이루어지나, 나름대로 일정한 체계적인 조직 활동을 통하여 이루어지는 집단활동이다. 청소년활동은 개인도 가능한 활동이나 대체로 집단활동으로 이루어진다. 청소년활동이 집단활동으로 이루어진다는 것은 여타 집단과 마찬가지로 집단의 공통점을 가지고 있다는 것을 의미한다. 남세진 · 조흥식(1999: 4)은 집단의 공통점을 다음과 같이 제안하고 있다. 첫째, 구성원이 2인 이상의 집합체로서 형성되어야 한다. 둘째, 구성원들이 깊은 연대와 소속감을 느껴야 한다. 셋째, 구성원들이 공통으로 지향하는 목적이나 관심사를 가져야 한다. 넷째, 구성원들끼리 정서적 결속과 함께 상호의존적이며, 구성원들끼리 원활한 상호작용이 이루어져야 한다. 다섯째, 구성원의 기능과 역할을 규제하고 집단의 발전을 위한 규범을 가져야 한다.

앞에서 제시한 다섯 가지 집단의 개념 정의를 청소년활동 집단에도 적용해 설명하고자 한다. 첫 번째 제시한 내용과 관련해서, 청소년활동도 1인이 활동하는 경우는 극히 드물고, 대부분 2인 이상의 청소년들이 모여서 시행되고 있다. 두 번째의 내용이 깊은 연대 의식과 소속감인데, 청소년활동은 청소년에게 공동체 의식을 심어주기 위한 것이 활동의 중요한 목표이기 때문에, 이도 청소년활동에 참여하는 집단에 적용해 보면 합당하다. 세 번째, 공통의 목적이나 관심사도 청소년활동에서 당연히 적용되는 내용이다. 집단활동에 참여하는 청소년들은 해당 활동을 통해서 얻고자 하는 분명한 목적을 가지고 활동에 임한다. 이는 전술한 '청소년활동이 목적적인 활동이다.'라는 것을 통해서도 알 수 있다. 네 번째의 구성원들이 상호의존적이면서 상호작용이 이루어져야 한다는 것인데, 청소년 집단활동도 집단 구성원들끼리 정서적으로 의지하며 긴밀한 의사소통을 중요시한다. 끝으로 규범을 가져야 한다는 내용이다. 집단 규범과 관련해서는 집단의 크기, 활동 목적 및 내용, 활동 기간 등의 여러 요인에 의해서 규범이 없는 집단이 될 수도 있고, 반드시 규범이 존재하는 집단이 될 수도 있다. 예컨대, 청소년 동아리활동이나 참여기구 활동 등은 확실한 규범을 가지고 있지만, 짧은 기간 동안 일시적으로 실시되는 활동프로그램에 참여하는 집단은 규범이 없는 때도 있다.

이상의 다섯 가지 집단의 정의에 청소년 집단활동의 특성을 비춰볼 때, 청소년활동도 명백한 집단활동임을 알 수 있다. 청소년활동이 추구하는 거시적인 목표가 시민의식 함양, 공동체 의식 형성 등이라고 볼 때, 이러한 목표를 달성하기 위하여 청소년활동을 집단으로 실시하는 것은 매우 당연한 것이다.

4) 체험적인 활동

청소년활동은 활동에 참여하는 청소년이 가지고 있는 오감을 통하여 이루어지는 체험적인 활동이다. 우선 청소년활동과 체험의 관계에 관해 설명하고자 한다. 청소년활동에서 체험적 요소를 강조하는 이유는 '체험'이라는 소중한 '활동(학습) 소재'를 활용하여 주입식 경쟁교육이 아닌, 쌍방향(지도자와 청소년, 청소년과 청소년 등) 소통이 가능한 문답식 비판 교육이 가능하기 때문이다. 그리고 비체험적 · 비접촉적 활동 방법(학습법)보다는 직접 · 간접 체험하는 활동 방법(학습법)이 성장기 청소년에게 살아있는 지식과 기술, 민주시민이 갖춰야 할 올바른 인성을 함양하는데 훨씬 쉽기 때문이다.

오늘날 사이버공간에서 간접 체험이 일상화된 상황은 체험의 개념과 생태를 변화시키고 있다. 예전에는 "체험이란 대상과의 직접적이고 전체적인 접촉으로 인간의 감각기관인 오감을 통해 외부의 자극을 정보로 받아들이는 과정을 의미한다."라고 정의하였다(한국청소년개발원, 2003: 29). 이는 직접적인 체험을 몹시 중요시하는 개념 정의이지만, 간접 체험 비중이 증가하는 지금의 현실에서는 체험에 대한 개념 수정이 필요하다. 그러므로 체험이란 청소년들이 오감을 사용하여 직접적인 체험과 간접적인 체험을 통해 반성적 사고를 하며 외부환경(자연, 문화, 지식,

사건, 현상, 사안, 사람, 규범 등)을 받아들이는 과정이라고 볼 수 있다.

관점에 따라서 직접 체험이야말로 진짜 체험이고, 간접 체험은 크게 부각하지 않을 수도 있다. 그러나 끊임없이 발전하는 뉴미디어 등장, 스마트폰과 인터넷 기술 발달, 그리고 정보지능기술인 AI 기술 발전과 메타버스 환경 진보 등은 청소년의 간접 체험 기회를 증가시키고 있다. 변화된 체험 환경으로 인해 체험에 대한 새로운 개념 정의를 바탕으로 청소년활동 현장에서도 탄력적인 청소년활동 운영이 필요한 시점이다. 간접 체험으로 이루어지는 비대면 활동은 기존 대면으로 이루어지는 활동을 거의 모두 실현할 수도 있다. 따라서 온라인 게임, e스포츠뿐만 아니라, 봉사활동, 문화예술활동, 과학정보활동 등도 가능하므로, 이제는 대면형, 비대면형, 혼합형 청소년활동을 활동 현장에 적절하게 적용하는 것은 너무 당연한 현실이 되었다.

5) 모험적인 활동

청소년활동은 급성장하고 있는 청소년에게 도전정신과 모험심을 배양하게 하는 모험적인 활동이다. 도전정신과 모험심은 위험을 무릅쓰고 당당히 맞서서 정면으로 어떠한 일을 하려는 강한 마음을 뜻한다. 이 같은 마음은 신체적 · 심리적 · 사회적으로 발달 과정에 처한 청소년에게는 더욱 필요하다.

학교에서 이루어지는 학업만으로는 불굴의 도전정신과 모험심을 청소년이 갖게 하는데 한계가 있으므로 학업과 함께 학교 밖에서 이루어지는 다양한 청소년활동(모험활동 등)에 참여하게 해야 한다. 모험활동으로는 자연탐사활동, 야영, 각종 레저 · 스포츠, 걷기(국토순례, 트레킹) 등이 대표적일 수 있다. 또한, 인위적으로 위험 상황(인공 암벽, 번지 점프 등)을 만들어, 그 상황에 맞서 싸워 이기는 활동을 하게 하는 것도 있다. 이러한 모험활동은 도전정신과 모험심을 청소년에게 심어주는 것과 함께, 현재 당면한 문제인 공부, 진로, 친구관계, 갑작스러운 신체 변화 등으로 심리적 고통을 받는 청소년에게 스트레스를 감소시켜 정서적 안정감을 갖게 한다.

2. 청소년활동의 영역

청소년활동의 본질적 의미와 의도를 중심으로 청소년의 균형 있는 변화와 성장을 돕기 위한 측면에서 청소년활동의 유형화 작업이 이루어져야지만, 청소년활동의 영역 구분은 법적 기준이나 정부의 청소년활동 사업에 따라 구분하고 범주화하는 경향이 높다. 법과 정책, 각종 사업(청소년수련활동인증제, 공모사업 등)에 따른 구분이 청소년활동 영역과 유형의 판단 준거에 관한 명확성을 제공해 준다고 믿기 때문이다. 또한, 이런 구분은 청소년활동 영역의 유형을 분류할 때 활동의 가치를 명목화하여 실제 활동할 때 어떤 부분에 초점을 두어야 하는지를 명확하게 해 줄 수 있는 측면이 있다(김진호 · 권일남 · 이광호 · 최창욱, 2022: 77~78). 이러한 청소년활동 영역 구분과 관련된 논의와 상황을 토대로, 여기에서는 청소년활동의 영역을 법적 청소년활동 영역 분류와 청소년활동 사업의 내용 중심 영역 분류를 살펴보고, 학교에서 이루어지는 비교과목으로서 창의적 체험활동 영역 분류에 관해서도 정리하도록 한다.

1) 법률에서의 청소년활동 영역 분류와 한계

「청소년기본법」 제3조에서 "청소년활동이란 청소년의 균형 있는 성장을 위하여 필요한 활동과 이러한 활동을 소재로 하는 수련활동 · 교류활동 · 문화활동 등 다양한 형태의 활동을 말한다."라고 하며, 청소년활동의 영역을 수련활동 · 교류활동 · 문화활동 등으로 구분하고 있다. 세 가지 활동에 관해 「청소년활동 진흥법」 제2조에서 다음과 같이 정의하고 있다.

- "청소년수련활동"이란 청소년이 청소년활동에 자발적으로 참여하여 청소년 시기에 필요한 기량과 품성을 함양하는 교육적 활동으로서 청소년지도자와 함께 청소년수련거리에 참여하여 배움을 실천하는 체험활동을 말한다.
- "청소년교류활동"이란 청소년이 지역 간, 남북 간, 국가 간의 다양한 교류를 통하여 공동체 의식 등을 함양하는 체험활동을 말한다.

- "청소년문화활동"이란 청소년이 예술활동, 스포츠활동, 동아리활동, 봉사활동 등을 통하여 문화적 감성과 더불어 살아가는 능력을 함양하는 체험활동을 말한다.

더불어서, 숙박형 수련활동과 비숙박형 수련활동에 관해서도 다음과 같이 정의하고 있다.

- "숙박형 청소년수련활동"이란 19세 미만의 청소년을 대상으로 청소년이 자신의 주거지에서 떠나 청소년수련시설 또는 그 외의 다른 장소에서 숙박·야영하거나 청소년수련시설 또는 그 외의 다른 장소로 이동하면서 숙박·야영하는 청소년수련활동을 말한다.
- "비숙박형 청소년수련활동"이란 19세 미만의 청소년을 대상으로 청소년수련시설 또는 그 외의 다른 장소에서 실시하는 청소년수련활동으로서 실시하는 날에 끝나거나 숙박 없이 2회 이상 정기적으로 실시하는 청소년수련활동을 말한다. 이상의 법률에서 정의한 청소년활동 영역 구분 내용을 〈표 1-4-1〉에 정리하였다.

한편, 「청소년기본법」과 「청소년활동 진흥법」에서 제시하는 청소년활동의 유형은 청소년활동 정책과 사업의 집행 과정에서 중요하게 작용하여 청소년활동 사업의 원활한 시행을 돕는다. 그리고 실제 청소년활동 지도 현장에서 청소년지도자에게는 프로그램 운영과 개발 과정에서 명확한 지침을 제공해 준다. 하지만 법적 청소년활동 영역별 개념 정의와 영역 분류는 한계점도 가지고 있다. 먼저, 청소년수련활동의 개념의 모호성은 청소년활동 지도 현장에 혼란을 주고 있다. 청소년수련활동의 정의를 「청소년활동 진흥법」 제2조에서 '기량과 품성을 함양하는 교육적 활동'이라고 하고 있는데, 이 부분은 잘못 해석될 여지가 충분히 있다. 왜냐하면, '기량과 품성을 함양하는 교육적 활동'이라는 것이 상당히 추상적이며 불명확하기 때문이다. 관점에 따라서는 대부분의 청소년활동이 기량과 품성을 키우는 활동이라고 볼 수도 있다. 예술활동, 스포츠활동, 동아리활동, 봉사활동으로 구분하는 청소년문화활동도 기량과 품성을 함양하는 활동이므로 청소년수련활동이라고 해도 무방할 것이다. 또한, 청소년교류활동도 마찬가지로 어떻게 규정하는가에 따라서 청소년수련활동 영역에 포함할 수도 있다. 예컨대, A라는 동아리가 있는데, 이 A동아리활동의 목표와 성격을 '기량과 품성을 함양하는 교육적 활동'의 동아리라고 규정할 경우, A라는 동아리는 수련활동을 하는 동아리라고 볼 수 있다. 엄밀히 보자면 청소년교류활동이나 청소년문화활동의 세부활동인 예술활동, 스포츠활동, 동아리활동, 봉사활동도 '기량과 품성을 함양'하는 청소년수련활동에 포함될 수도 있어, 청소년수련활동에 관한 재정의 논의가 필요하다고 본다.

청소년수련활동과 같은 맥락적으로 이해해 볼 때, 청소년문화활동 정의와 세부활동 내용의 분류도 논점이 될 수 있다. 「청소년활동 진흥법」 제2조에서 '문화적 감성과 더불어 살아가는 능력을 함양하는 체험활동'이라고 하면서, 청소년문화활동을 예술활동, 스포츠활동, 동아리활동, 봉사활동으로 구분하고 있다. 하지만 수련활동이나 교류활동을 통하여서도 문화적 감성이나 더불어 살아가는 능력을 함양할 수 있기 때문이다. 따라서 청소년문화활동에 관한 정의도 해석의 가치와 기준에 따라 잘못 해석될 여지가 많다. 정리하면 「청소년활동 진흥법」에서 청소년활동에 관한 정의와 활동 분류에는 전술한 것 같은 내용으로 인하여 많은 한계점이 있음을 주지해야 할 것이다.

〈표 1-4-1〉「청소년기본법」과 「청소년활동 진흥법」에서의 청소년활동 영역 분류

영역	세부 영역
청소년수련활동	숙박형 청소년수련활동
	비숙박형 청소년수련활동
청소년교류활동	청소년 지역 간 교류활동
	청소년 남북 간 교류활동
	청소년 국가 간 교류활동
청소년문화활동	예술활동
	스포츠활동
	동아리활동
	봉사활동

2) 청소년활동 사업의 내용 중심 영역 분류

청소년활동의 영역을 분류할 때, 청소년 관련 연구기관, 정부, 학계, 시설이나 단체, 공모사업, 청소년수련활동인증제도 등에서 통상적으로 청소년활동을 활동 내용 중심으로 구분한다. 대체로 내용 중심의 분류는 건강활동, 과학정보활동, 교류활동, 모험활동, 문화예술활동, 봉사활동, 진로활동, 환경활동, 자기계발활동, 참여활동 등으로 하고 있다. 이 같은 청소년활동 사업의 내용 중심 영역 분류에 관해, 〈표 1-4-2〉는 한국청소년정책연구원에서 실시한 『한국 청소년활동 참여 실태조사』와 한국청소년활동진흥원에서 실시한 『청소년활동 참여 실태 및 요구조사서』를 토대로 세부 활동 내용에 관해 정리한 것이다. 청소년활동 사업의 내용 중심 영역 분류는 청소년지도자가 실제 프로그램계획서를 작성할 때(어떤 내용을 할 것인가?) 준거 역할을 한다.

〈표 1-4-2〉 청소년활동 영역별 세부 활동 비교

영역	세부 활동 내용	
	한국청소년활동 참여 실태조사 (한국청소년정책연구원)	청소년활동 참여 실태 및 요구 조사 (한국청소년활동진흥원)
건강	신체단련활동, 흡연 · 음주 · 약물 · 비만 예방활동, 안전 · 응급처치활동, 성교육활동, 학교 폭력 예방 활동, 인터넷 및 스마트폰 중독 예방활동, 기타	신체건강관리활동, 스포츠활동, 중독예방활동, 정신건강활동, 생활안전활동, 성교육활동
과학정보	모형 및 로봇활동, 컴퓨터 및 인터넷 활용활동, 우추천체활동, 정보캠프활동, 영상매체활동, 기타	기술공학활동, 우주과학활동, 생명과학활동, 해양과학활동, 정보통신활동
교류	청소년국제교류활동, 도농(도시–농촌) 간 청소년교류활동, 다문화 및 국제이해활동, 기타	국제교류활동, 남북교류활동, 지역간교류활동
모험	등반활동, 야영활동, 해양 및 수상훈련활동, 극기훈련활동, 기타	환경생태탐사활동, 야영활동, 해양수상활동, 도전활동
문화예술	문학행사, 문예창작 및 발표, 독서토론활동, 미술활동, 음악활동, 춤 · 무용활동, 영화, 연극, 뮤지컬활동, 전통예술활동, 사진촬영 및 발표활동, 기타	예술체험활동, 전통문화예술활동, 축제문화활동, 다문화이해활동
봉사	일손돕기활동, 위문활동, 돌봄 및 지도활동, 캠페인활동, 자선 · 구호활동, 재능기부활동, 기타	일손돕기활동, 재능나눔활동, 국제봉사활동, 환경보호활동
진로	청소년모의창업활동, 경제캠프활동, 진로탐색활동, 직업현장체험활동, 기타	자기이해활동, 진로직업탐색활동, 직업체험활동, 창업활동
환경	생태체험활동, 환경탐사활동, 환경음식 만들기 및 재활용공예활동, 환경살리기 캠페인활동, 환경 · 시설 보존활동, 기타	–
자기(인성)계발	표현능력개발 및 자기표현활동, 자기탐구 및 자기존중감 향상활동, 심성수련활동, 기타	–
참여	청소년참여기구 활동, 학교에서의 참여활동, 학교 이외에서의 참여활동, 기타	참여기구활동, 자치활동, 지역사회변화활동, 인권개선활동

출처: 문호영(2022), pp. 26~27.

3) 창의적 체험활동의 영역 분류

학교에서 이루어지고 있는 창의적 체험활동은 〈표 1-4-3〉과 같이, 크게 자율·자치활동, 동아리활동, 진로활동 세 가지 영역으로 분류한다. 이러한 활동들은 다시 세분화하여 자율·자치활동은 자율활동과 자치활동으로, 동아리활동은 학술·문화 및 여가활동, 봉사활동으로, 진로활동은 진로탐색활동과 진로 설계 및 실천활동으로 구분한다.

〈표 1-4-3〉 창의적 체험활동의 영역, 활동 및 예시 활동

영역	활동	예시 활동
자율·자치활동	자율활동	• 주제 탐구 활동: 개인 연구, 소집단 공동 연구, 프로젝트 등 • 적응 및 개척 활동: 입학 초기 적응, 학교 이해, 정서 지원, 관계 형성 등 • 프로젝트형 봉사활동: 개인 프로젝트형 봉사활동, 공동 프로젝트형 봉사활동 등
	자치활동	• 기본 생활습관 형성 활동: 자기 관리 활동, 환경·생태의식 함양 활동, 생명 존중 의식 함양 활동, 민주시민 의식 함양 활동 등 • 관계 형성 및 소통 활동: 사제동행, 토의·토론, 협력적 놀이 등 • 공동체 자치활동: 학급·학년·학교 등 공동체 중심의 자치활동, 지역사회 연계 자치활동 등
동아리활동	학술·문화 및 여가활동	• 학술 동아리: 교과목 연계 및 학술 탐구 활동 등 • 예술 동아리: 음악 관련 활동, 미술 관련 활동, 공연 및 전시 활동 등 • 스포츠 동아리: 구기 운동, 도구 운동, 계절 운동, 무술, 무용 등 • 놀이 동아리: 개인 놀이, 단체 놀이 등
	봉사활동	• 교내 봉사활동: 또래 상담, 지속가능한 환경보호 등 • 지역 사회 봉사활동: 지역 사회참여, 캠페인, 재능 기부 등 • 청소년단체 활동: 각종 청소년단체 활동 등

<table>
<tr><th>영역</th><th>활동</th><th>예시 활동</th></tr>
<tr><td rowspan="2">진로 활동</td><td>진로탐색 활동</td><td>• 자아탐색 활동: 자기이해, 생애 탐색, 가치관 확립 등
• 진로 이해 활동: 직업 흥미 및 적성 탐색, 진로 검사, 진로 성숙도 탐색 등
• 직업 이해 활동: 직업관 확립, 일과 직업의 역할 이해, 직업 세계의 변화 탐구 등
• 정보 탐색 활동: 학업 및 진학 정보 탐색, 직업 정보 및 자격(면허) 제도 탐색, 진로진학 및 취업 유관기관 탐방 등</td></tr>
<tr><td>진로 설계 및 실천 활동</td><td>• 진로 준비 활동: 진로 목표 설정, 진로 실천 계획 수립 등
• 진로계획 활동: 진로 상담, 진로 의사 결정, 진로 설계 등
• 진로체험 활동: 지역사회 · 대학 · 산업체 연계 체험활동</td></tr>
</table>

출처: 교육부 고시 제2022-33호 [별책 4].

제2부

청소년활동의 핵심 구성요소

2부에 앞서

2부에서는 청소년활동의 핵심 구성요소인 1장 청소년, 2장 청소년활동지도자, 3장 청소년활동시설, 4장 청소년활동 프로그램에 관해 학습한다.

1장에서는 다루는 청소년은 청소년활동의 주체이므로 청소년지도자는 정확한 청소년에 관한 발달적 특성과 청소년이 처한 사회 · 문화적 맥락, 당면한 문제 상황 등을 잘 이해하고 청소년활동 지도에 임해야 한다. 이러한 이해를 돕기 위하여 1장에서는 먼저, 청소년의 개념에 관해 알아본다. 청소년과 청소년기를 쉽게 정의하는 것은 쉽지 않다. 이유는 청소년이 경험하는 생물학적 발달과 사회문화적 상황, 법률이나 교육과정에 정한 나이 등이 다양하게 논의되기 때문이다. 청소년 개념에 관한 설명과 더불어서 청소년의 신체적 · 생리적 발달과 청소년활동의 관계, 정서적 발달과 청소년활동의 관계, 인지적 발달과 청소년활동의 관계, 사회적 발달과 청소년활동의 관계에 관해 면밀하게 살펴본다.

2장의 청소년활동지도자는 청소년활동 지도 현장에서 청소년활동 프로그램을 수단으로 청소년과 직접 소통한다. 일방적인 소통이 아닌 양방향 소통으로 이루어지는 청소년활동지도자와 청소년의 의사소통 구조는 청소년활동 지도 현장에서 청소년의 주도성을 높여서 청소년에게 창의적인 문제해결 능력을 함양하게 한다. 2장에서 구체적으로 알아볼 내용은 청소년활동지도자 개념과 유형, 국가 공인 자격 제도인 '청소년지도사' 그리고 청소년활동지도자의 역할과 자질이다.

3장에서는 청소년활동시설에 관해서 설명한다. 청소년활동시설은 청소년들이 지도자, 또래 집단과 소통하는 공간이다. 올바른 청소년의 성장과 발달에 청소년활동시설이 미치는 영향이 매우 크다고 볼 수 있다. 단순한 공간적 의미를 넘어서는 청소년활동시설에 관해 이해하기 위하여 3장에서는 청소년활동시설 개념과 기능에 관해 살펴보고, 청소년활동시설을 크게 청소년수련시설과 청소년이용시설로 구분하여 시설 유형별 개념, 시설기준과 운영 현황 등에 관해 자세히 알아본다.

4장은 청소년활동지도자가 청소년을 지도하는 매개 수단인 청소년활동 프로그램에 관해서 정리한다. 청소년활동 프로그램은 청소년지도자와 청소년과의 소통 수단, 청소년에게 새로운 지식과 정보를 전달 하는 수단, 청소년의 당면한 문제와 욕구를 해결해 주는 수단 등으로 작용한다. 따라서 4장에서는 청소년활동 프로그램 개념과 의의에 관해 설명한다. 그리고 프로그램 기획-프로그램 설계-프로그램 마케팅-프로그램 실행-프로그램 평가에 이르는 일련의 과정으로서 청소년활동 프로그램 개발의 개념과 실증주의 패러다임, 구성주의 패러다임, 비판주의 패러다임으로 구분하는 청소년활동 프로그램의 개발 패러다임에 관해 이해한다. 끝으로 앞서 제시한 청소년활동 프로그램 개발 과정에 관해서 단계별로 자세히 살펴본다.

제1장
청소년

청소년(학생)은 학교와 학교 밖 지역사회에서 다차원의 교육지원사업을 통하여 전인적인 성장을 한다. 청소년(학생) 교육지원사업은 학교 안의 학교 교육과 학교 밖의 청소년활동을 비롯하여 다양하게 전개된다. 이런 학교 교육과 학교 밖의 청소년교육지원사업은 상호 보완 관계에서 이루어진다. 학교 교육과 더불어서, 청소년의 바람직한 성장과 발달을 지원하는 학교 밖 청소년교육지원사업은 청소년에게 매우 필요하다. 특히, 청소년이 당면한 여러 가지 문제해결 중심으로 이루어지는 청소년활동은 더욱 그렇다.

청소년활동 현장에서 청소년은 청소년활동의 주체이다. 청소년활동의 주체인 청소년에 관한 발달적 특성과 사회 · 문화적 맥락, 당면한 문제 등을 청소년지도자는 올바르게 이해하고 청소년활동 지도에 임해야 한다. 따라서 여기서는 청소년에 관한 기초적 이해를 위하여 청소년의 개념과 청소년의 일반적인 발달 영역인 신체적 · 생리적, 인지적, 정서적, 사회적 발달 특성과 청소년활동과의 관계에 관해 정리한다.

1. 청소년의 개념

청소년과 청소년기를 쉽게 정의하는 것은 쉽지 않다. 이유는 생물학적 발달, 사회문화적 상황, 법률에서나 학교 교육과정에 정한 연령 등 청소년을 이해하고 규정하는 관점이 매우 다양하기 때문이다. 청소년기를 영어로 표기하면 'adolescence'로 할 수 있다. 이와 같은 표현은 라틴어의 'adolescere'에서 유래한 것으로 '성숙한 사람으로 성장해 간다(to grow or glow into maturity)'는 뜻이 내포되어 있어, 청소년기가 성인으로 급격하게 성장하는 변화의 시기임을 미루어 알 수 있다(김청송, 2009: 19).

20세기 이후 adolescence가 과거와는 다른 새로운 의미를 간직하며 새롭게 태어난 데에는 심리학자인 홀(G. Stanley Hall)의 공헌이 컸다. 홀은 1904년 발간된 'Adolescence'라는 책을 통해서 'adolescence' 시기를 인생의 발달 과정에 독특한 특징을 보이는 시기로 간주하며 종합적이며 구체적인 개념 설명을 하고 있다. 즉, 그는 'adolescence' 시기는 아동기와는 다른 사회 정서적 변화와 갈등을 겪는 발달 시기로 질풍노도 특성으로 상징되는 심리 정서적 혼란 과정으로 설명한다(최윤진, 2008: 372~373).

다음으로 청소년을 의미하는 'youth'는 'adolescence'에 사회적 성격을 좀 더 가미한 것이다. 후기 산업사회가 도래하면서 사회 구성원들에게 더욱 높은 수준의 교육적 성취를 요구하여 새로운 인생 주기가 창출됨으로써 청소년기가 생겨났다고 보는 관점이다(박영균 · 김경준 · 김주일 · 설인자 · 이봉주 · 이소희 · 주은지, 2014: 14). 다시 정리하면, 'adolescence'가 인간의 발달 과정 중 청소년기에 나타나는 보편적인 심리적, 생리적 특성을 중심으로 상징되는 청소년에 관한 호칭인 데 반해서, 'youth'는 역사적 변화 과정과 사회문화적 맥락 속에서 나타나거나 사회적으로 규정되는 시기적 역할, 지위, 또래집단이 만들어 내는 문화 양상들의 특징을 중심으로 출현하게 되고 발전되어 온 개념이라고 볼 수 있다(최윤진, 2008: 374).

청소년에 대한 창조주의적 견해에 관해 살펴볼 때 중요한 것은 20세기 초의 사회 역사적 상황이다. 청소년에 대한 역사적 조망은 도제 기간의 축소, 산업혁명 동안 기술의 향상, 노동의 최신 기술과 전문화된 분업의 요구, 가정과 직업의 분리, 홀의 저서, 도시화, YMCA나 보이스카우트와 같은 청소년단체의 출현, 연령에 따라 구분된 학교(공립 의무교육 체제) 등에 의해 특징지어진다. 학교, 직업, 경제는 청소년에 대한 창조주의적 견해의 중요한 국면들이다(Pasick, 1994; Lapsley,

Enright, & Serlin, 1985; 한상철, 2008: 20에서 재인용).

한국에서 청소년(靑少年)이란 말은 '청년(靑年)'과 '소년(少年)'의 합성어로 뒤늦게 만들어졌다. 청소년이란 말이 일제강점기 신문 · 잡지에 가끔 나타났지만, 대중적인 개념은 아니었다. 하지만 일제 강점 말기에 법령이나 행정문서에 청소년이란 말이 나타나기 시작했을 때는 사뭇 다른 의미를 내포하였다. '청소년'은 훈육되고 규율되어야 할 존재로서 '소년'과 '청년'을 총칭하는 말로 등장하게 된다(김현철 · 고미숙 · 박노자 · 권인숙 · 나임윤경, 2009: 18).

한편, 청소년 연령 구분에 관해서 UN 및 UN기구 청소년과 아동 연령 기준과 근거 법률과 한국 법령상에 제시된 연령 구분은 〈표 2-1-1〉과 〈표 2-1-2〉와 같다. 우선 국제기구의 연령 구분을 알아본다. UN 세계청소년행동계획(UN's World Programme of Action for Youth)과 국제노동기구(ILO) 그리고 세계보건기구(WHO)에서 에서 '청소년(youth)'을 15~24세로 규정하고 있다. 세계은행(World Bank)에서는 '아동(child)'을 12세 미만, '청소년(youth)'을 12~24세로 규정하고 있다. UN 아동권리협약(United Nations Convention on the Rights of the Child: UNCRC)에서는 '아동(child)'을 18세 미만으로 정하고 있다.

〈표 2-1-1〉 UN 및 UN기구 청소년과 아동 연령 기준과 근거 법률

기관	대상	연령 구분
UN 세계청소년행동계획 (UN's World Programme of Action for Youth)	청소년(youth)	15~24세
국제노동기구(ILO) 세계보건기구(WHO)	청소년(youth)	15~24세
	청소년(adolescent)	10~19세
	청소년(young person)	10~24세
세계은행(World Bank)	아동(child)	12세 미만
	청소년(youth)	12~24세
UN아동권리협약(UNCRC)	아동(child)	18세 미만

출처: 여성가족부(2023), p. 33.

다음은 우리나라 법령상의 연령에서 규정하고 청소년 연령 현황에 관해 알아본다. 청소년 관련법의 근간을 이루는 「청소년기본법」은 1987년에 제정된 「청소년육성법」을 전면 개정하여 "청소년의 권리 및 책임과 가정 · 사회 · 국가 · 지방자치단체의 청소년에 대한 책임을 정하고 청소년정책에 관한 기본적인 사항을 규정함을 목적으로 한다."(청소년기본법 제1조). 「청소년기본법」에서 청소년 연령을 9~24세 이하로 규정하고 있다. 「청소년활동 진흥법」, 「청소년복지지원법」, 「학교 밖 청소년 지원에 관한 법률」에서도 「청소년기본법」과 같은 9~24세 이하로 규정하고 있다. 「청소년보호법」에서는 청소년을 19세 미만으로 규정하고 있는데, 「청소년보호법」에서 19세에 도달하는 연도의 1월 1일을 맞이한 자는 제외된다. 「소년법」에서는 19세 미만인 자를 '소년'으로 규정하며, 「소년법」에서 14세 미만(형사미성년자)는 소년보호사건으로 처리한다. 「아동복지법」을 비롯하여, 여러 아동 관련 법에서는 아동을 18세 미만인자로 규정하고 있다. 그 외 〈표 2-1-2〉에서 보듯이, 청소년, 아동, 청년 관련법에서 대상에 대한 다양한 표현(장애아동, 어린이, 연소자, 미성년자, 청년 등)을 하며 연령도 많게는 39세(전통시장 및 상점가 육성을 위한 특별법 시행령에서의 연령)까지로 다양하게 규정하고 있다.

〈표 2-1-2〉 청소년, 아동, 청년 관련 법령상 연령 현황

법 령	대 상	연령(만 나이)	소관부처
청소년 기본법	청소년	9~24세 이하	여성가족부
청소년활동 진흥법	청소년	9~24세 이하*	여성가족부
청소년복지 지원법	청소년	9~24세 이하*	여성가족부
학교 밖 청소년 지원에 관한 법률	청소년	9~24세 이하*	여성가족부
청소년 보호법	청소년	19세 미만**	여성가족부
아동 · 청소년의 성보호에 관한 법률	아동 · 청소년	19세 미만**	여성가족부
가족폭력방지 및 피해자보호 등에 관한 법률	아동	18세 미만	여성가족부
아동복지법	아동	18세 미만	여성가족부
장애아동복지지원법	장애아동	18세 미만	보건복지부

법 령	대 상	연령(만 나이)	소관부처
실종아동 등의 보호 및 지원에 관한 법률	아동	18세 미만	보건복지부
공연법	청소년	19세 미만**	문화체육관광부
게임산업진흥에 관한 법률	청소년	19세 미만**	문화체육관광부
영화 및 비디오물의 진흥에 관한 법률	청소년	19세 미만** ('24.5.1. 시행)	문화체육관광부
음악산업진흥에 관한 법률	청소년	19세 미만**	문화체육관광부
도로교통법	어린이	13세 미만	경찰청
	운전면허	18세 이상 (원동기 16세 이상)	
근로기준법	연소자	18세 미만	고용노동부
직업안정법	연소자	18세 미만	고용노동부
형법	형사미성년자	14세 미만	법무부
소년법	소년	19세 미만 (소년보호사건 14세 미만)	법무부
민법	미성년자	19세 미만	법무부
공직선거법	선거권	18세 이상	중앙선거관리위원회
국민투표법	투표권	19세 이상	중앙선거관리위원회
공무원임용시험령	응시연령	(교정 · 보호) 20세 이상 (그 외) 18세 이상	인사혁신처
청년기본법	청년	19~34세 이하	국무조정실
청년고용촉진 특별법 시행령	청년	15~29세 이하 (공공 15-34세 이하)	고용노동부
중소기업 인력지원 특별법	청년근로자	15~34세 이하	중소벤처기업부
전통시장 및 상점가 육성을 위한 특별법 시행령	청년상인	39세 이하	중소벤처기업부

* 청소년 기본법 규정 준용.

**19세에 도달하는 연도의 1월 1일을 맞이한 자는 제외.

출처: 여성가족부(2024), p. 7.

2. 청소년의 발달 특성과 청소년활동

청소년활동 지도 현장에서 청소년을 지도할 때 개별화된 접근 원리를 우선 적용되어야 하나, 그전에 청소년지도자들은 청소년의 일반적 발달 특성에 관하여 충분히 이해하여야 한다. 전반적인 청소년 발달에 관한 일반적 지식을 바탕으로 청소년 개개인의 문제와 요구에 맞는 활동지도 및 상담 서비스를 제공하여야 한다. 이렇듯 청소년 발달 특성을 이해하는 것은 청소년지도자에게 매우 필요한 역량이다. 따라서 청소년지도자는 청소년 일반적 발달 특성 영역인 신체적 · 생리적, 정서적, 인지적, 사회적 각 영역에 대한 발달 특성과 청소년활동의 연관성을 파악해야 한다. 그러므로 여기서는 신체적 · 생리적 발달과 청소년활동 관계, 정서적 발달과 청소년활동 관계, 인지적 발달과 청소년활동 관계, 사회적 발달과 청소년활동 관계에 관해 알아본다.

1) 신체적 · 생리적 발달과 청소년활동

아동기를 지나 청소년기가 되면 아이들은 급격한 성장을 하게 되는데, 이를 청소년기 성장 급등(adolescent growth spurt)이라고 한다. 성장 급등은 남자는 13세경, 여자는 11세경에 시작하여 4년 정도 지속한다. 신장과 체중이 급격히 증가하고 체형이 변화되며 제2차 성징이 나타나 성적으로도 성숙해진다(김청송, 2019: 108).

신장과 체중의 변화, 성적 성숙으로 인하여 청소년들은 심리적으로 긍정적 측면과 부정적 측면에 해당하는 여러 가지 변화에 직면한다. A라는 청소년이 신장이 커지고 힘이 세지므로 자신감이 높아지는 것은 긍정적인 변화라고 할 수 있다. 그러나 힘이 세져서 자기 과시욕을 가지고 다른 친구들을 괴롭히는 폭력행위를 하는 것은 부정적인 측면이라고 볼 수 있다. 이때, 긍정적인 변화는 더욱 강화하고 부정적인 변화는 줄이는 다양한 청소년활동을 제공해야 한다. A라는 청소년에게 부정적인 측면에 해당하는 폭력행위를 감소시키기 위한 심성계발활동, 봉사활동 등 다양한 청소년활동이 필요하다.

청소년기 신체 변화는 청소년들에게 외모와 자신의 몸에 관해 관심을 끌게 하여 청소년들은 나름의 신체상(body image)을 형성한다. 신체상은 자신의 몸에 대하여 주관적으로 받아들이는 것인데, 자신의 몸에 대하여 해석하고 만족하는 정도를 말한다. 따라서 예민한 시기의 청소년들은 긍정적 신체상 보다는 부정적 신체상을 형성하는 경우가 많다. 더욱이 미디어의 영향으로 잘못된 신체상을 가짐으로서, 자신의 외모에 관해 심한 콤플렉스를 가지고 있는 경우가 허다하다. 이같이 바람직하지 못한 신체상으로 인하여 고민하는 청소년들에게 바른 신체상을 형성할 수 있는 청소년활동 프로그램을 제공하는 것은 청소년지도자로서의 당연한 책무이다.

2) 정서적 발달과 청소년활동

정서는 개인의 내부에서 일어나는 강한 감정을 말한다. 강한 감정의 촉발 요인은 인간의 외부에서 주어지는 자극 때문이다. 이러한 정서는 인간 행동의 기초로서 행동의 표출 방법과 방향을 규정하고 더 나아가서는 인간의 모든 정신생활까지 지배한다(신성철, 2018: 21). 특히, 청소년기의 정서는 격하게 표출되고 변화무쌍하여 큰 혼란에 빠질 수 있다. 이런 까닭에 '청소년'의 개념을 창안한 홀(G. Stanley Hall)은 청소년기를 '질풍노도의 시기(a time of storm and stress)'라고 표현하였다. 저자가 만난 한 청소년이 어느 날 이렇게 말했다. "선생님, 가만히 앉아 있어도 화가 나요." 이렇게 말하는 이유가 여러 가지 있겠지만, 가만히 있어도 화가 나는 것은 신체 · 생리적 변화 때문에 나타나는 청소년의 불안정한 정서를 적절히 묘사하고 있음을 알 수 있다.

청소년기 일반적인 정서 특성은 다음과 같다(유진이, 2018: 99). 첫째, 청소년들의 정서는 격렬하게 표출되며 쉽게 동요하는 속성을 가지고 있다. 둘째, 대체로 부적절한 대인관계로 인하여 정서적 자극을 받는다. 셋째, 아동기와는 다르게 정서가 영속적인 측면이 강해서 기분(mood)과 정조(sentiment) 상태로 발전하는 경우가 많다. 넷째, 청소년기의 정서 변화에 가장 큰 영향을 미치는 것은 신체 · 생리적 변화와 심리 · 사회적 변화를 들 수 있다. 다섯째, 청소년의 정서 표현은 청소년 개개인의 생활 여건에 따라 개인차가 두드러지게 나타난다.

이상의 청소년 정서 특성을 정리하면 청소년들은 부적절한 대인관계, 신체 · 생리적 변화, 심리 · 사회적 변화 등을 통하여 불안하고 강렬한 정서를 겪고 있는 것을 알 수 있다. 이 같은 부정적 정서를 줄이고 격한 감정을 통제할 수 있는 청소년활동이 제공되어야 한다. 예컨대, A라는 청소년이 청소년기에 접어들면서 특별한 이유 없이 짜증을 내고 격한 행동을 하면, 개인 상담 프로그램과 함께 유사한 행동을 하는 청소년들이 함께 집단 활동프로그램에 참가해서 정서적 어려움을 극복할 수 있도록 해야 한다. 청소년의 정서 발달 특성을 고려하여 청소년활동 프로그램을 계획할 때는, 무엇보다도 갑작스러운 정서변화의 이유를 이해하고 적응할 수 있는 예방 차원에서의 활동프로그램이 제공되어야 한다.

3) 인지적 발달과 청소년활동

인지는 외부 자극을 받아들여 저장하고, 인출하는 일련의 고등 정신 과정을 말한다. 또한 지각, 기억, 상상, 개념, 판단, 추리를 포함하여 무엇을 안다는 것을 나타내는 포괄적인 용어로 사용되고 있는 것으로 『표준국어대사전』에서 정의하고 있다. 청소년기는 인지발달이 양적 · 질적으로 급속히 진행되는 시기인데, 이를 잘 설명하는 이론이 피아제(Piaget)의 인지발달이론이다. 피아제는 인지발달 단계를 연령에 따른 발달 특징을 적절히 고려하여 감각운동기, 전 조작기, 구체적 조작기, 형식적 조작기로 구분하여 설명하였다. 마지막 단계인 형식적 조작기는 12세 이후의 청소년에 해당하며, 형식적 조작기 특징을 가상적이고 추상적인 상황에서도 논리적으로 사고할 수 있으며, 상대적이고 다차원적으로 사고가 가능하다고 하였다(한상철 · 김혜원 · 설인자 · 임영식 · 조아미, 2014: 120).

청소년기는 추상적인 사고, 가설 연역적 사고, 체계적 사고, 조합적 사고, 가능성에 관한 사고, 이상주의적 사고, 사고 과정에 관한 사고 등을 하여 아동기와 확연히 다른 사고와 그에 따른 행동을 하게 된다. 더불어서 자아중심적인 사고를 하게 된다. 이런 사고와 행동 과정에서 청소년들은 자아정체감에 대한 고민이 깊어진다. 따라서 확장된 인지적 특성과 자아정체감을 찾고 있는 청소년들에게 올바른 청소년활동이 주어져야 한다. A라는 청소년이 자연스러운 인지 발달 과정을 통하여 자신의 직업과 진로에 대한 고민 등과 함께 '나는 어떤 존재인가', '신은 있는 것인가', '앞으로 직업은 무엇을 선택할까', '행복을 어떻게 정의할 것인가' 등의 깊은 염려에 빠질 수 있다. 이럴 때, A라는 청소년이 자신에게 묻는 말에 대한 합당한 답을 찾아 바람직한 자아정체감을 형성할 수 있도록 청소년지도자는 '자아정체감형성 프로그램'을 제공하여야 한다.

4) 사회적 발달과 청소년활동

청소년기의 사회적 발달과 관련한 주요한 특징으로 부모로부터 개별화되는 것과 또래집단(peer group)에 몰입하는 것이다. 먼저, 개별화란 청소년의 '독립과 의존'이라는 양가감정에서 드러나는 심리적 과정으로 부모와 심리 · 정서적 유대를 지속하면서도, 한편으로 자신을 부모와는 다른 특별한 존재로 인식하는 것이다. 이러한 영향으로 애착 대상이 부모에서 친구들로 바뀌면서 부모와는 다른 가치관을 갖고 다른 생각과 행동을 하며 또래집단에 몰입하게 된다. 또래관계는 청소년 이전 시기부터 계속해서 유지되어 오지만, 예전과 다르게 동성이나 이성 친구 등 또래집단에게 심리적으로 관여하는 정도가 상당히 깊어진다. 그러므로 서로 간에 비밀을 털어놓으며 아주 친밀한 관계를 형성하게 된다(홍봉선 · 남미애, 2019: 31).

변화되고 확장된 대인관계는 청소년들에게 긍정적인 측면과 부정적인 측면에서 영향을 미친다. 부모를 떠나 새롭게 형성된 대인관계에서 심리적으로 의지하며 지내게 되므로 자존감이 높아지며 일상생활에 활력을 얻게 된다. 하지만 아직 미성숙한 단계에 있는 청소년들은 의사소통 기술도 부족하여 원만한 관계를 형성하지 못하므로 대인관계에서 어려움을 겪게 되는 경우도 발생한다. A라는 청소년이 부모로 독립하려는 마음 때문에 새로운 사람들을 만나려고 하는데, 성격적인 것도 있고 사람들을 사귀는 능력이 부족하여 친밀한 관계를 맺는 것에 애로 사항이 있다고 하자. 이럴 때 A라는 청소년이 대인관계 기술, 의사소통 기술 등을 함양할 수 있는 청소년활동 프로그램을 제공하여 친숙한 관계를 맺는 데 어려움이 없도록 해야 한다.

제2장
청소년활동지도자

청소년활동지도자는 청소년활동 지도 현장에서 청소년활동 프로그램을 수단으로 하여 가장 가까운 거리에서 청소년과 소통하는 사람이다. 전통적인 학교 교육 현장에서와 같이 교사가 일방적으로 지식을 전달하는 것과 달리, 청소년활동지도자는 청소년과 양방향의 상호작용을 이루어 간다. 지역사회에서 다양한 요구와 문제를 가지고 있는 청소년의 목소리에 귀 기울이며 청소년의 원만한 성장과 발달을 지원한다. 따라서 여기서는 청소년활동 중요한 구성요소 중의 하나인 청소년활동지도자에 관한 개념과 유형에 대해 알아보고, 청소년지도사의 자격제도 도입과 변화, 청소년지도사 응시자격, 청소년지도사 검정과목 및 검정방법, 청소년지도사 양성체계 및 양성실적, 청소년지도사 배치기준을 이해한다. 끝으로 청소년활동지도자의 자질과 역할에 대해 살펴본다.

1. 청소년활동지도자의 개념과 유형

1) 청소년지도와 청소년활동지도자의 개념

청소년활동지도자의 개념 정립을 위해서는 우선하여 청소년지도의 의미와 청소년지도자의 개념을 확인할 필요가 있다. 청소년지도(youth guidance)는 청소년을 지도하는 사람이 청소년을 지도하는 행위와 과정을 의미한다(김진호 · 권일남 · 이광호 ·

최창욱, 2022: 259). 여러 학자의 청소년지도에 관한 견해를 살펴보면 다음과 같다.

함병수 외(2004)는 "청소년지도란 청소년들이 그들의 생활세계에서 직면한 여러 가지 문제(교육적, 가정적, 사회적, 직업적, 신체적, 정서적)를 해결할 수 있도록 적극적으로 개입하고 지원하며, 청소년들의 잠재력이 바람직하고(positive), 건전하며(healthy), 온전한(optimal) 상태로 성장할 수 있도록 조력하고 지원하는 일련의 과정"으로 정의한다. 또한, 한상철(2009: 243~244)은 "청소년의 요구를 분석하고, 지도목표를 설정한 다음, 목표달성을 위한 체계적인 프로그램을 설계 · 개발한 후, 이에 기초하여 프로그램에 자발적으로 참여한 청소년을 대상으로 전문지도사에 의해 수행되는 지속적이고 전문적인 조력의 과정"이라고 청소년지도를 정의한다. 이와 같은 청소년지도 개념에는 크게 네 가지의 특성이 포함되어 있다고 할 수 있다. 즉, 청소년지도는 첫째, 관심 대상이 청소년이며(individual), 둘째, 청소년의 바람직한 성장 · 발달 · 성숙을 도모하고(positive youth development), 셋째, 도와주는 활동이며(helping activity), 넷째, 일련의 과정(sequent process)이라는 점을 함축한 개념이라고 할 수 있다(한국청소년개발원 편, 2004: 350).

김영인 · 김민(2018: 14)은 "청소년지도는 덕 · 체 · 지를 겸비한 도덕적이고 전인적인 인간으로 청소년이 성장할 수 있도록 청소년지도사, 청소년상담사와 같은 청소년지도 전문가에 의해서 청소년시설, 청소년단체 등에서 청소년활동 프로그램을 중심으로 이루어지는 지속적이고 체계적인 안내 지원활동"이라고 청소년지도 개념에 장소적 속성을 포함하여 정의한다. 또한, 오윤선 · 황인숙(2019: 104)은 "청소년지도는 전문성을 인증받은 청소년지도자가 신체적, 인지적, 도덕적, 심리적, 정서적, 사회적, 영적 문제에 직면한 청소년들에게 청소년지도의 원리와 실제를 활용하여 청소년들이 의미 있는 변화와 성숙에 이르며 전인적 인간으로 성장할 수 있도록 체계적인 프로그램을 통해 돕는 것이다."라고 정의한다. 이와 같은 청소년지도 개념에는 청소년지도자를 포함하여 청소년지도를 새롭게 정의하고 있다. 이는 청소년지도 현장에서 청소년지도 행위자, 즉 '청소년을 지도하는 사람'으로서 청소년지도자를 중요하게 여기는 것으로 볼 수 있다.

'청소년지도자'에 관한 개념도 '청소년지도' 개념과 마찬가지로 여러 학자가 다양하게 정의하고 있다. 〈표 2-2-1〉에 제시된, 청소년지도자의 개념 전체를 관통하는 내용을 몇 가지로 정리하면 다음과 같다. 첫째, 제시된 청소년지도자의 개념들을 살펴보면 청소년지도의 분명한 목표가 포함되어 있고, 그 목표가 표현은 다소 다르게 하고 있으나, 청소년의 '전인적인 성장(균형 있는 성장)'에 초점이 있음을 알 수 있다. 둘째, 청소년지도의 개념에는 청소년지도사와 청소년상담사 자격 유무에 따라서 일반지도자와 전문지도자로 구분하고 있다. 셋째, 청소년지도의 장으로서 청소년시설이나 청소년단체 등에서 청소년지도자는 조직적이고 체계적인 서비스를 펼치는 전문가임을 알 수 있다.

한편, 「청소년기본법」에 의한 '청소년지도자'라 함은 청소년지도사 및 청소년상담사와 청소년시설 · 청소년단체 · 청소년 관련기관 등에서 청소년육성 및 지도업무에 종사하는 자를 총칭한다(여성가족부, 2023: 593). 앞서 제시한 여러 학자의 청소년지도의 개념과 「청소년기본법」의 내용을 통하여 청소년지도자에 관해 정리하면 "청소년지도자란 청소년의 전인적인 성장을 위하여 청소년지도사와 청소년상담사 등 전문자격을 갖추고 청소년시설이나 청소년단체 등에서 청소년육성 및 지도업무에 종사하는 사람"으로 정의할 수 있다. 따라서 청소년지도자는 일반적인 의미에서 청소년 지도활동에 종사하는 모든 사람을 지칭하지만, 좁은 의미로는 청소년시설 및 단체 등 청소년조직에서 청소년 지도활동에 종사하는 사람을 말한다(한국청소년개발원 편, 2004: 352).

청소년활동지도자는 앞서 기술한 청소년지도자의 개념과 「청소년기본법」에 제시한 청소년시설 구분(청소년활동에 제공되는 시설, 청소년복지에 제공되는 시설, 청소년보호에 제공되는 시설)에 비춰서 다음과 같이 정의할 수 있다. 청소년활동지도자는 "청소년의 전인적인 성장을 위하여 전문자격을 갖추고 청소년활동시설 및 단체 등에서 청소년활동 업무에 종사하는 사람"을 말한다.

〈표 2-2-1〉 청소년지도자의 개념

구분	청소년지도자의 개념
권일남 · 오해섭 · 이교봉 (2016: 249)	일반 청소년지도자: 청소년을 대상으로 청소년활동지도, 청소년복지지원, 청소년보호 · 선도활동 등에 관여하거나 종사하는 자로서 청소년들의 긍정적 변화와 건강한 성인으로의 이행을 위해 역할모델이 정립되고 올바른 방향으로 이끌어 주는 사람 전문 청소년지도자: 청소년지도사 또는 청소년상담사 자격을 취득하고 청소년들 속에서 청소년과 더불어 청소년들의 균형된 성장과 성공적인 성인으로의 이행을 촉진하고 촉진하는 일에 종사하는 사람
김영인 · 김민 (2018: 70)	덕 · 체 · 지를 겸비한 도덕적이고 전인적인 인간으로 청소년이 성장할 수 있도록 청소년 시설, 청소년 단체 등에서 청소년활동 프로그램을 중심으로 지속적이고 체계적인 안내와 지원활동을 하는 전문가
오윤선 · 황인숙 (2019: 158)	청소년지도자란 청소년지도사 또는 청소년상담사 자격을 취득하고 신체적, 인지적, 도덕적, 심리적, 정서적 그리고 사회적 문제에 직면한 청소년들에게 청소년지도의 원리들과 실제들을 활용하여 청소년들이 의미 있는 변화와 성숙에 이르며 전인적 인간으로 성장할 수 있도록 이끌어 주는 지도자로서의 바람직한 성품을 지닌 자
김윤나 · 정건희 · 진은설 · 오세비 (2019: 10)	참여가치를 중심으로 청소년과 수평적 관계를 맺으며, 조직적 관점으로는 기관 · 단체의 목적을 효과적으로 달성하고 청소년의 개개인 욕구와 관심을 중심으로 변화를 꾀하면서 청소년들에게 역할모델이 되는 사람으로서 국가자격이 있는 자와 없는 자로 구분
이혜경 · 김도영 · 진은설 (2020: 73)	청소년의 조화로운 성장과 발달을 위해 청소년활동(프로그램) 등을 제공 · 지원하는 일을 하는 사람
이남 · 김용탁 · 김종국 (2023: 100)	청소년지도사와 청소년상담사를 포함하여 청소년시설, 청소년단체, 청소년 관련 기관인 학교, 사회복지설 등 청소년 업무 관련 종사자로 각각의 영역에서 청소년들의 건강하고 균형 있는 성장을 지원하기 위하여 청소년활동 업무에 종사하는 사람

2) 청소년활동지도자의 유형

청소년활동지도자의 유형 정리에 앞서, 청소년지도자의 유형을 살펴본다. 청소년지도자의 유형은 청소년지도 관련 업무가 이루어지는 장소(시설의 종류), 업무 내용, 전문성의 정도, 참여 정도, 상근과 비상근 여부, 공인 자격증의 취득 여부 등에 따라서 다양하게 유형화할 수 있다. 여러 가지 상황을 고려하여 청소년지도자의 유형을 일반지도자와 전문지도자로 명료하게 권일남 · 오해섭 · 이교봉(2016: 249~250)은 제시하였다. 이와 같은 분류는 전문성의 가늠을 자격증으로 하고, 자격증 유무에 따라 일반지도자와 전문지도자로 나누고 있다.

한편, 『2022년 청소년백서』에서 [그림 2-2-1]과 같이 청소년지도자의 유형을 청소년지도사, 청소년상담사, 청소년시설 · 단체 · 관련기관 종사자로 구분하고 있다. 청소년지도사와 청소년상담사는 "자격검정에 합격하고 청소년지도사 및 청소년상담사 연수기관에서 실시하는 연수 과정을 마친 사람"을 말한다. 이들은 청소년을 보다 과학적으로 이해하고, 전문적으로 지도할 수 있는 능력을 지녔다고 국가가 공인하고 있는 자로서, 청소년지도의 전문성이 다른 누구보다 높을 뿐만 아니라 청소년지도자로서의 사명감과 소속감, 투철한 직업의식을 지니고 있다고 판단되는 사람이다(한국청소년정책연구원, 2008: 242).

[그림 2-2-1] 청소년지도자의 분류

출처: 여성가족부(2023), p. 593.

이러한 분류와 함께, 저자는 청소년지도자의 분류를 청소년시설의 종류와 시설의 업무 내용을 중심으로 구분하고자 한다. 「청소년기본법」 제4장에서 청소년시설의 종류를 청소년활동에 제공되는 시설, 청소년복지에 제공되는 시설, 청소년보호에 제공되는 시설로 정하고 있다. 이와 같은 구분을 토대로 청소년활동에 제공되는 시설에 종사하는 지도자를 '청소년활동시설지도자', 청소년복지에 제공되는 시설에 종사하는 지도자를 '청소년복지시설지도자', 청소년보호에 제공되는 시설에 종사하는 지도자를 '청소년보호시설지도자'로 분류한다.

청소년활동지도자는 "청소년활동이 제공되는 시설에 종사하는 지도자"로 정의하면서 청소년활동지도자의 유형은 청소년활동 내용 중심으로 구분하고자 한다. 본서 4부 『청소년활동의 실제』 편에서 청소년활동을 내용 중심으로 구분하여 청소년활동을 10가지로 제시하고 있다. 10가지로 제시된 내용 중심 청소년활동을 지도하는 사람으로서 청소년활동지도자를 유형화하면 다음과 같다. 문화예술활동지도자, 야외활동지도자, 봉사활동지도자, 환경교육활동지도자, 진로교육활동지도자, 인권과 참여활동지도자, 디지털 미디어활동지도자, 스포츠활동지도자, 국제교류활동지도자, 성교육활동지도자 등이다.

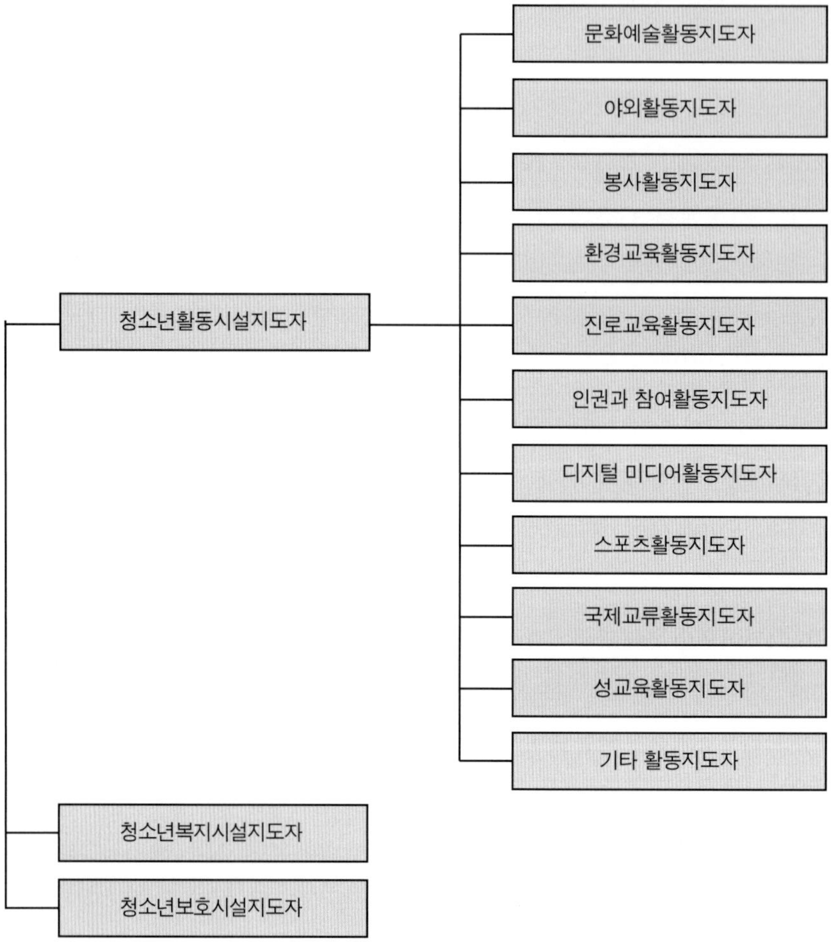

[그림 2-2-2] 청소년시설 구분에 따른 청소년지도자의 분류

3) 청소년활동지도자로서 '청소년지도사'

(1) 청소년지도사 자격제도 도입과 변화

청소년활동지도 현장에서 지도자의 전문성을 담보하는 국가 공인 자격인 '청소년지도사' 자격제도는 2차례 개정 과정이 있었다. 1993년도에 청소년육성을 위한 전문 인력양성을 위해서 청소년지도사 자격제도를 처음 도입하였는데, 이때에는 「청소년기본법」에 의해서 양성기관으로 지정받은 기관에서 일정 기간에 걸쳐서 이수 과정을 수료하거나, 대학에서 청소년(지도)학과를 졸업한 후에, 실시하는 자격검정시험에 합격한 사람에게 청소년지도사 자격을 취득하게 하였다. 그 후 1999년도에 개정된 청소년지도사 자격제도는 사전연수제를 폐지하고 많은 사람에게 응시 기회를 제공하고자 자격제도를 개방하여 자격검정 후에 합격자 연수를 실시하였다. 또한, 현장에서 요구하는 다양한 전문성을 확보하기 위하여 13개 전문선택 영역과목을 도입하였다(김경준 · 박정배, 2020: 15).

2005년 개정에서는 청소년지도사 전문성 강화의 차원에서 현장 중심의 요구분석을 중심으로 자격검정과 연수제도의 개선, 자격 요건의 강화 등을 목적으로 2, 3급 전문 선택 과목의 폐지, 1, 2, 3급 자격 과목의 조정, 전공과목 이수자 필기시험 면제(2008년도부터 시행)가 시행되었다. 2, 3급 전문선택영역 과목의 경우에는 검정방법, 문제출제 및 선정, 난이도 조절 등에 많은 문제와 어려움이 있으므로 폐지하고, 전체적으로 과목수를 축소 · 조정하였다. 특히, 직무분석 및 학계와 현장의 의견수렴을 통해 청소년지도사로서 기본적 자질 및 능력을 검정할 수 있는 기본 필수과목으로 조정하였다(김경준, 2008: 4). 이상의 내용을 〈표 2-2-2〉에서 일목요연하게 정리하고 있다. 한편, 청소년지도사 검정기관은 1993년 청소년지도사 자격제도 도입시기부터 한국청소년개발원이었으나, 2010년 개정에서부터는 한국산업인력공단에서 담당하고 있다.

〈표 2-2-2〉 청소년지도사 자격제도의 주요 변화

구분	1993년 시행	1999년 개정	2005년 개정
등급	1 · 2 · 3급	1 · 2 · 3급	1 · 2 · 3급
주요 특성	• 사전연수제도 • 양성기관지정 (대학 및 청소년단체) • 사전연수 후 자격검정	• 사전연수제도 폐지 • 2, 3급 13개 전문 선택 영역 추가 • 자격검정 후 합격자 연수	• 2, 3급 전문선택 영역 폐지 • 전공과목 이수자 필기시험 면제(2008년도부터 시행) • 검정과목 축소 · 조정 • 자격검정 후 합격자 연수
응시 자격	• 사전연수 이수자	• 일정 자격을 갖춘 자	• 일정 자격을 갖춘 자
연수	• 사전연수	• 자격연수 선택 (1999년~2001년) • 자격연수 의무 (2002년~2005년)	• 연수시간 상향 조정 (20시간 이상 → 30시간 이상)

출처: 김경준(2008), p. 4.

(2) 청소년지도사 응시자격

청소년지도사 자격검정은 특별한 결격사유가 없는 경우에 응시자격 기준에 적합하면 누구나 응시할 수 있다. 청소년지도사 자격검정 응시 결격사유는 ㉠ 미성년자, 피성년후견인 또는 피한정후견인, ㉡ 파산선고를 받고 복권되지 아니한 사람, ㉢ 금고 이상의 형을 선고받고 그 집행유예의 기간이 끝나지 아니한 사람, ㉣ 「아동복지법」, 「성폭력범죄의 처벌 등에 관한 특례법」, 「아동 · 청소년의 성보호에 관한 법률」을 위반한 범법자, ㉤ 법원의 판결 또는 법률에 따라 자격이 상실되거나 정지된 사람이다(여성가족부 · 한국산업인력공단 · 한국청소년활동진흥원, 2023: 4).

청소년지도사 자격검정을 위한 학력과 경력 조건을 살펴보면 2급이나 3급 모두 최소한 고등학교 졸업 또는 이와 같은 수준 이상의 학력이 있어야 하며 3급은 청소년육성업무에 3년 이상 종사경력이, 2급은 8년 이상 종사경력이 필요하다.

청소년지도사 자격검정은 필기시험 또는 면접으로 이루어진다. 필기시험 면제는 「청소년기본법 시행령」 제20조 제4항에 따라 이루어진다. 검정과목 전공이수

관련으로 응시자격 요건을 갖춘 자는 필기시험에 한해 면제되며, 면접시험은 응시해야 한다(여성가족부 · 한국산업인력공단 · 한국청소년활동진흥원(2023: 5). 2급 필기시험 면제자는 〈표 2-2-3〉에서 보듯이, 2급 2호에 해당하는 '대학 졸업(예정)자 또는 이와 같은 수준 이상의 학력이 있는 사람으로서 2급 청소년지도사 필기시험 과목 모두를 전공과목으로 이수한 사람'이나, 2급 3호에 해당하는 '대학원의 학위과정 수료(예정)자로서 2급 청소년지도사 필기시험 과목 모두를 전공과목으로 이수한 사람'이다. 3급 필기시험 면제자는 3급 1호에 해당하는 '전문대학 졸업(예정)자 또는 이와 같은 수준 이상의 학력이 있는 자로서 3급 청소년지도사 필기시험 과목 모두를 전공과목으로 이수한 사람'이다.

〈표 2-2-3〉 청소년지도사 등급별 자격검정 응시자격의 기준

구분	응시자격기준
1급 청소년 지도사	2급 청소년지도사 자격 취득 후 청소년활동 등 청소년육성업무에 종사한 경력이 3년 이상인 사람
2급 청소년 지도사	1. 대학 졸업(예정)자 또는 이와 같은 수준 이상의 학력이 있는 사람으로서 2급 청소년지도사 필기시험 과목 모두를 전공과목으로 이수한 사람 2. 2005년 12월 31일 이전에 대학을 졸업하였거나 이와 같은 수준 이상의 학력을 취득한 사람으로서 별표 1의 2에 따른 과목을 이수한 사람 3. 대학원의 학위과정 수료(예정)자로서 2급 청소년지도사 필기시험 과목 모두를 전공과목으로 이수한 사람 4. 2005년 12월 31일 이전에 대학원의 학위과정을 수료한 사람으로서 별표 1의 2의 규정에 따른 과목 중 필수영역 과목을 이수한 사람 5. 대학 졸업 또는 이와 같은 수준 이상의 학력이 있다고 다른 법령에서 인정받은 후 청소년활동 등 청소년육성업무에 종사한 경력이 2년 이상인 사람 6. 전문대학 졸업 또는 이와 같은 수준 이상의 학력이 있다고 다른 법령에서 인정받은 후 청소년활동 등 청소년육성업무에 종사한 경력이 3년 이상인 사람 7. 3급 청소년지도사 자격 취득 후 청소년활동 등 청소년육성업무에 종사한 경력이 2년 이상인 사람 8. 고등학교 졸업 또는 이와 같은 수준 이상의 학력을 인정받은 후 청소년활동 등 청소년육성업무에 종사한 경력이 8년 이상인 사람

구분	응시자격기준
3급 청소년 지도사	1. 전문대학 졸업(예정)자 또는 이와 같은 수준 이상의 학력이 있는 자로서 3급 청소년 지도사 필기시험 과목 모두를 전공과목으로 이수한 사람 2. 2005년 12월 31일 이전에 전문대학을 졸업하였거나 이와 같은 수준 이상의 학력을 취득한 사람으로서 별표 1의 2에 따른 과목을 이수한 사람 3. 전문대학 졸업 또는 이와 같은 수준 이상의 학력이 있다고 다른 법령에서 인정받은 후 청소년활동 등 청소년육성업무에 종사한 경력이 2년 이상인 사람 4. 고등학교 졸업 또는 이와 같은 수준 이상의 학력이 있다고 다른 법령에서 인정받은 후 청소년활동 등 청소년육성업무에 종사한 경력이 3년 이상인 사람

출처: 「청소년기본법 시행령」 [별표 1].

(3) 청소년지도사 검정과목 및 검정방법

청소년지도사 자격검정은 필기시험과 면접시험으로 구분한다. 먼저, 필기시험 급수별 과목을 살펴보면 다음과 같다. 청년지도사 1급 검정과목은 청소년연구방법론, 청소년 인권과 참여, 청소년정책론, 청소년기관 운영, 청소년지도자론으로 5과목이다. 2급 검정과목은 청소년육성제도론, 청소년지도방법론, 청소년심리 및 상담, 청소년문화, 청소년활동, 청소년복지, 청소년프로그램 개발과 평가, 청소년문제와 보호 8과목이고, 3급 검정과목은 2급 검정과목에서 청소년복지론을 제외한 7과목이다. 청소년지도사 1급 검정방법은 주관식과 객관식 필기시험으로 시행되고 면접은 없다. 청소년지도사 2급과 3급의 검정방법은 객관식 필기시험과 면접으로 이루어진다. 면접시험은 응시자 3~5명씩 1조로 하여 3인의 면접위원이 채점하는 집단면접으로 시행되고, 주요 면접 내용은 ㉠ 청소년지도자로서의 가치관 및 정신자세, ㉡ 예의 · 품행 및 성실성, ㉢ 의사발표의 정확성 및 논리성, ㉣ 청소년에 관한 지식과 그 응용능력, ㉤ 창의력 · 의지력 및 지도력 등이다(〈표 2-2-4〉 참조).

〈표 2-2-4〉 청소년지도사 검정과목 및 검정방법

<table>
<tr><th>구분</th><th>검정과목</th><th colspan="2">검정방법</th><th>문제수(객관식/주관식)
배점(객관식/주관식)</th></tr>
<tr><td>1급
(5과목)</td><td>청소년연구방법론, 청소년 인권과 참여, 청소년정책론, 청소년기관 운영, 청소년지도자론</td><td colspan="2">주 · 객관식(5지택일)
필기시험
(면접 없음)</td><td>각 20문제(14/6)
/ 100점(70/30)</td></tr>
<tr><td>2급
(8과목)</td><td>청소년육성제도론, 청소년지도방법론, 청소년심리 및 상담, 청소년문화, 청소년활동, 청소년복지, 청소년프로그램 개발과 평가, 청소년문제와 보호</td><td>객관식
필기시험
(5지택일)</td><td>면 접
(3급 청소년 지도사 자격증 소지자는 면접 시험 면제)</td><td>각 20문제(20/0)
/ 100점(100/0)</td></tr>
<tr><td>3급
(7과목)</td><td>청소년육성제도론, 청소년활동, 청소년심리 및 상담, 청소년문화, 청소년지도방법론, 청소년문제와 보호, 청소년프로그램 개발과 평가</td><td>객관식
필기시험
(5지택일)</td><td>면 접</td><td>각 20문제(20/0)
/ 100점(100/0)</td></tr>
<tr><td rowspan="2">면접
시험</td><td>주요 면접 내용</td><td colspan="2">면접방법</td><td>면접대상</td></tr>
<tr><td>• 청소년지도자로서의 가치관 및 정신자세
• 예의 · 품행 및 성실성
• 의사발표의 정확성 및 논리성
• 청소년에 관한 지식과 그 응용 능력
• 창의력 · 의지력 및 지도력 등</td><td colspan="2">집단면접
(응시자 3~5명씩 1조로 하여 3인의 면접위원이 채점)</td><td>2급, 3급 시험응시자</td></tr>
</table>

출처: 여성가족부 · 한국산업인력공단 · 한국청소년활동진흥원(2023), p. 5.

(4) 청소년지도사 양성체계 및 양성실적

청소년지도사 자격검정 및 연수체계는 자격시험, 자격연수 · 자격관리, 배치 · 활용 3단계로 구분할 수 있다. 여성가족부의 위탁을 받아 한국산업인력공단에서 주관하는 자격시험은 필기시험인 경우에는 매 과목 100점을 만점으로 하여 과목당 40점 이상, 전 과목 평균 60점 이상을 득점한 사람을 합격자로 결정한다. 필기시험에 합격하고 면접시험에 불합격한 사람은 「청소년기본법 시행규칙」 제5조 제

4항에 근거, 다음 회에 한하여 필기시험을 면제한다(여성가족부 · 한국산업인력공단 · 한국청소년활동진흥원(2023: 7~8).

한국청소년활동진흥에서는 자격연수 · 자격관리를 한다. 자격검정에 합격한 자를 대상으로 실시하는 연수는 30시간 이상으로 하며, 자질과 전문성을 함양할 수 있는 내용으로 구성된다(여성가족부, 2023: 596). 『2024년 청소년지도사 자격연수 시행계획 공고』를 통하여 청소년지도사 자격연수에 관해 개괄적으로 알아보면, 연수 운영형태는 온라인교육과 집합교육 섞은 혼합형으로 시행되고, 교육 시간은 총 36시간(온라인교육 21시간, 2박 3일 집합교육 15시간)이며 연수 과목편성은 〈표 2-2-5〉과 같다.

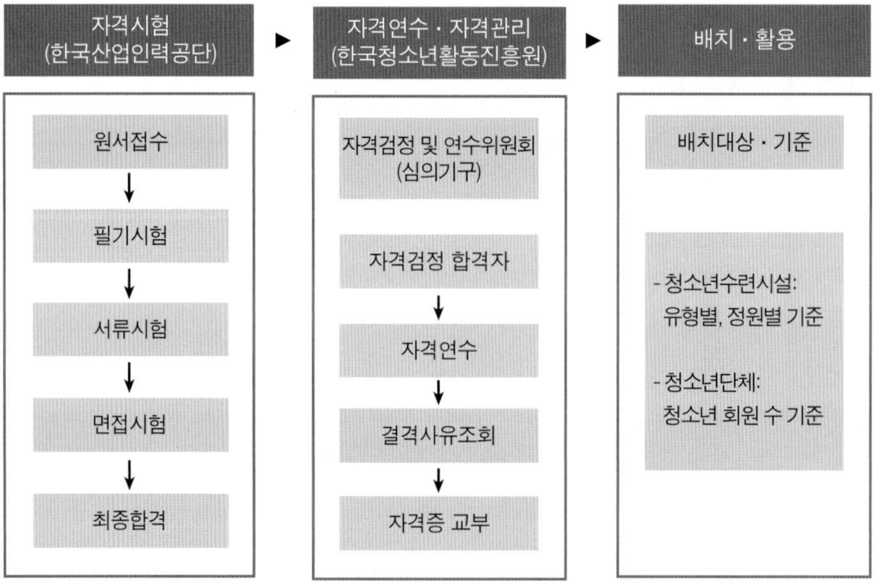

[그림 2-2-3] 청소년지도사 자격검정 및 연수 체계도

출처: 여성가족부(2023), p. 596.

〈표 2-2-5〉 2024년 청소년지도사 자격연수 과목편성

(단위: 시간)

구 분	내 용	1급	2급	3급
합 계		36	36	36
온라인 (21)	[기관운영Ⅰ] 리더십의 전환: 미래 사회 대응 전략(사전과제)	3	–	–
	[직무역량Ⅰ] 프로페셔널 문서 기술: 기획서 작성의 이해(사전과제)	–	3	3
	[윤리와 책무] 청소년을 위한 나침반: 지도사의 윤리적 소명	2	2	2
	[법정교육] 지킬 의무, 실천 향상!: 청소년지도사의 법정 교육	3	3	3
	[인사이트Ⅰ] 다양한 성의 합창!: 청소년지도사의 성인지 교육	2	2	2
	[활동지도Ⅰ] 청소년의 일탈을 품다: 일탈의 뿌리와 대응 방향	2	2	2
	[인사이트Ⅱ] 디지털 물결 타기: 미디어의 속을 읽다!	2	2	2
	[기관운영Ⅱ] ESG의 나침반: 지속가능한 경영과 실무 사례	2	2	2
	[리 더 십Ⅰ] 청소년현장의 HRD: 효과적인 인재 개발법!(HRD)	3	–	–
	[리 더 십Ⅱ] 조직을 움직이는 코칭: 리더의 특별한 스킬 마스터하기	2	–	–
	[인사이트Ⅲ] 세계는 하나: 청소년지도사의 다문화 탐험!	–	1	1
	[활동지도Ⅱ] 안전한 활동의 원칙: 청소년의 행복한 순간 지키기	–	1	1
	[인사이트Ⅳ] 청소년 현장을 펼치다: 사례로 배우는 현장 활동	–	2	2
	[인사이트Ⅴ] 자격증 하나로 세상 열기: 청소년지도사의 세계!	–	1	1
오프라인 (15)	[Prologue] 청소년지도사 자격연수 프롤로그	1	1	1
	[기관운영Ⅲ] 성과를 리드하다: 기관 성과관리의 마스터플랜	3	–	–
	[리 더 십Ⅲ] 리더의 소통 미술: 조직 내 소통의 힘	8	–	–
	[정책제언] 청소년의 미래를 위한 정책: 청소년정책 발전방안	8	–	–
	[인사이트Ⅳ] 현장과의 대화: 지역사회 네트워크	2	–	–
	[활동지도Ⅲ] 청소년을 위한 리더쉽: 활동 지도의 기술	–	3	3
	[직무역량Ⅱ] 프로페셔널 문서 기술: 기획서 작성의 이해(선택)	–	3	3
	[직무역량Ⅲ] 청소년활동의 인사이드: 사례연구(선택)	–	3	3

구 분	내 용	1급	2급	3급
오프 라인 (15)	[활동지도Ⅳ]안전한 활동의 원칙: 청소년의 행복한 순간 지키기	–	2	2
	[인사이트] 현장과의 대화: 청소년 현장 참여 · 소통	–	2	2
	[Epilogue] 청소년지도사 자격연수 에필로그	1	1	1

출처: 여성가족부(2023), p. 596.

자격검정 원년인 1993년부터 2022년까지 청소년지도사 양성실적은 청소년지도사 1급 2,473명(7.3%), 청소년지도사 2급 47,866명(72.4%), 청소년지도사 3급 15,756명(23.8%)으로 총 66,096명이 배출되었다. 이 중에 여자 청소년지도사는 46,784(70.8%)이고 남자 청소년지도사는 19,312명(29.2%)이다. 최근 5년간(2018년부터 2022년까지) 연도별 양성 현황은 〈표 2-2-6〉와 같다.

〈표 2-2-6〉 청소년지도사 양성 현황

(단위: 명, %)

연도별	계	1급		2급		3급		남		여	
		인원	비율	인원	비율	인원	비율	인원	비율	인원	비율
계	66,096	2,473	3.7	47,866	72.4	15,756	23.8	19,312	29.2	46,784	70.8
2022	3,759	322	8.6	2,778	73.9	659	17.5	1,097	29.2	2,662	70.8
2021	4,317	179	4.1	3,404	78.9	734	17.0	1,252	29.0	3,065	71.0
2020	4,245	107	2.5	3,294	77.6	844	19.9	1,172	27.6	3,073	72.4
2019	3,929	135	3.4	2,966	75.5	828	21.1	1,114	28.4	2,815	71.6
2018	3,872	64	1.7	3,024	78.1	784	20.2	1,092	28.2	2,780	71.8

출처: 여성가족부(2023), p. 597에서 재구성.

(5) 청소년지도사 배치기준

청소년지도사는 활동분야를 크게 교육차원의 청소년활동 분야, 민간차원의 청소년활동분야, 국가정책 차원의 청소년활동 분야로 구분할 수 있다. 교육차원의 청소년활동분야는 학교청소년단체, 시 · 도 교육청 산하 학생교육원, 교육복지우선지원사업, Wee스쿨, Wee센터, Wee클래스 등이다. 민간차원의 청소년활동 분야는 기업체 산하 청소년사업기관, 시민사회단체 등이다. 또한, 국가정책 차원의 청소년활동 분야는 한국청소년활동진흥원과 산하 기구인 시 · 도 청소년활동진흥센터와 청소년수련원, 청소년복지시설, 청소년이용권장시설, 청소년보호 · 재활센터, 청소년성문화센터, 청소년방과후아카데미, 청소년육성업무 공무원, 보호관찰관 및 소년원 교원, 청소년계 경찰공무원이다(한국청소년활동진흥원 청소년지도사종합정보시스템 홈페이지). 특히, 국가주도 청소년정책 일환으로 운영되고 있는 청소년활동시설 가운데, 청소년수련시설과 청소년단체는 법률에 정한 배치기준에 따라 〈표 2-2-7〉와 같이 청소년지도사를 배치하여야 한다.

〈표 2-2-7〉 청소년수련시설 및 청소년단체 청소년지도사 배치기준

구분	배치대상	배치기준
청소년 수련 시설	청소년수련관	1급 또는 2급 청소년지도사 각각 1명 이상을 포함하여 4명 이상의 청소년지도사를 두되, 수용인원이 500명을 초과하는 경우에는 500명을 초과하는 250명당 1급, 2급 또는 3급 청소년지도사 중 1명 이상을 추가로 둔다.
	청소년수련원	1) 1급 또는 2급 청소년지도사 1명 이상을 포함하여 2명 이상의 청소년지도사를 두되, 수용정원이 500명을 초과하는 경우에는 1급 청소년지도사 1명 이상과 500명을 초과하는 250명당 1급, 2급 또는 3급 청소년지도사 중 1명 이상을 추가로 둔다. 2) 지방자치단체에서 폐교시설을 이용하여 설치한 시설로서 특정 계절에만 운영하는 시설의 경우에는 청소년지도사를 두지 않을 수 있다.
	유스호스텔	청소년지도사를 1명 이상 두되, 숙박정원이 500명을 초과하는 경우에는 1급 또는 2급 청소년지도사 1명 이상을 추가로 둔다.
	청소년야영장	1) 청소년지도사를 1명 이상 둔다. 다만, 설치 · 운영자가 동일한 시 · 도 안에 다른 수련시설을 운영하면서 청소년야영장을 운영하는 경우로서 다른 수련시설에 청소년지도사를 둔 경우에는 그 청소년야영장에 청소년지도사를 별도로 두지 않을 수 있다. 2) 국가, 지방자치단체, 그 밖에 공공법인이 설치 · 운영하는 청소년야영장으로서 청소년수련거리의 실시 없이 이용 편의만 제공하는 경우에는 청소년지도사를 두지 않을 수 있다.

<table>
<tr><th>구분</th><th>배치대상</th><th>배치기준</th></tr>
<tr><td rowspan="2">청소년 수련 시설</td><td>청소년문화의집</td><td>청소년지도사를 1명 이상 둔다.</td></tr>
<tr><td>청소년특화시설</td><td>1급 또는 2급 청소년지도사 1명 이상을 포함하여 2명 이상의 청소년지도사를 둔다.</td></tr>
<tr><td colspan="2">청소년단체</td><td>청소년회원 수가 2천 명 이하인 경우에는 1급 청소년지도사 또는 2급 청소년지도사 1명 이상을 두되, 청소년회원 수가 2천 명을 초과하는 경우에는 그 초과하는 2천 명마다 1급 청소년지도사 또는 2급 청소년지도사 1명 이상을 추가로 두며, 청소년회원 수가 1만 명 이상인 경우에는 청소년지도사의 5분의 1 이상은 1급 청소년지도사로 두어야 한다.</td></tr>
</table>

출처: 「청소년기본법 시행령」[별표 5].

2. 청소년활동지도자의 역할과 자질

1) 청소년활동지도자의 역할 및 직무

(1) 청소년활동지도자의 역할

청소년을 대상으로 교육이나 지도 등 청소년육성 업무에 종사하는 사람은 고유한 역할이 있다. 특히, 교사나 상담사, 전문지도자 등과 같이, 전문 직종일수록 명확한 역할이 있다. 청소년지도자 역시 전문가로서 확실하게 주어지는 역할이 있고, 그것을 원만하게 수행할 때, 청소년들의 건전한 성장과 발달을 지원하며 지도자로서 자긍심을 느끼며 일할 수 있고, 훌륭한 지도자로도 평가받을 수 있다.

청소년지도자에 관한 역할을 제시한 학자들의 견해는 대체로 대동소이하게 제시하고 있다. 학자들의 견해를 살펴보면 다음과 같다. 한상철(2009: 265~266)은 다른 학자들의 청소년지도자 역할에 대한 다양한 견해를 참조하여 지도의 전문성에 초점을 둔 청소년지도자의 역할을 제시하였다.

첫째, 전문가로서 역할이다. 청소년지도자는 청소년활동 지도 현장에서 필요한 전문지식과 실천기술을 갖추어서 전문가로 역할을 한다. 청소년지도자의 전문성은 청소년지도자가 보유한 청소년과 청소년 관련한 사회문화현상에 대한 지식과 실천기술의 총합으로 볼 수 있다. 따라서 청소년지도자는 전문가로서 역할을 원활하게 수행하기 위하여 계속 변화하고 있는 청소년 환경에 관한 지식과 새로운 정보를 꾸준하게 연구해야 한다.

둘째, 프로그램 설계자 또는 개발자로서 역할이다. 청소년 요구분석에 따른 청소년활동 프로그램의 기획, 설계, 홍보와 마케팅, 실행, 평가까지의 프로그램 개발과 수행자로서 역할을 의미한다. 청소년지도자는 무엇보다도 청소년활동 프로그램 설계와 실행, 평가 능력 등을 통하여 전문성을 입증해야 한다. 그러므로 새로운 청소년 관련 트렌드를 반영하는 청소년활동 프로그램 개발에 매진해야 한다.

셋째, 촉진자로서 역할이다. 촉진자는 청소년활동 지도 현장에서 청소년을 일방적인 지시와 감독을 하는 사람이 아니고, 청소년의 긍정적 발달을 위하여 청소년활동이 원활하기 이루어질 수 있도록 지원하고 조력하는 것을 의미한다. 따라서 권위적인 태도가 아니라 민주적인 태도로 청소년활동 지도 현장에서 청소년들 스스로가 의사결정을 하며, 활동을 이루어 나갈 수 있도록 해야 한다.

넷째, 지역사회 지도자로서 역할이다. 청소년지도자는 청소년문제를 개인의 병리적 원인보다는 지역사회 구조적 원인에 초점을 두고, 청소년이 당면한 문제나 시급한 과업에 대하여 남다른 실천적 식견과 문제 해결력을 가지고 청소년들에게 전문적인 도움을 주어야 한다.

다섯째, 과학자 및 예술가로서 역할이다. 과학자로서 청소년지도자는 합리적이고 객관적인 안목으로 청소년과 관련된 현상을 이해하여 원만한 해결책을 제시하여야 한다. 예술가로서 청소년지도자는 과학자와는 대조적으로, 청소년을 위한 프로그램 개발하고 실행하는 과정에서 창의력과 융통성을 발휘하여 청소년지도에 임하는 태도를 말한다. 청소년지도자는 과학자로서의 합리성과 예술가로서 창조성을 겸비하여 청소년들의 전인적인 성장을 지원하여야 한다.

다음은 김영인 · 김민(2018: 81~84)이 제시한 청소년지도자의 역할에 대해 알아본다. 첫째, 프로그램 개발 및 운영자로서 역할이다. 이는 앞서 한상철(2009)이 제시한 내용과 동일한 역할을 의미한다. 이는 청소년지도자의 프로그램 개발과 운영이 다른 어떤 역할보다 중요함을 시사한다.

둘째, 동기유발자로서 역할이다. 청소년이 잠재능력을 발휘하도록 촉매 역할을 하는 사람이 청소년지도자이다. 청소년이 분명한 동기를 가지고 주체적으로 청소년활동 프로그램에 참여 여부를 결정하고, 참여하는 과정에서도 능동적인 참여를 할 수 있도록 해야 한다. 따라서 청소년지도자는 평소 준비된 지도자로서 내적 · 외적 동기유발과 관련한 이론과 기술을 습득하여, 청소년을 지도할 때 즉각적으로 적용하여 청소년들의 적극적인 참여를 유도하여야 한다.

셋째, 변화촉진자로서 역할이다. 청소년활동의 궁극적인 목표는 청소년에게 변화를 주는 것이다. 지적인 변화, 덕성의 변화, 체력의 변화가 그것이다. 이러한 청소년들의 지 · 덕 · 체의 변화는 홍익인간의 이념을 추구하는 한국의 인재상에 부합하는 것으로, 결국에는 한국 사회의 전체적인 변화를 유도하게 된다. 청소년지도자는 변화촉진자로서 역할을 수행하기 위하여 청소년의 내면적 · 외면적 변화를 면밀하게 관찰할 수 있는 능력이어야 한다.

넷째, 평가자로서 역할이다. 청소년지도자는 청소년활동 과정이나 후에 객관적인 자료 분석을 통하여 청소년들이 당초에 세웠던 목표를 달성했는지 여부에 관한 평가가 이루어져야 한다. 청소년지도자는 객관적인 평가를 수행하기 위하여, 평가 자료수집부터 분석까지의 일련의 평가 과정에 관한 전문지식을 습득하여야 한다. 그 외도 청소년지도자는 상담자, 청소년복지 증진자, 연구자, 자원 동원 및 조성자 역할도 포함하고 있다.

서희정 · 구경희 · 이은진(2016: 5)은 권일남(1993), 김경준(2008), 김진화(2000, 2001), 원지윤(2011), 이원희(2015), 장미(2011), 한상철(1998, 2009), 박선영(2001), 청소년지도사협회(2006), 함병수(1996) 등 여러 연구에서 제시한 청소년지도자의 역할과 그에 따른 직무를 분석하였다. 분석 정리한 청소년지도자의 역할은 청소년활동 운영과 관련하여 프로그램 기획자 및 프로그램 운영자로서 역할, 참가자와의 관계를 바탕으로 교육자 및 활동촉진자로서 역할, 행정업무 수행과 관련하여서는 관리행정가 및 변화촉진자로서 역할, 네트워크 실행과 관련하여서는 네트워크 구축자 및 네트워크 운영자로서 역할을 제시하였다(〈표 2-2-8〉).

〈표 2-2-8〉 청소년지도자 역할 및 직무

구분	역할	직무
청소년활동 운영	프로그램 기획자	요구분석
		프로그램 설계 및 개발
	프로그램 운영자	프로그램 운영
		프로그램 평가
참가자와의 관계	교육자	청소년 교육
	활동촉진자	청소년 상담 청소년 촉진 참가자 조직
행정업무 수행	관리행정가	기관 운영관리
		프로그램 예산관리 및 집행
	변화촉진자	조직구조 및 풍토 개선
네트워크 실행	네트워크 구축자	인적 네트워크 구축
		조직 간 협력체계 구축
	네트워크 운영자	동아리 조직과 운영

출처: 서희정 · 구경희 · 이은진(2016), p. 5에서 재구성.

(2) 국가직무능력표준의 청소년할동지도자 직무

국가직무능력표준(National Competency Standard: NCS) 사업에서 규정하는 청소년지도자가 수행하는 직무에 대해 살펴보고자 한다. 우선 NCS는 산업 현장의 직무를 수행하기 위해 필요한 능력(지식, 기술, 태도)을 국가적 차원에서 표준화한 것으로 능력단위 또는 능력단위의 집합을 의미한다. NCS 분류는 직무의 유형(type)을 중심으로 국가직무능력표준의 단계적 구성을 나타내는 것으로 한국고용직업분류(KECO: Korean Employment Classification of Occupations)등을 참고하여 분류하였으며 '대분류(24개) → 중분류(81개) → 소분류(273개) → 세분류(1,093개)'의 순으로 구성되어 있다. 이러한 분류는 다섯 가지 원칙을 가지고 분류한다. ㉠ 포괄성(Inclusiveness): NCS 활용도를 고려하여 개발 대상 분야의 직무는 가능한 NCS 분류에 모두 포함되어야 함, ㉡ 배타성(Exclusion): 동일 수준의 분류 간에는 상호 차별성을 유지하여야 하며, 동일하거나 유사한 직무는 가능한 하나의 직무로 표현되어야 함, ㉢ 위계성(Hierarchy): 대-중-소-세분류의 수준 간 위계적 구조 및 포괄적 관계가 명확하여야 함, ㉣ 계열성(Sequence): 동일 분류의 직무는 상호 내용적 관련성이 있는 것들로 구성되어야 함, ㉤ 보편성(Universality): NCS 분류를 구성하는 직업 및 직무는 특수한 것이라기보다는 보편적인 것으로 구성되어야 한다(NCS 홈페이지).

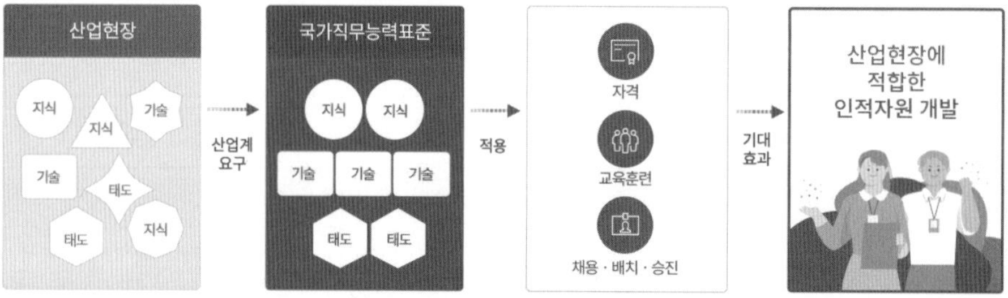

[그림 2-2-4] NCS 개념도

출처: NCS 홈페이지.

NCS에서 청소년지도자가 수행하는 청소년활동 표준직무는 "청소년사업을 기획 홍보하며, 청소년프로그램을 개발 적용하고 평가하는 일련의 과정을 말하며, 자원관리, 인증관리, 행정관리, 네트워크관리, 정보관리 등을 통하여 이를 효율적으로 지원하는 일"로 정의하고 있다(국가직무능력표준, 2023: 44). NCS의 청소년활동 표준직무 분류체계는 〈표 2-2-9〉과 같으며, 청소년활동의 표준직무는 18개의 능력단위, 4수준에서 8수준의 직무 수준체계, 최소 3개부터 최대 5개까지로 이루어진 능력단위요소는 총 75개로 〈표 2-2-10〉와 같이 구성되어 있다. 직무 수준체계에 관하여 부언하면, 산업현장 직무의 수준을 체계화한 것으로, '산업현장·교육훈련·자격' 연계, 평생학습능력 성취 단계 제시, 자격의 수준체계 구성에서 활용하며, 국가직무능력표준 개발 시 8단계의 수준체계에 따라 능력단위 및 능력단위요소별 수준을 평정하여 제시한다(NCS 홈페이지).

국가직무능력표준의 수준체계의 수준별 내용을 살펴보면 다음과 같다. 8수준은 해당 분야에 대한 최고도의 이론 및 지식을 활용하여 새로운 이론을 창조할 수 있고, 최고도의 숙련으로 광범위한 기술적 작업을 수행할 수 있으며 조직 및 업무 전반에 대한 권한과 책임이 부여된 수준이며, 수준7에서 2~4년 정도의 계속 업무 후 도달 가능한 수준이다. 7수준은 해당 분야의 전문화된 이론 및 지식을 활용하여, 고도의 숙련으로 광범위한 작업을 수행할 수 있으며 타인의 결과에 대하여 의무와 책임이 필요한 수준이며, 수준6에서 2~4년 정도의 계속 업무 후 도달 가능한 수준이다. 6수준은 독립적인 권한 내에서 해당분야의 이론 및 지식을 자유롭게 활용하고, 일반적인 숙련으로 다양한 과업을 수행하고, 타인에게 해당 분야의 지식 및 노하우를 전달할 수 있는 수준이며, 수준5에서 1~3년 정도의 계속 업무 후 도달 가능한 수준이다. 5수준은 포괄적인 권한 내에서 해당 분야의 이론 및 지식을 사용하여 매우 복잡하고 비일상적인 과업을 수행하고, 타인에게 해당 분야의 지식을 전달할 수 있는 수준이며, 수준4에서 1~3년 정도의 계속 업무 후 도달 가능한 수준이다. 4수준은 일반적인 권한 내에서 해당 분야의 이론 및 지식을 제한적으로 사용하여 복잡하고 다양한 과업을 수행하는 수준이며, 수준3에서 1~4년 정도의 계속 업무 후 도달 가능한 수준이다. 3수준은 제한된 권한 내에서 해당 분야의 기초이론 및 일반지식을 사용하여 다소 복잡한 과업을 수행하는 수준이며, 수준2에서 1~3년 정도의 계속 업무 후 도달 가능한 수준이다. 2수준은 일반적인 지시 및 감독하에 해당 분야의 일반지식을 사용하여 절차화되고 일상적인 과업을 수행하는 수준이며, 수준1에서 6~12개월 정도의 계속 업무 후 도달 가능한 수준이다. 1수준은 구체적인 지시 및 철저한 감독하에 문자이해, 계산능력 등 기초적인 일반지식을 사용하여 단순하고 반복적인 과업을 수행하는 수준이다(NCS 홈페이지).

<表 2-2-9> NCS의 청소년활동 표준직무 분류체계

<table>
<tr><th>대분류</th><th>중분류</th><th>소분류</th><th>세분류</th></tr>
<tr><td rowspan="11">사회복지 · 종교</td><td rowspan="2">1. 사회복지</td><td>1. 사회복지정책</td><td></td></tr>
<tr><td>2. 사회복지서비스</td><td></td></tr>
<tr><td rowspan="7">2. 상담</td><td rowspan="3">1. 직업상담서비스</td><td>1. 직업상담</td></tr>
<tr><td>2. 취업알선</td></tr>
<tr><td>3. 전직지원</td></tr>
<tr><td rowspan="3">2. 청소년지도</td><td>1. 청소년활동</td></tr>
<tr><td>2. 청소년상담복지</td></tr>
<tr><td>3. 진로지원</td></tr>
<tr><td>3. 심리상담</td><td>1. 심리상담</td></tr>
<tr><td>3. 보육</td><td>1. 보육</td><td></td></tr>
</table>

출처: NCS 홈페이지 내용 재구성.

<表 2-2-10> NCS의 청소년활동 표준직무의 능력단위 및 하위요소

<table>
<tr><th>순번</th><th>능력단위</th><th>수준</th><th>능력단위요소</th></tr>
<tr><td rowspan="4">1</td><td rowspan="4">청소년사업 기획</td><td rowspan="4">8</td><td>전년도 사업성과 분석하기</td></tr>
<tr><td>상황분석하기</td></tr>
<tr><td>사업방향 결정하기</td></tr>
<tr><td>사업계획서 작성하기</td></tr>
<tr><td rowspan="5">2</td><td rowspan="5">청소년기관 행정지원</td><td rowspan="5">5</td><td>행정업무 지원하기</td></tr>
<tr><td>시설관리업무 지원하기</td></tr>
<tr><td>기관운영위원회 관리하기</td></tr>
<tr><td>기관평가 대응하기</td></tr>
<tr><td>기관 진단 · 보완하기</td></tr>
</table>

순번	능력단위	수준	능력단위요소
3	협업체계 구축 · 운영	6	사업계획 수립하기
			지역자원 파악하기
			연계자원 조성하기
			협업체계 운영 · 관리하기
			협업체계 평가하기
4	청소년활동정보관리	4	청소년활동정보 수집 및 정리하기
			청소년활동정보 활용하기
			청소년활동정보 사후관리하기
5	지도자 교육훈련	7	교육훈련 요구분석하기
			교육훈련 계획하기
			교육훈련 실행하기
			교육훈련결과 평가 및 환류하기
6	청소년권익증진활동 지원	5	청소년관련 이슈 선정하기
			실천전략 수립하기
			연대협력 구축하기
			청소년권익증진활동 실천하기
			청소년권익증진활동 평가하기
7	청소년현장실습지도	6	현장실습지도 계획수립하기
			실습생 선발 및 교육하기
			현장실습 지도하기
			현장실습생 슈퍼비전하기
			현장실습결과 평가하기
8	청소년조사연구	8	청소년 특성 분석하기
			청소년사업 분석하기
			청소년유관정책 파악하기
			연구결과 활용하기

순번	능력단위	수준	능력단위요소
9	청소년프로그램 기획 및 설계	4	자료 조사 · 분석하기
			프로그램 기획하기
			프로그램 마케팅 계획 수립하기
			프로그램 운영계획안 수립하기
10	청소년프로그램 실행	4	청소년지도자 교육하기
			참여자 모집하기
			프로그램 환경조성하기
			프로그램 실행하기
11	청소년프로그램 평가	6	평가계획 수립하기
			평가도구 개발하기
			평가 실시하기
			평가 및 환류결과 활용하기
12	자원봉사활동 운영	4	자원봉사활동 운영계획 수립하기
			자원인력 모집 · 교육 · 운영하기
			자원인력 슈퍼비전하기
			자원봉사활동 평가관리하기
13	청소년자치활동 운영	4	청소년자치활동 사업계획 수립하기
			청소년지도인력 교육하기
			청소년 참여자 모집하기
			청소년자치활동 지원하기
			청소년자치활동 평가하기
14	청소년생활지도	4	생활지도 계획하기
			생활지도 실행하기
			생활지도 관리하기

순번	능력단위	수준	능력단위요소
15	청소년활동 안전 · 위생 관리	4	안전관리 계획수립하기
			안전 교육하기
			안전 점검하기
			안전사고 발생 시 대처하기
16	청소년수련활동 인증 및 신고	5	인증프로그램 기획운영하기
			인증프로그램 평가와 사후관리하기
			청소년수련활동 사전신고하기
17	청소년교류활동 지도	6	국내외 교류사업 운영계획 수립하기
			국내외 기관연계하기
			국내외 교류사업 운영하기
			국내외 교류사업 성과평가하기
18	청소년동아리활동 운영	4	청소년동아리활동계획 수립하기
			청소년지도인력 교육하기
			청소년동아리활동 모집하기
			청소년동아리활동 지원하기
			청소년동아리활동 평가하기

출처: 국가직무능력표준(2023), pp. 46~47.

2) 청소년활동지도자의 자질 및 역량

청소년지도자의 이상적인 자질은 청소년지도자로서 역할을 원활하게 수행하게 하는 것이다(한상철, 2009: 267). 따라서 청소년지도자가 다양한 역할을 수행할 때, 꼭 필요한 자질은 청소년 관련 지식과 실천기술, 지도자로서 훌륭한 태도 · 품성을 가지고 있어야 한다. 청소년지도자에게 필요한 지식과 실천기술은 전문적 자질에 속하고, 태도 · 품성은 인간적 자질에 해당한다. 청소년지도자에게 요구되는 전문적 자질은 다음과 같다.

첫째, 청소년지도자는 생물학적 관점, 심리사회적 관점, 맥락적 또는 생태학적 관점, 사회인지적 관점, 문화인류학적 관점 등 청소년에 대한 다양한 이론적 관점을 알아야 한다. 이러한 다양한 관점을 토대로 청소년에 대한 전반적인 이해와 세부적으로는 청소년기의 생물학적, 인지적, 정서적, 사회적 일반적인 발달 특성에 관해서 이해하고 설명할 수 있어야 한다.

둘째, 청소년 관련 이론에 관한 지식을 활용하여 청소년활동 지도 현장에 적용할 수 있는 실천기술이 필요하다. 예컨대, A라는 청소년지도자가 청소년활동의 핵심 이론인 '구성주의'에 관하여 이론적 지식을 습득했다면, 청소년활동 지도 현장에서 구성주의 이론을 적용한 프로그램을 개발하여, 청소년에게 보급하는 것이다.

다음은 청소년지도자에게 요구되는 인간적 자질에 대해 살펴본다. 첫째, 청소년지도자는 청소년에 대한 무조건적인 공감적 이해와 수용, 그리고 비심판적 태도이다. 청소년지도자가 청소년활동 지도 현장에서 만나는 청소년에게 비심판적 태도로 편견이나 신입견 없이 있는 그대로 공감하고 수용해야 한다. 둘째, 청소년지도자는 청소년들의 역할모델로서 모범이 되어야 한다. 더불어 사는 사회 구성원으로서 필요한 공동체 의식, 사익보다는 공익을 우선하는 자세, 이타적인 마음, 공공의 이익을 추구하는 모습을 청소년들이 보고 배울 수 있도록 해야 한다. 이와 같은 청소년지도자의 태도에서 청소년들은 청소년지도자를 역할모델로 여기며 열린 마음으로 활동에 참여하게 된다.

한편, 청소년지도자의 자질에 대하여 서희정 · 구경희 · 이은진(2016: 5)은 청소년활동 설계 역량, 청소년활동 실행 역량, 행정업무 수행 능력, 팀워크 역량, 전문성 개발 역량으로 구분하였다(〈표 2-2-11〉 참조). 그리고 한상철(2009: 267~269)은 청소년지도자의 자질을 자기성장과 전문능력으로 구분하였다. 자기성장은 지도자의 인격적 성숙을 의미한다. 자기성장이 이루어진 청소년지도자는 청소년과의 참만남(encounter)의 관계를 형성할 수 있고, 생산적이고 합리적으로 행동할 수 있으며, 자신의 모든 잠재성을 완전히 기능하게 할 수 있다. 전문능력은 지식과 기술로 분류하는데, 지식은 청소년과 주변 환경에 대한 지식과 청소년지도 실제를 위한 지식으로 제시하였고, 기술은 조정 및 통합의 기술, 인간관계 기술, 실무적 기술로 제시하였다.

〈표 2-2-11〉 청소년지도자의 활동 역량

<table>
<tr><th>역량</th><th>지식</th><th>기술</th><th>태도</th></tr>
<tr><td>청소년활동
설계 역량</td><td>청소년 및 청소년
활동 지식</td><td>• 정보 활용 기술
• 청소년 특성을 반영한 프로그램 설계 기술
• 상황을 고려한 프로그램 설계 기술</td><td rowspan="5">• 청소년에 대한 태도
• 청소년활동에 대한 태도
• 직업인으로서의 태도</td></tr>
<tr><td>청소년활동
실행 역량</td><td>프로그램 운영
지식</td><td>• 홍보 및 사전 준비 기술
• 오리엔테이션 기술
• 참가자와의 관계 형성 기술
• 참여 촉진 기술
• 돌발상황대처 기술
• 마무리 기술
• 평가</td></tr>
<tr><td>행정업무
수행능력</td><td>수행 역량
업무 수행 지식</td><td>• 네트워킹 기술
• 일반행정 수행 기술
• 청소년 지원 기술</td></tr>
<tr><td>팀워크 역량</td><td>팀원 이해</td><td>• 협력 기술</td></tr>
<tr><td>전문성 개발
역량</td><td>자기 이해</td><td>• 전문영역 개발 기술
• 자기관리 기술</td></tr>
</table>

출처: 서희정 · 구경희 · 이은진(2016), p. 11에서 재구성.

제3장
청소년활동시설

청소년활동시설은 청소년들이 또래집단과 소통하고, 청소년지도자와 만남이 이루어지는 곳이다. 단순한 공간적 의미를 넘어서 청소년의 성장과 발달을 촉진하는 터전으로써 청소년활동시설이 청소년에게 미치는 영향은 대단히 크다고 볼 수 있다. 가족 구성원이 대궐 같은 집보다는 가족이 화목하게 지내는 것이 중요하듯, 청소년활동시설에서 청소년과 청소년, 청소년과 청소년지도자, 그 외 모든 관계자가 원만하고 활기차게 소통하는 것이 중요하다. 이런 까닭에 청소년활동시설은 하드웨어 측면보다는 소프트웨어 측면에서 접근하고 이해하는 것이 필요하다. 다양한 청소년활동시설이 있으나, 여기서는 「청소년활동 진흥법」의 청소년활동시설의 종류 중심으로 알아본다. 먼저, 청소년활동시설의 개념과 기능에 관해 정리하고, 그다음 청소년활동시설의 종류를 청소년수련시설과 청소년이용시설로 구분하여 시설 유형별 개념, 시설기준, 운영 현황 등에 대해 면밀하게 살펴본다.

1. 청소년활동시설 개념과 기능

1) 청소년활동시설의 개념

청소년시설은 청소년활동시설을 포괄하는 개념이므로 청소년시설에 대한 개념 정리 후, 청소년활동시설은 개념 정리를 하고자 한다. 청소년이 이용하는 공간으로서 청소년시설은 주변에 너무 다양하다. 청소년시설의 설립 근거가 되는 법률, 사업 내용, 설립 목적, 기능, 장소의 위치, 숙박 공간의 유무 등에 따라서 각종 체육시설, 문화예술활동시설, 평생교육시설(도서관, 과학관, 미술관 등), 놀이시설, 종교시설, 복지시설, 보호시설, 활동시설 등이 산재한다. 이처럼 다양한 청소년시설 가운데, 국가정책으로서 청소년육성정책과 관련한 청소년시설에 초점을 두고 청소년시설 개념을 살펴본다.

청소년시설은 청소년지도자, 청소년프로그램 등과 함께 청소년활동정책 수행을 위한 필수요소로서 청소년환경 변화에 따라서 청소년정책과 긴밀한 연계를 갖고 변화되어 왔으며, 관련 법률에서 그 개념과 내용 등을 규정해 왔다(김경준 · 강경균 · 변나향, 2021: 20). 청소년관련법의 모체가 되는 「청소년기본법」 제3조 제6호에서 "청소년시설이란 청소년활동 · 청소년복지 및 청소년보호에 제공되는 시설을 말한다."라고 규정하고 있다. 이는 청소년활동, 청소년복지, 청소년보호 중심으로 청소년정책을 반영하여 청소년시설을 명확하게 규정하고 있음을 알 수 있다.

이와 같은 청소년시설에 관한 「청소년기본법」의 규정과 함께, 「청소년활동 진흥법」 제2조 제2호에서 "청소년활동시설이란 청소년수련활동, 청소년교류활동, 청소년문화활동 등 청소년활동에 제공되는 시설로서 제10조에 따른 시설을 말한다."라고 규정하고 있다. 이를 통하여 청소년활동시설은 청소년복지시설 및 청소년보호시설과 함께 청소년시설의 유형 하나로서, "청소년수련활동, 청소년교류활동, 청소년문화활동 등 청소년활동이 제공되는 시설"로서 명료하게 개념 정리할 수 있다.

청소년시설에 대한 법적 개념과 다르게, 수단적 공간으로서 기능을 수행한다는 측면에서 권일남 · 오해섭 · 이교봉(2016: 188)은 "청소년활동시설은 청소년의 조화롭고 균형된 성장과 성공적인 성인으로의 이행을 목적으로 수행되는 청소년활동이 보다 효율적으로 운영하기 위해 일정한 공간과 시설 · 설비를 구비하고 전문적 지도능력을 겸비한 청소년지도자에 의해 조직적, 체계적으로 청소년활동서비스를 제공함과 아울러 지역 내 각종 청소년 관련 사업 수행의 구심적 역할과 조정, 청소년들의 만남과 정보교류, 문화적 기능 등을 수행하는 일정한 공간영역을 의미한다."라고 기능적 입장에서 청소년활동시설의 개념을 규정하였다.

2) 청소년활동시설의 기능

청소년활동시설의 기능을 기관 차원, 지도자 차원, 청소년 차원 등 다차원을 고려해서 살펴볼 수 있는데, 여기서는 청소년 차원 중심으로 청소년활동시설의 기능에 관해 알아본다. 청소년활동시설은 지역사회 청소년들에게 여러 가지 기능을 수행하고 있는데, 그 기능은 청소년활동 프로그램을 제공하는 주된 기능과 부수적 기능으로 구분하여 이해할 수 있다. 청소년활동시설의 기능을 정리하면 다음과 같다.

첫째, 청소년활동 프로그램 제공 기능이다. 지역사회 청소년들이 다양한 청소년활동 프로그램에 참여하여 당면한 문제와 요구를 해결하여 바람직한 성장과 발달을 꾀할 수 있다. 청소년활동시실에 제공되는 청소년활동 프로그램은 문화예술활동 프로그램, 봉사활동 프로그램, 스포츠활동 프로그램, 인권과 참여활동 프로그램, 디지털 미디어활동 프로그램, 환경교육활동 프로그램 등 시설의 종류, 규모, 설립 취지 등에 따라 매우 다양하게 이루어지고 있다.

둘째, 새로운 지식과 정보습득 기능이다. 학교에서 배우는 교과 중심의 지식보다는 청소년의 일상생활에 필요한 정보와 청소년기라는 독특한 발달 시기에서 당면하는 문제를 해결할 수 있는 지식과 자립을 위한 일상생활 기술을 습득한다. 또한, 4차 산업혁명 시대에 필요한 정보와 초보적 수준에서의 인공지능, 사물인터넷 등의 지식과 기술을 배울 수 있으며, 1인 크리에이터와 같은 활동을 위해서 스마트 기기나 간단한 장비를 활용한 소규모 뉴미디어 제작 및 활용 기능을 익힐 수 있다.

셋째, 직업과 일의 탐색 기능이다. 청소년기의 중요한 발달과업인 직업과 일에 대한 준비이다. 청소년활동시설에서는 청소년들이 직업 관련 흥미와 적성, 지적 능력 등 자기 이해를 바탕으로 일과 직업에 관하여 탐색할 수 있는 프로그램이 제공된다. 청소년들은 학교에서 이루어지는 진로교육과 함께, 청소년활동시설에서 이루어지는 현장체험 중심의 진로 · 직업 탐색활동 프로그램을 통하여 올바른 진로계획과 진로선택을 할 수 있다.

넷째, 만남과 소통 · 교류의 공간으로서 기능이다. 청소년활동시설은 새로운 지식과 정보습득뿐만 아니라 새로운 만남과 소통을 할 수 있는 공간이다. 청소년과 청소년, 청소년과 지도자, 청소년과 지역사회 주민 등 다양한 교류를 통하여 참만남이 이루어지고 서로가 동반 성장하는 계기가 된다. 특히나 글로벌 사회의 도래로 인하여 청소년국제교류가 활발하게 진행되는 지금의 상황에서는 국적과 문화가 다른 청소년과도 쉽게 만나고 소통할 수 있게 하는 곳이 청소년활동시설이다.

다섯째, 돌봄 및 상담서비스 제공 기능이다. 청소년활동시설에서 이루어지는 대표적 돌봄서비스는 방과 후 아카데미이다. 방과 후 아카데미는 지역사회 돌봄이 필요한 아동이나 청소년들에게 시설이 보유한 다양한 인적 · 물적 자원을 활용하여 다른 돌봄 시설들과는 차별화된 서비스를 제공하고 있다. 돌봄서비스와 함께 상담서비스 제공 기능도 중요한 청소년활동시설의 기능이라고 할 수 있다. 위기청소년뿐만 아니라 시설을 이용하는 모든 청소년이 상담서비스를 받을 수 있고, 필요시 타 기관에 연계하여 전문 상담을 받을 수 있도록 하고 있다.

여섯째, 휴식과 여가활동 터전으로서 기능이다. 상업화된 지역사회에는 청소년들이 안전하게 온전한 휴식과 여가를 보낼 공간이 매우 부족한 실정이다. 이런 상황에서 청소년활동시설은 청소년들이 유해한 환경에 벗어나 친구들과 수다하기, 놀이와 게임, e스포츠 등을 즐기면서 안전하게 휴식을 취할 수 있는 장소이다.

이처럼 청소년활동시설은 청소년들에게 앞서 제시한 다양한 기능과 역할을 제공하므로 지역사회 청소년의 바람직한 변화와 성장을 지원한다. 청소년들이 인지적 측면, 신체적 측면, 정의적 측면에서의 총체적인 변화를 일으키는 청소년활동시설은 단순한 공간적 의미를 넘어서, 청소년에게 따뜻하고 편안한 집과 같이 정주할 수 있는 실존적 가치로서 청소년활동시설 공간을 재조명해 볼 필요가 있다.

2. 청소년활동시설의 종류

청소년활동시설은 청소년활동이 제공되는 시설(청소년기본법 제3조 제6호)로서 「청소년활동 진흥법」 제10조에서 청소년수련시설과 청소년이용시설로 구분한다. 「청소년활동 진흥법」 제10조 제1호의 청소년수련시설은 청소년수련관, 청소년수련원, 청소년문화의집, 청소년특화시설, 청소년야영장, 유스호스텔이다. 「청소년활동 진흥법」 제10조 제2호의 청소년이용시설은 수련시설이 아닌 시설(문화예술시설, 공공체육시설 등)로서 그 설치 목적의 범위에서 청소년활동의 실시와 청소년의 건전한 이용 등에 제공할 수 있는 시설이다. 이와 같은 청소년활동시설의 종류는 [그림 2-3-1]과 같다.

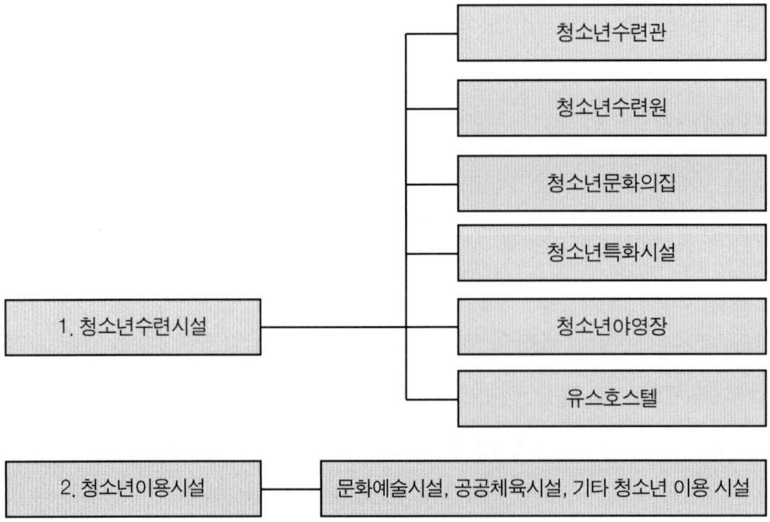

[그림 2-3-1] 청소년활동시설의 종류

출처: 여성가족부(2023), p. 582.

1) 청소년수련시설

(1) 청소년수련시설의 개념

청소년수련시설이란 "수련활동에 필요한 여러 시설, 설비, 프로그램 등을 갖추고 청소년지도자의 지도하에 체계적이고 조직적인 수련활동을 실시하는 시설"을 의미한다. 이와 같은 청소년수련시설의 개념에는 청소년활동에 포함되어야 할 기본적인 요소(시설, 설비, 프로그램, 지도자 등)를 고려하였다. 청소년수련시설은 2004년까지 「청소년기본법」에서 생활권 수련시설(청소년수련관, 청소년문화의집), 자연권 수련시설(청소년수련원, 청소년야영장), 유스호스텔로 구분하였다. 이후 2005년 「청소년활동 진흥법」 시행에 따라 청소년수련관, 청소년수련원, 청소년문화의집, 청소년특화시설, 청소년야영장, 유스호스텔로 구분하였다(여성가족부, 2024: 1).

(2) 청소년수련시설의 유형별 개념, 시설기준 및 운영 현황

청소년수련시설의 유형별 개념, 시설기준 및 운영 현황에 관해서 국가법령정보센터의 「청소년활동 진흥법」과 「청소년활동법 시행규칙」 [별표 3], 여성가족부의 『2024년 청소년수련시설 관리 · 운영 지침』, 청소년수련시설협회 홈페이지 자료를 통하여 다음과 같이 정리한다.

① 청소년수련관

청소년수련관은 "다양한 청소년수련거리를 실시할 수 있는 각종 시설 및 설비를 갖춘 종합수련시설"로써 청소년문화의 집과 함께 청소년들이 많이 이용하는 청소년수련시설이다. 입지조건은 일상생활권, 도심지 근교 및 그 밖의 지역 중 수련활동 실시에 적합한 곳으로서 청소년이 이용하기에 편리한 지역에 위치하고 있다.

청소년수련관은 연건축면적이 1,500제곱미터 이상이어야 하며, 150인 이상을 수용할 수 있는 실내집회장, 연면적 150제곱미터 이상의 실내체육시설, 2개소 이상의 자치활동실, 2개 이상의 특성화 수련활동장, 1개소 이상의 상담실, 1개소 이상 휴게실, 1개소 이상 지도자실, 방송설비를 등을 갖춰야 한다. 이러한 시설기준을 갖춘 청소년수련관은 「청소년활동 진흥법」 제11조에 제시된 것처럼 시 · 도지사 및 시장 · 군수 · 구청장은 시 · 군 · 구에 1개소 이상의 청소년수련관을 설치 · 운영해야 한다. 따라서 대부분의 시 · 군 · 구에는 청소년수련관이 설치되어 있다.

청소년수련관 시설 현황을 2024년 4월 기준으로 살펴보면 시립 111개소, 도립 3개소, 구립 33개소, 군립 53개소, 사립 1개소이고 지역별로는 경기도 38개소와 서울 33개소를 비롯하여 전국적으로 공공시설 200개소와 민간시설 1개소로 총 201개소가 설치되어 관리 · 운영되고 있다.

② 청소년수련원

청소년수련원은 "숙박기능을 갖춘 생활관과 다양한 청소년수련거리를 실시할 수 있는 각종 시설과 설비를 갖춘 종합수련시설"이다. 청소년수련원은 주로 자연경관이 수려한 지역이나 국립 · 도립 · 군립공원, 그 밖의 지역 중 자연과 더불어 행하는 수련활동 실시에 적합한 곳으로 청소년이 이용하기에 편리한 지역에 설립한다. 청소년수련원의 기본적인 기능은 청소년들이 자연과 더불어 숙박을 하며 학교단체활동, 청소년단체 활동 등 단체 수련활동을 시행한다.

청소년수련원은 청소년들이 또래집단과 호흡하면서 공동체 의식을 함양하며 자연을 사랑하고 보전하는 마음을 키울 수 있는 자연경관이 수련한 곳에 있는 숙박형 시설이다. 그러므로 100명 이상이 숙박할 수 있는 생활관이 반드시 있어야 하며, 각각의 숙박실은 10명 이하의 규모로 하여야 한다. 식당은 생활관 숙박정원 100분의 30 이상의 인원에게 일시에 급식할 수 있는 규모로 설치되어야 한다. 그 외 실내집회장, 야외집회장, 체육활동장, 수련의 숲, 강의실, 특성화수련활동장, 지도자실, 휴게실, 비상설비, 기타시설 등을 갖추어야 한다. 청소년수련원은 2024년 4월 기준으로 사립 89개소, 시립 23개소, 군립 19개소 순으로 사립시설이 다소 많으며, 9개의 국립시설도 있다. 국립수련시설(국립청소년수련원)은 국립중앙청소년수련원, 국립평창청소년수련원, 국립청소년우주센터, 국립청소년바이오생명센터, 국립청소년해양센터, 국립청소년미래환경센터,국립청소년생태센터이다.

지역별로는 경기 32개소, 경남 20개, 충북 19개소 순으로 전국에 153개소가 설치되어 관리 · 운영되고 있다.

③ 청소년문화의 집

청소년문화의 집은 “간단한 청소년수련활동을 실시할 수 있는 시설 및 설비를 갖춘 정보 · 문화 · 예술 중심의 수련시설”이다. 다양한 유형의 청소년수련시설 중 가장 작은 규모의 시설로 지역사회에 가장 근접한 지역에 위치하며 청소년들이 일상적으로 이용할 수 있는 시설이다. 작은 규모이지만 지역사회 청소년들이 가장 많이 이용하는 청소년수련시설 중의 하나이다.

청소년문화의 집의 활동시설은 실내집회장 및 특성화수련활동장, 자치활동실, 강의실 중에 두 종류 이상을 갖추어야 한다. 그 외 휴게시설, 위생시설, 기타시설을 실시하여야 한다. 청소년수련관 마찬가지로 청소년문화의 집도 「청소년활동진흥법」 제11조에 따라 시 · 도지사 및 시장 · 군수 · 구청장은 읍 · 면 · 동에 청소년문화의 집을 1개소 이상 설치 · 운영해야 한다. 청소년문화의 집은 다른 청소년수련시설보다는 시설 수가 많다. 2024년 4월 기준으로 시립시설이 157개로 가장 많고, 그다음 군립 93개소, 구립 68개소로 전국에 총 347개소가 설치되어 관리 · 운영되고 있다.

④ 청소년특화시설

청소년특화시설은 “청소년의 직업체험, 문화예술, 과학정보, 환경 등 특정 목적의 청소년활동을 전문적으로 실시할 수 있는 시설과 설비를 갖춘 수련시설”이다. 입지 조건은 청소년수련관처럼 일상생활권이나 도심지 근교 등 청소년 이용이 편리한 지역이다. 청소년특화시설의 활동시설은 직업체험, 문화예술, 과학정보, 환경 등의 특화된 분야의 활동을 할 수 있는 전문 자료실, 동아리방, 연구실, 체험실 등의 시설을 갖추어야 한다. 그 외 휴게실, 지도자실, 냉 · 난방시설, 비상설비, 기타시설 등이 필요하다. 청소년특화시설은 2024년 4월 기준으로 전국 14개소가 설치되어 관리 · 운영되고 있다(〈표 2-3-1〉 참조).

〈표 2-3-1〉 청소년특화시설 현황

시설명	활동 영역	설립주체	지역
광주광역시청소년삶디자인센터	진로	시립	광주광역시
노원청소년미래진로센터	진로	시립	서울특별시
대구광역시남구청소년창작센터	문화예술	구립	대구광역시
대구청소년창의센터 꿈&꿈	진로	시립	대구광역시
부안군청림청소년수련시설	자연체험	군립	전라북도
서울시립청소년드림센터	진로	시립	서울특별시
서울시립청소년미래진로센터	진로	시립	서울특별시
서울시립청소년음악센터	문화예술	시립	서울특별시
오금청소년센터	디지털 미디어	구립	서울특별시
이탈리아마을	문화예술	사립	경기도
청소년문화교류센터	교류	시립	서울특별시
청소년미디어센터	디지털 미디어	시립	서울특별시
청소년성문화센터	성교육	시립	서울특별시
한국청소년안전체험관	안전	시립	강원도

출처: 한국청소년수련시설협회 홈페이지 자료 재구성.

⑤ 청소년야영장

청소년야영장은 "야영에 적합한 시설 및 설비를 갖추고, 청소년수련거리 또는 야영 편의를 제공하는 수련시설"이다. 청소년수련원과 마찬가지로 자연경관이 수려하고 청소년의 접근이 쉬운 곳이 유리하다. 청소년야영장은 청소년수련원이나 유스호스텔 등과는 다르게, 청소년들이 자연에서 최소한 장비와 도구를 활용하여 숙식을 해결하며 자연에서 생존능력과 협동심, 끈기와 인내심, 체력 증진을 할 수 있는 곳이다. 이러한 청소년야영장은 100명 이상이 야영할 수 있는 야영지가 있어야 한다. 그 외 야외집회장, 대피시설, 체육활동장, 비상설비 등을 갖추고 있어야 한다. 2024년 4월 기준 전국적으로 총 34개소의 청소년야영장이 설치되어 관리 · 운영되고 있다.

⑥ 유스호스텔

청소년수련시설 가운데 여행하는 청소년들을 위하여 설치된 유스호스텔은 "청소년의 숙박 및 체류에 적합한 시설 · 설비와 부대 · 편익시설을 갖추고, 숙식편의 제공, 여행 청소년의 활동지원을 기능으로 하는 시설"이다. 입지조건은 명승고적지, 역사유적지 부근 및 그 밖의 지역 중 청소년이 여행활동 시 이용하기에 편리한 지역이 적합하다. 개인뿐만 아니라 학교에서 단체로 수학여행할 때 많이 이용하는 곳이 유스호스텔이다. 유스호스텔은 2024년 4월 기준 전국적으로 총 105개소의 유스호스텔이 설치되어 관리 · 운영되고 있다.

〈표 2-3-2〉 청소년수련시설 유형별 현황

(기준: 2024년 04월)

청소년수련시설 유형	공공시설	민간시설	개소수	비율
청소년수련관	201	0	201	23.5%
청소년수련원	64	89	153	17.9%
청소년문화의 집	342	5	347	40.6%
청소년야영장	19	15	34	4%
유스호스텔	25	80	105	12.3%
청소년특화시설	13	1	14	1.6%
합계	664	190	854	100%

출처: 한국청소년수련시설협회 홈페이지 자료 재구성.

2) 청소년이용시설

청소년이용시설은 수련시설이 아닌 시설로서 그 설치 목적의 범위에서 청소년활동의 실시와 청소년의 건전한 이용 등에 제공할 수 있는 시설이다. 이러한 청소년이용시설의 종류에 관해 「청소년활동 진흥법 시행령」 제17조에서 다음과 같이 제시하고 있다. ㉠ 「문화예술진흥법」 제2조 제1항 제3호의 문화시설이다. 문화시설은 공연시설, 전시시설, 도서시설, 문학관, 문화예술회관 등이다. ㉡ 「과학관의 설립 · 운영 및 육성에 관한 법률」 제2조 제1호의 과학관이다. 과학관이란 과학기술자료를 수집 · 조사 · 연구하여 이를 보존 · 전시하며, 각종 과학기술교육프로그램을 개설하여 과학기술지식을 보급하는 시설을 말한다. ㉢ 「체육시설의 설치 · 이용에 관한 법률」 제2조 제1호의 체육시설이다. 체육시설이란 체육 활동에 지속적으로 이용되는 시설과 그 부대시설을 말한다. ㉣ 「평생교육법」 제2조 제2호의 평생교육기관이다. 평생교육기관은 「평생교육법」에 따라 인가 · 등록 · 신고된 시설 · 법인 또는 단체, 「학원의 설립 · 운영 및 과외교습에 관한 법률」에 따른 학원 중 학교교과교습학원을 제외한 평생직업교육을 실시하는 학원, 그 밖에 다른 법령에 따라 평생교육을 주된 목적으로 하는 시설 · 법인 또는 단체를 말한다. ㉤ 「산림문화 · 휴양에 관한 법률」 제13조, 제14조 및 제19조에 따른 자연휴양림이다. ㉥ 「수목원 · 정원의 조성 및 진흥에 관한 법률」 제2조 제1호의 수목원이다. ㉦ 「사회복지사업법」 제2조 제5호의 사회복지관이다. 사회복지관이란 지역사회를 기반으로 일정한 시설과 전문인력을 갖추고 지역주민의 참여와 협력을 통하여 지역사회의 복지 문제를 예방하고 해결하기 위하여 종합적인 복지서비스를 제공하는 시설을 말한다.

제4장
청소년활동 프로그램

청소년활동 지도 현장에서 청소년활동 프로그램은 청소년활동지도자가 청소년를 지도하는 매개이다. 또한, 청소년활동 프로그램은 청소년활동에 필요한 여러 가지 요소(설비 및 활동장, 청소년지도자 등 인적 · 물적 자원을 의미) 가운데 핵심적인 요소에 해당한다. 학교 교사의 손에 '교과서'가 있다면, 청소년활동지도자의 손에는 '프로그램'이 있어야 한다. 청소년활동 프로그램은 청소년지도자와 청소년과의 소통의 수단, 청소년에게 새로운 지식과 정보를 전달 하는 수단, 청소년의 당면한 문제와 욕구를 해결해 주는 수단 등으로 작용한다. 이같이 청소년활동 프로그램이 청소년활동을 활짝 꽃 피우는 수단과 방법이기 때문에 청소년활동지도자는 청소년활동 프로그램 개발에 관한 전문지식과 경험을 쌓는 일에 소홀히 해서는 안 된다. 따라서 여기서는 청소년활동 프로그램의 기초적인 이해를 위하여 청소년활동 프로그램의 개념과 의의에 대해 살펴본다. 그리고 청소년활동 프로그램 개발의 개념, 청소년활동 프로그램 개발 패러다임인 실증주의 패러다임, 구성주의 패러다임, 비판주의 패러다임을 알아본다. 끝으로 청소년활동 프로그램 개발의 과정인 기획, 설계, 마케팅, 실행, 평가의 일련의 과정을 정리한다.

1. 청소년활동 프로그램의 개념과 의의

1) 프로그램과 청소년활동 프로그램의 개념

프로그램이라는 용어는 우리가 흔히 컴퓨터 프로그램, 텔레비전 프로그램, 방송 프로그램 연주회나 같은 공연 프로그램 등과 같이 광범위한 영역에서 사용되고 있다. 널리 사용하고 있는 프로그램(program)의 어원을 살펴보면 라틴어의 'pro'와 'graphein'의 합성어로 미리(before)와 써 놓은 것(to write)의 의미가 결합한 것이다. 이러한 용어적 의미는 앞으로 진행할 활동을 순서대로 정리해 놓은 진행순서지, 계획서와 같은 의미로 진행될 순서, 절차, 사건, 활동만을 강조하는 개념이다(홍은실 · 김태윤 · 안원현, 2020: 36). 하지만 프로그램의 실제 개념에서는 용어적 의미 이상의 포괄적인 의미를 내포하고 있다. 즉, 프로그램은 활동이나 순서만을 의미하는 것이 아니라, 일정한 활동들을 구체적으로 실행하는 데 필요한 경험의 총체적 환경인 활동 내용, 활동 목적과 목표, 활동 대상, 과정, 방법, 장소, 시기, 조직, 매체 등의 모든 요소를 포함하는 개념이다(한국청소년개발원 편, 2005: 14).

한편, 프로그램의 성격을 분명히 하기 위하여 학교 교육에서의 커리큘럼과 비교하는 것도 의미가 있다. 학교 교육의 커리큘럼은 실증주의 전통과 학교 교육의 통일성에 의거하여 외부의 전문가들에 의하여 사전에 계획되어 마련된 체계화된 교육내용(교과목)을 모든 학교에 동일하게 적용하는 획일적이고 정형화된 것이다(이화정 · 양병찬 · 변종임, 2003: 13). 이에 반하여 프로그램은 유연한 설계를 통하여 학습자(청소년)의 문제와 요구를 해결하는 데 초점을 둔다. 커리큘럼에 비하여 프로그램은 활동 기간이 단기적이고 활동 내용이나 과정은 역동적으로 전개되며, 학습자(청소년)의 개인적 경험을 최대한 이용하여, 학습자(청소년)이 가지고 있는 욕구를 해결하도록 한다. 그러므로 비정형화되고, 비학점화의 특성을 가진 프로그램은 제공하는 기관 · 시설, 단체에 따라서 프로그램 목적과 목표, 내용, 방법 등이 다르다(〈표 2-4-1〉 참조).

앞서 제시한 것처럼, 프로그램은 활동 내용이나 활동 순서만으로 국한되는 것이 아니라 일정의 활동을 구체적으로 실행하는 데 필요한 모든 활동을 의미하는 개념으로 볼 수 있다. 즉, 프로그램은 어떤 목적을 달성하기 위해 선택된 활동에 관해서 누가, 무엇을, 어떻게, 왜, 언제, 어디서, 누구와 행할 것인가를 종합적으로 묶어서 부분별로 보다 구체적이고 일목요연하게 제시해 주는 활동 지침이라 볼 수 있다(한국청소년개발원 편, 1997; 김진호 · 권일남 · 이광호 · 최창욱, 2022: 212에서 재인용). 이러한 프로그램에 대한 개념을 바탕으로 청소년활동 프로그램을 정리하면 "청소년을 대상으로 청소년의 인지적, 정의적, 신체적 변화를 목적으로 이루어지는 다양한 청소년활동에 관해서 누가, 무엇을, 어떻게, 왜, 언제, 어디서, 누구와 행할 것인가 등을 종합적으로 정리해서 일목요연하게 제시해 주는 활동 지침"이라고 할 수 있다. 좀 더 명료하게 정리하면 청소년활동 프로그램은 "청소년활동이 추구하는 목적을 달성하기 위하여 일목요연하게 구조화하여 정리된 집합체"라 할 수 있다. 하지만 이와 같은 개념 정의는 실제로 청소년들에게 프로그램을 제공하려는 근본적 의미나 가치를 설명하는데 부족한 부분이 많아서, 청소년활동 프로그램에 관한 확장된 개념이 필요하다. 청소년활동 프로그램은 활동 내용뿐만 아니라 프로그램을 통해서 얻고자 하는 목표를 비롯하여 장소와 매체 등 모든 요소를 하나로 통합된 것을 말한다(권일남 · 전명순 · 김태균 · 김정률, 2023: 50~51).

〈표 2-4-1〉 프로그램과 커리큘럼의 비교

구분	커리큘럼	프로그램
주요 관심	교과목 위주	개인적 문제와 요구
학점	학점화	비학점화
설계자	선정된 전문가와 자문위원	학습자와 평생교육사
주제	전문가에 의해 학습자에게 필요하다고 판단되는 지식 · 기술 · 태도 · 가치 등	학습자의 특정한 요구나 문제해결에 도움이 되는 것
초점	내용 중심	문제 · 과제 중심
장점	학습 목표나 활동이 명백히 제시되며, 학습 내용이 체계적이고 조직화된 계열성을 지님	학습자의 개인적 경험을 최대한 이용하며 이를 통해 요구에 즉각 부응함

출처: Neimi, J. A. & Nagle, J. M. 1977; 이화정 · 양병찬 · 변종임(2003), p. 13에서 재인용.

2) 청소년활동 프로그램의 중요성과 의의

청소년활동이 추구하는 목적을 달성하기 위하여 일목요연하게 구조화하여 정리된 집합체로서 청소년활동 프로그램의 중요성과 의의에 관해서 청소년 차원, 기관 차원, 지역사회 차원으로 구분하여 설명한다.

청소년 차원에서 청소년활동 프로그램은 청소년들이 또래집단을 비롯하여 다른 사람을 만나서 소통할 수 있는 수단으로서 의의가 있다. 청소년활동 프로그램은 청소년들에게 다른 사람과 원만한 상호작용을 할 수 있는 의사소통 및 대인관계 기술을 향상시켜 준다. 청소년기의 발달 특성상 애정과 소속감의 욕구가 크게 발동하는데, 청소년들은 다른 청소년들과 청소년지도자와 만남을 통하여 소속감의 욕구를 충족하여 관계적인 측면에서 긍정적 발달을 도모할 수 있다. 이러한 단기적인 행동 변화뿐만 아니라 청소년들은 청소년활동 프로그램 통하여 중장기 측면에서 청소년활동이 추구하는 다양한 기대 효과(변화)를 획득할 수 있다. 통상적으로 받아들여지는 청소년활동의 거시적인 효과인 민주시민으로서의 기본적인 소양인 공동체 의식을 함양하여 성숙한 성인으로서 바람직한 이행을 할 수 있도록 돕는다.

기관 차원의 청소년활동 프로그램의 중요성과 의의를 설명하면 우선 청소년활동 프로그램은 기관의 존재 이유를 드러나게 하는 수단이다. 청소년활동 기관에서 가장 고유한 업무인 청소년활동 사업의 원활한 진행을 통하여 기관의 위상과 존재감을 나타낼 수 있다. 또한, 기관 차원에서 청소년활동 프로그램을 개발하여 청소년에게 제공하므로 기관의 설립 목적에 부응할 수 있다. 각 기관의 고유한 설립 목적에 맞는 양질의 청소년활동 프로그램을 청소년에게 제공함으로써 기관에서는 확실한 기관 정체성을 유지하여 청소년에게 유익한 활동 거리를 영속적으로 제공할 수 있다. 정리하면, 기관 차원에서는 청소년활동 프로그램을 통하여 대외 이미지를 제고할 수 있게 되므로 책임 있는 공공시설로서 책무성과 공공성을 확보할 수 있다.

지역사회 차원에서 청소년활동 프로그램을 많이 보급하게 되면 지역사회에 산재한 청소년 욕구와 문제를 해결하는 데 도움이 될 것이다. 지역사회에 청소년을 위한 많은 시설을 설치하여 청소년에게 흥미를 유발하고 미래지향적 발전을 추구할 수 있는 청소년활동 프로그램 보급을 통해 지역사회의 청소년들이 건강하고 행복하게 성장할 수 있다.

2. 청소년활동 프로그램의 개발

1) 청소년활동 프로그램 개발의 개념

청소년활동 프로그램 개발의 개념을 분명하게 하는 것은 청소년활동 프로그램 개발자에게 프로그램 개발 시 명확한 역할을 갖게 하고 전반적인 프로그램 개발 과정의 범위나 절차를 정하므로 효율적이고 효과적인 청소년활동 프로그램 개발을 할 수 있도록 한다. 이러한 까닭에 프로그램 개발의 의미를 더욱 구체적으로 이해하기 위하여 김진화(2001: 77~80)가 탐구한 구조적, 절차적, 행위적, 현상적 측면에서 프로그램 개발 의미를 제시한다. 김진화(2001)가 면밀하게 탐구한 내용을 정리하면 다음과 같다.

첫째, 구조적 측면에서 프로그램 개발의 개념은 어디까지를 프로그램 개발로 규정할 것인가와 관계된다. 프로그램 개발 개념은 협의적으로 프로그램 계획으로만 이해하나, 광의적으로는 프로그램 계획이나 설계 이상의 개념으로 계획, 설계, 시행, 평가하는 수단과 방법까지 포괄하여 광의의 개념으로 규정한다. 따라서 프로그램 개발 범위는 [그림 2-4-1]과 같이 프로그램 기획(program planing), 프로그램 설계(program design), 프로그램 마케팅(marketing), 프로그램 실행(program implementation), 프로그램 평가(program evaluation) 등을 포함하여 규정한다.

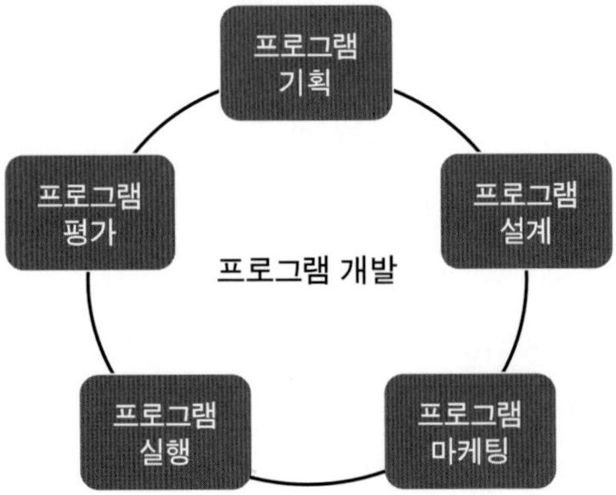

[그림 2-4-1] 프로그램 개발의 개념도

출처: 김진화(2001), p. 78.

둘째, 절차적 측면에서 프로그램 개발이란 프로그램을 체계적이고 과학적으로 개발하기 위해 프로그램 개발 전문가가 행하는 모든 활동의 절차 및 단계로 규정되는 일련의 과정을 뜻한다. 즉, 프로그램 개발자가 프로그램 개발의 준비 과정에서부터 최종적인 평가 및 개정 단계에 이르기까지 매우 광범위한 영역과 사건, 절차를 순서대로 밟아 나가는 것을 프로그램 개발이라 한다. 따라서 프로그램 개발자는 각 절차와 단계들을 체계적으로 이해하고 실천할 수 있는 능력이 요청된다.

셋째, 행위적인 측면에서 프로그램 개발이란 프로그래머가 담당할 역할과 그들이 실적으로 직면하는 문제를 해결해 나가는 일련의 과정을 말한다. 서베로와 윌슨(Cervero & Wilson, 1994)은 프로그램 개발이 이루어지는 조직체적 맥락을 강조하고, "프로그램 개발자가 권력관계에 의해 구조화된 조직체적 상황 속에서 관심사를 협상하는 사회적 활동"으로 규정한 바 있다. 이는 구조적 측면이나 절차적 측면과는 다르게 사회적 관계에서 프로그램 개발자의 역할을 강조하고 있다. 프로그램 개발자는 프로그램 개발과 관련한 복잡한 사회적 생태를 파악하여, 관계자들과 협력하여 책임성을 가지고 프로그램을 개발해야 한다는 측면이다.

넷째, 현상적 측면에서 프로그램 개발이란 청소년들의 성장과 발달에 유용한 지식, 정보, 기술을 합리적으로 선정하고 조직하여 매체화시키는 일련의 과정을 말한다. 다시 말해, 학습자(청소년)와 교수자(청소년지도자) 사이의 상호작용 내용을 창출, 선정, 조직, 개발하는 행위를 말한다. 여기에서 상호작용 내용은 학습자(청소년)의 성장과 발달은 물론 그들의 문제해결에 실질적으로 도움이 되는 유용한 지식과 정보를 말한다. 이러한 지식과 정보를 창출하고, 창출된 지식과 정보 중에서 프로그램 속에 포함할 내용을 합리적으로 선정하고, 이를 논리적으로 조직하여 하나의 매체화된 자료로 개발하는 것을 프로그램 개발이라 할 수 있다.

이상의 내용과 같이 프로그램 개발자(청소년지도자)는 청소년활동 프로그램 개발을 위한 다양한 측면을 이해하고 접근해야 한다. 청소년활동 프로그램 개발자는 구조화된 영역별 덩어리로서 청소년활동 프로그램 개발의 개념도(기획, 설계, 마케팅, 실행, 평가 포함)를 항상 염두에 두고, 단계별 과정을 밟아가면서 프로그램을 개발해야 한다. 구조적 측면과 절차적 측면과 다르게 청소년활동 프로그램 개발은 행위적 측면에서 프로그램 개발자의 실천적인 사회적 행동임을 인식하고 끊임없이 청소년과 관련된 사회문제를 제기하고 그러한 것들을 해결하기 위한 프로그램 개발 노력을 해야 할 것이다. 또한, 청소년활동 프로그램 개발자는 현상적 측면에서 청소년과 무한한 상호작용을 통해, 청소년들이 요구하는 새로운 지식과 정보를 발굴하고 논리적으로 조직화하여 프로그램을 청소년들에게 제공하여야 한다.

2) 청소년활동 프로그램의 개발 패러다임

패러다임은 [그림 2-4-2]에서 보는 바와 같이 지식의 구성 수준에서 가장 추상적인 수준의 개념적 틀이며, 세계관과 현실에 대한 인식의 방향을 결정하는 이론적 체계를 의미한다. 청소년활동 지도 현장에서 패러다임은 프로그램 개발자(청소년지도자)에게 프로그램 개발을 위한 인식의 틀로서 패러다임이 존재한다. 프로그램 개발을 위한 인식의 틀뿐만 아니라, 프로그램 실행과 운영 과정에서 청소년지도자에게 운영철학으로 작용한다. 정리하면, 청소년지도자는 프로그램 개발을 위한 인식의 틀로서 패러다임과 프로그램 개발 후에 직접 청소년을 만나서 청소년활동 프로그램을 실행과 운영할 때 지도와 운영철학으로서 패러다임을 말한다. 여러 가지 패러다임 가운데, 여기서는 실증주의 패러다임, 구성주의 패러다임, 비판주의 패러다임에 관해 설명한다.

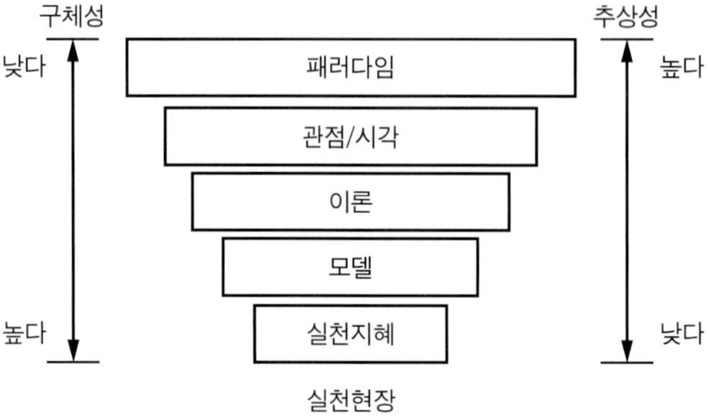

[그림 2-4-2] 지식의 구성 수준

출처: 사회복지교육연구센터 편(2015), p. 26.

(1) 실증주의 패러다임

실증주의 패러다임은 수학적 · 경험적 증명을 중요시하기 때문에 사변을 배격하고 객관적 자료를 통하여 검증할 수 있는 지식 · 진리를 참된 지식 · 진리로 여기는 객관주의 세계관이다. 이러한 실증주의 패러다임은 전통적인 학교 교육의 교과목 교육과정 편성과 교수-학습과정에서 엿볼 수 있다. 우선 학교 교육의 교육과정 편성은 실증주의에 기반한 교과목이 편성되기 때문에, 학습 목표와 학습 내용이 대부분 정형화되어 있다. 이처럼 청소년활동 지도 현장에서 실증주의에 기반한 청소년활동 프로그램 개발도 청소년활동 목표가 먼저 결정되고 여기에 프로그램 내용을 결정하는 '목표-수단 모델'을 표방하고 있다. 또한, 청소년활동 프로그램 개발에서 학교 교육과정처럼 체계적이고 합리적인 프로그램 개발 절차를 중요시할 뿐만 아니라 국가 혹은 청소년기관, 특정 분야의 전문가에 의존하는 이론적 틀로서 실증주의 패러다임이 적용된다(한국청소년개발원 편, 2005: 43).

더불어서, 교과목을 가르치는 교사는 실증주의 패러다임에 입각해서 본다면 교과목의 교육 내용을 있는 그대로 전달하는 전달자 역할을 한다. 이때 학생은 교사에 의해 주어지는 지식 · 진리를 여과 없이 있는 그대로 받아들인다. 이와 마찬가지로 청소년활동 지도 현장에서도 청소년지도자와 청소년의 관계도 학교에서의 교사와 학생의 관계처럼, 청소년지도자가 전하는 정보와 지식을 수동적으로 받아들이는 과정으로 본다. 청소년지도자는 청소년들을 '백지' 상태, '빈 그릇' 상태인 것으로 규정함으로써 청소년지도자는 '빈 그릇을 채우는 사람'으로 일방적인 권위와 순종의 형식 관계를 강조한다(김진화, 2001: 115). 이런 결과 청소년들은 청소년지도자가 빈 그릇을 채워주기만을 기다리는 수동적 반응자로 실재한다.

실증주의 패러다임은 학교나 청소년활동 지도 현장에서 새로운 정보와 지식을 '있는 그대로 여과 없이' 청소년에게 전달하여 많은 청소년의 변화를 유도할 때 유용한 패러다임이다. 예컨대, 학교나 청소년시설이나 단체에서 실시하는 국가 주도나 기관 주도로 이루어지는 공익성 · 계몽성을 갖춘 약물 오남용 예방 프로그램, 학교폭력예방 프로그램, 환경교육활동 프로그램 등이 좋은 예이다.

(2) 구성주의 패러다임

구성주의 패러다임은 실증주의 패러다임처럼 진리 · 지식이 학습자(청소년)의 외부 세계에 객관적으로 존재하는 것이 아니라, 진리 · 지식은 학습자(청소년)의 주관적 해석과 판단, 수정, 재정의, 재구성 등의 과정을 거쳐 학습자(청소년) 내부세계에 주관적으로 존재한다는 이론 체계를 말한다. 실증주의 패러다임이 객관주의 세계관이라면, 구성주의 패러다임은 주관주의 세계관이다.

이러한 구성주의 패러다임은 학교 교육의 교육과정 가운데, 비교과목인 창의적 체험활동에서 찾아볼 수 있다. 학교 교육과정의 교과목의 개발과 지도과정에서 실증주의 패러다임이 우세하게 적용된다면, 비교과목인 창의적 체험활동은 구성주의 패러다임이 우세하게 적용하여 개발 · 운영된다. 또한, 청소년활동 지도 현장에서는 청소년활동이 추구하는 건전한 청소년육성이라는 청소년활동의 목적을 달성하기 위한 청소년활동 프로그램을 개발과 프로그램을 실행 · 운영하는 데 있어서 아주 적절한 운영철학으로 구성주의가 적용된다.

구성주의 패러다임이 학교에서 창의적 체험활동 지도 현장이나, 학교 밖 청소년활동 지도 현장에서 유용한 패러다임으로 작동하는 이유는 실증주의와는 다르게 구성주의 패러다임이 교사나 지도자에 의해서 정보와 지식이 일방적으로 주어지는 것이 아니라, 학습자(청소년)가 주어진 사실에 관해서 주관적 해석과 판단 등을 통하여 지식·진리를 재구성하기 때문이다. 따라서 청소년들은 빈 그릇에 청소년지도자가 지식과 정보를 채워줄 때, 거부를 할 수도 있고, 새롭게 지식·진리를 재구성하여 청소년 스스로가 빈 그릇을 자신에게 맞게 채울 수도 있는 것이 구성주의 패러다임의 관점이다.

대부분의 청소년활동 프로그램은 개발과 진행과정에서 구성주의 패러다임이 추구하는 세계관에 일치한다고 볼 수 있다. 청소년활동 프로그램이 주입식·설교식으로 이루어지는 전통적인 교육(활동)과는 다르게, 청소년들과 청소년지도자가 상호작용이 가능한 활동내용과 방법을 추구하므로 구성주의 패러다임이 청소년활동 지도 현장에서 적절하다고 볼 수 있다.

(3) 비판주의 패러다임

비판주의 패러다임은 교육사상의 한 부류로 학교 교육과 관련되어 논의됐다. 따라서 학교 교육과 관련하여 논의된 비판이론을 살펴보고, 이를 통하여 청소년활동 지도 현장에서의 프로그램 개발 과정과 실제 프로그램을 지도할 때 운영철학으로서 비판주의 패러다임을 살펴본다.

비판이론에 기초한 교육적 논의는 교육이 사회적, 정치적, 경제적 제약과 억압구조 속에서 이루어지고 있다는 인식을 기초로 하고 있다. 그리고 그러한 제약 속에서 이루어지는 교육은 학습자(청소년)의 자유와 주체성을 심각하게 손상시키며, 억압적인 사회 구조를 재생산하는 사회기구의 역할을 하게 된다는 것이다(신득렬·이병승·우영효·김회용, 2011: 317). 이처럼 비판이론가 대부분은 사회의 불평등이 학교 교육을 통해 재생산된다고 본다. 그래서 이들은 교육의 사회적 조건들을 이념 비판을 통해 적발해 내는 데 관심을 둔다. 즉 학교는 불평등하고 불공정한 정치, 경제 구조를 반영할 뿐만 아니라 그것을 재생산하는 기능을 한다는 것이다

(박의수 · 강승규 · 정영수 · 강선보, 1999: 431).

이렇듯 불평등한 사회 구조로 안에서 이루어지는 공정하지 못한 교육을 받은 특정 사회집단은 끊임없이 소외와 억압을 받는다. 소외와 억압, 불평등에서 벗어나기 위한 해방 교육사상을 펼친 비판이론가 중 한 사람인 프레이리(Freire)는 억눌린 자들이 스스로 왜곡된 구조를 극복하고 인간화된 세계를 만들고자 한다면 현실을 비판적으로 바라봐야 한다고 말한다. 그러나 비판적 의식은 저절로 이루어지는 것이 아니며 행동과 성찰의 참된 결합인 '프락시스(praxis)'를 통해서만 형성될 수 있다고 한다. 프레이리는 이론과 실천 그리고 나아가 성찰의 과정을 거치는 과정에서 인간이 주체가 되고 의식화를 이루어 내기 위해서는 문제제기식 교육과 대화식 교육이 이루어져야 한다고 주장한다(송훈섭, 2022: 25).

비판주의 패러다임으로 프레이리가 주장한 교육사상을 청소년활동 지도 현장에 적용해 볼 수 있다. 청소년활동을 통한 의식화는 청소년들이 순종적이고 길들여진 학교생활이나 일상에서 벗어나, 주체적인 삶을 살아가는 능력을 고양하는 과정을 말한다. 따라서 청소년활동 프로그램 개발자는 비판주의 패러다임에 입각하여 청소년들이 의식화될 수 있는 프로그램을 개발하여 제공해야 한다. 프레이리는 프로그램의 진행 과정에서 대화식 교육 방법을 사용하여 청소년들이 비판적 사고와 통찰로 당면한 문제를 자각하고 해결할 수 있도록 하며, 또한, 프로그램에 참여한 청소년들이 행동과 성찰, 성찰과 행동의 변증법적 과정인 프락시스를 통해서 진정한 주체의 회복과 해방을 얻을 수 있다고 한다.

비판주의 패러다임에 근거한 청소년활동 프로그램은 청소년과 관련한 사회문제를 해결하는데 유용한 관점을 제시해 준다. 예컨대, 지구 기후 및 환경 문제, 양극화 문제, 교육문제, 진로와 직업 문제, 유해환경 문제 등이 좋은 예이다.

3) 청소년활동 프로그램의 개발 과정

프로그램의 개발 통합 모형에 관해서 김진화(2001: 165)는 프로그램 기획(program planning), 프로그램 설계(program design), 프로그램 마케팅(program marketing), 프로그램 실행(program implementation), 프로그램 평가(program evaluation) 등 5개로 설정하여, 각 영역에서 수행되어야 내용을 체계적으로 정리하였다. 이처럼 김진화(2001)가 체계화한 프로그램 개발 통합 모형을 토대로 청소년활동 프로그램에 적용할 수 있도록 하는 프로그램 개발 통합 모형을 재구성하여 청소년개발원(2005)에서 [그림 2-4-3]과 같이 제시하였다.

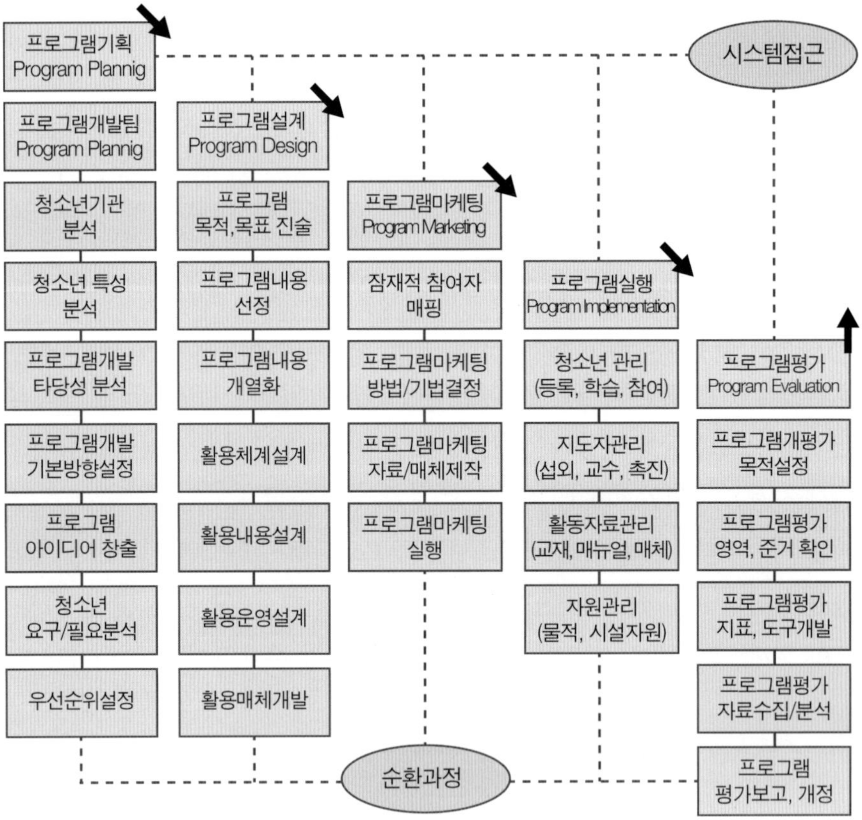

[그림 2-4-3] 프로그램 개발 통합 모형

출처: 한국청소년개발원 편(2005), p. 60.

(1) 청소년활동 프로그램 기획

청소년 건전 육성을 위한 목적으로 이루어지는 청소년활동 프로그램의 개발 과정에서 첫 번째 단계로 기획이 이루어진다. 기획은 청소년들이 가지고 있는 현재의 요구에 부응하기 위하여 격하게 궁리와 모색을 하는 절차이다. 그렇다면 무엇을 궁리하고 모색할 것인가인데, 그것은 왜 프로그램을 개발하려는지와 그 결과물은 어떤 것인가 등에 관한 것이다. 이러한 고민을 하기 위해서 청소년활동 프로그램 개발 과정에서 먼저 해야 할 것이 프로그램개발팀(PDT, program development team)을 구성하는 것이다. 프로그램개발팀(PDT)은 과정전문가(planning management experts), 현장 전문가 혹은 내용전문가(subject matter experts), 학습설계전문가(instruction design experts), 의사결정전문가(decision making experts), 협상전문가(negotiating experts)로서 자질을 갖춘 사람들로 구성한다(김진화, 2001: 182).

기획 단계에서 구성된 프로그램개발팀 중심으로 브레인스토밍 등 여러 가지 토론 기법을 활용하여 프로그램 아이디어 창출하고 프로그램 개발 필요성 및 기본 방향을 정하게 된다. 또한, 청소년활동 프로그램 개발과 관련된 환경 분석으로 청소년기관 분석, 잠재적 참여 청소년 특성 및 요구분석 등이 이루어진다.

(2) 청소년활동 프로그램 설계

청소년활동 프로그램 설계는 기획 과정에 생산된 아이디어와 분석 자료를 통해서 구체적인 프로그램계획서를 작성하는 단계이다. 이 단계에서는 기획 단계에서 확인된 청소년의 요구 및 필요와 프로그램 개발의 기본 방향에 적합한 프로그램 목적과 목표를 설정하고 이것과 관련된 프로그램 내용을 선정 · 조직하고, 지도 방법을 체계화시키고, 교육매체를 개발하는 단계를 말한다(한국청소년개발원 편, 2005: 61). 설계단계에서 고려해야 할 핵심적인 요소는 목표, 내용, 방법, 평가이다. 4요소를 좀 더 살펴보면 첫째, 목표는 청소년활동 프로그램을 통하여 얻고자 하는 성과이며 산출 결과물이다. 이런 목표는 청소년들의 인지적, 신체적, 정의적 영역에서의 행동 변화를 아주 구체적으로 진술하여야 한다. 둘째, 내용은 프로그램의 목표 달성을 위한 수단으로 청소년들이 경험하는 구체적인 활동들이다.

따라서 청소년활동 프로그램은 목표에 적합한 내용 구성이 되어야 하며, 내용 조직의 기본적인 원리인 계열성의 원리, 계속성의 원리, 통합성의 원리(김진화, 2001: 311)를 고려해야 한다. 셋째, 방법은 청소년활동 프로그램에 참여하는 청소년들에게 어떻게 하면 효율적이고 효과적으로 프로그램 내용을 전달 할 수 있는가에 관한 것이다. 방법을 선정함에 있어서 고려해야 할 원칙은 자기주도성의 원리, 상호성의 원리, 다양성의 원리, 참여교육의 원리(한국청소년개발원 편, 2005: 140~141) 등이 있다. 청소년활동 프로그램에서 주로 전개되는 방법은 청소년 개인이나 집단을 대상으로 강의형, 토론형, 견학형, 실습형, 온라인 비대면형, 현장체험형 등 다양한 방법이 있다. 넷째, 평가는 계획한 목표의 달성 여부, 달성 정도를 파악하고 분석하여 다음 프로그램의 개정을 요구하기 위해서 실시한다.

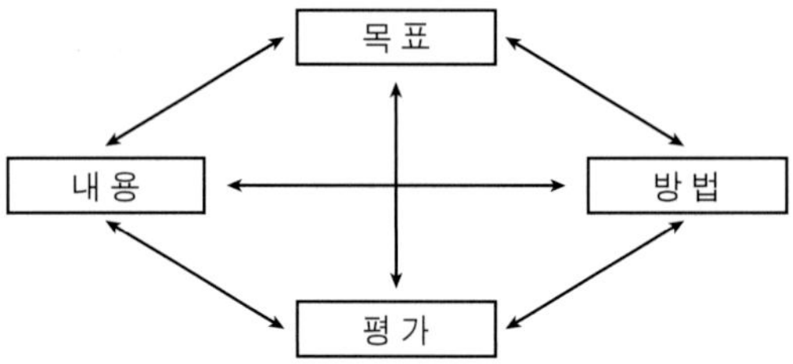

[그림 2-4-4] 프로그램 설계의 4요소 간의 작용 관계

출처: 한국청소년개발원 편(2005), p. 135.

(3) 청소년활동 프로그램 마케팅

기획 단계에서 창출된 아이디어를 기반으로 프로그램 설계단계에서는 프로그램 목적과 목표, 내용 구성, 전개 및 평가 방법 등이 유기적인 상호작용 관계에서 정리된 결과물을 프로그램계획서 형태로 구현한다. 이 단계에서 마케팅 과정을 거쳐 프로그램 서비스가 필요한 청소년들에게 제공한다. 마케팅은 애당초에 영리기업에서 생산 제품을 홍보하고 판매하는 전략으로서 출발하여, 지금은 학교, 평생교육기관, 사회복지시설, 청소년기관 등 비영리기관에서도 마케팅 개념이 도입되었다.

영리기업에서 생산되는 '제품'을 비영리기관에서는 '프로그램'이라고 할 수 있다. 영리기업에서 제품과 같은 비영리기관의 프로그램을 전략적인 접근을 통해 잠재적 고객인 청소년들이 많이 참여할 수 있도록 하는 것이 청소년기관에서의 마케팅이다. 프로그램 마케팅에는 [그림 2-4-3]에서 보는 바와 같이 잠재적 참여자 맵핑, 프로그램 마케팅 방법 및 기법 결정, 프로그램 마케팅 자료 및 매체 제작, 프로그램 마케팅 실행 등을 포함한다.

(4) 청소년활동 프로그램 실행

청소년활동 프로그램 실행 과정은 계획되고, 설계된 프로그램을 지도자가 프로그램 참여자들을 대상으로 청소년활동을 체계적으로 실시하여 의도한 목표를 달성해 나가는 과정을 말한다(한국청소년개발원 편, 2005: 179). 이와 같은 청소년활동 프로그램 실행의 개념을 좀 더 면밀하게 살펴보면, 협의적 의미는 프로그램의 실제적인 실행을 위한 도입과정에서 정리단계에 이르기까지의 과정으로 본다. 그리고 광의의 의미는 설계된 프로그램을 실제로 실행하기 위하여 운영조직을 편성하는 단계에서부터 실제로 활동을 실천하고 그 활동 내용을 기록 정리하여 평가에 이르기까지의 일련의 과정을 포함하는 것을 의미한다(김진화, 2001: 366). 이러한 청소년활동 프로그램 실행과 운영 단계를 정리하면 준비단계, 실시단계, 종결 및 평가단계로 구분하며, 실시단계는 다시 도입부, 전개부, 정리부로 세분화한다.

(5) 청소년활동 프로그램 평가

청소년활동 프로그램 평가의 목적에 관해 김윤나 · 오승근 · 정건희 · 손진희 · 양은일(2018: 224)은 프로그램의 가치나 장점을 판단하거나 결정하기 위하여 프로그램을 평가하는 것, 프로그램의 효과 및 영향을 파악하고 판단하기 위한 것, 프로그램의 목적 달성 정도를 확인하는 것, 프로그램에 대한 의사 결정을 보조하기 위한 것으로 제시하였다. 결과적으로 평가의 목적은 프로그램이 궁극적으로 의도하는 바가 성취되었는가를 확인하는 것에 초점을 맞춘다(천정웅 · 김경준 · 김세광 · 김윤나, 2015: 243)고 명료하게 정리할 수 있다.

전술한 바와 같은 평가의 목적을 달성하기 위하여 청소년활동 프로그램의 평가는 과학적인 평가 모형과 평가 방법을 동원하여 정해진 절차에 따라서 체계적으로 실시하여야 한다. 평가는 시기적으로 사전평가, 과정평가, 사후평가 등이 있고, 평가유형으로는 양적 방법과 질적 방법으로 크게 구분한다. 양적평가 유형은 설문지법이 대표적이며, 질적평가 유형은 포트폴리오, 관찰법, 자기평가, 동료평가, 구술, 프로젝트 수행 등이 있다.

제3부

제도 기반 청소년활동

3부에 앞서

3부에서는 국가 제도 기반 청소년활동에 관해서 설명한다. 1장 '청소년수련활동인증제', 2장 '창의적 체험활동', 3장 청소년포상제도인 '국제청소년성취포상제'와 '청소년자기도전포상제'에 관해서 학습한다.

1장에서 제시하고 있는 청소년수련활동인증제는 다양한 청소년활동에 수련활동이 갖는 일정 기준 이상의 형식적 요건과 질적 특성을 갖춘 청소년활동이 정당한 절차로 성립되었음을 공적 기관에 의해 증명하는 제도를 의미한다. 이러한 청소년수련활동인증제는 청소년들이 안전한 시설에서 적절한 지도 능력과 공인된 자격을 갖춘 지도자와 함께 알차게 구성되어 있는 양질의 프로그램에 참여하여 당면한 문제를 해결하고 일상생활에 필요한 지식 등을 습득하도록 한다. 1장에서는 청소년수련활동인증제 기초적인 이해를 하기 위하여 청소년수련활동인증제의 정의 및 운영 목적, 청소년수련활동인증제의 특징, 청소년수련활동인증제의 운영체계 및 역할에 관해 정리한다. 다음은 청소년수련활동 인증신청 및 운영절차에 관해 상세히 살펴보고, 청소년수련활동인증제 활동유형과 운영방식, 마지막으로 청소년수련활동인증제 인증기준에 관해서 알아본다.

2장은 학교에서 이루어지는 창의적 체험활동에 관해서 설명한다. 창의적 체험활동이란 교과와 상호 보완적인 관계 속에서 학생들이 삶을 적극적으로 실천하고 심신을 조화롭게 발달시키기 위하여 실시하는 교과 이외의 활동이다. 창의적 체험활동은 학생들이 창의적인 다양한 활동에 주도적으로 참여함으로써 개인의 소질과 잠재력을 계발 · 신장하여 창의적인 삶의 태도를 기르고 민주시민으로서 공동체 의식을 함양하도록 하는 데 목표가 있다. 이와 같은 창의적 체험활동을 학습하기 위하여 창의적 체험활동의 목표와 성격, 창의적 체험활동의 영역과 활동, 창의적 체험활동의 설계와 운영에 관해 자세히 살펴본다.

3장에서는 청소년포상제도 가운데 국제청소년성취포상제에 관해 먼저 설명한다. 국제청소년성취포상제는 전 세계 많은 나라에서 만 14~24세 모든 청소년을 대상으로 금장, 은장, 동장 단계별로 활동을 하므로 창의적이고 자기주도적인 태도와 청소년의 역량 증진, 인성 함양, 삶의 기술 등을 익힐 수 있도록 지원하는 국제적인 자기성장프로그램이다. 한편, 청소년자기도전포상제는 국제청소년성취포상제를 모태로 하여 한국 실정에 맞게 정착한 제도이다. 이러한 국제청소년성취포상제와 청소년자기도전포상에 관해 자세하게 학습하기 위하여 국제청소년성취포상 개념과 발전 과정, 국제청소년성취포장제의 기본원칙, 국제청소년성취포상제의 운영 현황, 국제청소년성취포상제의 포상활동 영역과 운영모형에 관해 자세하게 다룬다. 그다음 청소년자기도전포상제의 개념과 발전 과정, 청소년자기도전포상제의 철학, 청소년자기도전포상제의 운영현황, 청소년자기도전포상제의 포상활동 영역과 운영 모형에 관해 정리한다.

제1장
청소년수련활동인증제

청소년수련활동인증제도는 국가인증제도로서 청소년들이 쾌적하고 안전한 공간에서 검증된 지도자와 함께 양질의 프로그램에 참여하는 데 의의가 있다. 2006년 제도 도입 이래로 많은 청소년시설이나 단체 등에서 인증프로그램을 개발하여 청소년들에게 유익한 인증프로그램을 제공하고 있다. 명실상부한 정책 기반의 청소년활동 영역으로 자리 잡은 청소년수련활동인증제도는 지금의 성과에 안주하지 말고 더욱더 합리적이며 미래지향적인 접근을 통한 제도 개선이 필요하다. 청소년수련활동인증제의 안정된 정착을 위하여 무엇보다도 한국 사회의 청소년 인구 감소 문제, 청소년 이행 과정의 장기화와 다변화, 다문화 사회(외국인 유입과 국제교류의 증가) 정착, 4차 산업혁명과 디지털 대전환 시대 도래 등으로 급변하는 청소년 환경을 맥락적으로 파악해야 한다. 이와 같은 상황에서 청소년수련활동인증제 정착을 위하여 청소년지도자는 인증제를 잘 이해해야 한다. 따라서 여기서는 청소년수련활동인증제의 정의 및 운영 목적, 특징, 운영체계 대해 알아본다. 그리고 청소년수련활동 인증신청 및 운영절차를 설명하고, 끝으로 청소년수련활동인증제 활동유형 및 인증기준을 정리한다.

1. 청소년수련활동인증제 기초 이해

1) 청소년수련활동인증제의 정의 및 운영 목적

청소년수련활동인증제는 「청소년활동 진흥법」 제35조에 의거하여 시행되는 제도로, 다양한 청소년수련활동이 갖는 일정 기준 이상의 형식적 요건과 질적 특성을 갖춘 청소년활동이 정당한 절차로 성립되었음을 공적 기관에 의해 증명하는 제도를 의미한다. 이러한 청소년수련활동인증제의 운영 목적은 첫째, 청소년이 안전하고 유익한 활동을 선택하여서 참여할 수 있도록 양질의 프로그램 제공이다. 양질의 프로그램이라 했을 때, 우선 조건은 안전이 담보된 활동이며 참여 청소년들이 흥미를 느낀다면 더욱 좋을 것이다. 청소년에게 안전한 활동을 제공하며 즐거움을 느끼게 해주는 것이 중요하다. 둘째, 청소년에게 질적 수준이 담보된 다양한 청소년활동 정보제공이다. 청소년수련활동인증제는 국가인증제도로서 인증받은 프로그램을 국가 기관이 관리하여 많은 청소년이 참여할 수 있도록 정보를 제공한다. 셋째, 참여한 활동 내용을 국가가 기록 · 유지 · 관리하여 자기계발과 진로모색에 활용하도록 자료를 제공한다. 참여 후에는 여성가족부장관 명의의 참여기록확인서를 발급받을 수 있으며, 포트폴리오를 작성하여 관리할 수도 있다. 넷째, 건전한 청소년활동 선택의 장을 조성하고 청소년활동 전반에 대한 국민적 신뢰 확보이다(한국청소년활동진흥원a, 2022: 11). 양질의 프로그램을 청소년에게 제공하므로 청소년들은 다양한 청소년활동의 참여 기회가 되고, 청소년들의 주변인을 비롯하여 여러 국민에게는 청소년활동에 관한 신뢰감을 조성할 수 있다.

2) 청소년수련활동인증제의 특징

청소년수련활동인증제의 특징을 운영측면과 내용측면으로 구분하여 살펴본다. 먼저, 운영측면에서 청소년수련활동인증제는 '사전인증'이다. 프로그램 실시 전, 또는 참가자 모집 전 인증을 신청하여 인증 여부가 결정된다. 그리고 인증을 신청하려는 자는 관련 자료를 서면으로 작성하여 제출하는 '서면인증'이며, 운영하고자 하는 수련활동을 개별 인증하고 관리하는 '프로그램 인증'이 특징이다(한국청소년활동진흥원a, 2022: 11).

청소년수련활동인증제는 내용측면에서 차별화된 특징을 가지고 있어 청소년에게 유익한 양질의 프로그램을 제공할 수 있다. 몇 가지 특징을 『2019년 청소년수련활동인증제 소개 자료』 내용을 정리한다. 첫째, 인증수련활동에 참여하는 청소년 눈높이에 맞는 프로그램 개발 · 운영한다. 눈높이 맞는 프로그램이란 청소년의 수준과 흥미를 고려한 프로그램을 말한다. 이렇게 했을 때 청소년들은 자발적으로 프로그램에 참여하며, 인증프로그램을 통하여 얻을 수 있는 효과도 커진다. 둘째, 인증수련활동에 참여한 청소년들이 다양한 경험으로 자신감과 성취감을 향상시킨다. 청소년수련활동인증 프로그램은 교류활동, 봉사활동, 스포츠활동, 디지털 미디어활동, 환경교육활동 등 다양하다. 이렇게 다양한 영역에서 다양한 경험을 함으로써 자신감과 성취감을 높일 수 있다. 셋째, 인증수련활동은 단위프로그램별로 전문지도자를 배치한다. 인증프로그램은 단위프로그램별로 일정한 자격과 전문가로서 자질을 갖춘 청소년지도자가 프로그램을 운영하므로 참여 청소년들의 바람직한 성장과 발달을 돕는다. 넷째, 인증청소년수련활동이 실시되는 환경을 안전하게 관리하고, 안전 전문인력을 배치한다. 인증프로그램은 무엇보다도 안전이 우선이므로 인증수련활동이 실시되는 청소년시설에서는 상시에 시설과 활동 장비에 관한 전문성을 갖춘 안전전문인력을 배치하여 안전관리를 해야 한다. 다섯째, 인증수련활동에 참여한 청소년들은 여성가족부장관 명의의 참여기록 확인서를 발급받는다.

3) 청소년수련활동인증제의 운영체계 및 역할

청소년수련활동인증제의 운영체계는 국가나 지방자치단체, 청소년수련실 및 이용시설, 청소년단체, 개인 · 법인 · 단체 등에서 인증신청을 하면 인증심사원의 인증심사와 청소년수련활동인증위워회의 인증심의를 걸쳐서 인증여부를 판단

한다. 인증된 프로그램은 신청 기관에 인증통보를 하며, 이행 과정에 대하여서도 확인을 한다. 한편, 인증을 받은 프로그램에 참여를 원하는 청소년에게 정보를 제공하고, 인증프로그램에 참여한 후에 청소년들이 요구할 때 활동 기록을 발급해 준다.

다음은 청소년수련활동인증제 추진에 있어서 여성가족부를 비롯한 각 기관의 역할과 인증위원회, 인증심사원의 역할에 관해서 간략히 알아본다. 여성가족부는 인증제도의 전반적인 추진을 위한 운영예산을 지원하고 있으며, 인증제 추진 과정에서 핵심적인 역할을 하는 인증위원을 위촉한다. 지방자치단체는 지방청소년활동센터 설치 및 운영을 하고, 그에 따른 필요한 경비를 전부 또는 일부를 지원한다. 한국청소년활동진흥원은 인증제 운영에 있어서 중추적인 역할을 하는 핵심 기관으로서 인증 전반에 관한 운영과 함께 인증위원과 인증심사원 관리, 인증활동정보에 관한 기록 관리 등의 역할을 한다. 또한, 시도 청소년활동진흥센터에서는 인증신청자를 위한 컨설팅 및 교육, 지역 내 인증수련활동(운영기관) 관리 및 홍보 등을 한다. 한편, 인증위원회는 여성가족부 장관이 위촉하며 임기는 3년으로 인증 기준 제 · 개정, 인증신청 내용의 확인 및 심의 · 의결, 인증의 취소와 인증신청 제한 조치 등을 한다. 인증심사원은 인증위원회에서 위촉하며, 인증(서류) 심사, 현장방문심사, 인증 사항 이행여부확인 등의 역할을 한다(한국청소년활동진흥원a, 2022: 12).

2. 청소년수련활동 인증신청 및 운영절차

1) 청소년수련활동인증제 인증신청 대상

청소년수련활동에 필요한 프로그램을 개발하여 실시하려는 자, 즉 인증을 신청할 수 있는 대상은 국가 및 지방자치단체, 수련시설을 설치 · 운영하는 자 및 위탁운영단체, 청소년이용시설(문화예술활동시설, 체육시설, 과학관, 수목원, 도서관, 미술관 등), 개인 · 법인 · 단체 등이다(한국청소년활동진흥원a, 2022: 21). 한편, 반드시 인증신청을 하여 인증을 받고 운영해야 하는 대상은「청소년활동 진흥법」제36조에 따라 청소년 참가 인원이 150명 이상인 청소년수련활동이나, 위험도가 높은 청소년수련활동이다. 위험도가 높은 청소년수련활동은 〈표 3-1-1〉에서와 같이 수상활동, 항공활동, 산악활동, 장거리걷기활동, 그 밖의 활동이다.

모든 청소년수련활동이 인증신청 대상이 되는 것은 아니다. 인증신청 제외 대상은 단순 기능습득을 위한 훈련 내지 강좌, 운영시간 최소기준 미충족 활동, 불특정 다수를 대상으로 하는 행사나 축제, 그 밖에 인증위원회가 심의를 통하여 판단하는 경우이다(한국청소년활동진흥원a, 2022: 11).

〈표 3-1-1〉 위험도가 높은 청소년수련활동

구 분	프로그램
수상활동	래프팅, 모터보트, 동력요트, 수상오토바이, 고무보트, 수중스쿠터, 레저용 공기부양정, 수상스키, 조정, 카약, 카누, 수상자전거, 서프보드, 스킨스쿠버
항공활동	패러글라이딩, 행글라이딩
산악활동	암벽타기(자연암벽, 빙벽), 산악스키, 야간등산(4시간 이상의 경우만 해당)
장거리걷기활동	10km 이상 도보이동
그 밖의 활동	유해성 물질(발화성, 부식성, 독성 또는 환경유해성 등), 하강레포츠, ATV탑승 등 사고위험이 높은 물질 · 기구 · 장비 등을 활용하여 이루어지는 청소년수련활동

출처:「청소년활동 진흥법 시행규칙」[별표 7].

2) 청소년수련활동인증제 인증신청 방법 및 운영절차

청소년수련활동의 인증신청 방법 및 절차에 관해서「청소년활동 진흥법」제35조와 제36조,「청소년활동 진흥법 시행령」제21조 내용을 기반으로 다음과 같이 정리한다. 국가와 지방자치단체 또는 개인 · 법인 · 단체 등이 청소년수련활동에 필요한 프로그램을 개발하여 실시하려는 경우에는 관련 내용을 작성하여 인증위원회에 제출할 수 있다. 인증신청 전에 신청을 원하는 시설이나 단체, 개인 · 법인 등에서는 설명회나 직접적인 접촉을 통하여 인증 관련 컨설팅에 참여할 수 있다.

인증을 신청하려는 곳에서는 청소년지도자와 안전에 관한 전문인력을 갖추어야 하며, 제출하는 인증요청서에는 청소년수련활동에 필요한 프로그램을 진행하는 활동의 장소 · 시기 · 목적 · 대상 · 내용 · 진행방법 · 평가 · 자원조달 · 청소년지도자 및 전문인력 등에 관한 사항을 작성하여 인증위원회에 제출해야 한다. 수련활동의 인증을 받으려는 자는 참가자 모집 또는 활동실시 시작 45일 이전에 인증위원회에 인증을 요청하여야 한다.

요청된 서류에 관하여 인증심사를 진행하는 데, 인증심사는 증빙서류에 관한 사실 여부를 확인하여 인증기준 충족여부를 확인하는 과정이다. 이러한 인증심사는 요건을 갖추어 청소년활동정보서비스를 통하여 인증신청을 하게 되면 1개 프로그램당 인증심사원에 2명에 의해서 인증심사가 이루어진다. 심사가 이루어지면 인증 여부는 인증위원회의 인증심의 과정을 거쳐 결정된다. 인증을 요청받은 경우에는 인증위원회에서 정하는 인증기준에 따라 심사하고, 인증을 요청한 자에게 그 결과를 통지하여야 한다. 심사를 위하여 필요한 경우에 인증을 요청한 자의 의견을 들을 수 있으며, 보완 또는 개선이 필요하다고 판단될 때는 이를 보완 또는 개선하도록 요구할 수 있다. 보완 또는 개선의 요구를 받은 자는 10일 이내에 그 보완 또는 개선 사항을 제출하여야 하며, 보완 또는 개선의 요구를 정당한 사유 없이 이에 응하지 아니할 때는 인증요청서를 반려할 수 있다.

인증위원회의 인증심의가 끝나면 인증, 조건부인증, 불인증으로 판단하여, 조건부인증인 경우에는 자료보완을 통하여 인증을 받을 수 있다. 인증받은 프로그램은 인증받은 요건대로 인증수련활동을 실시하여 결과 보고를 하고 활동기록은 등재해야 한다([그림 3-1-1]참조).

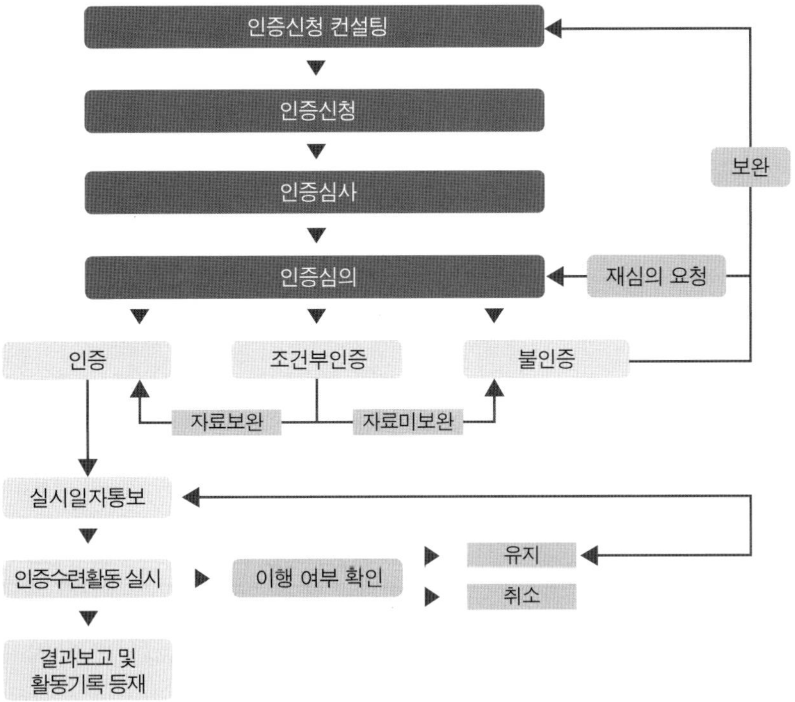

[그림 3-1-1] 청소년수련활동인증제 운영절차도

출처: 한국청소년활동진흥원a(2022), p. 18.

3. 청소년수련활동인증제 활동유형과 운영방식

1) 청소년수련활동인증제 활동유형

인증신청단계에서 인증을 받아야 하는 대상인지, 인증신청 가능 대상인지와 함께 활동유형을 확인하여 인증신청을 하여야 한다. 활동유형은 기본형, 숙박형, 이동형, 학교단체 숙박형으로 구분한다. 첫째, 기본형은 전체 프로그램 운영시간이 3시간 이상으로서, 실시한 날에 끝나거나 1일 1시간 이상의 각 회기로 숙박 없이 수일에 걸쳐 이루어지는 활동이다. 비숙박형이므로 주로 청소년수련관이나 청소년문화의 집 등에서 많이 실행하는 활동유형이다. 둘째, 숙박형은 숙박에 적합한 장소에서 일정 기간 숙박하며 이루어지는 활동이므로 청소년수련원, 유스호스텔 등에서 많이 이루어진다. 셋째, 이동형은 활동 내용에 따라 선정된 활동장을 이동하여 숙박하며 이루어지는 활동이다. 이동형은 국토순례, 도보여행 등이 좋은 예이다. 마지막 유형인 학교단체 숙박형은 학교장이 참가를 승인한 숙박형 활동이다(한국청소년활동진흥원a, 2022: 22). 이 역시 숙박형의 한 유형이므로 청소년수련원이나 유스호스텔 등에서 많이 실시된다.

2) 청소년수련활동인증제 활동 운영방식

청소년수련활동인증제는 활동 운영방식과 참여형태에 따라 대면 방식의 집합과 비집합활동 그리고 비대면 방식의 집합과 비집합활동으로 구분한다(〈표 3-1-2〉 참조). 수련활동인증제 운영방식은 전통적으로 시행되었던 대면 방식의 집단활동과 비집단활동이 대부분이었다. 하지만 코로나바이러스 감염증-19 이후 비대면 생활방식의 일상화와 더불어서 뉴미디어와 통신기술 발달은 비대면 방식의 운영방식을 증가시켰다. 청소년수련활동 변화에 맞춘 운영방식을 인증제에서도 적용하므로 인증기준 항목 구성에 특별기준을 보완 · 수정하여 새로운 비대면 방식 기준을 〈표 3-1-3〉처럼 추가하였다. 이러한 비대면 방식에 대해 『청소년수련활동 인증제 매뉴얼』에서 제시한 내용을 소개한다. 첫째, 비대면 방식 실시간 쌍방향은 실시간 활동이 가능한 플랫폼을 활용하여 청소년 및 지도자 간 쌍방향 소통을 통한 활동으로 지도자가 청소년에게 즉각적 피드백 진행이 가능하다. 둘째, 비대면 방식 콘텐츠 활용 중심은 청소년들은 지정된 녹화 강의 또는 사전 제작된 콘텐츠로 정보를 습득하고 지도자는 활동의 진행도 확인 및 사후 피드백 진행을 한다. 셋째, 비대면 방식 과제 수행 중심에서 지도자는 발달 특성에 따라 청소년이 자기 주도적으로 과제를 수행하며 활동의 목적을 달성할 수 있도록 과제 제시 및 사후 피드백을 진행한다.

〈표 3-1-2〉 청소년수련활동인증제 활동 운영방식

운영방식 / 참여형태	대면 방식	비대면 방식	
		동일 시간	다른 시간
집합	- 전통적인 활동 • 야외 모험활동 • 실내 체육활동 등	- 실시간 쌍방향 활동 • 강의실에 집합하여 참여하는 온라인 강의 등	- 콘텐츠 활용, 과제수행 중심 활동 • 콘텐츠를 시청하며 조를 구성하여 참여하는 활동 등
비집합	- 맞춤식 활동 • 1:1 과학교실 등	- 실시간 쌍방향 활동 • 개인 공간에서 각자 참여하는 온라인 강의 등	- 콘텐츠 활용, 과제수행 중심 활동 • 개인 공간에서 콘텐츠를 시청하며 참여하는 활동 등

출처: 한국청소년활동진흥원a(2022), p. 26.

4. 청소년수련활동인증제 인증기준

1) 청소년수련활동인증제 인증기준의 구성

청소년수련활동인증제 인증기준의 영역은 크게 국내청소년활동과 국제청소년활동으로 구분하며, 각 영역별 인증기준은 공통기준, 개별기준, 특별기준으로 구성되어 있다. 공통기준의 유형은 활동프로그램, 지도력, 활동 환경이다. 이러한 공통기준의 세 가지 영역은 청소년수련활동을 가능하게 하는 핵심적인 요소라고 할 수 있다. 양질의 활동프로그램, 전문성을 갖춘 지도자, 안전하고 쾌적한 활동 환경이 갖춰졌을 때 청소년들의 적극적인 참여를 유도할 수 있다. 흥미를 가지고 능동적으로 참여하는 청소년들은 인증활동을 통하여 해결하고자 하는 요구를 충족할 수 있다.

개별기준과 특별기준은 공통기준 세 가지 영역인 활동프로그램, 지도력, 활동환경에 관한 것을 숙박형, 이동형, 학교단체 숙박형, 비대면 방식 등에 맞춰서 심화 적용한 인증기준이라고 볼 수 있다. 세부적인 청소년수련활동인증제 활동 영역별 인증기준 및 확인요소는 〈표 3-1-3〉과 같다.

〈표 3-1-3〉 청소년수련활동인증제 인증기준 및 확인요소

<table>
<tr><th>구분</th><th colspan="2">영역 · 유형</th><th>인증기준</th><th>확인요소</th></tr>
<tr><td rowspan="6">공통 기준</td><td colspan="2" rowspan="2">활동프로그램</td><td>1. 프로그램 구성</td><td rowspan="2">9</td></tr>
<tr><td>2. 프로그램 자원 운영</td></tr>
<tr><td colspan="2" rowspan="2">지도력</td><td>3. 지도자 전문성 확보 계획</td><td rowspan="2">8</td></tr>
<tr><td>4. 지도자 역할 및 배치</td></tr>
<tr><td colspan="2" rowspan="2">활동 환경</td><td>5. 공간과 설비의 확보 및 관리</td><td rowspan="2">7</td></tr>
<tr><td>6. 안전관리 계획</td></tr>
<tr><td rowspan="2">개별 기준</td><td rowspan="2">활동유형</td><td>숙박형</td><td>1. 숙박관리 2. 안전관리 인력 확보
3. 영양관리자 자격</td><td>5</td></tr>
<tr><td>이동형</td><td>1. 숙박관리 2. 안전관리 인력 확보
3. 영양관리자 자격 4. 휴식관리 5. 이동관리</td><td>7</td></tr>
<tr><td rowspan="5">특별 기준</td><td colspan="2">위험도가 높은 활동</td><td>1. 전문지도자의 배치 2. 공간과 설비, 안전관리</td><td>4</td></tr>
<tr><td colspan="2">학교 단체 숙박형</td><td>1. 학교 단체 숙박형 활동 관리</td><td>3</td></tr>
<tr><td colspan="2">비대면 방식 실시간 쌍방향</td><td>1. 시행 간 쌍방향 활동 운영 및 관리</td><td>5</td></tr>
<tr><td colspan="2">비대면 방식 콘텐츠 활용 중심</td><td>1. 콘텐츠 활용 중심 활동 운영 및 관리</td><td>6</td></tr>
<tr><td colspan="2">비대면 방식 과제 수행 중심</td><td>1. 과제 수행 중심 활동 운영 및 관리</td><td>5</td></tr>
</table>

출처: 한국청소년활동진흥원a(2022), pp. 35~36에서 재구성.

2) 청소년수련활동인증제 인증기준 내용 설명

공통기준, 개별기준, 특별기준으로 구분하는 청소년수련활동인증제 인증기준에 관한 내용 설명을 『청소년수련활동인증제 매뉴얼』에서 다음과 같이 상세히 제시하고 있다.

(1) 공통기준 1번 프로그램 구성

인증수련활동은 프로그램의 내용과 일정, 평가계획이 참여청소년의 발달특성, 목적 및 목표, 운영 여건을 고려하여 구성되어야 한다. 이를 위해 프로그램의 목적, 목표, 평가계획이 추진배경과 연관되어 일관성 있게 기술되어야 하고 유사시를 대비한 대처계획이 수립되어야 한다.

(2) 공통기준 2번 프로그램 자원운영

프로그램 자원은 프로그램 운영에 필요한 재원, 물적 자원(기자재 등)을 의미하며, 프로그램에 필요한 자원의 규모 및 확보계획이 현실적으로 실행 가능하게 수립된 것인지 확인되어야 한다.

(3) 공통기준 3번 지도자격

청소년수련활동인증제도의 주요 목표 중 하나는 양질의 활동프로그램을 청소년에게 제공하는 것이다. 이는 궁극적으로 지도자의 자질과 전문성에 의해 달성될 수 있다. 지도자의 전문성은 자격사항과 해당 분야의 교육 및 훈련 등의 요소로 구성될 뿐만 아니라 현장 활동을 통해 축적된 경험 역시 중요한 요소가 된다. 따라서 이러한 요소들을 충분히 갖춘 지도자가 활동프로그램을 운영해야 한다.

(4) 공통기준 4번 지도자 역할 및 배치

청소년활동 현장에서 지도력이 충분히 발휘되기 위해서 지도자는 프로그램과 참여자 특성을 정확히 파악하고, 개별 지도자 간의 역할분담을 명확히 규정할 필요가 있다. 또한 개별 지도자들의 역할이 종합적으로 활동지도에 집중될 수 있도록 적절한 인원의 배치 여부를 확인해야 한다.

(5) 공통기준 5번 공간과 설비의 확보 및 관리

활동장의 물리적 조건은 프로그램 내용을 실현하는 데 방해요소가 없고 사용이 편리하면서 활동성과를 높일 수 있는 곳이어야 한다. 공간이 충분하지 않거나 안정적으로 확보되지 않으면 안전사고의 가능성이 커짐은 물론, 참여 청소년이 만족할 만한 수준에서 프로그램을 운영하기 어렵게 된다. 또한 인증신청자는 활동장소의 공간, 시설물, 안전성에 대해 사전에 확인하여 안전사고 발생 소지를 최소화할 수 있도록 관리해야 한다.

(6) 공통기준 6번 안전관리 계획

청소년활동은 다양하고 역동적이며 도전적인 다양한 활동으로 인해 활동과정에서 안전사고의 발생가능성이 높은 편이다. 따라서 활동과정에 참여한 청소년은 반드시 필요한 안전교육 및 장비를 갖춰야 하며, 상해자 발생 시 현장에서부터 적합한 대응과 신속한 후속조치가 이루어져야 한다. 또한, 참여청소년에게 발생할 수 있는 사고로부터 피해를 최소화하기 위해서는 활동환경과 프로그램에 맞는 보험에 가입해야 한다.

(7) 개별기준 1번 숙박관리

숙박공간은 활동 참여청소년의 인원을 고려하여 개인별 공간이 충분히 확보되어 제공되어야 한다. 또한, 야간 생활지도 담당자의 역할을 명시한 철저한 숙박관리 계획으로 참여청소년의 안전사고에 유의하도록 한다.

(8) 개별기준 2번 안전관리 인력 확보

활동장에는 일반적인 점검과 주의 외에도 시설물 유지 및 이용자의 기본적 생활편의 등을 위해 해당분야의 전문성을 갖춘 전문 인력이 필수적이라고 할 수 있다. 또한 활동의 특성상 특별한 주의를 요하는 활동의 경우 활동에 필요한 설비 및 장비를 관리 운영할 유자격 전문가를 확보하여야 한다.

(9) 개별기준 3번 영양관리자 자격

청소년기에는 성장을 지속적으로 유지하고, 활발한 신체활동과 감염에 대한 저항력을 유지하며, 사춘기의 급속한 성장에 필요한 균형 잡힌 식사가 제공되어야 한다. 따라서 위생적이고 적절한 영양 공급을 위해서는 전문적인 자격을 갖춘 인력을 확보하여 영양공급을 관리해야 한다. 무엇보다 영양관리는 참여 청소년의 건강을 유지하는 데 필요한 합리적인 계획과 식품으로 인한 위생상의 위해방지 등 식품영양의 질적 향상을 도모하는 과정이다.

(10) 개별기준 4번 이동관리

이동이란 국토대장정과 같이 도보나 자전거 등을 이용해 각각의 활동장을 연결하는 과정이다. 따라서 이동형의 인증수련활동은 참여청소년의 발달 특성과 연령을 고려하여 안전과 건강상의 문제에 대한 사전예방이 필요하며, 1일 최대 이동거리를 적절하게 제한하는 등 필요한 기준 또는 지침, 규정, 운영 매뉴얼 등의 형태로 합리적인 이동 관리에 대한 기준을 제시해야 한다.

(11) 개별기준 5번 휴식관리

청소년들의 활동 과정상 몰입은 개인의 발달 및 활동과정 운영에 다소 효율적일 수 있으나, 적절한 휴식 없이 무리하게 활동할 경우 오히려 부작용을 초래하여 안전사고 등으로 연결될 수 있다. 따라서 활동과정 전반에 참여 청소년들의 적절한 휴식을 보장할 수 있도록 활동계획 및 일정표에 반영하고, 참여 지도자 역시 충분한 휴식을 통해 프로그램 운영에 지장이 없도록 해야 한다.

(12) 특별기준(위험도가 높은 활동) 1번 전문지도자의 배치

청소년활동 현장에서 지도력이 충분히 발휘되기 위해서 지도자는 프로그램과 참여자 특성을 정확히 파악하고, 개별 지도자 간의 역할분담을 명확히 규정할 필요가 있다. 또한 개별 지도자들의 역할이 종합적으로 활동지도에 집중될 수 있도록 적절한 인원의 배치 여부를 확인해야 한다.

(13) 특별기준(위험도가 높은 활동) 2번 공간과 설비의 법령준수

「청소년활동 진흥법」 제9조의6에 의하면 이 법 또는 다른 법률에 따라 신고 · 등록 · 인가 · 허가를 받지 아니한 단체 및 개인은 숙박형 청소년수련활동, 비숙박형 청소년수련활동 중 참가 인원이 일정 규모 이상이거나 위험도가 높은 청소년수련활동을 하여서는 아니 된다고 규정하고 있다. 따라서 인증신청자가 위험도가 높은 청소년수련활동을 운영하고자 할 경우, 인증신청자(기관)가 청소년 수련활동을 운영할 수 있는 기관인지, 활동에 필요한 공간을 확보하고 장비를 유지 · 관리하고 있는지, 활동안전에 대한 대책은 가지고 있는지 여부 등을 확인하여야 한다.

(14) 특별기준(학교단체 숙박형) 1번 활동관리

학교단체 숙박형 활동은 학교와 계약하여 이루어지는 특징상 프로그램 내용의 교체 요구가 많고 참여청소년이 주로 한 개의 장소에서 숙박과 식사를 실시하는 경우가 많다. 따라서 학교의 요구에 따라 프로그램을 변경하더라도 프로그램의 목적을 달성할 수 있게 하고 숙박과 식사에 대한 질적 수준을 관리하며, 안전사고에 대한 피해를 최소화하기 위해 화재와 생산물에 맞는 보험에 가입해야 한다.

(15) 특별기준(비대면 방식 실시간 쌍방향) 1번 기준 실시간 쌍방향 활동 운영 및 관리

실시간 쌍방향 활동은 실시간 프로그램 운영이 가능한 플랫폼을 활용하여 청소년과 지도자가 비대면방식으로 쌍방향 소통 및 즉각적 상호 피드백이 가능한 활동을 말한다. 원활한 활동 운영을 위하여 안정적인 플랫폼을 갖추고 준비사항을 사전에 안내해야 한다. 또한, 참여자의 참여여부와 피드백의 방법, 온라인상의 보안사항 준수여부 확인계획을 확인해야 한다.

(16) 특별기준(비대면 방식 콘텐츠 활용 중심) 1번 기준 콘텐츠 활용 중심 활동 운영 및 관리

콘텐츠 활용 중심 활동은 청소년이 지정된 녹화 강의 또는 사전 제작된 콘텐츠로 정보를 습득하고, 지도자는 비대면방식으로 활동의 진행여부를 확인하고 사후 피드백을 제공하는 활동을 말한다. 원활한 활동 운영을 위하여 안정적인 플랫폼을 갖추고 콘텐츠 사용에 따른 확보계획과 준비사항을 사전에 안내해야 한다. 또한, 참여자의 참여여부와 피드백의 방법, 온라인상의 보안사항 준수여부와 콘텐츠의 품질관리를 위한 계획을 확인해야 한다

(17) 특별기준(비대면 방식 과제수행 중심) 1번 기준 과제 수행 중심 활동 운영 및 관리

과제수행 중심 활동은 청소년이 자기 주도적으로 과제를 수행하며 활동의 목적을 달성할 수 있도록 지도자가 비대면방식으로 과제 제시 및 사후 피드백을 진행하는 활동을 말한다. 원활한 활동 운영을 위하여 안정적인 플랫폼을 갖추고 준비사항을 사전에 안내하고, 과제 결과를 공유하고 피드백할 수 있는 공간이 제시되어 있어야 한다. 또한, 참여자의 참여 여부와 피드백의 방법, 온라인상의 보안사항 준수여부 확인 계획을 확인해야 한다.

제2장
창의적 체험활동

창의적 체험활동이란 교과와 상호 보완적인 관계 속에서 학생들이 앎을 적극적으로 실천하고 심신을 조화롭게 발달시키기 위하여 실시하는 교과 이외의 활동이다. 이러한 창의적 체험활동은 학교 교육과정의 비교과목으로 이루어지는 활동으로 2015 교육과정 개정 이전에는 특별활동, 재량활동으로 불리던 것이 2015 교육과정 개정에서부터 '창의적 체험활동'으로 불리게 되었다.

2022 개정 교육과정은 모든 학생이 미래사회가 요구하는 '포용성과 창의성을 갖춘 주도적인 사람'으로 성장할 수 있도록 개정되었으며, 이러한 흐름에 맞추어 창의적 체험활동 교육과정도 함께 개정되었다. 2022 개정 창의적 체험활동 교육과정 개정의 주요 배경은 학생이 미래 변화에 능동적으로 대응할 수 있도록 역량과 기초소양을 함양하기 위한 교육을 강화할 필요, 또한, 학생의 자기주도성을 키워주는 맞춤형 교육을 강화할 필요와 학생의 삶과 연계한 깊이 있는 학습을 위한 교육과정이 개발될 필요에 의해서라고 교육부 고시 제2022-33호 [별책 40]『창의적 체험활동 교육과정』에서 제시하고 있다.

창의적 체험활동은 학교 밖에서 이루어지는 청소년활동과 함께 학생들의 전인적인 성장을 돕는 교육과정이다. 이러한 창의적 체험활동을 이해하기 위하여 먼저, 창의적 체험활동의 목표와 성격, 창의적 체험활동의 영역과 활동을 자세히 살펴본다. 그리고 창의적 체험활동 설계와 운영에 관해서도 정리한다.

1. 창의적 체험활동의 목표와 성격

창의적 체험활동은 다양한 활동을 통하여 주체적이고 창의적인 태도와 공동체 의식을 함양하는 것이 주된 목표이다. 이러한 목표를 달성을 위하여 일반 교과목과는 다르게, 설계 과정에서부터 학생 참여가 이루어지는 융통성 있는 활동프로그램이 설계된다. 학생들이 프로그램 계획부터 교육과정 운영에 참여하므로 자기주도적이고 능동적인 태도를 형성하여 창의적인 인재로의 성장을 지원한다. 자세한 창의적 체험활동의 목표 및 성격을 교육부 고시 제2022-33호 [별책 40]『창의적 체험활동 교육과정』에서 다음과 같이 제시하고 있다.

1) 창의적 체험활동의 목표

창의적 체험활동은 학생들이 창의적인 다양한 활동에 주도적으로 참여함으로써 개인의 소질과 잠재력을 계발 · 신장하여 창의적인 삶의 태도를 기르고 민주시민으로서 공동체 의식을 함양하도록 하는 데 목표가 있다. 이러한 목표에 따라 초 · 중 · 고 학교급별 하위목표는 다음과 같다. 초등학교에서는 자신의 개성과 소질을 탐색하고 발견하여 공동체 생활에 필요한 기본 생활 습관과 시민의식을 기른다. 그리고 중학교에서는 자아정체성을 확립하고 다른 사람과 더불어 살아가는 태도를 증진하여 자신의 진로를 적극적으로 탐색하는 능력을 기른다. 고등학교에서는 공동체 의식의 확립을 기반으로 나눔과 배려를 실천하고, 자신의 진로를 창의적으로 준비하고 설계하는 역량을 기른다.

초 · 중 · 고 학교급별 하위목표는 창의적 체험활동의 3개 영역에서 제시된 학교급별 내용을 종합한 것으로 이것을 도식화하면 [그림 3-2-1]과 같다.

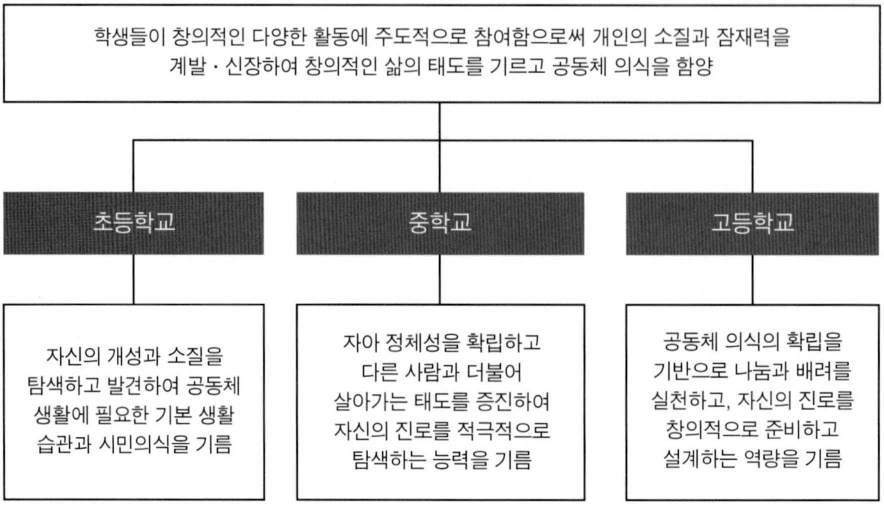

[그림 3-2-1] 창의적 체험활동 목표의 체계

출처: 교육부(2022), p. 13.

2) 창의적 체험활동의 성격

학교에서 학생들이 지정의(知情意)를 겸비한 인간으로서 성장과 발달을 촉진하는 것을 돕는 창의적 체험활동은 몇 가지 성격이 있다. 여기서 제시하고 있는 성격은 교과 교육과정과는 다른 특성이 있는데, 무엇보다도 학생들이 교육의 주체가 되어서 창의적 체험활동 프로그램을 계획하고 실행하는 데 있다. 이렇게 학생들이 자율적이고 적극적인 활동 참여를 유발할 수 있는 창의적 체험활동의 자세한 성격은 다음과 같다.

첫째, 창의적 체험활동은 역량 함양을 위한 학습자 주도의 교육과정이다. 창의적 체험활동은 자율 · 자치활동, 동아리활동, 진로 활동의 3개 영역으로 구성되며, 각 영역의 활동은 학생의 자기관리 역량, 지식정보처리 역량, 창의적 사고 역량, 심미적 감성 역량, 협력적 소통 역량, 공동체 역량의 증진을 도모한다.

둘째, 창의적 체험활동은 교과와의 연계, 학교급 간 및 학년 간, 그리고 영역 및 활동 간의 연계와 통합을 추구한다. 학교는 학생의 발달 단계와 교육적 요구 등을 고려하여 학생 개인별 또는 집단별로 영역 및 활동을 선택하여 집중적으로 운영할 수 있다.

셋째, 창의적 체험활동은 학교급별 특성을 반영하여 설계한다. 학교는 학생의 흥미와 관심, 교육적 필요와 요구, 지역사회의 특성 등을 고려하여 특정 영역과 활동에 중점을 두고 융통성 있게 설계할 수 있다. 학교는 학교급별 목표와 운영의 중점을 고려하고 학교의 자율성과 특수성을 반영하여 창의적 체험활동을 설계 · 운영한다.

넷째, 학교는 창의적 체험활동 교육과정을 설계하고 운영함에 있어 자율성을 발휘한다. 창의적 체험활동의 설계 주체는 학교, 교사, 학생이다. 창의적 체험활동에서는 교사와 학생이, 학생과 학생이 공동으로 계획을 수립하고 역할을 분담하여 실천한다. 이를 위해 국가 및 지역 수준에서는 학교와 지역의 특색을 고려하여 전문성을 갖춘 인적 · 물적 자원을 충분히 제공할 수 있는 기반을 마련한다.

2. 창의적 체험활동의 영역과 활동

학교 안팎에서 학생들을 대상으로 이루어지는 다양한 활동들을 창의적 체험활동에서는 3개의 영역으로 구성한다. 학생들의 자기주도성을 키우기 위한 자율 · 자치활동이 있고, 학생들이 자신의 흥미와 적성을 찾아 구성되어지는 동아리활동이 있다. 또한, 초 · 중 · 고 학교급별에 맞게 진로 탐색, 진로 설계 및 진로체험활동 등을 할 수 있는 진로활동이다. 정리하면 창의적 체험활동 영역은 크게 세 가지로 자율 · 자치활동, 동아리활동, 진로활동이며 영역에 따른 하위 활동은 [그림 3-2-2], 〈표 3-2-1〉과 같다.

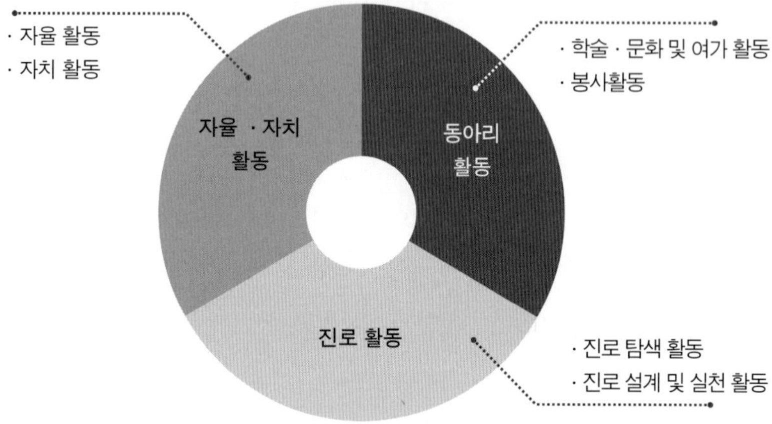

[그림 3-2-2] 창의적 체험활동 영역과 활동

출처: 교육부 고시 제2022-33호 [별책 40], p. 4.

한편, 실효성 있는 창의적 체험활동의 운영을 위해 기존 4개의 영역을 3개의 영역으로 축소하고, 봉사활동은 동아리활동의 하위 활동으로 포함하되, 여러 영역과 연계되어 이루어질 수 있도록 통합 · 조정하였다. 그리고 미래 사회에 필요한 역량, 교육 수요자의 요구 등을 고려하여 영역별 '활동'을 〈표 3-2-1〉과 같이 조정하였다.

〈표 3-2-1〉 창의적 체험활동 교육과정의 영역별 '활동' 신 · 구 비교

2015 개정 창의적 체험활동		2022 개정 창의적 체험활동	
영역	활동	영역	활동
자율활동	- 자치 · 적응활동 - 창의주제활동 등	자율 · 자치활동	- 자율활동 - 자치활동
동아리활동	- 예술 · 체육활동 - 학술문화활동 - 실습노작활동 - 청소년단체활동	동아리활동	- 학술 · 문화 및 여가 활동 - 봉사활동

2015 개정 창의적 체험활동		2022 개정 창의적 체험활동	
영역	활동	영역	활동
봉사활동	- 이웃돕기활동 - 환경보호활동 - 캠페인활동		
진로활동	- 자기이해활동 - 진로탐색활동 - 진로설계활동	진로 활동	- 진로 탐색 활동 - 진로 설계 및 실천 활동

출처: 교육부(2022), p. 14.

이처럼 자율 · 자치활동, 동아리활동, 진로 활동의 3개의 영역으로 구성된 창의적 체험활동의 자세한 영역과 영역별 세부 활동에 관해서 교육부 고시 제2022-33호 [별책 40]『창의적 체험활동 교육과정』에서 다음과 같이 제시한다.

1) 자율 · 자치활동

자율 · 자치활동은 학생의 자기주도성과 민주시민성 함양을 위해 이루어지는 영역으로 자율활동과 자치활동으로 구성된다. 자율 · 자치활동의 활동, 활동 목표와 예시 활동은 〈표 3-2-2〉와 같으며, 학교에서는 이를 바탕으로 내용과 구체적인 활동을 창의적으로 설계할 수 있다.

〈표 3-2-2〉 자율 · 자치활동의 활동 목표와 예시 활동

활동	활동 목표	예시 활동
자율활동	학생이 주제를 스스로 선택하여 활동함으로써, 신체적 · 정신적 · 환경적 변화에 적응하고 자신의 삶을 개척해 나가는 자기주도성을 함양한다.	• 주제 탐구 활동: 개인 연구, 소집단 공동 연구, 프로젝트 등 • 적응 및 개척 활동: 입학 초기 적응, 학교 이해, 정서 지원, 관계 형성 등 • 프로젝트형 봉사활동: 개인 프로젝트형 봉사활동, 공동 프로젝트형 봉사활동 등

활동	활동 목표	예시 활동
자치활동	성숙한 민주시민으로서 타인과 원활하게 소통하고 공동체의 문제를 상호 연대하여 해결할 수 있는 역량을 함양한다.	• 기본 생활습관 형성 활동: 자기 관리 활동, 환경 · 생태의식 함양 활동, 생명존중 의식 함양 활동, 민주시민 의식 함양 활동 등 • 관계 형성 및 소통 활동: 사제동행, 토의 · 토론, 협력적 놀이 등 • 공동체 자치활동: 학급 · 학년 · 학교 등 공동체 중심의 자치활동, 지역 사회 연계 자치활동 등

2) 동아리활동

동아리활동은 학생의 진로, 흥미와 적성에 부합하도록 동아리를 구성하거나 가입하여 다양한 체험을 하도록 하며, 나눔과 봉사를 실천함으로써 포용성과 시민성을 함양하는 데에 초점을 두는 영역으로 학술 · 문화 및 여가 활동, 봉사활동 등으로 구성된다. 동아리활동 영역의 활동, 활동 목표, 예시 활동은 〈표 3-2-3〉과 같으며, 학교에서는 이를 바탕으로 내용과 구체적인 활동을 창의적으로 설계할 수 있다.

〈표 3-2-3〉 동아리활동의 활동 목표와 예시 활동

활동	활동 목표	예시 활동
학술 · 문화 및 여가 활동	동아리활동을 통해 다양한 학술 분야와 문화에 대해 관심을 가지고 탐구력과 심미적 감성을 함양한다.	• 학술 동아리: 교과목 연계 및 학술 탐구 활동 등 • 예술 동아리: 음악 관련 활동, 미술 관련 활동, 공연 및 전시 활동 등 • 스포츠 동아리: 구기 운동, 도구 운동, 계절 운동, 무술, 무용 등 • 놀이 동아리: 개인 놀이, 단체 놀이 등
봉사활동	학교 안팎에서 나눔과 봉사를 실천함으로써 포용성과 시민성을 함양한다.	• 교내 봉사활동: 또래 상담, 지속가능한 환경 보호 등 • 지역사회 봉사활동: 지역사회 참여, 캠페인(학교폭력 예방, 안전사고 예방, 성폭력 예방, 생태환경 보호 등), 재능 기부 등 • 청소년 단체 활동: 각종 청소년 단체 활동 등

3) 진로 활동

진로 활동은 학생이 긍정적 자아 개념을 형성하고 자신의 흥미와 적성에 따른 진로를 탐색 및 설계하도록 하기 위한 영역으로, 학생 자신과 직업세계에 대한 이해를 바탕으로 적성에 맞는 진로를 탐색, 설계, 경험하기 위한 진로탐색 활동, 진로설계 및 실천 활동 등으로 구성된다. 진로 활동의 활동, 활동별 목표와 내용으로서의 예시 활동은 〈표 3-2-4〉와 같으며, 학교에서는 이를 바탕으로 내용과 구체적인 활동을 창의적으로 설계할 수 있다.

〈표 3-2-4〉 진로 활동의 활동 목표와 예시 활동

활동	활동 목표	예시 활동
진로 탐색 활동	긍정적인 자아 개념을 형성하고 진로 및 직업 세계의 특성과 변화를 이해하여 자신의 진로와 관련된 건강한 직업 가치관을 확립한다.	• 자아탐색 활동: 자기이해, 생애 탐색, 가치관 확립 등 • 진로이해 활동: 직업 흥미 및 적성 탐색, 진로 검사, 진로 성숙도 탐색 등 • 직업이해 활동: 직업관 확립, 일과 직업의 역할 이해, 직업 세계의 변화 탐구 등 • 정보탐색 활동: 학업 및 진학 정보 탐색, 직업 정보 및 자격(면허) 제도 탐색, 진로진학 및 취업 유관기관 탐방 등
진로 설계 및 실천 활동	자신의 진로에 대한 이해를 바탕으로 희망하는 진로와 직업의 경로를 설계하고 실천한다.	• 진로 준비 활동: 진로 목표 설정, 진로 실천 계획 수립 등 • 진로계획 활동: 진로 상담, 진로 의사 결정, 진로 설계 등 • 진로체험 활동: 지역 사회 · 대학 · 산업체 연계 체험활동 등

3. 창의적 체험활동의 설계와 운영

1) 창의적 체험활동의 설계

학교는 학생들의 자발적인 참여와 체험 중심의 창의적인 교육 활동이 가능하도록 학생의 발달 단계와 교육적 요구 등을 고려하여 시간, 장소, 영역별 활동 구성 등을 자율적으로 설계를 하는데, 자세한 내용에 관해 교육부 고시 제2022-33호 [별책 40]『창의적 체험활동 교육과정』에서 다음과 같이 제시하고 있다.

학교는 창의적 체험활동 교육과정 편성 · 운영 시 자율 · 자치활동, 동아리활동, 진로 활동의 영역과 영역별 활동의 특성에 따라 각각 운영하거나 각 영역 및 활동을 연계 · 통합한 활동으로 설계할 수 있다. 학교급별, 학년(군)별, 학기별로 학생의 특성과 요구에 따라 일부 영역과 활동을 선택하여 집중적으로 편성 · 운영하는 등 영역 및 활동의 편성에 있어 다양한 운영 방식으로 설계할 수 있다.

창의적 체험활동 교육과정 운영을 위한 시수 편성은 총론의 학교급별 교육과정 편성 · 운영 기준에 제시된 시간 배당 기준 등에 따른다. 초등학교와 중학교에서 학교는 자율적으로 교과(군)별 및 창의적 체험활동의 20% 범위 내에서 시수를 증감하여 편성 · 운영할 수 있다. 고등학교에서는 최소 이수 학점에 해당하는 시간을 편성 · 운영한다.

창의적 체험활동의 계획은 학생들의 흥미와 소질, 학교와 지역의 실정을 고려하여 수립하도록 한다. 특히 학습 부진 학생, 특정 분야에서 탁월한 재능을 보이는 학생, 특수교육 대상 학생, 귀국 학생, 다문화 가정 학생 등 개별적 특성을 충분히 고려하여 모든 학생이 창의적 체험활동에 참여할 수 있도록 한다.

학교는 창의적 체험활동의 운영 과정에서 안전에 유의하여야 한다. 교내외 체험활동에 앞서 반드시 체계적이고 실효성 있는 안전교육을 실시하고, 관련 법령 및 상급기관의 안전 관련 지침을 따른다.

2) 창의적 체험활동의 운영

학교급별 창의적 체험활동의 자세한 운영 내용에 관해 교육부 고시 제2022-33호 [별책 40]『창의적 체험활동 교육과정』에서 다음과 같이 제시하고 있다. 먼저, 초등학교의 창의적 체험활동은 학생들의 발달 수준, 학교의 여건 등을 종합적으로 고려하여 영역을 선택적으로 편성·운영할 수 있다. 예컨대, 1~2학년군에서는 학생들의 발달 수준을 고려하여 자율·자치, 그 밖의 학년군은 자율·자치 및 동아리활동에 중점을 두어 운영할 수 있다. 초등학교 1학년 1학기는 유치원과 6학년 2학기는 중학교와 교육과정이 연계될 수 있도록 진로 연계 교육 프로그램을 운영한다.

중학교에서는 자율적이고 주도적으로 자신의 삶과 학업을 설계하며, 건강한 시민으로서 공동체 생활에 필요한 자질을 함양하고, 다양한 분야에 대한 경험을 통해 자신의 흥미와 적성을 이해하여 진로를 탐색하는 데에 중점을 둔다. 중학교에서는 교과 및 창의적 체험활동의 운영 과정에서 학생들이 흥미를 느끼는 분야에 소집단으로 공동 주제를 설정하고 탐구 과정을 경험할 수 있는 기회를 제공한다. 또한, 중학교에서는 학생이 원만한 교우 관계를 형성하고 자주적 문제해결 능력을 함양할 수 있도록 학교, 학년, 학급 및 소집단 단위의 다양한 집단활동을 편성·운영한다. 중학교 1학년 1학기는 초등학교와 3학년 2학기는 고등학교와 교육과정이 연계될 수 있도록 진로 연계 교육 프로그램을 운영한다.

고등학교에서는 자기주도성을 기반으로 삶의 다양한 문제를 자율적이고 주체적으로 해결하고, 다양한 공동체 활동을 통해 삶을 풍요롭게 영위하며, 자신과 직업 세계에 대한 이해를 기반으로 진로를 탐색·설계하는 데에 중점을 둔다. 고등학교 1학년 1학기는 중학교와 3학년 2학기는 대학 진학 및 취업과 연계될 수 있도록 진로 연계 교육 프로그램을 운영한다. 이상의 내용과 함께, 창의적 체험활동 학교급별에 따른 영역별 운영 중점 사항은 〈표 3-2-5〉, 〈표 3-2-6〉, 〈표 3-2-7〉과 같다.

〈표 3-2-5〉 창의적 체험활동 학교급별에 따른 영역별 운영 중점 사항

학교급	운영 중점
초등학교	〈자율 · 자치활동〉 • 생활 속 여러 문제를 해결하는 능력 함양 • 정서적 · 심리적 안정과 입학 초기 및 사춘기 적응 • 즐거운 학교생활 및 다양한 주제 활동 경험 • 학생 자치 회의, 학급회의 등 공동체를 통한 의사소통 경험 • 민주적 의사 결정의 기본 원리 이해와 실천 〈동아리활동〉 • 창의 · 융합적 사고를 통한 현재와 미래의 문제 해결 • 다양한 경험과 문화, 예술, 체육 프로그램 체험 • 삶을 풍요롭게 하는 신체활동 및 놀이 • 인간과 환경의 공존을 위한 지속가능한 환경보호 〈진로 활동〉 • 긍정적인 자아 개념 형성 • 일의 중요성을 이해하기 위한 진로 체험 • 다양한 직업 세계 탐색 • 진로 기초 소양 함양

출처: 교육부 고시 제2022-33호 [별책 40].

〈표 3-2-6〉 창의적 체험활동 학교급별에 따른 영역별 운영 중점 사항

학교급	운영 중점
중학교	〈자율 · 자치활동〉 • 자신의 관심사를 주체적으로 모색하여 관련 탐구 활동 수행 • 사춘기의 신체적 · 정서적 변화에 성숙하게 대처하는 태도 함양 • 타인에 대한 이해를 바탕으로 상대를 존중하고 배려하는 관계 형성 • 주도적으로 자신이 속한 공동체에 봉사하는 태도 함양 • 학생 자치회의, 토론회 등 공동체 협의를 통한 의사소통 • 민주적 의사 결정을 통한 문제 해결 능력 함양 〈동아리활동〉 • 관심 분야에 대한 탐구력 및 문제해결력 신장 • 다양한 문화 · 예술 영역에 대한 소양과 소질 함양 • 스포츠활동을 통한 건전한 심신의 발달 • 사회 구성원으로서 봉사하는 나눔과 배려의 태도 함양

학교급	운영 중점
중학교	〈진로 활동〉 • 긍정적인 자아 개념 강화 • 일과 직업에 대한 폭넓은 가치 탐구 • 실제 경험을 통한 직업 세계의 이해 • 진로 탐색 및 진학으로의 연계

출처: 교육부 고시 제2022-33호 [별책 40].

〈표 3-2-7〉 창의적 체험활동 학교급별에 따른 영역별 운영 중점 사항

학교급	운영 중점
고등학교	〈자율 · 자치활동〉 • 진로(진학 · 취업)와 연계된 분야의 주제 탐구 활동 수행 • 삶과 연계된 다양한 문제를 주체적으로 해결하는 능력 함양 • 공동체 구성원으로서 주도적인 역할 수행 및 공동체에 봉사하는 활동 수행 • 다양성에 대한 이해를 바탕으로 타인을 존중하는 의사소통 능력 신장 • 학생 자치 회의, 토론회, 자치법정 등 공동체 협의를 통한 의사소통 • 협력적 사고를 통한 공동의 문제 해결 능력 함양 〈동아리활동〉 • 진로(진학 · 취업)와 관련된 전문 학술 분야의 탐구 능력 신장 • 문화 · 예술적 안목 형성 및 창작 능력 배양 • 스포츠활동을 통한 심신의 능력 향상 • 주도적으로 사회에 봉사하고 기여하는 활동 수행 〈진로 활동〉 • 긍정적 자아 개념과 건강한 직업의식을 기반으로 한 진로 탐색 • 자신의 꿈과 비전을 진로(진학 · 취업)와 연결하여 학업 및 진로 설계 능력 함양 • 자신의 적성에 따라 진로를 탐색하고 그에 따른 잠재 능력 개발 • 다양한 진로 체험을 통한 졸업 이후의 삶 준비

출처: 교육부 고시 제2022-33호 [별책 40].

제3장
청소년포상제도

한국에서 포상제라는 이름으로 실시하고 있는 청소년포상제도는 '국제청소년성취포상제'와 '청소년자기도전포상제'가 있다. 국제청소년성취포상제는 영국에서 시작되어 전 세계 130여 개국 청소년들이 국제적인 포상기준에 맞춰서 실시하고 있는 제도이고, 청소년자기도전포상제는 국제청소년성취포상제를 모태로 한국사회 실정에 맞게 운영되는 것이다.

'국제청소년성취포상제'와 '청소년자기도전포상제'는 청소년들이 금장, 은장, 동장 단계별로 이루어지는 다양한 활동프로그램에 참여하여 청소년들에게 필요한 역량을 함양하고 일상생활을 살아가면서 실제로 필요한 지식과 정보, 기술을 익히므로 인성과 실천 지식을 겸비한 인간으로서 발달을 지원하는 자기성장프로그램이다. 제도 도입 이래로 많은 청소년이 참여하여 리더십 함양, 자신감 증진, 체력 발달, 원만한 의사소통기술 형성 등의 효과를 가져왔으며, 특히나 청소년기의 중요한 발달과업인 일과 직업의 선택과 관련된 진로 탐색에도 긍정적 영향을 주었다. 이러한 '국제청소년성취포상제'와 '청소년자기도전포상제'에 관해 자세히 알아보기 위하여 국제청소년성취포상제의 개념과 발전 과정, 기본원칙, 운영현황, 포상활동의 영역과 운영모형에 관해 알아본다. 그리고 청소년자기도전포상제의 개념과 발전 과정, 철학, 운영현황, 포상활동의 영역과 운영모형을 정리한다.

1. 국제청소년성취포상제

1) 국제청소년성취포상제 개념과 발전 과정

국제청소년성취포상제(The Duke of Edinburgh's International Award)는 전 세계 130여 개국 만 14~24세의 모든 청소년을 대상으로 하며 금, 은, 동장 단계별로 활동을 하므로 창의적이고 자기주도적인 태도와 청소년의 역량 증진, 인성 함양, 삶의 기술을 익힐 수 있도록 돕는 국제적인 자기성장프로그램이다(한국청소년활동진흥원b, 2023: 4). 이러한 국제청소년성취포상제의 정의를 한국의 국제청소년성취포상제 운영규정 제2조 제1호에서 "국제청소년성취포상제란 만 14세부터 만 24세에 해당하는 청소년이 포상제 운영기관에 등록하여 포상단계에 따른 활동을 통해 자신이 목표를 설정하고 성취하였을 때 포상하는 제도를 말한다."라고 되어 있다. 한국의 국제청소년성취포상제 운영규정 제2조 제2호에서 포상활동 영역을 봉사활동, 자기개발활동, 신체단련활동, 탐험활동 및 합숙활동 5개의 영역으로 제시하고 있다.

국제청소년성취포상제는 1956년 영국의 청소년들을 대상으로 처음 소개되어 지금에 이르고 있다. 국제청소년성취포상제의 역사에 관해서 『국제청소년성취포상제 포상지도자 운영매뉴얼(한국청소년활동진흥원b, 2023: 10~11)』에서 다음과 같이 기술하고 있다. 국제청소년성취포상제는 국제교육사에서 위대한 업적을 남긴 독일의 교육학자인 쿠르트 한 박사(Dr. Kurt Hahn)의 제안으로 시작되었다. 쿠르트 한 박사는 자신이 교장으로 재직한 학교에서 운영하던 모레이 배지 프로그램(국제청소년성취포상제의 전신)에서 아이디어를 얻어서 시작하였다. 제2차 세계대전 이후 에딘버러 공작인 필립 공(Philip Mountbatten), 세계 최초 에베레스트 등반대의 대장인 존 헌트(John Hunt), 쿠르트 한 박사가 함께하게 되었다. 세 사람이 주축이 되어서 1956년 영국에서 시작되었는데, 지금 우리가 알고 있는 것과는 다소 차이가 있다.

조직적인 측면에서 살펴보면 초창기 영국과 긴밀한 관계가 있는 영연방국가 중심으로 확대되면서 포상제는 더 이상 영국만의 프로그램이 아닌 국제적인 조직을 갖췄다. 국제포상협회는 이렇게 확대되는 조직의 의사소통 창구 기능을 소화하기 위해 1988년 공식 출범하게 되었고, 2012년 호주에서 열린 총회를 계기로 기관의 공식 명칭을 'The Duke of Edinburgh's International Award Foundation'으로 변경하였으며, 현재까지 전 세계 130개 이상의 국가에서 활발히 운영되고 있다.

한편, 한국의 국제청소년성취포상제의 역사에 관해서『국제청소년성취포상제 포장지도자 운영매뉴얼(한국청소년활동진흥원b, 2023: 15)』에서 다음과 같이 기술하고 있다. 국제청소년성취포상제의 한국 도입은 2008년 당시 국제포상협회(The Duke of Edinburgh's International Award Association)로부터 독립운영기관 라이선스 취득(2008.5.12)을 통해 이루어졌다. 이후 지역사회를 중심으로 포상제 운영을 확대해 나간 결과 2009년 호주에서 개최된 총회를 통해 임시회원(Provisional Membership) 자격을 취득했다(2009.10.28). 그 후, 2012년 정회원 자격 승급을 앞둔 한국포상사무국은 2011년부터 본격적으로 추진된 국제본부(The Duke of Edinburgh's International Award Foundation)의 새로운 라이선스 체계 도입을 위한 라이선스 체계 시범운영사업에 참여하여 2013년 개정된 정관에 의한 세계 최초 정식라이선스(Full Licence/Full Membership) 체결 국가가 되었다(2013.6.1). 2015년까지 포상제는 여성가족부로부터 한국청소년활동진흥원에서 위탁받아 운영되었고, 2016년부로 한국청소년활동진흥원의 본사업으로 편성되어 활동의 중요성이 더욱 강조되는 계기를 맞이했다.

2) 국제청소년성취포상제의 기본원칙

국제청소년성취포상제는 오랜 역사와 전통을 가진 만큼 전 세계 청소년들에게 무수히 많은 긍정적인 영향을 끼쳤다. 그런 배경에는 다른 청소년 단체활동이나 청소년교육운동 등에서 다루어지는 것과 상이한 지도 원칙을 가지고 있기 때문이다. 한국의『국제청소년성취포상제 운영규정』[별표4]에서 기술하고 있는 기본원칙은 다음과 같다.

첫째, 개별성(Individual)이다. 참여청소년은 자신의 상황, 활동내용, 규정 등에 맞추어 자신만의 프로그램을 설계하는 것을 의미한다. 활동 단계별 참가 연령을 준수하여 활동을 시작할 수 있고, 설정한 목표를 성취할 때까지 계속해서 참여할 수 있다. 둘째, 균형성(Balanced)이다. 포상제는 동장과 은장 단계의 네 가지 활동과 금장 단계의 다섯 가지 활동에 참여하면서 정신적, 신체적으로 성장하고 공동체 정신을 기를 수 있는 균형 잡힌 프레임 워크를 제공한다. 셋째, 비경쟁성(Non-competitive)이다. 포상제 참여는 타인과의 경쟁이 아닌 개인적인 도전이다. 참여청소년의 프로그램은 개인의 출발점, 능력, 관심사를 반영하여 맞춤 설계된다. 넷째, 단계성(Progressive)이다. 각 단계에서 포상활동은 참여청소년의 시간, 헌신 및 책임감을 지속해서 요구하게 된다. 다섯째, 성취 지향성(Achievable)이다. 포상제는 개인적 능력, 성별, 배경, 지역과 관계없이 과제를 수행하는 모든 참여청소년이 성취가 가능한 프로그램이다. 여섯째, 영감을 주는(Inspirational) 것이다. 포상활동을 통해 참여청소년은 자신의 기대치를 넘어서 더 큰 자신감을 심어 준다. 활동을 시작하기 전에 자신의 활동과 목표를 설정하고, 그 목표를 달성하고, 자기 발전을 보여줌으로써 포상을 성취하는 방향으로 나아갈 것이다. 일곱째, 자발성(Voluntary)이다. 포상제 참여는 중 · 고등학교, 대학교, 직장 생활 그리고 다양한 여가 활동 시간에 수행할 수 있지만, 참여청소년은 프로그램을 선택하고 자신의 활동을 수행하는 데 많은 시간을 자발적으로 할애하며 주체적으로 참여해야 한다. 여덟째, 지속성(Persistence)이다. 포상활동은 일시적인 것이 아니라 지속해서 수행해야 한다. 그리고 참여청소년은 포상활동 최소 요건을 준수하며 꾸준하게 열심히 활동에 참여해야 한다. 아홉째, 발전성(Development)이다. 참여청소년들은 포상제 참여를 통해 개인 및 사회 발전을 이룰 수 있다. 참여청소년들은 포상제를 통해 귀중한 경험과 삶에서 필요한 다양한 기술을 습득하고, 자신감을 키우며, 환경과 지역 사회에 대해 더 잘 알게 되고, 책임감 있는 성인으로 성장할 수 있다. 열째, 즐기는(Enjoyable) 것이다. 참여청소년과 지도자는 포상제 활동을 수행하면서 즐길 수 있는 방법을 찾아야 한다.

3) 국제청소년성취포상제의 운영현황

국제청소년성취포상제는 전 세계 130여 개국에서 공통된 기준으로 운영되고 있으며, 2022년 12월 기준으로 전 세계에 21,206개소의 포상센터에서 1,095,073명의 청소년이 포상제에 도전하고 있다(한국청소년활동진흥원a, 2023: 14). 국제청소년성취포상제 전 세계 지역별 운영 국가는 〈표 3-3-1〉과 같다. 한국은 도입 이후 2023년 12월 31일 기준 28,215명의 청소년들이 참여했다(한국청소년활동진흥원 청소년활동정보서비스 홈페이지). 한국의 국제청소년성취포상제 최근 5년간의 운영 현황은 〈표 3-3-2〉와 같다.

〈표 3-3-1〉 국제청소년성취포상제 지역별 운영 국가

구분	유럽 · 지중해 · 아랍 지역	아프리카 지역	아시아 · 태평양 지역	아프리카 지역
포상제 운영 국가	49개국	27개국	26개국	28개국

출처: 한국청소년활동진흥원a(2023), p. 15.

〈표 3-3-2〉 국제청소년성취포상제 한국 운영 현황

(기준: 2023년 12월 31일, 단위: 명, 개소)

구분	입회청소년		포상청소년				포상센터	
연도	입회	누계	계	동	은	금	신규	누적실적
2010	3,942	3,942	110	107	3	0	192	192
2011	3,467	7,409	567	522	45	0	97	289
2012	3,545	10,954	572	485	83	4	81	370
2013	3,463	14,417	607	507	96	4	92	462
2014	2,257	16,674	492	413	73	6	90	552
2015	2,046	18,720	416	373	41	2	80	632
2016	1,832	20,552	622	545	70	7	64	696

구분	입회청소년		포상청소년				포상센터	
연도	입회	누계	계	동	은	금	신규	누적실적
2017	1,960	22,512	795	682	101	12	79	775
2018	1,959	24,471	834	692	135	7	45	820
2019	1,283	25,754	431	348	74	9	56	876
2020	577	26,331	256	178	71	7	43	919
2021	643	26,974	156	119	26	11	37	946
2022	537	27,511	214	172	33	9	33	952
2023	704	28,215	320	222	92	6	19	904

출처: 한국청소년활동진흥원 청소년활동정보서비스 홈페이지.

4) 국제청소년성취포상제의 포상활동 영역과 운영모형

(1) 국제청소년성취포상제의 포상활동 영역

국제청소년성취포상제는 만 14세 이상 만 24세 이하의 청소년이면 누구나 참여가 가능하다. 포상 단계별(금장, 은장, 동장) 공통 4가지 포상활동(봉사활동, 자기개발 활동, 신체단련활동, 탐험활동)을 정해진 일정 기간 이상 활동하면서 각 활동 영역별 성취목표를 달성하면 국제적인 포상을 받을 수 있다. 단, 금장 단계에서는 합숙활동이 추가된다(한국청소년활동진흥원b, 2023: 18). 국제청소년성취포상제 자세한 포상활동 영역의 목적은 〈표 3-3-3〉와 같다.

〈표 3-3-3〉 국제청소년성취포상제 포상활동 영역

구분	목적
봉사활동 (Service)	타인과 지역사회에 유용한 자발적인 봉사를 제공하는 법을 배우는 것을 목적으로 함. 봉사활동을 함으로써 참여청소년은 보다 나은 시민이 될 수 있도록 책임감을 기르고 청소년이 지역사회를 강화하고 향상시킬 수 있다는 것을 이해함
자기개발활동 (Skills)	개인의 관심사, 창의성, 실용적 기술을 개발하는 것을 목적으로 함. 새로운 관심사를 자극하거나 기존의 관심사를 발전시키며 활동경험이 있는 사람들과 교류를 통해 즐거움을 나눔
신체단련활동 (Physical Recreation)	참여청소년들의 건강과 체력 증진을 목적으로 함. 훈련과 인내를 통해 개인의 신체적 능력을 향상시키도록 권장
탐험활동 (Adventurous Journey)	그룹별로 탐험을 계획하고 수행하며 모험과 발견의 정신을 장려하고 리더십, 팀워크 및 의사결정을 개발하는 것이 목적임. 도전적이고 낯선 환경에서 소그룹으로 진행하며 실제 발생하는 도전 과제를 수행함
합숙활동 (Residential Project)	낯선 환경의 시설에서 새로운 사람들과 함께 공동의 목표를 공유하고 생활하며 견문을 넓히는 것을 목적으로 함

출처: 국제청소년성취포상제 운영규정 [별표5].

(2) 국제청소년성취포상제의 연령과 최소 활동 기간에 따른 운영모형

국제청소년성취포상제 동장의 참가연령은 만 14세 이상이며, 단, 13세도 14세 그룹과 함께 활동할 경우 포상담당관의 승인하에 참여 가능하다. 은장의 참가연령은 만 15세 이상이며, 단, 13세도 14세 그룹과 함께 활동할 경우 포상담당관의 승인 하에 참여 가능하다. 금장의 참가연령은 만 16세 이상이며, 은장 포상청소년은 만 16세 미만이어도 금장단계 참여 가능하다(한국청소년활동진흥원b, 2023: 19).

포상활동 최소 활동 기간과 필요한 사항에 관해서 『국제청소년성취포상제 포상지도운영 매뉴얼』과 『국제청소년포상제 운영 규정』 [별표6]의 내용을 제시하면 다음과 같다. 우선 국제청소년성취포상제는 단계별로 봉사 · 자기개발 · 신체단련 활동영역을 주 1회 간격, 매회 1시간 이상씩 지속적으로 활동하여야 한다. 또한, 활동 영역별 최소 필요 시간을 이수하고 스스로 정한 성취목표를 달성한 후, 포상활동 승인기준에 부합하는 경우에 포상을 받을 수 있으며, 프로그램은 더 짧은 기간 안에 집중적으로 참여한다고 해서 수료할 수 있는 것이 아니라, 시간을 두고 책임감을 기르는 것을 목표로 한다.

탐험활동은 사전 기본교육 및 예비탐험활동이 필수이다. 예비탐험활동은 정식탐험활동의 훈련 과정으로, 정식탐험활동에 준하게 활동하는 것이 기본원칙이며, 최소 활동 기준 이상은 반드시 충족해야 한다. 예비탐험활동 최소 활동기준은 1박 2일, 숙박 필수이며 단, 동장단계는 예비탐험활동이 면제된다.

합숙활동의 경우, 대면활동이 기본원칙이나, 부득이한 경우 비대면으로 활동할 수 있는데, 비대면 최소 이수 시간은 5일 30시간이다. 그 외도 동장 단계의 경우, 만 13세 청소년이 만 14세 이상의 그룹과 함께 활동한다면 포상담당관의 승인하에 참여가 가능하며, 동장 포상자는 만 15세 미만이어도 은장 단계 참여가 가능하며, 은장 포상자는 만 16세 미만이어도 금장 단계 참여가 가능하다(국제청소년성취포상제 운영규정 제27조). 국제청소년성취포제의 단계별 활동영역 최소 기간은 〈표 3-3-4〉와 같다.

〈표 3-3-4〉 국제청소년성취포상제 운영모형

<table>
<tr><th>구분</th><th>봉사활동</th><th>자기개발활동</th><th>신체단련활동</th><th>탐험활동</th><th>합숙활동</th></tr>
<tr><td rowspan="2">금장
16세 이상</td><td>12개월
48시간 이상
(48회 이상)</td><td>12개월
48시간 이상
(48회 이상)</td><td>12개월
48시간 이상
(48회 이상)</td><td>3박 4일
(1일 8시간)</td><td>4박 5일
합숙활동</td></tr>
<tr><td colspan="5">• 은장 미보유 청소년은 봉사, 자기개발, 신체단련활동 중
• 한 가지 활동을 선택하여 추가로 6개월 수행</td></tr>
<tr><td rowspan="2">은장
15세 이상</td><td>6개월
24시간 이상
(24회 이상)</td><td>6개월
24시간 이상
(24회 이상)</td><td>6개월
24시간 이상
(24회 이상)</td><td>2박 3일
(1일 7시간)</td><td>–</td></tr>
<tr><td colspan="5">• 동장 미보유 청소년은 봉사, 자기개발, 신체단련활동 중
• 한 가지 활동을 선택하여 추가로 6개월 수행</td></tr>
</table>

구분	봉사활동	자기개발활동	신체단련활동	탐험활동	합숙활동
동장 14세 이상	3개월 12시간 이상 (12회 이상)	3개월 12시간 이상 (12회 이상)	3개월 12시간 이상 (12회 이상)	1박 2일 (1일 6시간)	–
	• 참가자는 봉사, 자기개발, 신체단련활동 중 • 한 가지 활동을 선택하여 추가로 3개월 수행				

출처: 국제청소년성취포상제 운영규정 [별표6].

2. 청소년자기도전포상제

1) 청소년자기도전포상제의 개념과 발전 과정

청소년자기도전포상제의 개념을 『청소년자기도전포상제 운영규정』 제3조 제1호에서 "자기도전포상제란 만 7세 이상 만 15세 이하 이거나 초등학교 1학년 이상 중학교 3학년 이하의 청소년이 운영기관에 등록하여 포상단계에 따른 활동을 수행하고 자신이 설정한 목표를 성취하였을 경우 포상하는 제도를 말한다."라고 기술하고 있다. 『청소년자기도전포상제 운영규정』 제3조 제2호에 따르면 포상활동영역은 봉사활동, 자기개발활동, 신체단련활동, 탐험활동, 진로개발활동의 5개 영역으로 구분한다. 이러한 청소년자기도전포상제의 발전 과정을 『청소년자기도전포상제 포상지도자 운영매뉴얼』에서 다음과 같이 제시한다.

청소년자기도전포상제에 관한 출발점은 국제청소년성취포상제가 만 14세부터 25세 연령이 제한되어 있어서 만 14세 이하의 저연령 청소년이 포상활동에 참여할 수 없는 데서 기인한다. 2008년 한국에 도입된 국제청소년성취포상제를 모태로 2010년부터 연구되었으며, 2011년부터 3년간 현장적용을 위한 단계별 시범운영을 거쳐 체계적으로 정립된 운영모형을 확정하여 2014년부터 전국적으로 확대하여 본격 운영이 실시되었다. 그 후 2021년 8월 1일 자로 청소년자기도전포상제의 참가청소년의 연령과 운영기관 및 지도자 요건을 포함한 운영규정이 완화됨에 따라 청소년자기도전포상제 운영 확대의 초석이 마련되었다. 2020년부터 신규 영역 진로개발이 개발되어 2021년까지 시범운영을 진행하였고, 2022년에 정규영역으로 도입되어 지금은 활동영역으로 운영되고 있다.

한국의 청소년자기도전포상제와 같이 국제청소년성취포상제를 기본으로 운영 국가의 상황과 환경에 맞게 고유의 포상제를 정립하여 시행하고 있는 경우는 몇 개국이 없다. 한국에서 보다 넓은 연령대에서 포상제를 적용할 수 있는 열린 사고로 접근했으며, 각각의 청소년 연령대를 고려하여 수준별 제도 운영을 통해 결국에는 포상제가 큰 틀에서 연계될 수 있는 통합적인 측면에서 운영하고 있다. 청소년자기도전포상제와 국제청소년성취포상제를 비교하면 〈표 3-3-5〉와 같다.

〈표 3-3-5〉 청소년자기도전포상제와 국제청소년성취포상제 비교

구분	청소년자기도전포상제	+ 연계·지속·통합	국제청소년성취포상제
목표	꿈 찾기와 성취		꿈에 대한 도전과 성취
단계	자기 적성 발견 단계		자기 적성 개발 단계
특징	다양한 청소년활동 체험		청소년활동의 전문화
대상연령	만 7~15세(초1~중3)		만 14~24세
활동시간	1회 40분 이상		1회 1시간 이상
포상	한국청소년활동진흥원 이사장 명의 인증서		국제포상재단(IAF) 및 한국청소년활동진흥원 이사장 명의 인증서
활동영역	자기개발, 신체단련, 봉사, 탐험, 진로개발		자기개발, 신체단련, 봉사, 탐험, 합숙(금장만 해당)

출처: 한국청소년활동진흥원b(2023), p. 7.

2) 청소년자기도전포상제의 철학

청소년자기도전포상제의 운영 철학을 『청소년자기도전포상제 포상지도자 운영매뉴얼』에서 다음과 같이 제시한다. 첫째, 다양한 활동(various activities)이다. 청소

년자기도전포상제는 다양한 청소년활동을 체험하는 것이 특징인데, 포상활동 경험을 통하여 적성과 흥미를 발견할 수 있다. 둘째, 스스로 하는 활동(self-activity)이다. 활동에 참여하는 청소년 스스로가 주체적으로 활동에 대한 전반적인 계획을 수립하고 목표를 달성해 나가면서, 여러 가지 측면에서 자기주도성을 키울 수 있다. 셋째, 재능의 발견 및 개발의 기회(finding and developing talents)이다. 무한한 가능성과 잠재력을 가진 청소년들은 포상활동과 같은 다양한 경험을 하는 과정에서 자신의 재능을 발견할 수 있다. 발견한 재능을 더욱 개발시키고 확장 시킬 수 있는 것도 포상활동을 통하여 가능하다. 넷째, 단계적 활동(step by step activity)이다. 동장, 은장, 금장순으로 단계를 밟아가는 과정을 거치면서 자기성장을 도모할 수 있다. 단계적 활동은 쉬운 것에서부터 어려운 것으로, 작은 시간에서부터 많은 시간으로 활동의 내용과 범위, 시간을 확장하는 것이다. 이런 단계적 활동을 포상활동에 대한 참여와 효과를 증진 시킬 수 있다. 다섯째, 경쟁이 없는 활동(non-competitive activity)이다. 한국 청소년들은 눈을 뜨면 끊임없이 경쟁하는 관계에 있다. 무한 경쟁이 일상화되어 있는 청소년들에게 비경쟁을 통하여 자기성장을 이루어가게 하는 것이 청소년자기도전포상제의 중요한 역할이다. 또한, 비경쟁적 구도에서 결과보다 과정을 중시하는 태도를 형성하는 중요한 계기가 될 수 있다. 여섯째, 좋은 친구가 되기 위한 활동(activity to be a good friend)이다. 다른 사람과의 집단활동을 하는 과정에서 배려심, 이타심, 사회성을 발달시킬 좋은 기회가 된다. 일곱째, 즐길 수 있는 활동(enjoyable activity)이다. 활동 자체가 청소년들이 즐겁게 시간을 보내게 하는 여가기능을 한다. 또한, 모든 활동에 있어서 재미요소가 있어야만, 청소년들의 참여율을 높일 수 있다.

여기에 제시되어 청소년자기도전포상제 운영 철학은 실제 청소년자기도전포상제를 운영하는데 포상지도자와 청소년들에게 중요한 지침이 되며, 청소년자기도전포상제 유지 및 발전의 원동력으로 작용한다.

3) 청소년자기도전포상제의 운영현황

청소년자기도전포상제는 2010년 개발 연구와 함께 시범운영을 걸쳐서 2014년 본격 운영이 시작되었다. 2014년에 1,291명이 입회하여 동장 422명, 은장 100명, 금장 29명이 포상을 받았다. 그 후 꾸준하게 입회청소년이 증가하여 2023년 12월 31일 기준으로 입회청소년 누적인원 23,763명이다. 청소년자기도전포상제의 최근 10년간의 운영 현황은 〈표 3-3-6〉과 같다.

〈표 3-3-6〉 청소년자기도전포상제의 운영 현황

(기준: 2023년 12월 31일, 단위: 명, 개소)

구분	입회청소년 인원		포상청소년 인원					포상센터	
언도	입회	누계	게	동	은	금	*기디	신규	누적 실적
2014	1,291	1,291	551	422	100	29		66	117
2015	1,426	2,717	901	672	182	47		63	180
2016	2,556	5,273	1,617	1,277	270	70		84	264
2017	3,362	8,635	2,020	1,502	432	86		96	360
2018	3,178	11,813	1,921	1,290	465	166		82	442
2019	3,562	15,375	1,747	1,055	438	174	80	59	501
2020	1,719	17,094	1,252	547	248	103	354	56	557
2021	2,196	19,290	1,468	929	265	156	118	48	597
2022	2,066	21,356	1,255	898	254	103	0	55	633
2023	2,047	23,763	1,511	1,108	296	107		31	590

출처: 한국청소년활동진흥원 청소년활동정보서비스 홈페이지.

*기타: KYWAPASS(자유학기제 연계형), 가족형, 챌린지형, 진로개발활동 참여 청소년.

4) 청소년자기도전포상제의 포상활동 영역과 운영 모형

(1) 청소년자기도전포상제 포상활동 영역

청소년자기도전포상제는 만 7세 이상 만 15세 이하 이거나 초등학교 1학년 이상 중학교 3학년 이하의 청소년이면 누구나 운영기관에 등록하여 포상활동에 참여가 가능하다. 활동영역은 자기개발활동, 신체단련활동, 봉사활동, 탐험활동, 진로개발활동 총 5가지의 활동 영역으로 구성되어 있다. 참여청소년은 5가지 활동 중 4가지 활동을 선택하여 완수해야 한다(한국청소년활동진흥원b, 2023: 25).

〈표 3-3-7〉 청소년자기도전포상제 포상활동 영역

구분	목적
봉사활동	주변에 도움이 필요한 사람이나 지역사회를 지원하는 마음으로 이뤄지는 활동
자기개발활동	개인적 관심과 흥미에 따라 실생활에 필요한 기술이나 사회 · 문화적 기술을 개발하는 활동
신체단련활동	체력 증진을 통해 삶의 질을 개선하기 위한 운동이나 신체를 이용한 활동
탐험활동	청소년 자신이 성취하고자 하는 목표를 자연환경 속에서 찾아 도전을 통해 배우고 느끼는 야외활동
진로개발활동	자기 자신을 이해하고 진로 탐색을 하며 진로 역량을 개발하는 활동

출처: 청소년자기도전포상제 운영규정 [별표5].

(2) 청소년자기도전상제의 연령과 최소 활동 기간에 따른 운영모형

청소년자기도전포상제 활동 참가 연령에 관해 알아본다. 활동 단계는 총 3가지로 금장, 은장, 동장으로 구성되어 있으며, 각 활동 단계별로 참여할 수 있는 연령이 다르다. 은장 · 동장은 만 7세부터 15세까지 참여할 수 있으나, 금장의 경우에는 신규 참여시 만 10세 이상부터 15세까지 참여 가능하다. 단, 은장 포상을 받은 청소년은 만 10세가 되지 않았다 하더라도 금장에 도전할 수 있다(한국청소년활동진흥원c, 2023: 26).

포상활동 최소 활동 기간과 필요한 사항에 관해서『청소년자기도전포상제 포상지도운영 매뉴얼』과『청소년자기도전포상제 운영 규정 [별표6]』의 내용을 제시하면 다음과 같다. 청소년자기도전포상제는 도전활동과 성취활동으로 구분한다. 참여청소년은 영역별 포상활동을 시작할 때 먼저 도전활동에 참가한다. 도전활동은 각 영역의 세부 포상활동을 경험하는 1차적인 단계로 포상제의 기본 정신에 입각한 청소년활동에 직접 참여하는 첫 번째 관문이라고 할 수 있다. 그리고 성취활동은 기존에 도전활동에서 참여하고 활동을 마친 활동영역을 선택해 좀 더 발전한 성취목표를 세울 수 있다.

포상활동 참여청소년은 단계별로 봉사활동, 자기개발활동, 신체단련활동, 탐험활동, 진로개발활동 5개의 영역 가운데서 4개의 활동영역을 주 1회 간격, 매회 40분 이상씩 지속적으로 활동하여야 한다. 여기서 주 단위는 일요일부터 토요일까지의 7일을 의미한다. 단, 학교에서 운영되는 학교형 청소년자기도전포상제의 경우, 필요시 봉사활동 영역만 1주에 2회 각 20분씩 분할 하여 활동할 수 있다. 여기서 주 단위는 일요일부터 토요일까지의 7일을 의미한다. 또한, 진로개발활동은 단계별 과제 수행 시마다 1회 활동으로 간주하며, 매주 수행할 과제 수를 정해놓고 정기적으로 활동하는 정기형 활동과 최소활동 시간(5시간) 이상을 준수하여 단계별 활동 과제를 집중적으로 수행하는 집중형활동으로 운영할 수 있다. 특별히 탐험활동은 사전 기본교육이 필수로 진행되어야 한다.

〈표 3-3-8〉의 청소년자기도전포상제 운영모형에서 알 수 있듯이 금장, 은장, 동장 포상활동 단계는 최소 활동 시간 동안 활동을 해야 포상을 받을 수 있다. 나이 제한으로 인해 부득이하게 포상활동 참여 시간이 얼마 남지 않은 청소년이 아니라면 포상활동은 동장 단계에서부터 차례로 활동하기를 권장한다. 청소년자기도전포상제에 대한 충분한 이해 없이 높은 활동 단계의 포상활동에 참여할 경우 중도탈락이 발생하는 경우가 흔한데, 참여청소년은 체계적으로 단계를 밟고 포상활동을 충분히 경험해 본 경우에 상위단계의 포상을 받을 가능성이 높아지고, 단계별로 지속적인 포상활동을 진행할 가능성이 많아지기 때문이다.

〈표 3-3-8〉 청소년자기도전포상제 운영모형

<table>
<tr><th rowspan="2">포상단계</th><th rowspan="2">활동구분</th><th colspan="5">활동영역</th></tr>
<tr><th>봉사활동</th><th>자기개발활동</th><th>신체단련활동</th><th>탐험활동</th><th>진로개발활동</th></tr>
<tr><td rowspan="2">동장</td><td>도전활동</td><td>8주(회)</td><td>8주(회)</td><td>8주(회)</td><td>1일/5시간</td><td>10개 과제</td></tr>
<tr><td>성취활동</td><td colspan="5">참여청소년은 봉사 · 자기개발 · 신체단련활동 중 한 가지 영역을 선택하여 추가로 8주(8회) 이상 수행</td></tr>
<tr><td rowspan="2">은장</td><td>도전활동</td><td>16주(회)</td><td>16주(회)</td><td>16주(회)</td><td>1박2일/
10시간</td><td>10개 과제</td></tr>
<tr><td>성취활동</td><td colspan="5">동장 미보유 청소년: 봉사 · 자기개발 · 신체단련활동 중 한 가지 영역을 선택하여 추가로 16주(회) 이상 수행</td></tr>
<tr><td rowspan="2">금장</td><td>도전활동</td><td>24주(회)</td><td>24주(회)</td><td>24주(회)</td><td>2박3일/
15시간</td><td>5개 과제</td></tr>
<tr><td>성취활동</td><td colspan="5">은장 미보유 청소년: 자기개발 · 신체단련 · 봉사활동 중 한 가지 영역을 선택하여 추가로 24주(회) 이상 수행</td></tr>
</table>

출처: 청소년자기도전포상제 운영규정 [별표6].

제4부

청소년활동의 실제

4부에 앞서

4부에서는 청소년활동의 유형 분류를 청소년활동 내용 중심으로 분류하여 제시하고 있다. 세부적인 활동을 살펴보면 1장 문화예술활동, 2장 야외활동, 3장 봉사활동, 4장 환경교육활동, 5장 진로교육활동, 6장 인권과 참여활동, 7장 디지털 미디어교육활동, 8장 스포츠활동, 9장 국제교류활동, 10장 성교육활동이다. 다양한 청소년활동 내용 가운데 10가지 활동을 선택적으로 제시하면서 다음 사항을 고려하였다. 우선, 청소년기의 발달 과정에서 기본적으로 필요한 활동을 포함하였다. 기본적인 청소년활동은 청소년들의 발달과업 성취에 도움을 주고 일상생활에서 필요한 실천 지식을 습득하여 청소년기에 당면한 문제를 해결할 수 있는 활동이라고 할 수 있다. 다음은 청소년활동 지도 현장이나 학교에서 빈번하게 이루어지고 있는 내용 중심으로 활동을 정리하였다. 청소년과 관련된 사회·문화적, 교육적 환경변화에 따른 적응을 위한 활동 내용을 염두에 둔 것도 중요한 고려 이유이다. 또 다른 이유는 비대면 청소년활동 증가로 인하여 청소년의 직접적인 체험 기회에 감소에 따른, 체험 기회 강화를 위한 활동 내용(야외활동, 스포츠활동, 국제교류활동 등)을 고려하였다.

한편, 4부에서 제시하는 10가지 청소년활동 유형은 환경교육활동, 진로교육활동, 디지털 미디어교육활동, 성교육활동과 같이 '교육'이라는 용어를 포함하고 있는 활동과 문화예술활동, 야외활동, 봉사활동, 인권과 참여활동, 스포츠활동, 국제교류활동처럼 '교육'이라는 용어를 포함하지 않는 활동으로 구분할 수 있다. 교육이라는 말이 들어가 있는 활동들은 체험·경험보다는 주로 실내에서 이루어지는 이론 중심 교육이 우선하는 활동을 나타낸다. 반면에 교육이라는 말이 들어가 있지 않은 활동들은 이론 중심으로 이루어지는 교육보다는 체험·경험활동이 우선한다. 이러한 의미에 관해서 '진로교육활동'을 예를 들어 설명하고자 한다. 직업과 진로활동에 있어서 청소년들은 먼저 자기 자신에 대한 이해와 직업 세계에 대한 이해, 진로 정보 탐색 및 활용 능력 함양 등이 필요하다. 그렇게 하기 위해서는 현장 직업체험이나 견학 등 야외 체험·경험보다는 주로 실내에서 이루어지는 강의 듣기, 심리검사 등 이론 중심 교육이 선행되어야 한다. 따라서 이론 중심 교육에 방점을 찍어서 '진로활동'보다는 '진로교육활동'으로 표현하여 제시하였다. 또한, 환경 관련 활동도 야외에 나가서 쓰레기를 줍는 등 환경보존활동에 앞서서, 환경 보호를 위한 바람직한 환경관을 심어주는 것이 더 우선해야 한다. 그러므로 주로 실내에서 이론 중심의 강연을 통하여 인간중심주의에 기반한 환경과 자연 보호를 위한 태도와 가치를 심어주는 것이 필요하다.

이와 같은 여러 가지 청소년활동을 체험 · 경험에 차지하는 비중의 낮음과 높음, 그리고 이론 교육에 차지하는 비중의 낮음과 높음의 관계를 [그림 4-0-1]과 같이 정리하였다. 스포츠활동, 야외활동, 봉사활동, 국제교류활동은 체험 · 경험의 비중이 높은 수준이나 이론 교육 수준은 낮다. 반면에 진로교육활동, 환경교육활동, 성교육활동, 디지털 미디어교육활동은 이론 교육의 비중이 높은 수준이나 체험 · 경험 수준은 낮다. 그러나 문화예술활동과 인권과 참여활동 경우에는 체험 · 경험과 이론 교육 비중 수준은 중간에 위치한다.

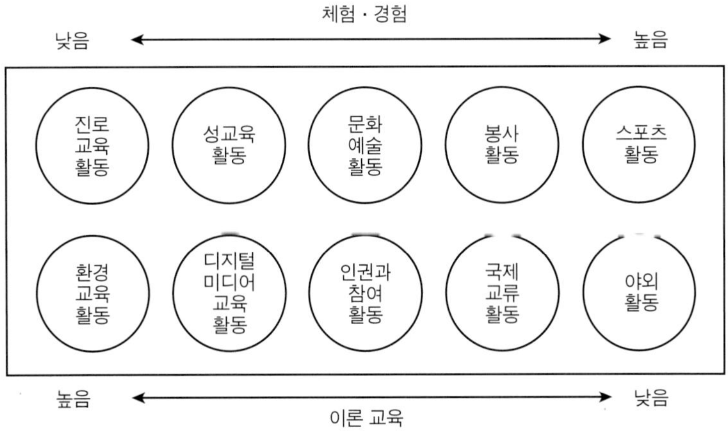

[그림 4-0-1] 청소년활동 유형별 체험 · 경험과 이론 교육의 구성 수준

제1장
문화예술활동

문화예술활동이나 문화예술교육의 개념은 같은 의미로 받아들여져, 통상적으로 구별 없이 혼용하여 사용하고 있다. 문화예술교육이라는 용어에는 교육이라는 표현이 포함되어 있어서, 대체로 학교 교육과정으로 받아들이는 경우가 흔하다. 하지만 문화예술활동과 문화예술교육은 '활동'에 방점을 찍느냐, '교육'에 방점을 찍느냐에 따라서 의미가 달라질 수 있다. 학교뿐만 아니라 학교 밖의 문화예술교육 시설에서 이루어지는 문화예술교육은 '활동'이 아닌 '교육'에 방점을 두기 때문에, 활동보다는 교육적 행위로 문화예술활동으로 받아들이고 있다. 그러나 청소년활동의 일환으로 이루어지는 문화예술 관련 활동이나 교육은 '문화예술활동'으로 나타낸다. 이러한 문화예술활동과 문화예술교육의 개념과 관계성을 이해하고 '문화예술활동'에 관한 학습이 이루어져야 한다.

문화예술활동을 이해하기 위하여 문화 및 문화예술교육에 관해 먼저 알아야 한다. 문화와 문화예술교육에 관한 지식 없이는 문화예술활동을 온전히 파악하기 어렵다. 따라서 문화에 대한 전반적 이해를 하기 위해 문화의 개념 및 특성, 문화의 이해 태도, 문화의 구성요소를 살펴본다. 또한, 문화예술교활동을 폭넓게 받아들이기 위해서는 문화예술교육이 무엇인가에 대한 선행적인 앎이 필요하다. 학교와 학교 밖에서 이루어지는 문화예술교육에 관한 개념과 목적, 문화예술교육의 분류, 문화예술교육시설을 알아본다. 다음은 문화예술활동의 개념과 의의, 영역에 관해 정리한다.

1. 문화의 기초 이해

1) 문화의 개념

(1) 어원을 기반으로 한 문화

인간에게 본래 주어진 존재나 상태를 '자연'이라고 한다. 자연은 저절로 생겨난 아주 작은 먼지에서부터 거대한 우주까지, 그리고 산천초목, 동식물 등을 말한다. 실재하는 신비하고 경이로운 자연과 인간이 만들어 낸 문화는 서로 영향을 주고받는다. 이러한 인간이 만들어 낸 것으로서 문화의 개념은 문화에 관한 어원을 통하여 이해할 수 있다. 문화라는 용어는 영어권에서 '양육한다, 경작한다.'라는 의미를 지녔다. 농업(agriculture)과 원예(horticulture)에는 culture가 들어가 있다는 사실로 짐작할 수 있다(원용진, 2001: 16).

어원적 의미를 풀어서 설명하자면 농부가 농사를 짓는 밭은 '자연'이고, 농부가 밭을 일구는 행위, 즉 경작하는 것은 '문화'라고 할 수 있겠다. 밭과 감자는 자연 상태이고, 밭에 감자를 심고, 가꾸고, 수확하는 행위인 농사는 문화이며, 문화적 활동인 것이다. 따라서 밭에서 자라는 자연 상태의 감자에 대해 '감자문화'라면 어울리지 않고, '농사문화' 하면 적절한 표현으로 읽힌다.

이처럼 자연과 대비되는 개념으로서 문화의 이해는 15세기에 문화에 관한 어원을 토대로 한 것이다. 자연과 문화는 인류 역사의 시작과 함께 자연스러운 만남이 이루어졌다. 저절로 존재하는 자연과 인간이 창조한 문화의 공존이라는 질서는 앞으로도 계속될 것이다.

(2) 총체적 삶의 양식으로서의 문화

인간이 생활하는 곳에는 사회 구성원으로서 공통으로 가지고 있는 삶의 양식(의식주, 생활방식, 행동 양식, 사고방식 등)이 있다. 어떤 사회에서 오랫동안 지켜 내려오는 중요한 삶의 양식은 행동하거나 판단할 때 가치 판단의 기준이 되는 것이며 습관, 가치, 풍습 등을 말한다. 이는 웃어른에게 인사하고, 바른말을 사용하는 것, 부모에게 효도하는 것 등이다.

또한, 법과 제도 역시 우리 사회를 지탱해 주는 삶의 양식이다. 사회적 책임(납세와 국방의무 등), 남의 물건을 훔치거나 교통질서를 지키지 않으면 처벌을 받는 것 등이다. 이러한 관습 · 태도 · 가치 · 신념 · 규범 · 전통 · 법 · 제도 등을 포괄하는 총체적 삶의 양식이 문화라는 개념이다. 총체적 삶의 양식으로서의 문화는 정신적인 활동으로서의 문화, 예술 활동으로서의 문화와는 다른 문화인류학적 접근이며 넓은 의미의 문화 개념이다.

(3) 세련된 예술 활동으로서의 문화

일반적으로 인간의 일상생활, 여가, 의식주, 규범, 사고와 행동 양식 등 총체적 삶의 양식이 넓은 의미의 문화의 개념이라면, 고상하고 교양 있으며 세련된 예술 활동으로서의 문화는 좁은 의미에 해당한다. 넓은 의미의 대중이 일상에서 즐기는 TV 시청, 영화 관람, 화투 놀이, 보드게임 등은 세련된 예술 활동으로서의 문화 정의 포함되지 않고, '세종문화회관'이나 '예술의 전당'에서 우아하면서 특별하게 즐기는 정신적 활동은 세련된 예술 활동으로서의 문화라고 할 수 있다. 이와 같은 문화의 개념은 16세기 이후 등장한 문화의 개념으로 세련되고 일정한 유형을 지닌 의식 또는 마음을 가꾸는 것을 의미하였다. 주로 지배계급의 고급스러운 습관이나 의식을 지칭하는 용어였으며, 교양 있는 사람들의 예술적인 활동을 통한 내면의 변화에 초점을 맞추고 있다(김국태 · 조현호 · 가나이 노부요시 · 김만석 · 최희경, 2005: 31). 이 시기에 형성된 고급스러운 세련된 예술 활동으로서 문화 개념은 고급문화 관점의 인식을 배경으로 하고 있다. 문학 활동, 고상한 음악과 미술작품 등을 감상하면서 마음의 위안을 얻으며, 심오한 정신세계에 몰입하는 것을 최상의 문화적 활동으로 여겼다.

세련된 예술 활동으로서의 문화는 물질적인 것이 아닌 정신적인 개념으로 규정되었고 여기에는 훌륭한 음악 · 문학 · 미술 · 연극 등에 대한 지식을 쌓아 현실에서 배움을 실천하는 것이다. 흔히 문화를 뛰어난 것, 수준 높은 교양 등의 의미로 해석할 때 사용하는 개념이 세련된 예술 활동으로서의 문화 개념이다(김창남, 2008:

17). 하지만 고급문화를 추구하던 세련된 예술 활동으로서의 문화는 시민혁명과 공화정 등장 그리고 산업혁명에 따라 대중사회가 도래하므로 일대 큰 저항에 부딪히게 되었다. 근대산업사회는 대중사회를 출현시켰으며, 그에 따라 대중이 문화의 주체로 떠오른 대중문화가 등장하였다. 대중문화가 문화의 주류로 형성되면서, 세련된 예술 활동으로서의 고급문화와 저급문화로 취급되었던 대중문화는 묘한 갈등에 직면하게 된다. 이같이 변화되는 상황에서 '문화는 사고와 표현의 정수'라는 의미의 개념을 가지고 있는 문화 옹호론자들인, 다시 말해 뛰어나고 고상한 세련된 예술 활동으로서의 문화 개념 소유자들은 더욱 방어적으로 산업사회의 물질문명에 대항하며, 그들이 가지고 있는 문화의 의미인 '정신적 광채'를 보호하고자 하였다. 대중들을 무지몽매하게 생각하며 전통적으로 인간 문화의 정수로 여겨왔던 고전들을 앞세우며, 반산업주의 성격을 띠는 태도를 보였다(김창남, 2008: 18).

(4) 문명화 과정으로서의 문화

17세기 후반부터 18세기를 통하여 서유럽에서 합리주의 사상인 계몽사상이 등장하였다. 영국의 시민혁명을 계기로 탄생한 계몽사상은 대륙에 전해져 프랑스에서 시민혁명을 이루는 데도 영향을 주었다. 계몽사상의 특징은 인간의 이성을 토대로 일체의 전통, 권위, 계시에 대하여 비판을 가하는 것이다. 이성은 모든 인간이 가지고 있는 보편적 현상이라고 보며 이성에 의해 이 세계의 질서를 유지하고 지배할 수 있다고 생각하였으며, 이성에 맞지 않는 것은 비합리적이고 미신적이라 하여 배척하였다(현승일, 2011: 482).

이런 계몽시대에는 이성적 사고와 과학적 방법을 통해 인간을 교육, 계몽하여 문명화된 삶으로 유도하는 문명화 과정으로 보며 문화를 파악하였다(김국태 · 조현호 · 가나이 노부요시 · 김만석 · 최희경, 2005: 31~32). 사회의 발전 과정을 야만에서 문명으로 나아가는 것으로 파악하고 타 문명이 유럽식 문명으로 옮겨 가는 것을 계몽과정이며 문화적 과정이라 보았다. 이와 같은 문화에 관한 정의는 유럽 중심적이라는 비난을 면치 못한다. 유럽식의 문화만을 문화라고 생각하며, 다른 문화를 인정하지 않는다는 점이 비판의 대상이 된다(원용진, 2001: 17).

(5) 자연에 노출된 인간이 생존하기 위한 것으로서의 문화

자연은 태초의 인류부터 지금의 인류에게까지도 두려움의 대상이다. 위대한 자연 앞에서 인간은 나약하지만 인간 특유의 사고력과 지혜를 통하여 자연을 응용, 극복, 활용하며 생존해 왔다. 이같이 무섭고 두려운 자연에 노출된 인간이 생존을 위한 몸부림의 결과물이 문화인 것이다. 추위를 피해 의복과 건축물을 만들고, 식물을 채집하고 동물을 잡기 위해 도구를 만들고, 대자연이 뿜는 엄청난 위력의 자연재해를 눈앞에서 보며 종교를 찾고, 자연의 변화 질서를 관찰하여 농경을 시작하고, 자연현상의 무서움을 이기기 위해 음악을 만드는 등 인간의 생존을 위한 투쟁의 결과물이 문화인 것이다.

실로 장구한 인류사는 무서운 자연과 투쟁해 온 문화사라고 해도 과언이 아닐 것이다. 자연과 사투 과정에서 쓰러지고 넘어지고 일어서기를 반복하며 호모사피엔스 인류는 위대한 문화유산을 남겼다. 엄청난 역경에서 자연을 극복하며 이루어 놓은 인류의 소중하고 값진 문화유산을 지키며 보존해야 할 것이다.

2) 문화의 특성

(1) 문화의 학습성

문화는 선천적 · 생래적으로 존재하는 것이 아니라, 후천적 환경으로 인간에게 주어지는 상황이나 상태, 사고와 행동 등이다. 한 사람의 행동은 문화적 환경에 따라서 많은 영향을 받는다. 다른 사람과 관계에서 학습을 통하여 공유되고 전승되는 것이 문화의 중요한 속성이다. 사회 구성원은 상호작용이나 관계를 형성하면서 사회에서 공유되는 선과 악의 구분, 습관, 전통, 규범, 종교적 신념 등 삶의 방식을 학습한다. 이렇게 문화가 학습되는 과정을 문화화(enculturation) 또는 사회화(socialization)라고 한다.

모든 문화는 학습되어 사회 구성원의 삶의 방식을 결정한다. 삶의 방식, 즉 문화적 행동 양식과 사고방식 하늘에서 뚝 떨어지는 것이 아닌 세대 간, 가족 간, 사회 구성원 간, 지역 간, 국가 간의 교류를 통한 학습으로 습득된다.

한국에서 문화의 학습성을 적절하게 설명해 주는 것이 존댓말이다. 존댓말을 학습하여 사용한다는 것은 단순하게 언어를 습득하는 것을 넘어서, 언어를 통한 웃어른에 대한 공경하는 마음과 예의를 갖게 한다. 어른에게 존댓말을 쓰는 아름다운 전통은 공유, 확산하며 전승되어야 한다. 이와 같은 올바른 문화화 · 사회화는 사회 구성원으로서 한 개인에게 성취해야만 하는 필연적 과업이다. 그러므로 가정을 비롯하여 지역사회 및 국가는 건전한 문화 환경을 조성하는 것이 필요하다. 특히, 일차적인 문화화 · 사회화 공간인 가정에서 역할이 무엇보다 강화되어야 할 것이다.

(2) 문화의 축적성

문화는 이전 세대, 지금 세대, 다음 세대 간에 전승되면서, 인간의 행동 양식과 생활방식 등 문화의 내용에 새로운 형식과 요소가 추가되는데, 이러한 과정을 문화의 축적성이라 한다. 문화의 축적은 문화의 내용이 구전되거나 기록되어 다음 세대로 전해지는 과정을 거친다. 전해진 문화는 기존 문화의 내용에 새로운 내용이 더해짐으로 더욱 확장되고 풍부한 문화로 발전한다. 김치는 문화의 축적성을 잘 설명해 준다. 본래는 김치는 소금에 절여 백김치로 먹었는데, 시간이 지남에 따라 고춧가루가 전래되면서 고춧가루 양념을 추가해, 지금처럼 빨간 김치를 먹게 되었다. 이러한 김치의 변천사를 살펴보면 문화의 축적성과 변동성을 쉽게 이해할 수 있다.

(3) 문화의 변동성

문화의 변동성은 시간이 흐르면서 문화의 내용, 형태, 요소 등이 변화하는 것을 말한다. 문화를 고정되어있는 불변의 현상이 아닌, 생성과 소멸의 현상으로 이해하는 것이 문화의 변동성이다. 한국문화를 비롯한 세계 각국의 문화는 유사 이래, 수천 년 동안 끊임없는 축적과 변동을 통하여 지금에 이르고 있다. 훈민정음의 자음이 본래는 17자였는데 지금은 14자만 사용하고 있는 것을 통해 문화의 변동성을 잘 이해할 수 있다.

문화가 변동하는 요인은 내재적 요인과 외재적 요인으로 구분할 수 있다. 내재적 요인은 발견과 발명을 통하여 한 사회에서 새롭게 나타나서, 기존의 문화 질서 체계에 변동을 초래하는 요인으로 작동하는 것을 말한다. 불과 전기는 발견의 산물이요, 비행기, 스마트폰 등은 발명의 산물이라고 할 수 있다. 외재적 요인을 살펴보면 다른 사회의 문화 질서 체계와 접촉하거나 교류를 통하여 문화 변동이 일어나는 것이다. 즉, 문화 전파를 통해 문화의 변동이 발생한다. 이러한 외재적 요인에 의한 문화 전파는 직접전파와 간접전파로 구분한다. 한국인이 외국에 나가서 한국 전통문화를 전하는 것은 직접전파에 해당하고, 한국인이 미디어를 통해 한국의 전통문화를 소개하는 것은 간접전파에 해당한다.

(4) 문화의 공유성

문화의 공유성은 한 사회 구성원에게 공통으로 나타나는 사고방식, 행동 양식, 생활양식 등을 뜻한다. 문화가 공유된다는 것은 다수의 사회 구성원이 통일된 삶의 방식을 가지고 있다는 의미이다. 이는 사회 구성원들, 상호 간에 원활한 상호작용을 가능하게 한다.

한국에서 사용하는 상징 체계는 한국 사람에 의해 공유된 문화이다. 한국인은 한국인이 일상적으로 사용하는 언어, 몸짓, 기호, 숫자 등의 상징 체계를 사용하여 의사소통한다. 한국인에게 공유된 상징 체계는 한국 사회 구성원들에게 규범화되어 약속처럼 사용하며 타인의 행동을 예측할 수 있게 해준다. 예컨대, 한국 사람은 윗사람에게 공경의 표시로 절을 한다. 이는 한국 사람에게는 공유된 약속이고 전통이기 때문에 당황하지 않고 윗사람은 절에 대해 답인사를 한다. 만약에 한국문화에 익숙하지 않은 외국인에게 절을 했다면, 상당히 난처해할 것이다. 이렇게 당황하고 난처하게 된다는 것은 문화가 공유되지 않았기 때문에 발생하며 원활한 상호작용이 어렵다는 것을 뜻한다. 한국문화를 떠나서, 인류는 보편적으로 공유된 문화를 가지고 있다. 결혼식장에서는 즐겁게 대화하는 공유되는 행동 양식이 있고, 장례식장에서 유족의 슬픔을 위로해 주는 공유되는 행동 양식이 있다.

(5) 문화의 총체성

문화의 각 부분 요소는 서로에게 영향을 미치는 체계로 구성되어 있다. 이렇게 문화의 요소 간에 서로 영향을 미치며 밀접한 관계를 갖는 것이 문화의 총체적 성격이다. 유기체처럼 형성된 문화의 여러 요소는 부분이 밀접하게 연결되어 전체로서의 인간 삶의 양식을 드러낸다. 부분으로서 문화적 요인이, 다른 부분에 문화적 요인과 결합하여 새로운 문화 변동을 초래한다.

문화의 총체성을 설명하기 위해 다양한 요인에 의해 탄생한 우리 민족의 전통 놀이문화로 예를 들어 보겠다. 우리 민족의 멋과 흥, 공동체 의식, 종교적 신념, 시대적인 상황, 놀이도구 제작에 적합한 재료, 전통놀이 계승 및 보급자, 놀이에 필요한 공간, 기후 조건 등의 요소들이 유기적으로 연결되어 영향을 주면서 총체적인 놀이문화가 나타났으며 보존되고 있다. 전통 놀이문화가 다양한 요인들이 얽히고설켜 있는 것처럼, 부분의 모든 문화 요소는 유기체처럼 영향을 주며 존재한다는 것이 문화의 총체성이다.

(6) 문화의 다양성

문화의 다양성을 이해하기 위해서는 문화가 보편적 성질을 가지고 있다는 것을 전제해야 한다. 예컨대, 집단이나 사회 구성원이 초자연적인 절대자, 창조자, 종교 대상을 향하여 종교적 행위를 하는 것은 보편적이나 어떤 종교를 믿고 따를 것인가는 다양성에 속한다. 따라서 문화 다양성이란 각각의 사회와 집단이 가지고 있는 문화가 다양한 방식으로 표현되는 것을 의미한다. 문화 다양성에는 언어 · 의상 · 관습 · 전통 · 도덕 · 종교 등의 모든 문화적 차이를 포함한다(두산백과 두피디아 홈페이지). 언어의 기능이 생각이나 느낌을 전달하는 의사소통이라는 본질적 측면에서는 보편적이나, 각 국가 및 지역의 사회적 관습 체계 따라 언어가 다르게 표현되고 사용되는 것은 문화의 다양성 측면이라고 할 수 있다. 또한, 세계 어느 나라를 막론하고, 삼시 세끼 음식을 먹는 것은 인류의 보편적 양식이지만, 나라마다 자연환경에 따른 기후 조건, 조리법, 전통, 취향 등에 따라서 다른 음식문화가 나타나는 것은 문화의 다양함을 의미한다. 의복도 마찬가지다, 열대 기후에서는 매우 덥고 습해서 통풍이 잘되는 얇은 옷을 착용하고, 건조 기후에서는 강한 햇볕과 모래바람을 차단하기 위해서 몸을 감싸는 옷이 발달하였고, 한대 기후에서는 동물의 털이나 가죽을 활용하여 옷을 만들어 입은 것은 문화의 다양성을 적절하게 설명해 주고 있다.

3) 문화 이해의 태도

(1) 민족 중심주의

민족 중심주의자들은 타민족을 배척하고 멸시하는 태도와 입장을 지니고 있다. 이런 민족 중심주의는 자국의 문화적 우월성을 강조하며, 타민족이나 국가의 문화는 거부하고 무시하는 편협한 문화 이해의 태도이다. 민족 중심주의 극단적인 예로서 볼드리지(J. V. Baldridge)가 제시한 문화 제국주의를 들 수 있다. 문화 제국주의 행태를 나타낸 대표적인 사례가 고대의 그리스와 로마이다. 이들은 강력한 군사력을 바탕으로 다른 나라와 민족을 침탈하여, 자신들이 가지고 있는 사상, 종교, 경제 제도, 행동 양식 등을 강요하였다. 또한, 근대 유럽 제국주의 국가들도 마찬가지로 힘의 우위를 활용하여 식민지국의 전통문화를 말살하며, 본인들의 문화를 강제로 이식하였다(이철우, 2013: 190). 고대 그리스나 로마, 근대 제국주의 국가에서 보인 자문화 중심주의 폐단을 우리 한국 민족도 처절하게 경험하였다. 일본 제국주의에 국권이 피탈되어 민족문화가 통째로 뭉개지는 뼈아픈 과거가 잘 말해 주고 있다.

이 같은 문화 제국주의는 근현대의 산업발달과 자본주의로 인하여 더욱 맹위를 떨치게 된다. 무력과 자본을 가진 자본주의국가들이 저개발국가인 아프리카, 아시아, 남미 등에 자국 문화를 선진문화로 여기며, 자본과 권력, 과학기술 등을 동원하여 문화 이식을 감행한다. 이 또한 굴욕적인 문화 이식 사례로서, 민족 중심주의의 기초한 문화 제국주의 문화의 속성을 잘 이해할 수 있게 한다.

민족 중심주의는 한 국가나 민족에게 일체감이나 동질성을 갖게 하여 공동체 의식을 함양함으로써 원활한 사회 작동과 사회통합, 문화생활을 가능하게 하는 요인이 될 수 있다. 하지만 자기 문화가 최고라는 잘못된 관점으로 말미암아, 다른 국가나 민족 간에 문화교류를 어렵게 하여 문화적 갈등을 초래하게 한다. 더불어서 앞서 설명했듯이, 정치적 · 경제적 · 군사적으로 위상이 높은 국가나 민족이 제국주의적인 문화 전파를 하게 되기도 한다.

(2) 문화 상대주의

문화 상대주의는 민족 중심주의자들이 타민족을 배척하고 멸시하는 태도와 상반되는 개념이다. 상대 국가나 사회, 민족이 가지고 있는 습관이나 가치, 제도, 생활방식, 사고와 행동 양식 등에 대해 옳고 그름과 우월성을 묻지 않는 문화 이해의 태도이다. 이와 같은 견해를 갖는 문화 상대주의는 문화의 발전이 특정한 집단, 사회, 국가에서 획일적으로 이루어지는 것이 아니라, 제각기 다른 독자적인 방향과 내용으로 문화와 문명이 발전하기 때문에 우열을 가릴 수 없다고 본다. 또한, 문화 상대주의는 집단이나 사회가 가지고 있는 문화의 역사적 배경, 문화 현상 등을 존중해 주며, 총체적인 맥락을 고려해서 이해하기 때문에 문화의 다양성을 인정하는 견해이다.

문화 상대주의 이해를 돕고자 예를 들자면 티베트에서 천장(天葬)이라 불리는 불교 전통 장례 풍습을 들 수 있다. 이 장례 의식은 조장(鳥葬)이라고도 하는데, 이유는 주검을 독수리에게 내주어 시신을 처리하기 때문이다. 천장은 고산지대의 척박한 자연환경에서 발생한 티베트인의 지혜가 깃든 장례문화라고 할 수 있다. 문화 상대주의 관점에서는 티베트의 천장 풍습을 좋고, 나쁨을 따져 우열을 가릴 필요가 없는 것이다. 왜냐하면, 모든 문화적 행위는 나름대로 합리성과 그럴만한 이유를 포함하고 있기 때문이다.

문화 상대주의를 지나치게 강조하게 되면, 극단적 문화 상대주의 경향이 나타난다. 다른 문화에 대하여서는 비판하지 말고 무조건 존중해야 한다는 극단적 문화 상대주의는 인류의 보편적 가치를 무시하게 할 수도 있다. 예컨대, 집안의 명예를 훼손시켰다는 구실로 가족 구성원을 죽이는 관습인 명예살인은 극단적 문화 상대주의 대표적인 사례이다. 2021년에 인도의 한 소년이 자신의 누나를 가족의 뜻을 거스르는 결혼을 했다는 이유로 참수하는 끔찍한 사건이 발생했다. 인도에서는 매년 수백 명의 여성이 명예살인을 당하고 있다(매일경제 홈페이지). 명예살인이나 식인풍습은 인류의 보편적 가치를 거스르는 반인륜적인 행위이므로 종식되어야 한다.

(3) 문화 사대주의

문화 사대주의는 문화적 주체성 없이 다른 국가나 사회, 집단의 문화를 무조건 받아들이는 문화 이해의 태도이다. 문화적 주체성을 상실한 문화 사대주의적 발상과 태도는 예전부터 있었다. 조선시대 양반의 행태에서 그 사례를 찾아볼 수 있다. 조선시대 일부 양반들은 중국에서 건너온 문물을 최고의 선진문물로 간주하고 조건 없이 물건을 애용하며 중국의 언어와 관습을 따라 했다. 특히, 한자를 읽고 쓸 줄 아는 것을 상당히 자랑스럽게 생각하며, 한자를 사용하여 시서화(詩書畫)를 즐기며 이를 뽐냈다. 이들은 우리 전통문화보다는 외래문화에 심취한 문화 사대주의자들이라고 할 수 있다. 조선의 양반이 한자어를 통하여 평민과는 차별화된 문화양식을 누렸던 것처럼, 지금도 외국어(영어 등)에 대해 강한 집착을 통하여 자신들만의 특별하고 고상한 언어생활을 고수하는 사람들이 많이 있다. 외국어뿐만 아니라 외국 상품을 선호하는 것도 문화 사대주의 태도에 기인한 구매 행위로 볼 수 있다.

한 국가나 사회에서 외국 문물은 맹목적으로 추종하고, 본국의 문화를 비하하는 사대주의적 자세와 태도는 자칫 잘못하면 특정 국가의 문화가 외래문화에 종속되는 경우가 있다. 따라서 무분별하게 문화를 수용하기보다는 문화적 주체성을 가지고 합리적 문화 수용정책을 통한 문화교류가 필요하다고 본다.

4) 문화의 분류

문화는 크게 물질문화와 비물질문화 구분한다. 물질문화는 사회 구성원이 자연환경에 적응하는 데 있어 직접적인 수단을 제공하는 문화를 지칭하는 것(이철우, 2013: 177)이며, 비물질화는 정신적 · 관념적인 것으로 태도, 관습, 종교, 법 등을 말한다. 비물질문화는 규범적 문화와 관념적 문화로 양분한다.

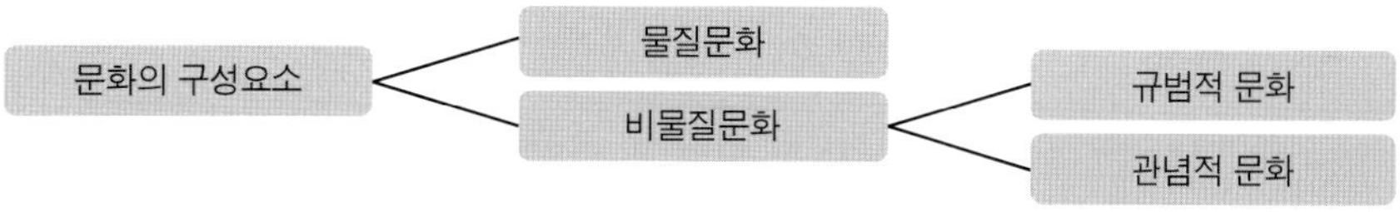

[그림 4-1-1] 문화의 분류

(1) 물질문화

지혜로운 인류는 오래전부터 자연물을 가공하여 농기구, 식기, 가구, 의복, 집 등을 만들어 사용했다. 기술 문명의 발달로 인하여 인류는 더욱 진보한 기계와 전자 제품, 건축물, 자동차, 컴퓨터, 스마트폰 등을 만들었다. 이처럼 인간이 자연환경에 적응하며 살아가기 위해 만들어 놓은 도구와 도구를 활용하는 것을 물질문화라고 한다. 물질문화는 물질을 활용하여 도구를 만들어 사용하는 것이 핵심이다 보니, 도구문화라고도 한다.

문화의 개념에서 언급했듯이, 물질(자연물) 자체를 문화라고 하지 않는다. 인간이 지혜를 동원하여 물질을 변형해서 창조된 생산물을 활용하는 것을 문화 또는 문화적 활동이라고 한다. 예컨대, 나무가 자연 상태로 그대로 있을 때는 자연물에 지나지 않지만, 인간이 일상생활에서 활용하고자 나무를 가공하여 의자나 장식품을 만들면 문화가 된다. 끊임없는 인간의 발명과 발견의 산물인 물질문화는 인간의 정신세계가 투영된 것으로서 문화 구성요소의 또 다른 축인, 비물질문화의 관념 문화와 결합한 결과로 나타났다.

(2) 비물질문화

물질문화에 대비되는 개념인 비물질문화는 규범적 문화와 관념적 문화로 구분할 수 있다. 물질문화가 인간이 거친 자연환경에 적응하며 생존하기 위해서 발달하였듯이, 비물질문화도 마찬가지로 인간이 자연환경에 대응하여, 자연을 극복하고 더불어서 공동체 구성원들과 원활한 삶을 영위하기 위한 정신적, 관념적인 것을 바탕으로 이루어 놓은 풍습, 사상, 종교, 도덕, 법률 등을 일컫는다.

① 규범적 문화

규범이란 인간 된 도리로서 마땅히 따르고 지켜야 할 것들에 관한 판단이 필요할 때 요구되는 판단기준과 사회 구성원이 지켜야 할 행동 규칙을 말한다. 올바른 판단을 하고 행동 규칙을 지키는 것은 인간 생활세계의 질서를 유지하는 것이다.

규범 문화는 사회 구성원들이 원만한 관계에서 공동체의 안녕과 질서유지를 위해서 필요한 예의범절, 법과 제도, 가치와 태도, 도덕, 종교 등에 관한 문화를 뜻한다. 규범 문화를 좀 더 쉽게 설명하면 하루를 살아가면서 지켜야 하는 기본적인 예의에서부터 법률에 이르기까지 그 범위가 상당하다.

② 관념적 문화

인간의 정신세계를 기반으로 출연하는 일체 정신문화와 가치문화를 관념적 문화라고 한다. 이러한 관념적 문화는 세 가지 측면으로 구분하여 살펴볼 수 있다. 먼저, 정신문화 차원의 이해이다. 정신문화는 인간의 정신 활동으로 이루어진 지식, 기술, 사상, 예술, 종교, 도덕, 문명 등을 말한다. 인간이 자연을 극복하며 이루어 놓은 일체 결과물(물질문화, 비물질문화를 말함)이며 인간 정신작용으로 인한 것이다. 두 번째는 가치문화 차원의 이해이다. 사회 구성원들은 삶의 목표로서 무엇이 바른 가치이며 무엇을 어떻게 추구할 것인가에 대해 어느 정도 공통된 관념을 가지고 일상을 살아간다. 예컨대, 조선시대 사람은 그 시대의 시대적 상황에 맞는 가치체계를 가지고 있었고, 21세기 대한민국에 사는 사람은 현대의 실정에 적합한 가치체계를 형성하고 살아가고 있다. 이처럼 사회 구성원들의 유형화된 가치의 지향을 가치문화라고 한다. 다시 말하면 사회 구성원들이 공유하는 가치의 유형을 뜻하는 것으로 가치체계, 신화체계, 사상체계 등을 의미한다(이철우, 2013: 179). 끝으로 관념적 문화 형성에 기인하는 사회 구성원들의 정신 · 관념에 대한 자세와 태도 측면에서의 이해이다. 정신 · 관념은 인간이 생존하는 데 있어서 중요한 수단이 되는 것이다. 인간 행동의 근간으로서 정신 · 관념을 어떻게 사용하는가는 인간이 살아가는 데 있어서 삶의 질을 결정하고 올바른 문화를 형성하는 데 중요한 요인이 된다. 쉽게 풀어 설명하자면 '나는 누구인가?'에 대한 정체성을 고민하는 사람이 있다고 가정하자. 어떤 사람은 자기 삶에 대해 깊은 고민이나 성찰 없이 '그저 태어났으니 사는 거지' 하며 사는 사람이 있고, 다른 사람은 '아주 소중하고 귀한 내 인생 열심히 살자'라고 했을 때, 사회 구성원으로서 한 사람에 주어지는 삶의 양식은 엄청난 차이를 보인다. 따라서 관념적 문화를 진일보한 인간의 정신문화와 가치문화로 꽃피우기 위해서는 문화의 행위 주체로서 사회 구성원들이 올바른 정신 · 관념을 갖는 자세가 필요하다.

2. 문화예술교육의 기초 이해

1) 문화예술교육의 개념

문화예술교육은 [그림 4-1-2]의 문화예술교육 개념도를 통하여 확인할 수 있듯이, 문화예술교육 영역은 문화와 교육의 공통영역인 '문화교육' 및 예술과 교육의 공통영역인 '예술교육'을 포함하는 영역이다. 이와 같이 문화예술교육은 문화, 예술, 교육이 상호 관계를 주고받으면서, 문화교육과 예술교육이 유기적인 연관성을 갖고 통합적으로 교육하는 의미에서 문화예술교육이 정립되었다고 할 수 있다(홍은실 · 김태윤 · 안원현, 2020: 15~16). 이러한 관계성을 토대로 문화교육과 예술교육의 개념을 고려하여 문화예술교육에 대해 파악하고자 한다.

문화교육을 살펴보기 전에 과연 문화가 교육의 대상인지 논의의 대상이 될 수 있다. 이유는 문화는 정규 학습과정을 거쳐서 배우는 것이 아니고, 일상생활 가운데 사회화 과정을 통해 자연스럽게 습득하게 된다는 의견이다. 하지만 근래에는 문화 또한 사회 고유의 역사, 철학, 종교 등을 아우르는 공적인 성질의 것으로서 학습이 가능한 대상이라고 보는 관점이 우세하다. 논란의 여지는 있지만, 문화교육은 사회 구성원에게 문화의 전통과 가치를 가르치고 배우는 과정을 통해 한 사회에서 공통으로 공유하는 문화적 소양과 감성을 함양하고 그것을 바탕으로 삶을 더욱 풍요롭게 한다(송미숙 · 이재정 · 한애진, 2019: 15).

문화교육을 송미숙 · 김경은 · 홍애령(2014)은 "인간이 살아가면서 만들어 낸 의식주, 언어, 도덕, 풍습, 종교, 학문, 문학과 예술 등을 배움으로써 이에 대한 비판 능력을 키우고, 인간의 성품과 개성을 바람직한 방향으로 형성시키는 과정"이라고 하였다. 이러한 문화교육의 궁극적 목적은 우리가 일상에 접하고 있는 문화의 가치를 인식하고 교육을 통하여 문화적 감성을 갖게 함과 동시에 문화적 리터러시(literacy)를 활성화하는 것뿐만 아니라, 문화생활 안에서 더 창조적이며 풍요로운 삶을 영위하며 삶의 질을 향상하는 것을 추구한다(홍은실 · 김태윤 · 안원현, 2020: 12). 그리고 예술은 인간이 경험하고 느끼고 생각한 것을 공감하고 공유할 수 있도록 해주는 표상 형식이다. 즉, 음악, 미술, 춤, 연극 등으로 존재하며 인간의 실제 삶과 사고, 정서 등을 재현하는 것이다. 더 나아가 예술 안에 존재하는 아름다움의 속성은 예술을 창조하거나 감상하는 사람 모두에게 미적 경험을 선사한다. 이러한 예술이 가지고 있는 예술적 가치를 내재화시키기 위하여 이루어지는 정규적이고 의도적인 학습과정 교육을 예술교육이라고 할 수 있다(방은영, 2023: 16).

이상의 문화교육과 예술교육에 대한 개념과 함께 문화예술교육의 개념을 「문화예술교육지원법」에서 찾아보면 "문화예술교육이라 함은 「문화예술진흥법」의 규정에 따른 문화예술 및 「문화산업진흥기본법」의 규정에 따른 문화산업, 「문화재보호법」의 규정에 따른 문화재를 교육 내용으로 하거나 교육과정에 활용하는 교육을 말한다. 정리하면 문화예술교육이란 문화예술, 문화산업, 문화재를 교육 내용으로 하거나 교육과정에 활용하는 것"을 의미한다.

이 같은 법적 개념이 아닌 일반적 개념에 관해 홍은실 · 김태윤 · 안원현(2020: 16)은 다음과 같이 정의하였다. "문화예술교육이란 학교에서 교육과정의 일환으로 행하여지는 문화예술교육과 학교문화예술교육 외의 모든 형태의 사회문화예술교육을 통칭하며 문화예술 및 문화산업, 문화재 등을 교육 내용으로 하거나 교육프로그램에 활용하여 개인의 문화적 삶의 질을 향상하고 나아가 조직 및 국가의 문화 역량을 지향하도록 하는 교육을 의미한다."라고 하였다.

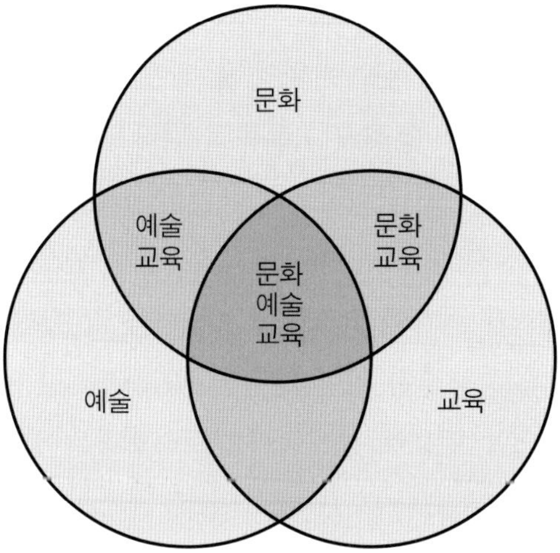

[그림 4-1-2] 문화예술교육 개념도

출처: 홍은실 · 김태윤 · 안원현(2020), p. 15.

2) 문화예술교육의 목적

「문화예술교육지원법」에서 문화예술교육의 목적을 "문화예술교육을 활성화하고, 나아가 국민의 문화적 삶의 질 향상과 국가의 문화 역량 강화에 이바지함을 목적으로 한다."라고 명시하고 있다. 이는 문화예술교육의 지원에 필요한 사항을 정함을 위한 것인데, 다소 추상적이고 광의적으로 목적을 제시하고 있다. 「문화예술교육지원법」에서 제시하는 목적과 다르게 문화예술교육 관련 연구자들이 제시하는 목적을 알아본다.

문화예술교육에 관한 목적을 송미숙 · 이재정 · 한애진(2019: 27)은 문화예술의 경험을 통해 예술적 기능 및 지식과 이해를 증진하고 다양한 문화예술활동에 적극적으로 참여할 수 있도록 함으로 문화예술을 누리고 발전시킬 수 있도록 이바지하는 것이라고 하였다.

곽삼근(2016: 90~116)은 『현대인의 삶과 문화예술교육』이라는 연구서에서 문화예술교육의 목적을 현대인에게 자아상실을 극복할 수 있는 인문성을 지니는 동시에 예술성을 함양할 수 있는 방향으로 목적을 정립할 필요가 있다고 하며, 문화예술교육의 목적을 '인문성과 예술성 함양'에 두었다. 또한, 문화예술교육은 '문화적 문해(cultural literacy)'를 통해 사회문화적 맥락을 잘 파악하고 자신의 개인적 · 사회적 · 문화적 정체성을 인식하도록 하는 것이라고 하였다. 이러한 측면에서 문화예술교육의 이론적, 기교적 측면을 학습하는 수준을 넘어, 그 문화예술이 담고 있는 시대의 맥락을 이해하고 소통하는 능력을 갖추도록 하는 교육을 의미하게 된다. 즉, 현상으로 표출된 외형만이 아니라 스토리를 알 때 그 예술작품의 참가치를 느낄 수 있으며, 문화적 문해에서 스토리텔링은 매우 중요하다.

3) 문화예술교육 분류와 시설

(1) 문화예술교육 분류

「문화예술교육지원법」에서 문화예술교육의 분류를 학교문화예술교육과 사회문화예술교육으로 구분한다. 학교문화예술교육은 「영유아보육법」의 규정에 따른 어린이집, 「유아교육법」의 규정에 따른 유치원과 「초 · 중등교육법」의 규정에 따른 학교에서 교육과정의 일환으로 행하여지는 문화예술교육을 말한다. 사회문화예술교육은 문화예술교육시설 및 문화예술교육단체와 각종 시설 및 단체 등에서 행하는 학교문화예술교육 외의 모든 형태의 문화예술교육을 말한다.

(2) 문화예술교육 시설

「문화예술교육지원법」에서 문화예술교육 시설을 「문화예술진흥법」 제2조 제1항 제3호의 규정에 따른 문화시설, 「청소년활동 진흥법」 제10조의 규정에 따른 청소년활동시설, 「평생교육법」 제2조 제2호에 따른 평생교육기관 중 문화예술교육을 실시하는 시설로 구분하고 있으며, 자세한 내용은 〈표 4-1-1〉과 같다.

〈표 4-1-1〉「문화예술교육지원법」의 세부 분류에 따른 문예술교육 시설

구분	문화예술교육 시설
「문화예술진흥법」의 규정에 따른 문화시설	가. 「공연법」에 따른 공연장 등 공연시설 나. 「박물관 및 미술관 진흥법」에 따른 박물관 및 미술관 등 전시시설 다. 「도서관법」에 따른 도서관 등 도서시설 라. 「문학진흥법」에 따른 문학관 마. 문화예술회관 등 공연시설과 다른 문화시설이 복합된 종합시설 바. 예술인이 창작활동을 영위하기 위한 창작공간으로서 다중이용에 제공되는 시설 또는 예술인의 창작물을 공연 · 전시 등을 하기 위하여 조성된 시설 사. 그 밖에 대통령령으로 정하는 시설
「청소년활동 진흥법」의 규정에 따른 문화시설	〈1. 청소년수련시설〉 가. 청소년수련관: 다양한 청소년수련거리를 실시할 수 있는 각종 시설 및 설비를 갖춘 종합수련시설 나. 청소년수련원: 숙박 기능을 갖춘 생활관과 다양한 청소년수련거리를 실시할 수 있는 각종 시설과 설비를 갖춘 종합수련시설 다. 청소년문화의 집: 간단한 청소년수련활동을 실시할 수 있는 시설 및 설비를 갖춘 정보 · 문화 · 예술 중심의 수련시설 라. 청소년특화시설: 청소년의 직업체험, 문화예술, 과학정보, 환경 등 특정 목적의 청소년활동을 전문적으로 실시할 수 있는 시설과 설비를 갖춘 수련시설 마. 청소년야영장: 야영에 적합한 시설 및 설비를 갖추고, 청소년수련거리 또는 야영 편의를 제공하는 수련시설 바. 유스호스텔: 청소년의 숙박 및 체류에 적합한 시설 · 설비와 부대 · 편익 시설을 갖추고, 숙식 편의 제공, 여행 청소년의 활동 지원을 기능으로 하는 시설 〈2. 청소년이용시설〉 수련시설이 아닌 시설로서 그 설치 목적의 범위에서 청소년활동의 실시와 청소년의 건전한 이용 등에 제공할 수 있는 시설
「평생교육법」에 따른 평생교육기관 중 문화예술교육을 실시하는 시설	가. 이 법에 따라 인가 · 등록 · 신고된 시설 · 법인 또는 단체 나. 「학원의 설립 · 운영 및 과외교습에 관한 법률」에 따른 학원 중 학교교과교습학원을 제외한 평생직업교육을 실시하는 학원 다. 그 밖에 다른 법령에 따라 평생교육을 주된 목적으로 하는 시설 · 법인 또는 단체

3. 문화예술활동의 기초 이해

1) 문화예술활동의 개념

문화예술활동이란 단순하게 접근했을 경우, 문화예술교육의 목표 달성 수단으로 볼 수 있다. 즉, 문화예술교육이 추구하는 방향성과 목표에 부합하는 방법과 수단적인 측면에서의 활동을 '문화예술활동'이라는 것이다. 한편, 학교나 학교 밖 문화예술교육시설에서 실시하는 문화예술교육이나 활동은 '문화예술활동'이라는 표현보다는 '문화예술교육'이라는 표현을 많이 사용하고 있다. 하지만 청소년활동시설이나 단체 등에서 청소년활동 일환으로 시행되는 문화예술교육이나 활동은 '문화예술활동'으로 부르고 있다. 이유는 청소년활동이 '교육'에 대한 보완적 측면으로서 '활동'을 강조함으로써 '문화예술교육'보다는 '문화예술활동'을 통상적으로 사용하고 있다. 그래서 문화예술활동은 청소년활동 사업의 내용 중심 영역 분류의 중(야외활동, 봉사활동, 환경교육활동, 스포츠활동, 국제교류활동, 진로교육활동 등) 하나로 자리 잡고 있다. 이 같은 문화예술활동이 문화예술교육의 수단으로서 이해되고 있는 측면과 청소년 시설이나 단체에서 청소년활동 일환으로 쓰이고 있는 배경에 대해 살펴보았다.

다음은 문화예술교육과 문화예술활동의 비교를 통하여 문화예술활동 개념을 정리해 보고자 한다. 무엇보다도 문화예술활동과 문화예술교육의 차이를 설명하는 것은 문화예술교육으로서 교육의 목적과 문화예술활동으로서 활동목적에 있다. 문화예술교육의 일반적 목적은 문화 역량 강화, 문화예술 기능 강화, 여가 선용 등이고, 「문화예술교육지원법」에서 정의한 문화예술교육의 목적은 국민의 문화적 삶의 질 향상과 국가의 문화 역량 강화 이바지에 있다고 한다. 한편, 문화예술활동의 목적은 단기적인 효과 측면에서 정서적 안정, 건전한 여가 선용 등이고, 중장기 효과 측면에서 문화적 감수성과 문화적 역량 함양, 문화인으로 성장 등이다.

문화예술교육과 문화예술활동의 내용은 문학, 미술, 음악, 무용, 공예, 연극 등과 문화산업 관련 활동, 역사와 전통문화 · 문화재 관련 활동 등 기본적인 내용은 비슷하나, 다른 부분이 있다면 문화예술교육이 장기적인 과정으로 내용 구성을 하는 것에 반하여 문화예술활동은 단기적 · 이벤트적 성격으로 내용 구성이 이루어진다는 것이다. 예컨대, 문화예술교육에서는 미술 수업의 내용을 보면 미술의 역사 및 가치, 미술 기법, 다양한 미술 작품 연구 등을 미술 수업의 내용으로 구성하여 단기적인 것보다 장기적인 교육적 효과에 초점을 두고 교육이 진행된다. 하지만 문화예술활동 측면에서 미술활동은 취미활동이나 여가선용 등을 하기 위해서 활동에 참여하는 경우가 많으며 내용 구성 밀도가 낮고 기간도 단기적으로 진행된다. 전시회 · 박람회 참여, 문화예술 관람, 문화예술동아리 활동, 문화예술 경진대회 참여, 문화예술 축제 기획 등은 문화예술활동의 주요한 내용이다.

문화예술교육의 특징은 교육 기간이 대체로 중 · 장기적이고 교육 구성이 계획적이고 체계적이며 학생(청소년)이나 성인 학습자에게 문화예술 지식과 기능을 연마하게 하는 것, 국가 주도의 문화예술교육이 이루어져 학생(청소년)이나 성인 학습자에게 다소 의무적인 참여를 하게 한다는 것이다. 한편, 문화예술활동은 활동 기간이 대체로 단기적 · 이벤트적이고 체계성이 교육에 비하여 떨어지며, 교육적 목표 달성을 목적으로 문화예술 지식과 기술을 연마하는 것이 아닌, 자기 계발과 즐거운 여가활동을 위하여 문화예술활동에 임하므로 자발적으로 참여하는 것이 주요한 특징이다(〈표 4-1-2〉 참조).

이상의 내용을 종합하여 문화예술활동 개념을 저자는 다음과 같이 정리한다. “문화예술활동이란 학교 밖의 사회문화예술교육 시설에서 문학, 미술, 음악, 무용, 공예, 연극 등의 활동, 각종 문화산업 관련 활동, 역사와 전통문화 · 문화재 관련 활동, 문화예술동아리 활동, 문화예술 경진대회 참여, 전시회 · 박람회 참여, 문화예술 관람, 문화예술 축제 기획 등의 다양한 활동을 통하여 건전한 여가를 선용하며, 더불어서 문화적 감수성과 문화적 역량을 함양하여 성숙한 문화인으로 성장하기 위한 활동”을 말한다.

〈표 4-1-2〉 문화예술교육과 문화예술활동 비교

구분	문화예술교육	문화예술활동
대상	• 학생 • 성인 학습자	• 청소년 • 성인 이용자
장소	• 학교 • 학교 밖 문화예술교육시설	• 학교 밖 문화예술활동시설
주요한 내용	• 문학, 미술, 음악, 무용, 공예, 연극 등 • 문화산업 관련 활동(영화, 게임, 방송영상, 애니메이션, 디지털 문화콘텐츠 등) • 역사와 전통문화 · 문화재 관련 활동 등	• 문학, 미술, 음악, 무용, 공예, 연극 등 • 문화산업 관련 활동(영화, 게임, 방송영상, 애니메이션, 디지털 문화콘텐츠 등) • 역사와 전통문화 · 문화재 관련 활동 • 전시회 · 박람회 참여 • 문화예술 관람 • 문화예술동아리 활동 • 문화예술 경진대회 참여 • 문화예술 축제 기획 등
목적	〈일반적 목적〉 • 문화 역량 강화 • 문화예술 기능 강화 • 건전한 여가 선용 등 〈「문화예술교육지원법」의 목적〉 • 국민의 문화적 삶의 질 향상과 국가의 문화 역량 강화에 이바지	〈단기 효과〉 • 정서적 안정 • 건전한 여가 선용 등 〈중장기 효과〉 • 문화적 감수성과 문화적 역량 함양 • 문화인으로 성장
특징	• 교육 기간이 대체로 중 · 장기적이고 교육 구성이 계획적이고 체계적 • 학생이나 성인 학습자에게 문화예술 지식과 기능을 연마하게 함 • 국가 주도의 문화예술교육이 이루어져 다소 의무적인 참여	• 활동 기간이 대체로 단기적 · 이벤트적이고 체계성이 교육에 비하여 떨어짐 • 문화예술 지식과 기술을 연마하는 것이 아닌, 자기 계발과 즐거운 여가 활동을 위하여 문화예술활동에 임하므로 자발적으로 참여

2) 문화예술활동의 의의

한국예술교육학회 김순정 외(2017: 43~45)는 27개 유럽 국가 대상으로 실시된 연구보고서 결과에 기초하여 문화예술활동을 통해 성취해야 할 중요한 교육적 가치에 관해 다음과 같이 제시하였다. ㉠ 예술적 기술, 지식과 이해, ㉡ 비판적 감상(미적 판단), ㉢ 문화적 유산(민족의 정체성) 이해, ㉣ 개인의 표현력 및 창의력 발달, ㉤ 문화적 다양성 이해, ㉥ 사회적 기술(팀워크, 협동심) 형성, ㉦ 긍정적 정서 경험, ㉧ 의사소통 기술 발달, ㉨ 예술의 다양성 이해, ㉩ 평생교육, ㉪ 예술적 잠재력 확인 등이다.

4. 문화예술교육 및 청소년문화예술활동의 영역

1) 학교문화예술교육의 영역

학교문화예술교육의 유형은 정규활동과 비정규정활동으로 구분하고, 정규활동은 교과활동과 비교과활동으로 구분한다. 정규활동은 정규 수업을 이루어지는 음악, 미술, 무용, 체육 등 수업이며, 비교활동은 창의적 체험활동을 말한다.

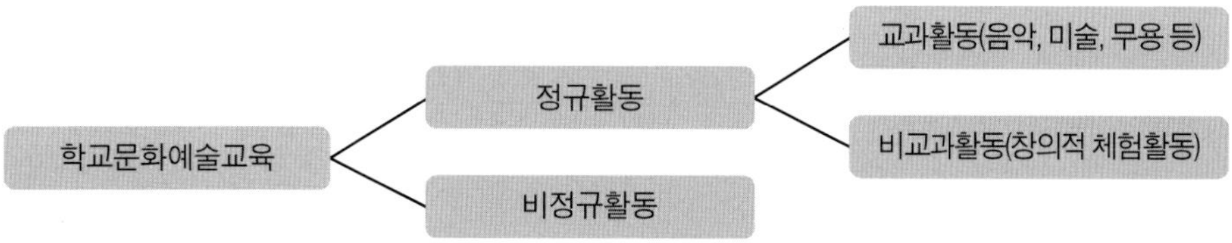

[그림 4-1-3] 학교문화예술교육의 영역

2) 사회문화예술교육 영역

사회문화예술교육 영역은 문학, 미술, 음악, 무용, 연극, 영화, 연예(演藝), 국악, 사진, 건축, 어문(語文), 출판, 만화 등과 같은 「문화예술진흥법」에 따른 유형과 「문화산업진흥기본법」에 따른 유형으로 구분할 수 있다(〈표 4-1-3〉 참조).

〈표 4-1-3〉 사회문화예술교육 영역

구분	사회문화예술교육 영역
「문화예술진흥법」에 따른 유형	문학, 미술(응용미술 포함), 음악, 무용, 연극, 영화, 연예(演藝), 국악, 사진, 건축, 어문(語文), 출판, 만화 등을 말한다.
「문화산업진흥기본법」에 따른 유형	가. 영화 · 비디오물과 관련된 산업 나. 음악 · 게임과 관련된 산업 다. 출판 · 인쇄 · 정기간행물과 관련된 산업 라. 방송영상물과 관련된 산업 마. 문화재와 관련된 산업 바. 만화 · 캐릭터 · 애니메이션 · 에듀테인먼트 · 모바일문화콘텐츠 · 디자인 · 광고 · 공연 · 미술품 · 공예품과 관련된 산업 사. 디지털 문화콘텐츠, 사용자제작문화콘텐츠 및 멀티미디어 문화콘텐츠의 수집 · 가공 · 개발 · 제작 · 생산 · 저장 · 검색 · 유통 등과 이에 관련된 서비스를 하는 산업 아. 대중문화예술산업 자. 전통적인 소재와 기법을 활용하여 상품의 생산과 유통이 이루어지는 산업으로서 의상, 조형물, 장식용품, 소품 및 생활용품 등과 관련된 산업 차. 문화상품을 대상으로 하는 전시회 · 박람회 · 견본시장 및 축제 등과 관련된 산업 카. 가목부터 차목까지의 규정에 해당하는 각 문화산업 중 둘 이상이 혼합된 산업

3) 청소년문화예술활동의 영역

청소년문화예술활동의 영역은 평생교육프로그램 유형과 청소년활동프로그램 유형으로 구분할 수 있다. 평생교육프로그램 유형은 청소년문화예술활동시설에서 평생교육 강사에 의해서 이루어지는 활동이다. 통상 사설 학원식으로 프로그램이 운영되기 때문에, 이 유형에 참여 청소년들은 활동비용을 직접 지불하고 참여하는 경우가 많다. 주요한 평생교육프로그램의 유형을 정리하면 〈표 4-1-4〉와 같다.

청소년활동프로그램 유형은 청소년문화예술활동시설에서 이루어지는데, 특히, 청소년활동시설에서 시행되는 프로그램을 유형화시킨 것이다. 이 유형은 청소년의 자발적인 참여로 청소년지도자와 함께 이루어지는 활동이다. 청소년지도자들이 〈표 4-1-4〉와 같이 제시되어 있는 유형을 기반으로 청소년문화예술활동 프로그램을 개발하고 운영해 나가면 도움이 될 것이다.

〈표 4-1-4〉 청소년문화예술활동의 영역

구분	청소년문화예술활동의 영역
평생교육 프로그램 유형	가. 각종 전통 및 현대 악기, 민요, 성악, 합장 등 나. 전통 및 현대 무용, 라틴 아메리카 댄스, 모던스탠더드 댄스, 방송 댄스 등 다. 사진, 영상, 컴퓨터, 인터넷, 뉴미디어 활동 라. 미용, 디자인(네일아프, 메이크업, 의상디자인 등) 마. 미술활동, 공예활동, 연극활동, 문학활동, 영화활동 등
청소년활동 프로그램 유형	가. 문화예술동아리 활동 (댄스동아리, 노래동아리, 밴드, 연극동아리, 전통문화동아리, 공예동아리, 만화동아리, 독서동아리, 여행동아리, 컴퓨터동아리, 악기동아리(청소년오케스트라 등), 무용동아리, 무대공연동아리, 게임동아리 등) 나. 문화예술 경진대회 활동 (청소년댄스경연대회, 청소년합창경연대회 등) 다. 문화예술 대회 및 축제 기획 활동 라. 문화예술 기초 이해 활동

제2장
야외활동

청소년들은 대자연에서 직접경험하고 체험하는 활동을 통하여 자연의 위대성과 소중함을 느끼고 올바른 자연관(세계관)을 형성한다. 또한, 자연에서의 활동 경험은 청소년들에게 도전정신과 모험심을 갖게 해주어, 새로운 것을 배우고 익히는 데 많은 도움을 준다. 자연에서 이루어지는 모든 활동은 청소년들에게는 교육이라고 할 수 있으며, 이를 흔히 우리는 야외교육이라 칭한다.

야외교육은 자연에서 자연을 탐구하고 배우는 교육적인 활동이며, 야외활동은 야외교육 목적을 달성하기 위한 수단으로 이해할 수 있다. 하지만 청소년활동 일환으로서 야외활동은 단순히 야외교육의 목적을 달성하기 위한 개념 정립과 이해가 필요하므로 야외교육과는 차별화된 '청소년활동으로서 야외활동에 관해 알아본다. 그러므로 우선, 야외교육의 기초 이해로서 야외교육의 개념, 목적, 특징에 관해 정리한다. 다음은 청소년활동으로서 야외활동에 관해 정리하기 전에 청소년 야외활동 특성 및 개념을 알아본 후, 청소년활동으로서 야외활동의 내용과 야외교육과 청소년활동으로서 야외활동의 가치성에 관해 설명한다. 끝으로 청소년활동으로서 야외활동의 유형으로 자연생태활동, 야영활동(캠프), 모험시설활동을 살펴본다.

1. 야외교육의 기초 이해

1) 야외교육의 개념

공교육으로서 학교 교육 이전부터 인류는 삶의 터전에서 자연스럽게 학습이 이루어졌다. 무리를 지어 이동 생활을 하던 인류는 생존을 위한 각종 방법을 터득했다. 자연 기상 변화에 대처하는 방법, 각종 재난을 극복하는 방법, 다양한 도구를 사용하는 방법, 조리하는 방법, 자연과 조화롭게 지내는 방법, 종교의식 등이다. 이렇게 야외활동에서 획득한 생존법 및 야생에서의 인간의 생각과 행동은 세대 간의 모방을 통한 학습을 하였는데, 이를 최초의 비형식 · 무형식으로 이루어진 야외교육이라고 할 수 있다.

야외에서의 이루어진 다양한 교육 경험은 유사 이래 계속되었고, 그러한 교육 경험을 '야외교육(outdoor education)'이라고 최초 용어로 사용한 것은 1948년 이후 미국의 교육 관련 단체(전 미교육총국, 전 미교육회의중학교장협의회, 전 미보건체육레크리에이션협회)이었다. 당시 교육단체에서는 학생에게 야외경험을 갖게 하려고 캠프를 실시할 것을 결의하고부터 '야외교육'이라는 용어를 사용하였다. 교외교육과 야외교육은 공통점이 많아 초기에는 교외교육과 야외교육을 동일시하여 혼동하는 경우가 꽤 많이 있었다(김관진 · 이광수, 2011: 16).

야외교육에 관한 정의를 심상신(2005: 17)은 다음과 같이 하였다. 야외교육이란 "자연을 상대로 이루어지는 교육활동으로서, 자연을 애호 · 보존하는 것을 배우며 지적, 정서적, 보건 · 체육적, 레크리에이션적인 모든 야외활동을 통해서 창조성 · 사회성과 건강한 심신을 육성할 수 있는 교육적 효과를 얻고자 하는 활동"이라고 하였다. 이와 같은 야외교육은 크게 2가지로 요약할 수 있는데 첫째는 자연을 배우는 것이고, 둘째는 자연에서 교육하는 것이다(김관진 · 이광수, 2011: 16). 자연을 배우는 것은 자연생태활동을 관측, 관찰, 탐구, 탐사하고, 야영, 걷기 활동 등을 하며 배우는 것을 말하며, 자연에서 교육하는 것은 교육활동 장소로서의 의미이다.

2) 야외교육의 목적

대자연에서 이루어지는 야외교육은 실내교육과는 다른 교육목적을 가지고 있다. 미국 야영위원회에서 공인된 야외교육의 목적은 다음과 같다(김관진 · 이광수, 2011: 18).

첫째, 자연생활에 적응하는 능력에 의해 일상생활에 필요한 기술을 습득한다. 청소년이 야외활동을 하면서 자연을 이용하는 방법, 연장을 다루는 방법, 다른 사람과 협동하여 문제를 해결하는 방법 등을 익혀서, 나중에 활동이 끝나고 일상생활을 하면서 적용할 수 있는 능력을 함양할 수 있다는 것이다.

둘째, 건강한 체력을 양성함에 따라 명랑한 인격을 쌓을 수 있다. 자연에서의 야외활동은 몸소 직접적인 체험을 하는 것으로 강한 체력이 필요하고, 야외교육 과정에서 자연스럽게 체력을 연마하게 된다. 건강한 체력을 갖게 되면 정서적으로도 안정하게 되며, 결과적으로 정서적 안정은 야외교육 참여 청소년들에게 좋은 품성을 갖도록 한다.

셋째, 자연 속에 묻힌 단순한 생활에서 창조력이 높아진다. 자연에서의 생활은 보통의 도시 생활보다는 아주 단순한 생활을 영위한다. 필요한 생필품이 최소화되고, 실생활의 정보도 차단되어 사고와 행동이 절제되면서 자연에서만 느낄 수 있는 여유가 생긴다. 그런 까닭에 야외교육에서의 단순한 생활은 성장을 멈추게 하는 것이 아니라 깊이 있는 반성적 사고를 하게 하여, 역설적이게도 야외교육 참여 청소년들에게 창조적인 사고와 행동을 하게 한다.

넷째, 집단생활의 경험을 통하여 민주적인 사고방식과 생활 태도를 기를 수 있다. 야외교육은 개인활동보다 집단활동으로 이루어진다. 야외교육 기간 집단활동 경험은 다양한 교육적 효과를 파생한다. 집단활동 과정에서 참여 청소년들은 집단 구성원과 원만한 의사소통, 협동심, 연대 의식 등이 필요하고, 이런 부분에 성장과 변화가 나타난다. 따라서 다른 사람을 배려하고 규칙을 지키는 행동은 민주시민으로서 기본적인 사고방식과 생활 태도를 함양하게 한다.

다섯째, 여가를 건전하고 즐겁게 이용할 수 있다. 야외교육은 실내에서 이루어지는 딱딱한 주입식 교육이 아닌 열린 교육 형태로 자연스럽게 시행된다. 그러므로 야외교육에 참여한 청소년들은 즐겁게 활동에 참여한다. 즐거운 활동은 건전한 여가 선용의 수단으로서 존재한다.

3) 야외교육의 특징

야외교육은 야외라고 하는 장소에서 행해지고 이루어지는 광범위한 학습체험이며 야외 레크리에이션 활동에 최대한의 만족을 제공하기 위해 필요한 기술, 인식 태도를 위한 교육을 말한다. 그 영역은 상당히 포괄적인 개념으로 일곱 가지 특징으로 구분 지어 볼 수 있다(김관진 · 이광수, 2011: 19~20).

(1) 직접경험

야외교육은 학습 장소가 야외 자체이기 때문에 모든 경험이 직접적인 경험으로 진행이 된다. 학습자가 경험을 직접 함으로 오감을 통하여 학습이 이루어진다고 볼 수 있다. 햇볕의 따스함, 바람의 서늘함, 흙 내음, 물소리, 새소리, 대자연의 아름다운 풍경 등을 보고, 느끼는 직접적인 경험이야말로 살아 있는 교육이라고 할 수 있다. 특히나, 직접경험 기회가 감소하고 있는 최근의 상황에 비춰봤을 때, 직접경험은 더욱 부각이 되어야 할 중요한 야외교육의 특징이라고 할 수 있다.

(2) 발견, 탐험, 모험

야외교육은 인간이 가지고 있는 새로운 것을 끊임없이 추구하는 호기심을 충족하게 하여 학습자에게 탐험 · 모험의 세계로 빠져들게 한다. 새로운 것에 대한 인간의 거침없는 탐험심과 모험심, 도전정신은 위대한 문명사를 쓰고 있다. 야외라는 활동 장소는 학습자에게 발견, 탐험, 모험을 추구할 여건을 적절히 갖추고 있다. 실내에서는 강의식 학습법을 활용하여 지식과 원리를 학습하는데 초점 있다면 야외에서 이루어지는 야외교육은 교실에서 배운 지식과 원리를 바탕으로 새로운 것을 발견하고 탐구하는 데 적합하다.

(3) 감각의 학습

야외교육은 학습자가 오감을 통해서 들어오는 정보를 받아들이는 감각 학습이다. 감각 학습은 눈, 코, 귀, 혀, 살갗을 통하여 바깥의 어떤 자극을 알아차리고 반응하는 것이다. 이러한 감각 학습은 자연의 위대성과 신비함을 학습자에게 즉각적으로 받아들이게 한다.

(4) 자연적 활동

야외교육은 의무감에서 참여하는 형식교육이 아니라, 학습자의 자발적인 참여로 교육이 진행되기 때문에 비형식의 자연적 활동이라 할 수 있다. 자발적인 학습경험이 가능한 이유는 자연이라는 환경이 본능을 자극하고 감각을 일깨워 준다. 누가 시켜서 하는 활동이 아닌, 본능에 기반을 둔 활동이 진행됨으로 자연적인 동기유발이 작동한다.

(5) 강한 흥미

야외교육은 자연에서 품어내는 기운, 자연 그 자체의 아름다움, 오묘하게 움직이는 자연의 순환 원리 등은 학습자에게 강력한 흥미를 갖게 한다. 강한 흥미감은 학습자에게 강한 학습 동기를 만들어 주어 더욱 야외활동에 몰입하게 한다.

(6) 현실성

야외교육에서 모든 야외활동 경험은 참여자에게 매우 현실적이다. 가상세계에서 이루어지는 간접 체험이 아니라 바로 눈앞에서 펼쳐지는 장황한 경치, 아름다운 계곡, 야생초와 꽃들의 빛깔 등을 보고 학습하는 직접체험이다. 이러한 직접적인 체험활동은 학습자에 현실감을 더해 주고 학습 동기를 발현하게 한다.

(7) 행동적

야외교육은 학습자에게 강한 자극을 주어서 모험심과 도전정신을 갖게 하여 미지의 자연을 탐험하고 개척하는 행동을 하게 한다. 거창한 탐험 활동이 아니더라도, 야외라는 교육활동 공간에서 학습자들은 가만히 자연을 관찰만 하는 것이 아니라 자연을 만지고, 보고, 느끼고, 보듬는 행동을 하면서 학습이 이루어진다.

2. 청소년활동으로서 야외활동

1) 청소년 야외활동 특성 및 개념

야외교육과 야외활동을 연관 지어서 살펴보면 야외활동(outdoor activity)은 야외교육의 목적을 달성하기 위해 하는 모든 활동으로 볼 수 있으며, 야외교육의 수단이고 야외교육의 소재이다. 이러한 개념은 야외활동을 단순히 야외교육의 수단으로 보기 때문에, 활동 이상의 의미가 있을 수 없다. 하지만 청소년활동의 일환으로서 야외활동을 받아들이면 다른 의미로 야외활동을 해석하고 정의 내릴 수 있다.

흔히 청소년활동의 개념과 특성을 학교 교육과 비교하여 대비적으로 설명하는 것처럼, 야외교육을 학교 교육의 일환으로, 야외활동을 청소년활동 일환으로 여긴다면, 야외활동은 야외교육의 단순한 수단이나 소재를 넘어서는 의미로 받아들일 수 있다.

청소년활동으로서 야외활동은 청소년활동의 다양한 영역 중(봉사활동, 교류활동, 문화예술활동, 자기계발활동, 건강활동, 과학활동, 환경활동 등) 하나로 분류할 수 있다. 이와 같은 영역 분류는 청소년활동 내용에 따른 분류여서, 야외활동도 청소년활동의 내용에 따른 영역 분류 가운데 하나로 구분할 수 있다. 그러나 장소적인 측면에서 실내활동, 실외활동, 야외활동으로 구분할 때의 야외활동 의미는 청소년활동을 내용으로 분류할 때 하고는 전혀 다른 의미가 된다. 이러한 장소적 초점의 접근에서는 야외활동은 청소년활동이 실내가 아닌, 야외에서 실시된다는 그 이상의 의미는 없고, 장소가 야외라는 것뿐이다. 따라서 청소년활동으로서 야외활동은 장소적 측면이 아닌 내용적 측면에서의 접근이 필요하다.

이상의 내용을 염두에 두고서 청소년 야외활동에 관해 논의해 보고자 한다. 야외활동이라고 하면 다양한 활동이 떠오른다. 〈표 4-2-1〉의 청소년 야외활동의 분류를 통하여 살펴보면 우선 어떤 특별한 목적적인 활동이 아니라, 일상생활 속에서 이루어지는 단조로운 신체활동(산책 및 운동, 야외 정리정돈 등)이 야외활동이라고 할 수 있다. 또한, 야외 노동도 일종의 야외활동이라고 할 수 있다. 야외 노동은 소수의 청소년에 해당하는데, 이유는 대부분 청소년이 학업에 치중하고 있기 때문이다. 그럼에도 불구하고 청소년이 용돈을 벌기 위해서 공사장에서 아르바이트하는 것 등은 야외 노동이라고 볼 수 있다. 야외 여가활동도 청소년 야외활동으로 분류할 수 있다. 청소년이 계획적이든 비계획적이든 야외에서 이루어지는 레크리에이션활동도 여기에 속한다. 예를 들어, A라는 청소년이 친구들과 놀이공원에 가는 것, 가족들과 여행을 가는 것 등은 모두 야외 여가활동이라 할 수 있다. 또 다른 청소년 야외활동 분류는 야외교육으로서 야외활동이다. 야외교육으로서 야외활동은 청소년이 야외에서 다양한 활동을 통하여 교육적 목적을 달성하기 위하여 이루어지는 활동이다.

이제 청소년활동으로서 야외활동에 관하여 정리한다. 청소년활동으로서 야외활동은 〈표 4-2-1〉에서 제시된 단순 신체활동, 야외 노동, 야외 여가활동, 야외교육으로서 야외활동이 아닌 활동을 말한다. 청소년활동으로서 야외활동의 특성을 살펴보면 첫째, 청소년의 균형 있는 성장과 발달을 위하여 이루어지는 목적적인 활동이다. 광의적인 측면에서의 청소년활동의 목적과 같이, 청소년활동으로서 야외활동도 청소년의 균형 있는 성장과 발달이라는 활동 목적으로 전개된다. 둘째, 단순 신체활동, 야외 노동, 야외 여가활동과 비교하여 체계적인 운영 관리가 이루어진다. 청소년이 강아지를 데리고 산책하러 가거나, 정원을 관리하거나, 야외에서 아르바이트하거나 등 단순하고 일시적인 활동이 아니고 활동의 필요성, 활동 목적 및 목표, 기간, 방법, 내용, 예산, 지도자, 평가계획 등이 구조화되어 실시되는 활동이다. 셋째, 야외교육으로서 야외활동 계획이 구조화되어 있는 것과 마찬가지로, 청소년활동으로서 야외활동 내용 구성도 체계적으로 이루어진다. 〈표 4-2-1〉에 제시되어 있듯이, 청소년활동으로서 야외활동은 자연생태활동, 야영활동, 모험시설활동, 야외 스포츠활동, 탐험 · 탐사활동, 걷기활동, 여행 · 관광 등으로 구성되어 있다. 이처럼 구성된 활동 내용은 청소년의 흥미와 욕구를 충족할 수 있다. 넷째, 야외교육으로서 야외활동과 비교하여 청소년활동으로서 야외활동은 참여 청소년의 자율성을 중요하게 다루고 있다. 야외교육으로서 야외활동은 교육적 효과를 얻기 위해 실시하는 교육적인 활동 성격이 강하므로 참여 청소년의 자발성이 다소 떨어지나, 청소년활동으로서 야외활동은 청소년이 활동(프로그램)을 기획하는 과정에 참여하여 청소년 자신의 의견을 개진할 수 있으며, 활동(프로그램)을 선택하거나 중단하는 것도 대체로 청소년 자유의지로 결정이 이루어진다. 이러한 자율적인 참여는 매우 중요한 청소년활동으로서 야외활동의 핵심적인 특성이다. 다섯째, 청소년활동으로서 야외활동은 청소년이 자연에서 개인활동보다는 집단활동으로 이루어지는 조직적인 활동이다. 이 같은 집단경험을 통해서 협동심, 공동체 의식을 함양할 수 있다.

이상의 청소년활동으로서 야외활동의 특성을 바탕으로 청소년활동으로서 야외활동에 관한 개념을 다음과 같이 정의한다. 청소년 야외활동이란 "청소년의 균형 있는 성장과 발달을 위해 청소년들의 자발적인 참여로 청소년지도자와 함께 야외에서 행하는 자연생태활동, 야영활동, 모험시설활동, 야외 스포츠활동, 탐험 · 탐사활동, 걷기활동, 여행 · 관광 등 직접적인 야외체험활동을 하는 것"을 말한다.

〈표 4-2-1〉 청소년 야외활동의 분류

구분	내용
단순 신체활동	산책 및 운동, 야외 정리정돈, 정원 관리, 심부름 등 단조롭게 야외에서 이루어지는 신체활동
야외 노동	야외 아르바이트, 농작물 재배, 경작지 관리, 각종 공사, 야외 제조업 현장 등 일체의 노동 행위를 수반한 활동
야외 여가활동	야외에서 이루어지는 계획적인 것과 비계획적인 모든 여가활동을 말함
야외교육으로서의 야외활동	교육적 목적을 달성하기 위하여 이루어지는 야외교육활동
청소년활동으로서 야외활동	청소년의 균형 있는 성장과 발달을 위한 자율적인 야외체험활동

2) 청소년활동으로서 야외활동의 내용

청소년활동으로서 야외활동의 내용은 〈표 4-2-2〉에서 보는 바와 같이 크게 자연생태활동, 야영활동, 모험시설활동, 야외 스포츠활동, 탐험 · 탐사활동, 걷기 활동, 여행 · 관광 등으로 구분할 수 있다. 이러한 구분은 장소가 야외라는 특성과 단순하게 일상생활에서 이루어지는 야외활동이 아닌, 집단 구성원이 체계화된 구조에서 행하여지는 조직적인 야외활동을 나타낸다.

청소년활동으로서 야외활동의 세부 활동을 살펴본다. 자연생태활동은 생물이 살아가는 상태를 체험하는 것으로 천문관측, 조류관찰, 식물관찰, 암석관찰, 자연 산책, 자연 공작, 채집 등이 있다. 야영활동(캠프)은 천막이나 텐트를 치고 야외에서 지내는 활동을 의미하나, 최근에는 시설에서 이루어지는 숙박 시설 캠프, 자동차 캠프 등도 포함하고 있다. 야영활동(캠프)은 목적과 내용에 따라 봉사캠프, 경제캠프, 레크리에이션캠프, 리더십캠프, 과학캠프, 진로캠프, 건강캠프 등으로 분류한다. 모험시설활동은 인위적인 환경을 만들어서 청소년들에게 모험심과 도전정신을 심어주는 활동으로 집라인, 모험 놀이, 인공암벽, 번지점프 등이 있다. 야외 스포츠활동은 수영, 낚시, 국궁, 자전거, 스키, 승마 등과 같은 일반 스포츠 활동과 래프팅, 모터보트, 수상 오토바이, 카누, 스킨스쿠버, 패러글라이딩, 행글라이딩, 서바이벌게임, 서핑 등과 같은 모험 스포츠활동으로 분류한다. 탐험 · 탐사활동은 청소년들에게 모험심과 도전정신을 심어주는 활동으로 계곡 탐사, 동굴 탐사, 해양 탐사, 유적 탐사, 하천 및 강 탐험, 섬 탐험, 사막 탐험, 정글 탐험, 극지 탐험 등 유형이 매우 다양하다. 그 외도 등산, 트레킹, 하이킹, 국토 순례 등 걷기 활동과 명승지 및 유적지 관광, 국내여행, 해외여행 등 여행 · 관광도 청소년활동으로서 야외활동에 포함된다.

〈표 4-2-2〉 청소년활동으로서 야외활동의 분류

구분	세부 활동
자연생태활동	• 천문관측, 조류관찰, 식물관찰, 암석관찰, 자연 산책, 자연 공작, 채집 등
야영활동(캠프)	• 봉사캠프, 경제캠프, 레크리에이션캠프, 리더십캠프, 과학캠프, 진로캠프, 건강캠프 등
모험시설활동	• 집라인, 모험 놀이(챌린지 코스), 인공암벽, 번지점프 등
야외 스포츠활동	• 일반 스포츠활동: 수영, 낚시, 국궁, 자전거, 스키, 승마 등 • 모험 스포츠활동: 래프팅, 모터보트, 수상 오토바이, 카누, 스킨스쿠버, 패러글라이딩, 행글라이딩, 서바이벌게임, 서핑 등
탐험 · 탐사활동	• 계곡 탐사, 동굴 탐사, 해양 탐사, 유적 탐사, 하천 및 강 탐험, 섬 탐험, 사막 탐험, 정글 탐험, 극지 탐험 등
걷기활동	• 등산, 트레킹, 하이킹, 국토 순례 등
여행 · 관광	• 명승지 및 유적지 관광, 국내여행, 해외여행 등

3) 야외교육과 청소년활동으로서 야외활동의 가치성

교육 일환으로 이루어지는 야외교육과 청소년활동으로서 야외활동은 청소년들에게 신체적, 심리적, 사회적 측면에서 여러 가지 가치를 부여하고 있다. 먼저, 신체적인 측면에서 야외교육과 청소년 야외활동의 가치성에 관해 살펴보도록 한다. 야외교육과 청소년 야외활동은 청소년이 몸을 사용하는 직접적인 체험을 많이 하므로 신체활동을 자연스럽게 동반한다. 이러한 야외에서 신체활동은 급성장기에 있는 청소년들에게 균형 있는 신체 발달을 이루게 한다.

한편, 야외교육과 청소년활동으로서 야외활동은 청소년들에게 신체기능의 향상을 가져온다. 야외에서 신체의 운동을 적당하게 하면 신체의 형태가 변화하고, 신체 각부의 기능도 현저하게 발달하여 작업 능률을 높이게 된다. 즉, 근육계의 변화, 호흡계의 변화, 혈액순환계의 변화는 물론 영양분의 소화 및 흡수 능력을 촉진해 청소년들에게 신진대사를 왕성하게 할 뿐만 아니라 생체가 활기를 갖게 한다. 또한, 야외교육과 청소년 야외활동은 자연환경을 극복하려는 다양한 활동을 통하여 민첩한 신체적 능력과 도구 및 기계 조작에 필요한 신체적 기술과 체력을 향상해준다(심상신, 2005: 39).

야외교육과 청소년활동으로서 야외활동의 심리적 가치성은 청소년들에게 정서적 안정을 가져다준다. 청소년기는 가만히 있어도 발달상의 신체 변화에서 오는 부정적 정서와 가족 및 친구 관계, 학업 스트레스, 자아정체성에 대한 고민, 외모, 진로 등으로 불안, 우울, 외로움, 분노, 무망감 등 부정적 정서로 힘들어하고 있다. 이렇게 정서적으로 어려움을 가지고 있는 청소년이 아름다운 산과 들, 계곡, 바다 등 자연에서 활동하므로 스트레스를 해소하고 편안한 마음 상태에 놓일 수 있다.

야외교육과 청소년활동으로서 야외활동의 사회적 가치성은 청소년들에게 사회성을 함양시켜 준다. 청소년이 다른 사람과 함께하는 활동을 통하여 공동목표를 달성하기 위해서 협력하고 노력하는 과정이 요구된다. 이러한 과정을 걸쳐서 야외교육과 청소년활동으로서 야외활동은 서로 배려하고 질서와 규칙을 지키므로 청소년들에게 꼭 필요한 공동체 의식과 사회성이 길러진다.

3. 청소년활동으로서 야외활동의 유형

1) 자연생태활동

(1) 자연생태활동의 개념

자연생태활동의 개념에 정리에 앞서, 자연생태활동의 유사용어에 관해 살펴보면 '생태학습'은 생물이 살아가는 모양이나 상태를 체험하고 익히는 일을 말한다. 또한, '자연생태'는 「자연환경보전법」에서 자연의 상태에서 이루어진 지리적 또는 지질적 환경과 그 조건 아래에서 생물이 생활하고 있는 일체의 현상으로 정의하고 있다. 이러한 유사개념을 바탕으로 자연생태활동에 관해 정의하면, 자연생태활동이란 "청소년들이 자연체험을 통해 자연생태 환경의 중요성을 이해하고, 자연과의 호응 속에서 생태적 환경과 생명의 신비로움을 체득하게 하는 체험 중심의 활동"을 말한다. 이와 같은 자연생태활동은 자연생태를 직접 접하는 직접적인 체험과 생태학습관 등에서 이루어지는 간접적인 체험으로 구분할 수 있다. 대표적인 자연생태활동으로는 천문관측, 조류관찰, 식물관찰, 암석관찰, 자연산책, 자연공작, 자연놀이, 갯벌체험, 채집 등이 있다.

(2) 자연생태활동의 원칙

자연생태활동은 생태 환경과 그 속에서 살아가고 있는 신비로운 생명을 체험하는 야외활동이다. 따라서 교실에서 이루어지는 실내활동과 다른 활동 원칙이 적용되어 진다. 안만홍(2017: 25~67)은『에코 산책 생태교육』이라는 저서에서 자연생태활동의 원칙을 다음과 같이 제시하고 있다.

첫째, 자연(생물)을 도구화시키지 말고 생명을 존중하는 체험이어야 한다. 자연의 도구화란 생물을 비롯한 자연물을 생명체로서 존중하지 않고 마치 장난감처럼 대상물로 대하는 것을 의미한다. 자연생태활동 지도 현장에서 잘못된 사례를 살펴보면 개미가 먹이를 나르는 모습을 관찰하기 위하여 개미가 다니는 길에 초콜릿, 캐러멜, 설탕 등을 놓아두거나, 바닷가 선착장이나 배에서 갈매기에게 새우깡을 던져주며 사람들은 즐거워한다. 사람에게도 좋지 않은 가공식품은 야생상태에서의 동물(곤충 포함)에게도 좋은 에너지원 되지 않는다. 따라서 개미는 자연 상태에서 주어지는 씨앗이나 식물의 뿌리나 줄기 등에 나오는 당분을 먹고, 갈매기는 물고기를 먹는 것이 자연스러운 것이다. 소위 생태교육을 한다는 사람 중에서도 아주 많은 이가 무심코 지나치는 부분이므로 특별히 마음에 담아 둘 필요가 있다.

둘째, 자연생태활동은 직접체험이므로 '선 체험 후 해설의 원칙'이 적용되어야 한다. 자연생태활동은 오감으로 느끼는 체험활동이므로 먼저 체험하게 하고, 체험 후에 해설하는 방식으로 지도하는 것이 중요하다. 미리 준비된 활동지도 안, 사진, 동영상, 생물 도감 및 표본 등을 통해 자연물, 자연현상 등에 대해 자세하게 설명을 들으면 자연에서의 교육적 효과가 떨어진다. 설명을 듣기 전에 오묘하게 움직이고 있는 자연현상과 자연물, 온갖 생명체 등에 관해서 오감을 이용해서 직접 만지고 보고 느끼고 하는 것이 훨씬 더 참여자들에게 집중력을 갖게 하여 교육적 효과가 높아진다. 예컨대, 공룡화석에 관해서 관찰 활동을 한다고 했을 때, 공룡의 종류 및 특징, 발견 현장의 자연생태, 관리상태 등에 관해 사전에 알고 가면, 실제 관찰하러 갔을 때 현장감이 떨어진다. 미리 교육받은 지식 중심으로 현장을 이해하는 관찰 활동이 이루어지기 때문에 관찰 현장에서만 보고 느낄 수 있는 생동감이 줄어든다. 자연생태활동은 '선 체험 후 해설의 원칙'을 항상 염두에 두고, 현장에서 체험을 통해 깨닫게 되는 자연에 대한 느낌, 자극, 지식과 정보 등이 사전에 해설 받은 지식으로 인하여 생생한 현장 체험의 기회가 반감되지 않도록 적절한 안배가 필요하다.

셋째, 지도자가 재미를 느끼지 않고 감동하지 않으면 아이들도 재미와 감동을 느끼지 못하므로 지도자가 솔선수범하는 자세가 필요하다. 자연생태활동 현장에서 지도자가 솔선하지 않고 재미와 감동을 느끼지 못하면 아이들에게 전달되는 자극도 적을 수밖에 없어 실내활동과 크게 다를 바가 없다. 실내활동을 야외로 옮겨 놓은 꼴이 되지 않기 위해서는 살아 있는 자연생태 환경에서의 즐거움과 경외감이 지도자의 표정, 말과 행동에 묻어 나아야 한다. 지도자는 아이들보다 한 발 앞서 경험하여, 재미와 감동을 먼저 할 수 있도록 스스로 훈련하고 내면화하는 습관이 필요하다.

(3) 자연생태활동의 유형

매우 복잡하지만 질서 정연하게 움직이고 있는 자연에서 자연생태활동을 하기 위해서는 오감을 활용하여 다양한 방법이 동원되어야 한다. 자연생태활동의 유형은 관찰 · 탐구형, 생태표현형, 오감형, 생태놀이형으로 구분한다(안만홍, 2017: 141~191).

① 관찰 · 탐구형

관찰 · 탐구형은 주로 숲이나 하천 등 자연생태 공간에서 관찰하고 탐구하는 방식의 프로그램이다. 이 유형은 새 관찰, 초본(풀) · 목본(나무) 관찰, 육상동물 관찰,

수서곤충 관찰, 수생식물 관찰 등 생태계의 구성요소 중 생물적 요소를 대상으로 다양한 도구를 활용하여 관찰하는 방식이다. 또한, 미리 기획된 양식을 나누어 주고 생태 교육현장에서 지시된 주제에 맞도록 탐구 활동을 하는 방식으로 이루어진다. 예를 들어, 지시어가 인쇄된 양식의 종이를 나누어 주고, 요구하는 식물의 잎이나 껍질, 열매 등을 수집하여 가져오는 식의 활동을 일컫는다. 그 외도 같은 모양의 나뭇잎 찾아 가져오기, 가을을 상징하는 자연물 다섯 가지 붙여 오기, 신맛이 나는 식물 조사해서 수집하기 혹은 그려오기 등이 있다.

② 생태표현형

생태표현형은 자연을 소재로 무엇인가를 만들어내는 창작 활동으로서 예술적 활동이다. 생태 미술, 생태 조형, 염색, 생태 동극 발표, 동시 짓기 등이 이에 속한다. 이 활동에는 낙엽 그림책 만들기, 자연물로 만든 악기 연주하기(풀피리 등), 시집 만들기, 새를 부르는 피리 만들기, 나뭇가지나 잎으로 곤충 만들기, 천연 염색, 나뭇잎을 이용한 다양한 생물 표현하기, 생태 주제로 동극 꾸며서 발표하기, 동시 이어 쓰기 등이 있다.

③ 오감형

모든 생태교육이 오감형 프로그램이라 볼 수 있지만, 오감을 특별하게 강조하기 위하여 유형으로 세분화하였다. 이 유형은 후각, 청각, 촉각, 미각, 시각 외에 상상력까지 〈표 4-2-3〉과 같이 정리할 수 있다.

〈표 4-2-3〉 오감형 자연생태활동의 분류

구분	세부 활동
후각	생강나무, 산초나무 냄새 맡고 느낌 공유하기 등
청각	숲속 자연의 소리 듣기, 숲속의 오케스트라, 청진기로 나무 물먹는 소리 듣기 등
촉각	부들 · 환삼덩굴 만지고 느낌 공유하기, 맨발로 숲길 걷기, 눈 감고 내 나무 알아맞히기 등
미각	괭이밥, 애기수영, 꿀풀, 씀바귀, 수수꽃다리, 칠면초, 퉁퉁마디, 나문재 등 식물맛보기 등

구분	세부 활동
시각	루페로 본 식물의 세계, 꽃의 형태와 구조, 왜 이런 모습을 하고 있을까 알아보기 등
상상력	조용히 앉아 명상을 통해 자연의 기운 느끼기, 숲으로의 상상 여행 등

④ 생태놀이형

생태놀이형은 어디에서든 진행할 수 있는데, 주로 생태교육 프로그램의 도입 단계나 전개 과정에서 유용한 방식이다. 처음 시작할 때 참여자들끼리 분위기를 즐겁고 신나게 만들어 주는 레크리에이션 요소가 포함된 프로그램 유형이다. 예를 들어, 참여자 상호 간의 인사 나누기를 효과적으로 할 수 있는 나눔 놀이, 친화력을 향상시켜 주는 관계 형성 프로그램, 자연물을 이용한 게임식 진행 방식 등을 포함한다. 그 외도 솔방울 던져 반환점 돌아오기, 먹이사슬 꼬리 자르기, 숲속의 보물찾기, 박쥐와 나방 같은 천적 놀이 등이 있다.

2) 야영활동(캠프)

(1) 야영활동(캠프)의 의의와 개념

근대 산업화는 짧은 시간에 인류에게 많은 변화를 초래하였다. 긍정적인 변화는 교통 및 통신 수단의 발달, 도시화, 직업의 다양화 등으로 인간의 일상생활과 의식주 전반에 걸친 생활 수준 향상이다. 반면에 부정적인 변화는 노동 시간 연장, 자연환경 파괴, 자연과 인간의 접촉 축소, 범죄 증가, 다양한 인간 소외현상 등의 사회문제가 나타났다. 문제에 빠진 사람들은 복잡한 도시를 떠나 자연에서 인간성을 회복하고자 야영을 떠났다. 이 같은 배경으로 시작된 야영이 본격화된 곳은 군대이고, 군대에서 캠프라는 용어가 사용되기 시작하였다. 하지만 군대에서의 야영은 야영 자체가 목적이 아니라 군사적인 목적이므로 본래의 야영에 대한 의의와는 다르다.

표준국어대사전에서 캠프에 대한 정의는 '휴양이나 훈련 따위를 위하여 야외에서 천막을 치고 일시적으로 하는 생활, 또는 그런 생활을 하는 곳'이라 한다. 캠프는 일반 영어 사전에서 명사로서 '군대의 야영(지), 보이스카우트 또는 여행자들의 임시 막사, 산장(주로 미국의 경우), 천막생활'이라고 하고 있다. 이와 같은 사전적 개념과 함께, 미국 캠핑 협회의 정의를 살펴보면 "캠프는 야외의 풍족한 환경을 이용하여 인간의 신체적, 지능적, 사회적, 정서적 및 영적(spiritual) 성장을 위하여 뜻깊게 공헌할 수 있도록 목적하고 유능한 지도자 아래에서 협동적인 공동생활을 하는 창조적이며 교육적인 생활 경험이다."라고 나타내고 있다. 한편, 캠프는 장소와 명칭을 의미하는 총체적인 성격이 강하고 캠핑은 캠프에서의 생활과 활동을 의미하고 있으나 실제로는 크게 구분하지 않고 사용되고 있다(한상덕, 2001: 1~2). 그리고 야영활동은 시대적인 변화와 함께, 목적과 내용, 운영방법, 대상, 기간 등에 따라서 전통적인 야영지에서 벗어나, 숙박 시설(수련원, 유스호스텔 등)에서도 많이 실시되고 있다.

(2) 청소년 야영활동(캠프)의 효과

야영은 일정한 주거지를 떠나서 천막을 치거나, 임시로 주거지를 만들어 일시적으로 생활하기 때문에 여러 가지로 불편한 점이 있으나, 오히려 불편함 가운데 일상의 고마움과 자연의 소중함을 느끼는 활동이다. 특히, 청소년들에게는 낯선 환경에서 새로운 사람들과 만나서, 새로운 경험을 하므로 많은 배움이 이루어지는 활동으로 볼 수 있다. 이와 같은 배움의 장으로 야외활동의 효과를 다음과 같이 정리한다.

첫째, 야영활동은 자연과 자연현상을 올바르게 이해하여 자연의 가치와 소중함을 청소년들에게 알게 한다. 야영활동은 온몸으로 자연과 교감이 이루어지는 활동이며, 온전히 자연 앞에서 순수해지는 과정이다. 자연과 깊은 교감은 자연현상을 있는 그대로 받아들이게 하고 자연의 소중함을 갖게 한다. 야영지에서 만나는 자연은 영상물이나 기록물로 보고 느끼는 자연 다큐멘터리가 아니고 직접 오감을 통해 보고 느끼는 생생한 경험의 세계이다. 이와 같은 경험은 자연에 대한 소중한 가치를 알게 하고 자연에 대한 경외감을 느끼게 하여 야영활동에 참여하는 청소년들에게 자연을 사랑하고 환경을 보존하는 태도를 형성하게 한다.

둘째, 야영활동은 청소년이 다른 캠퍼들과의 만남과 공동체 활동을 하면서 사회화가 촉진된다. 야영활동은 다른 캠퍼들과 함께 소통하며 야영활동을 한다. 야영 과정에서 여러 사람과 함께 생활하면서 의사소통 능력이 향상되고 협동심과 공동체 의식을 형성하며 자연스럽게 사회화가 이루어진다.

셋째, 야영활동은 위험한 상황에 대처하는 능력과 안전의식을 증진시킨다. 야영활동은 자연이라는 변화무쌍한 위기상황에서, 그 위기를 극복하고 대처하는 위기대응 능력이 필요하다. 갑자기 비바람이 불고, 계곡물이 늘어나는 등 기상 악화와 인간의 실수로 인한 산불 등과 같은 재해에 즉각적인 대처가 필요한데, 이때 청소년들은 다른 사람과 지혜를 모아서 현명하게 위기를 극복해야 한다. 이렇게 항상 위험에 대비하는 자세는 안전의식을 향상시킨다.

넷째, 야영활동은 생존에 필요한 지식과 기술을 습득한다. 야영활동은 자연 지형지물을 활용하여 야영을 하는 과정에서 발생하는 여러 가지 변수에 적절하게 대응하여 문제 해결을 해야 한다. 텐트 치고, 요리하고, 땔감을 마련하는 등의 활동을 하면서 생존에 필요한 실제적인 지식과 기술을 배운다.

다섯째, 청소년들은 야영활동을 통하여 순수한 인간성을 이해하고 내면화한다. 야영생활은 최소한의 자원으로 원시 자연인처럼 생활하면서, 잃어버린 인성을 회복하는 계기가 마련된다. 야영활동은 경쟁적 학교생활, 가족 및 친구관계 문제, 진로 문제, 복잡한 도시생활 등으로 순수한 인간성 형성이 미흡한 청소년들에게 욕심을 버리고 문제를 더 이상 문제로 보지 않고 여유 있게 받아들이는 태도를 심어주는 매우 유익한 청소년활동이라고 할 수 있다.

(3) 야영활동(캠프)의 유형

야영활동(캠프)의 유형은 목적과 내용에 따른 유형, 주최기관에 따른 유형, 기간에 따른 유형, 인원과 규모에 따른 유형, 장소에 따른 유형, 운영방법에 따른 유형, 대상에 따른 유형으로 구분할 수 있으며 세부 활동 내용은 〈표 4-2-4〉와 같다.

〈표 4-2-4〉 야영활동(캠프)의 유형

구분	세부 내용
목적과 내용에 따른 유형	봉사캠프, 경제캠프, 레크리에이션캠프, 리더십캠프, 과학캠프, 진로캠프, 건강캠프 등
주최기관에 따른 유형	청소년활동시설캠프, 청소년단체캠프, 언론기관캠프, 복지기관캠프, 평생교육기관캠프, 학교캠프 등
기간에 따른 유형	당일캠프, 단기캠프, 장기캠프 등
인원과 규모에 따른 유형	단독캠프, 소집단캠프, 대집단캠프, 연합캠프, 전국캠프, 국제캠프 등
장소에 따른 유형	야영지(장)캠프, 숙박시설(유스호스텔, 수련원 등)캠프, 자동차캠프 등
운영방법에 따른 유형	고정캠프(주둔캠프), 이동캠프 등
대상에 따른 유형	어린이캠프, 청소년캠프, 가족캠프, 성인캠프 등

3) 모험시설활동

(1) 모험시설활동의 특성 및 개념

모험시설활동은 다른 청소년 야외활동과는 다르게 자연에 인위적으로 가공물을 설치하여 청소년들에게 긴장감과 즐거움을 주기 위해 실시하는 활동이기 때문에, 지도자 및 관계자들은 다음과 같은 모험시설활동만의 고유한 특성을 인식하고 있어야 한다.

첫째, 자연을 활용하거나 자연에 인공물을 설치하여 의도적으로 긴장 상황을 연출하여 전율을 느끼는 활동이다. 청소년들이 정교하게 설치된 안전한 모험시설에서 인지적 위험을 느끼고, 이러한 위험을 극복하며 즐거움을 느끼는 도전적 활동이다.

둘째, 단순히 즐기는 레크리에이션활동을 넘어서, 위험한 상황에 인위적으로 노출되어 청소년이 자신의 한계를 극복하고 성장할 수 있는 교육적 가치를 가지고 있다.

셋째, 모험시설활동에서 일어나는 결과(활동 효과)에 대하여 예측하기 어려운 불확실성이 청소년들에게 높은 도전정신과 모험심을 갖게 한다. 예컨대, 인공 암벽 등반을 A라는 청소년이 처음 한다고 할 때, 등반하는 과정이나 등반이 끝난 후 결과에 대해서 예측이 어렵다는 것이다. 왜냐하면, 활동을 경험하지 않고서는 확실하게 "정말 재미있었고 즐거웠다." 그 반대의 "하는 것이 싫었고 어려웠다." 등 결과를 제대로 알 수 없기 때문이다. 오직 활동을 체험하고 나서야 정확한 결과를 알 수 있는 특성을 모험시설활동은 가지고 있다.

넷째, 모험시설활동은 지도자의 솔선하는 지도력으로 확실한 안전관리가 이루어져야 한다. 모험시설활동 지도자는 참가자들이 예기치 않은 상황이 발생했을 때 적응력을 가지고 신속히 문제를 해결할 수 있는 리더십과 안전관리 능력을 갖추고 있어야 한다.

이상의 모험시설활동에 관한 특성을 바탕으로 모험시설활동의 개념을 살펴보고자 한다. 권일남 · 오해섭 · 이교봉(2018: 162)은 모험활동을 "자연환경 속에서 위기와 긴장의 상황을 의도적으로 만들어 내거나 이용해서 행하는 모든 활동을 말하며 모험활동을 통해 청소년들이 자신을 되돌아볼 기회와 자아 성장을 할 수 있도록 하고 또래의 소집단 활동을 통해서 타인을 이해하는 배려심을 형성할 수 있는 활동이다."라고 설명하였다. 이는 모험활동의 특성을 잘 반영한 광의적 개념 정의로 볼 수 있다. 저자는 모험시설활동을 청소년 야외활동(자연생태활동, 야영활동, 모험시설활동, 야외 스포츠활동, 탐험 · 탐사활동, 걷기활동, 여행 · 관광)의 분류 중 하나로 여기고 다음과 같이 개념 정의한다. "모험시설활동은 다양한 청소년 야외활동 중 하나로, 자연 자체를 활용하거나 자연에 인위적으로 가공물을 설치한 활동장에서 청소년들이 신체적, 심리적 위험을 느끼며 주어진 활동 과제를 해결 · 극복하는 과정을 거쳐 유쾌한 즐거움과 도전정신 · 모험심을 기르는 활동"이라고 한다.

(2) 모험시설활동 운영 시 유의할 사항

모험시설활동은 다른 활동보다 자극적인 활동인 관계로 청소년들에게 긴장감과 흥미를 더해 주지만 위험 요소가 크다. 따라서 청소년이 모험시설활동에서 발생할 수 있는 잠재적 위험에 대비하기 위해서, 다음과 같은 유의 사항을 고려하여 모험시설활동 프로그램을 운영하여야 한다.

첫째, 참가자 개인의 체력과 신체적 능력(기술), 정신적 자세를 고려해야 한다. 모험시설활동은 신체활동이 필수이므로 참여 청소년들에게 강한 체력이 필요하다. 체력에 맞게 활동의 난이도를 조정하여 참여 청소년의 체력에 적합하게 활동을 운영해야 한다. 그리고 해당 활동에 대한 참여 청소년의 이전 참여 경험과 현재의 기술을 고려하여 활동에 임하도록 해야 한다. 특히나 정신자세도 고려하여 활동해야 한다. 자신감이 떨어지거나 두려움을 가지고 있는 청소년인 경우, 활동에 지장이 있을 수가 있으므로 정신적 자세(긴장 정도, 자신감 등)를 파악하여 활동을 진행하도록 한다.

둘째, 사전에 철저한 안전교육과 안전기준에 적합한 안전 장비를 사용하여야 한다. 자연에서 극적으로 이루어지는 모험시설활동 프로그램은 청소년들에게 강한 자극을 주어 즐거운 시간을 갖게 해주지만, 안전교육이 미흡하거나, 안전 장비가 불량하여 생명에 위험을 주는 상황이 발생하면 안 될 것이다. 따라서 활동 전에 철저한 안전교육과 생명을 보호해 줄 안전 장비에 관한 준비와 확실한 관리가 이루어져야 한다.

셋째, 기상 변화에 능동적으로 대처해야 한다. 기상 변화는 활동에 상당히 영향을 주므로 사전에 기상 상태를 잘 파악하여 활동을 시행해야 한다. 예보를 확인하여 필요에 따라서는 활동을 취소하거나 연기하여야 한다.

넷째, 자연환경을 보호하며 활동이 이루어져야 한다. 모험시설활동 장소는 대부분이 자연이다. 그러므로 활동을 진행하면서 자연환경 보존할 수 있도록 해야 한다. 모험시설활동을 하면서 아름다운 자연을 해치는 행위는 아주 비교육적이다. 활동을 통하여 즐거움을 느끼는 것도 중요하지만 자연환경을 소중히 여기는 마음을 가지는 것과 환경보호를 실천하는 것이 매우 필요하다.

다섯째, 모험시설활동 관련 지도자는 상호 유기적인 협조 체계에서 모험시설활동을 지도해야 한다. 모험시설활동 관련 지도자는 현장지도자, 안전지도자,

인솔자 등이 있다. 이들 지도자는 모험시설활동의 원활한 진행을 위하여 협조적인 관계를 유지해야 한다. 누구 한 사람(지도자)의 역할이 미비했을 경우, 관리상의 부실로 인하여 안전사고가 발생할 수 있기 때문이다.

(3) 모험시설활동의 실제

① 모험 놀이(챌린지 코스)

모험 놀이는 밧줄, 장애물 등이 다양하게 설치된 장소에서 코스별로 지도자의 안내에 따라 이동하면서 주어진 코스별 과제를 수행하며 성취감과 모험심을 연마하는 활동이다. 모험 놀이는 네트 어드벤처, 로프 어드벤처, 외줄 이동, 트리탑 등 단일하게 실시되는 경우와 '단일 어드벤처'를 복합하여 이루어지는 '복합 어드벤처'로 실시된다. 그 외도 수중에서 이루어지는 아쿠아 어드벤처 등도 있다. 이러한 모험 놀이(챌린지 코스)는 주로 청소년수련원 및 지역사회의 각종 청소년활동 시설에서 설치하여 운영되고 있다.

② 하강 라이딩

하강 라이딩은 중력에 의해 높은 곳(고공)에서 낮은 곳(땅)으로 이동하며 스릴을 느끼는 모험활동이다. 대표적인 하강 라이딩 모험활동으로는 집라인과 슬라이드가 있다. 먼저, 집라인에 관해 살펴보도록 한다. 집라인은 상업 레크리에이션, 즉 영리를 목적으로 지역사회 민간 시설에서 많이 설치하여 운영되고 있다. 또한, 공공기관에서 지역사회의 관광사업 활성화를 위하여 운영하는 시설도 꽤 많이 있다. 집라인은 산과 계곡, 강, 바다 등 자연을 배경으로 하는 자연경관이 뛰어난 곳에서 여가활용이나 레크리에이션 목적으로 대부분 운영되고 있다. 그러나 예외적으로 오지에서 사람이나 물건을 나르기 위한 운송 수단으로 사용하는 예도 있다. 한편, 집라인은 거리에 따라서 단거리, 중거리, 단거리 집라인 시설로 구분하며, 주로가 곡선이나 직선이나에 따라서 곡선 집라인, 직선 집라인으로 구분하기도 한다. 청소년들은 단체 수련활동이나 개인적으로 집라인을 이용하는데, 이를 통하여 강한 모험심을 함양하고 즐거운 여가 시간을 보낼 수 있다.

다음은 하강 라이딩 가운데 슬라이드에 관해 알아본다. 슬라이드는 다른 하강 라이딩 모험활동에 비하여 안전하게 즐길 수 있는 활동이어서, 청소년들이 많이 이용하고 있다. 슬라이드는 규모와 형태에 따라서 다양하게 구분할 수 있다. 형태에 따라서는 반원형, 원통형, 곡선형 등으로 구분할 수 있으며, 규모에 따라서 단거리형과 장거리형, 단일형과 복합형으로 구분할 수 있다. 또한, 슬라이드는 경로 재료는 플라스틱, 금속, 유리섬유 등 다양한 재료로 만들어진다. 이와 같은 슬라이드는 놀이공원, 물놀이장 등에서 쉽게 이용할 수 있는 청소년 모험활동 시설이다.

③ 스포츠클라이밍

스포츠클라이밍은 산에 가지 않고 인공암벽에 인공 홀드를 설치하여 손과 발을 이용해 암벽 오르면서 체력단련과 스릴감, 재미, 성취감 등을 느끼는 모험활동이다. 스포츠클라이밍은 체력과 정신력, 기술과 전략을 요구하는 종합스포츠로서 강한 근력과 다양한 기술을 필요로 하는 동시에 홀드를 읽는 두뇌의 빠른 사고력과 정확한 분석력 필요로 한다. 체력, 정신력, 기술, 선천적 재능, 전술, 외부환경 등은 스포츠클라이밍을 구성하는 요소이다. 체력은 근력, 지구력, 유연성, 순발력 등을 말하며 정신력에는 공포감, 집중력, 안정감, 동기부여, 심리상태 등이 포함된다. 기술은 등반 기술의 숙련성, 기술의 조합 능력 등을 말하며 개인적 자질에는 클라이머의 건강상태, 선천적 학습 능력 등이 있으며 전략에는 등반 경험, 지적 능력 등이 요구된다. 외부 환경에는 바위 형태, 날씨, 확보물 상태 등에 따라 그날의 등반이 좌우된다(정갑수, 2019: 16~17). 이와 같은 심리적, 신체적, 지적인 요소가 일시에 작동되는 스포츠클라이밍은 청소년들에게 자신감과 체력 증진, 두뇌 발달 등을 지원하는 고급 스포츠활동이라고 할 수 있다. 따라서 전국의 청소년활동시설에 인공암벽장 시설을 갖추고 많은 청소년이 이용할 수 있도록 지원하고 있다.

제3장
봉사활동

봉사활동은 자유의지를 기반으로 아무런 대가를 바라지 않고 이웃을 돕는 자발적이고 지속적인 참여로 이루어지는 실천적 활동이다. 특히, 청소년기에 실시되는 봉사활동은 청소년이 다른 사람과 소통 할 기회가 되어 인성 발달을 돕고, 진로 경험 등을 할 수 있어 많은 교육적 효과가 있다. 따라서 청소년 봉사활동은 봉사학습으로 설명되기도 한다. 이러한 청소년 봉사활동은 학교 주도로 이루어지는 봉사활동과 학교 밖에서 이루어지는 봉사활동, 두 가지 축으로 활동을 설명할 수 있다.

학교 주도의 학생 봉사활동은 학생들의 나눔과 배려의 정신 및 공동체 의식을 함양하기 위한 목표를 가지고 있다. 학생 봉사활동은 교육과정으로 이루어지는 봉사활동으로 학교라는 명확한 물리적 공간 범위와 주체가 있다. 하지만 학교 밖에서 실시되는 봉사활동은 학교 밖의 다양한 공간 범위와 함께, 지역사회의 개인 봉사자를 포함하여 청소년시설과 단체, 복지기관, 공공기관, 민간기업, NGO 등의 봉사활동 주체 기관이 있다. 이같이 학교 학생 봉사활동과 학교 밖 청소년 봉사활동으로 활동 주체가 구분되어 있다고 해서 청소년 봉사활동의 본질이나 활동 내용, 절차, 방법 등이 크게 다르지는 않다.

따라서 봉사활동에 관한 기초 이해를 위하여 일반적인 봉사활동의 의의와 개념, 봉사활동의 원칙에 대해 우선 알아본다. 그리고 봉사활동 기초 이해를 토대로 청소년 봉사활동에 관하여 전반적으로 알기 위하여 봉사학습으로서 청소년 봉사활동, 청소년 봉사활동의 효과, 청소년 봉사활동의 유형, 청소년 봉사활동의 과정 등에 대해 알아본다.

1. 봉사활동의 기초 이해

1) 봉사활동의 의의와 개념

봉사활동은 인류사 시작과 함께 인간 사회에 존재했다. 봉사활동이 오랜 역사적 배경을 가진 이유는 인간은 타고난 인품으로 타인을 이롭게 하는 마음과 불쌍히 여기는 측은지심을 가지고 있기 때문이다. 타인을 위한 따뜻한 마음을 가지고 있는 인류는 공동체 안에서 서로 협력하며 원만한 사회적 상호작용을 하면서 지내왔는데, 이 같은 행위가 봉사활동의 시작이라고 할 수 있다. 이러한 봉사활동은 시대 상황과 그에 따른 시대정신에 따라 조금씩 활동 양식이 변해왔다.

봉사활동은 자유의지를 기반으로 스스로 어떠한 대가 없이 어려운 이웃을 돕고 지역사회에 공헌하는 실천 행위이자 시대정신의 산물이며 인간 존엄성 자각과 더불어 사는 사회에 자발적 도움을 주며 궁극적으로 자아실현 단계까지 이르게 하는 돌봄과 연대 행위이다. 또한, 봉사활동은 지역사회 문제가 곧 개인의 문제임을 인지하여 함께 참여하고 해결함으로써 민주시민의 소양과 공동체 의식 함양에 이바지하는 사회적 책임 행동을 수반한다(서울특별시교육청, 2023: 1). 이와 같은 봉사활동의 가치와 의의를 바탕으로 봉사활동의 개념에 관해 정리한다.

자원봉사의 한자어를 살펴보면 自(스스로 자), 願(원할 원), 奉(받들 봉), 仕(섬길 사)가 합해진 글자로 '스스로 원해서 받들고 섬기는' 의미가 있다. 한자어의 뜻을 적용하면 자원봉사란 사회적 위험(질병, 빈곤, 실업 등)에 처한 사람과 공적인 서비스를 하는 기관 등에서 자원봉사자가 스스로 원해서 받들고 섬기는 것이라고 할 수 있다.

한자어에 이어서 봉사 관련한 영어 표현을 보면 volunteer(자원봉사자), volunteerism(자원봉사활동), voluntarism(자원봉사활동) 등이 있다. 이러한 영어식 표현은 라틴어의 voluntas(자유의지)와 eer(사람)의 복합어에서 유래된 말이다. 따라서 자원봉사자는 '자유의지를 가지고 강제 받지 않는 상태에서 자기 스스로 다른 사람이나 사회를 위해 헌신하는 사람'이라는 의미를 지닌다. 그리고 자원봉사활동은 이러한 자원봉사자의 개인적 행위, 집단적 행위와 활동 모두를 일컫는다(현외성, 2011: 42).

한자어와 영어의 언어 표현에 따른 봉사활동 관련 의미에 이어서, 법률에서 정의하고 있는 봉사활동의 개념에 대해 살펴보면 다음과 같다. 2005년 제정된 「자원봉사활동기본법」 제3조에서 "개인 또는 단체가 지역사회 · 국가 및 인류 사회를 위하여 대가 없이 자발적으로 시간과 노력을 제공하는 행위"로 정의한다. 이상의 어원적인 것과 법률에서의 정의를 종합하면 봉사활동이란 "자원봉자사가 자유의지를 가지고 다른 사람이나 지역사회와 국가 그리고 인류 사회를 위하여 헌신하는 활동"이라고 할 수 있다.

2) 봉사활동의 원칙

「자원봉사활동기본법」에서 봉사활동의 이념적 기초가 되고 활동과정에서 적용되는 몇 가지 봉사활동 원칙을 제시하고 있다. 「자원봉사활동기본법」 제2조에서 "자원봉사활동은 무보수성, 자발성, 공익성, 비영리성, 비정파성(非政派性), 비종파성(非宗派性)의 원칙 아래 수행될 수 있도록 하여야 한다."라고 되어있다. 이처럼 「자원봉사활동기본법」에 나타나 있는 봉사활동의 원칙인 무보수성, 자발성, 공익성, 비영리성, 비정파성, 비종파성과 그 외 이타성, 지속성에 관해 살펴본다.

(1) 무보수성의 원칙

무보수성의 원칙은 봉사활동에 참여한 개인이나 단체가 봉사 수혜자나 활동 기관 및 단체로부터 어떠한 물질적 대가를 바라지 않고 봉사활동에 참여하는 것을 말한다. 교환이론 관점에서 보면 인간은 상대방의 이익보다는 자신의 이익을 추구하는 존재로 보상을 가져다주는 행위만을 선택한다. 보상이 있으면 행위를 지속하고 보상이 없으면 행위를 중단하는 것이다. 교환이론으로는 헌신과 희생 등과 같은 인간의 행동을 설명할 수 없다. 하지만 교환이론에서 일어나는 행동 동기와는 다르게, 봉사활동 참여자들은 이타주의 입장을 견지하며 상대방의 이익을 우선시한다. 이는 아름다운 인품에서 나오는 고귀한 행동이다.

한편, 봉사 수혜자나 활동 기관 및 단체에서 봉사자에게 돌려주는 정서적 지지 행동(예: 감사 편지 등)은 엄밀히 따지면 봉사자에게 이익을 주는 것이다.

(2) 자발성의 원칙

봉사활동은 타인의 추천이나 강요 때문에 실시되는 것이 아니라, 오직 자원봉사자 자신의 자유의지에 따라 봉사활동 참여가 결정되는 자발성에 기초한다. 누가 시켜서 하는 봉사활동이 아니라, 내적 강한 동기에 의해서 실행되는 봉사활동이어야만 자원봉사자는 능동적 · 적극적인 봉사활동을 이어갈 수 있다.

자발성이 제한되는 봉사활동은 학생이 학점이나 자격증을 취득할 목적으로 하는 봉사활동, 범죄자의 사회봉사 명령 등이 있다. 이러한 봉사활동은 자신의 의지와 상관없이 이루어지기 때문에 온전한 봉사활동이라고 할 수 없다.

(3) 이타성의 원칙

봉사활동의 원칙 가운데 핵심적인 성질이 이타성이다. 이타주의는 자신의 이익을 추구하는 대신 자신의 희생을 통하여 타인의 이익과 복지 증진을 우선시하는 삶의 태도를 보이는 것을 의미한다. 다른 사람의 행복이 나의 행복이라는 굉장히 높은 수준의 윤리적 원칙이다. 이러한 이타주의는 교육 분야, 의료 분야, 복지 분야 등의 종사자는 기본적으로 갖추어야 할 인간적인 자질이다. 또한, 교육, 의료, 복지 분야의 전문가뿐만 아니라 자원봉사자에게도 요구되는 핵심 가치이다.

이타주의적인 동기가 가장 중요하다고 해도 자원봉사자에게 절대적인 이타성을 바라는 것은 불가능하다. 봉사활동 초창기에 이타주의가 없이 시작했다 하더라도 봉사활동이 진행되면서 타인을 배려하고 도움을 주려는 이타주의 정신이 조금씩 생길 수가 있다. 지속적인 봉사활동과 적절한 훈련 · 교육을 통해 이타주의 정신을 갖게 하는 것도 매우 중요하다(류기형 · 남미애 · 박경일 · 홍봉선 · 강대선, 2014: 27).

(4) 지속성의 원칙

봉사활동은 일시적 · 단기적인 활동이 아니라 지속해서 이루어진 활동이어야 한다. 물론 일회성 봉사활동도 봉사활동에 포함되지만, 될 수 있으면 사전에 철저한 준비와 계획을 바탕으로 지속해서 전개되어야 한다. 지속해서 봉사활동이 실행되어야 하는 이유를 설명하면 우선 봉사활동이 도중에 중단되면 봉사활동 관리자나 관리 기관으로서는 여러 가지 자원 낭비가 발생한다. 봉사활동 기관에서는 자원봉사가 오기 전부터 계획 수립, 모집, 사전교육, 배치, 지도 감독 등 자원봉사자 관리에 총력을 기울인다. 이 과정에서 봉사활동 기관에서는 많은 자원 투입이 불가피하다. 그러나 활동이 멈추면 투입된 자원에 대한 성과 산출이 불분명해진다. 따라서 봉사활동은 봉사자의 충동적 선택이 아니라, 미리 계획된 지속적인 활동이어야 한다.

또한, 봉사 수혜자를 직접 만나는 봉사활동(예: 아동 학습지도, 노인 말벗, 장애인 수발 등)의 경우에는 반드시 지속적인 활동이 필요하다. 왜냐하면, 면대면 봉사활동을 하면서 자원봉사자와 수혜자는 자연스럽게 인간적 신뢰 관계가 형성되어 상호작용을 하고 안정적인 도움을 주고받을 수 있는데, 몇 차례 활동을 한 후 갑자기 서비스가 종료되면 수혜자는 어려움을 겪는다. 수혜자가 다른 봉사자를 찾을 때까지는 상당한 시간이 필요하고, 받았던 활동 서비스가 종료되어 일상생활에 지장을 받을 수 있다.

(5) 공익성·비영리성의 원칙

공익성과 비영리성의 원칙은 자원봉사자가 개인의 사익이나, 봉사활동 주최기관에서 영리를 목적으로 하지 않고, 오직 공공 전체의 이익을 도모하는 것이 목적이다. 보편적인 인간은 누구나 자신과 가족의 이익을 우선하기 때문에 공공의 이익을 도모하기는 쉽지 않은 인간의 행위이다. 하지만 봉사활동을 통한 공익을 위해서 자신의 시간과 노력, 비용, 재능 등을 통하여 타인의 이익과 공공의 이익을 위해 헌신하는 자원봉사자들이 있다. 이들 자원봉사자의 공익을 위한 봉사활동은 자신들만의 만족으로 끝나는 것이 아니고, 많은 사회 구성원에게 본보기가 되어 선한 영향력을 행사한다. 영향을 받은 사람들은 자신들도 공익을 위한 봉사활동에 관심과 참여가 이루어진다.

(6) 비정파성(非政派性)과 비종파성(非宗派性)의 원칙

비정파성이란 정치 문제나 사회문제 등에 관해 이해당사자의 의견을 따르지 않고 중립적인 태도로 일체 정치적 행위를 배제하는 것을 말한다. 봉사활동 참가자인 개인이나 단체, 자원봉사자 관리 기관 등 봉사활동 전반에 걸쳐 관련된 개인이나 기관 및 단체 관계자들은 일련의 봉사활동 과정에서 정치적 · 파당적 목적을 배제하는 비정파성의 원칙을 견지해야 한다. 더불어서 종교 문제에 관하여서도 중립적인 태도를 유지하고 배제하는 비종파성의 원칙도 지켜져야 한다.

3) 봉사활동 분야

「자원봉사활동기본법」에서 봉사활동 범위를 사회복지 및 보건 증진에 관한 활동, 지역사회 개발 · 발전에 관한 활동, 환경보전 및 자연보호에 관한 활동, 사회적 취약계층의 권익 증진 및 청소년의 육성 · 보호에 관한 활동, 교육 및 상담에 관한 활동, 인권 옹호 및 평화 구현에 관한 활동, 범죄 예방 및 선도에 관한 활동, 교통질서 및 기초질서 계도에 관한 활동, 재난 관리 및 재해 구호에 관한 활동, 문화 · 관광 · 예술 및 체육 진흥에 관한 활동, 부패 방지 및 소비자 보호에 관한 활동, 공명선거에 관한 활동, 국제협력 및 국외봉사활동, 공공행정 분야의 사무 지원에 관한 활동, 그 밖에 공익사업의 수행 또는 주민 복리 증진에 필요한 활동으로 분류하고 있다.

행정안전부의 자원봉사시스템(1365 자원봉사포털)에서 봉사분야를 크게 대민분야, 사회분야, 온라인 분야 유형으로 분류한다. 대민분야 유형은 생활편의 지원(활동보조, 이동지원, 청결지원, 급식직원, 식사 · 반찬 지원), 주거환경(주거개선, 마을공동체활동), 교육(방과후 교육, 학습지도, 특수교육, 평생교육, 전문교육, 진로체험지도), 상담(말벗 · 상담, 전문상담, 멘토링), 보건의료(간호 · 간병, 의료지원, 헌혈), 농어촌봉사(일손지원)이다. 사회분야 유형은 문화행사(행사보조, 공연활동, 캠페인, 관광안내), 환경보호(환경정화, 환경감시),

행정보조(사무지원, 업무보조), 안전 · 방범(지역방범, 교통안전, 어린이 안전, 청소년 안전, 취약계층 안전), 인권 · 공익(인권개선, 공익보호), 재해 · 재난 · 응급(피해복구, 응급구조), 국제협력 · 해외봉사(해외봉사, 국제행사 · 단체지원, 통 · 번역)이다. 온라인 자원봉사는 번역 및 통역, 상담 및 자문, 모니터링 활동, 인식개선 및 홍보, 기타 전문 기술 제공으로 구분한다.

2. 청소년 봉사활동

1) 봉사학습으로서 청소년 봉사활동

청소년들은 독특한 발달 특성과 그에 따른 발달과업을 성취하는 과정에 있고, 더불어 학업성취를 위한 학교생활을 하고 있어서 청소년 봉사활동은 성격, 방법, 내용 등이 성인 봉사활동과는 분명한 차이점이 존재한다. 두드러진 차이가 봉사(service)와 학습(learning)을 결합한 봉사학습(service learning)이다. 따라서 청소년 봉사활동은 완전한 의미의 봉사활동이라기보다는 봉사활동을 통한 학습, 곧 봉사학습의 개념에 훨씬 더 가깝다(오윤선 · 황인숙, 2019: 298). 이러한 봉사학습은 지역사회 기반의 봉사활동과 학교 교육과정을 연계한 교육 프로그램이다. 즉, 봉사활동이 정규 교육과정 이외의 활동으로 진행 가능한 반면, 봉사학습은 교육과정상의 목표를 설정하여 학교와 지역사회에 모두 혜택을 주는 실제적인 교육방법이라고 할 수 있다. 봉사학습은 체계적 사전교육, 교과목과의 연계 활동, 평가와 반성 시간으로 이루어져 운영된다(최승숙 · 김은하, 2017: 253).

한편, 1993년 미국 사회봉사위원회(the Commission on National and Community Service, CNCS)는 봉사학습에 대한 정의를 다음과 제시하였다. 즉, 봉사학습 프로그램은 학생들에게 다음과 같은 교육적 경험을 제공하는 것이다(신원동, 2013: 69~70). 첫째, 신중하게 조직된 봉사활동에 적극적으로 참여함으로써 학생들이 학습하고 발전하는 교육적 경험이다. 또한, 실제 공동체의 요구를 충족하며,

학교와 지역사회가 동등한 협력관계에서 이루어지는 교육적 경험이다. 둘째, 학생들의 학업적 교육과정에 통합되거나 학생들이 실제 봉사활동 과정에서 행동했거나 본 것에 관해 생각하고 이야기하고 글로 쓰는 조직적인 시간을 부여하는 교육적 경험이다. 셋째, 자신들의 지역사회 내에서 발생하는 실제 삶 속에서 새롭게 획득한 기술과 지식을 사용해 볼 기회를 학생들에게 제공하는 교육적 경험이다. 넷째, 교실을 벗어나 지역사회 속에서 학생들의 학습을 확대함으로써 학교에서 배우는 것을 강화하고, 다른 사람들에 대한 배려심의 발달을 촉진하는 데 도움이 되는 교육적 경험이다.

다음은 봉사학습의 주요 개념인 호혜성(reciprocity)과 반성적 숙고(reflection)를 살펴본다. 봉사는 봉사자의 봉사 경험이 봉사자와 수혜자, 양측의 삶을 개선하는 호혜성 요소를 지니므로 전통적으로 강의실 안에서 이루어지는 학습과 다른 독특한 차원을 갖는다. 그리고 봉사자는 봉사활동 장소에서 펼쳐지는 다양한 삶의 경험에서 새로운 지식과 정보를 습득하고 수혜자나 봉사 기관 담당자, 지역사회 기관 및 단체, 국가 등으로부터 심리적 보상을 받을 수 있다. 결과적으로 봉사학습은 봉사자나 피봉사자가 모두 수혜자가 되는 상호적 관계를 전제로 한다. 아울러 봉사자의 직접적인 경험은 자신의 경험에 비춰본 교육적 '반성' 요소를 지니기 때문에 단순한 자원봉사와 구별될 수 있다(주성수, 2005: 219).

일반적인 봉사활동과 구별되는 개념인 반성(반성적 숙고)에 관해서 좀 더 살펴보도록 한다. 경험주의 교육에서와 마찬가지로 봉사와 학습을 연계해 주는 역할을 하는 것이 바로 반성적 숙고이다. 반성적 숙고는 봉사와 학습을 모두 중요시하고 있는 봉사학습에서 필수적인 과정이며, 봉사학습의 의미를 파악하고자 할 때 반드시 반성적 숙고에 관해 고찰해야 할 필요가 있다. 봉사학습은 경험주의 교육에서 영향을 받았다. 경험주의 교육이 경험을 통한 학습을 의미하고 있듯이 봉사학습은 봉사활동 경험을 통한 학습을 뜻한다. 이때 봉사와 학습을 연계해 주는 역할을 하는 것이 바로 반성적 숙고이다(신원동, 2013: 65). 청소년이 봉사활동에 참여하고 나서, 깊이 있는 반성적 숙고가 이루어지지 않으면 단순 봉사활동에 그칠 것이다. 하지만 봉사활동에 참여한 청소년이 봉사활동 과정이나 종료 후에 경험한 상황이나 사건, 봉사활동과 관련한 여러 가지 제도 등에 의미를 찾는 것이 필요하다. 이를 가능하게 하는 것이 반성적 숙고이다. 그러므로 봉사활동 절차에서 반드시 반성적 숙고가 봉사활동에 참여한 청소년들에게서 발생할 수 있도록 활동 지도자의 의도적인 개입이 필요하다.

2) 청소년 봉사활동의 효과

청소년의 봉사활동의 효과에 관한 몇몇 연구 결과를 살펴보면 다음과 같다. 홍원표(2013)는 서울과 경기 · 인천 지역에 있는 학교의 교사와 학생들로부터 수집된 면담과 설문 조사 통한 연구 결과, 참여 교사들은 학교 봉사활동의 필요성에 공감하면서, 실질적인 봉사를 통한 학생들의 인성 함양을 봉사활동의 주요 목적으로 생각하고 있었다. 봉사활동과 관련된 사전교육이나 사후 반성은 형식적인 수준에 그치는 경우가 많았지만, 학생 주도의 실질적인 봉사활동이 이루어지는 경우 학생들의 인성 함양이나 진로 탐색에 긍정적인 영향을 미치는 것으로 나타났다.

윤은영 · 홍원표(2016) 연구 결과에서는 봉사활동에 참여함으로써 학생들은 자존감 향상, 사회적 인식의 확대, 진로의식의 구체화 등을 경험하고 있는 것으로 나타났다. 또한, 신승희(2023)가 청소년이 진로와 직업을 선택함에 봉사학습의 경험이 진로 탄력성과 직업 가치관에 미치는 효과를 알아본 결과, 청소년 봉사학습은 진로 탄력성에 유의한 영향을 미치는 것으로 나타났다. 진로 탄력성의 구성요소인 진로 자립, 성취 열망, 변화 대처, 자기 신뢰, 관계 활용의 순으로 모두 유의한 영향을 미치는 것으로 나타났다. 진로 탄력성은 불확실한 미래에 어려움을 극복하는 긍정적인 힘으로 봉사학습을 통해 진로 탄력성이 향상될 수 있음을 확인할 수 있었다.

한편, 박승희 · 전상신 · 박지연(2015)은 1995년부터 2014년까지 20년간 출판된 국내외 논문 25편을 분석 기준들을 적용하여 연구 결과를 산출하였다. 그 결과 봉사활동의 대표적 효과는 타인에 대한 존중, 자신감, 양보, 친절, 의사소통 및 갈

등 해결 능력, 민주시민 의식, 협력의 향상이었다. 이와 같은 연구 결과와 더불어서 청소년 봉사활동의 효과에 관해 심리적 발달 측면, 사회적 발달 측면, 진로 발달 측면으로 구분하여 좀 더 알아본다.

(1) 심리적 발달 측면

심리적 발달 측면에서 청소년 봉사활동 효과를 살펴보면 첫째, 청소년이 봉사활동을 통하여 인간을 존중하고 사랑하는 마음을 갖게 된다. 타인에 대한 존중과 사랑은 굉장히 수준이 높은 성숙한 태도이다. 이 같은 태도는 청소년이 다른 사람을 상대로 대인 봉사활동을 하면서 많이 성숙될 것이다. 봉사의 손길이 필요한 아동, 장애인, 노인 등 만나서 봉사활동을 하므로 인간의 존귀함과 인권의 소중함을 느끼며 어떤 사람이든 편견 없이 대하는 보편적인 인간에 대한 존중과 인간애를 형성할 수 있다.

둘째, 청소년 봉사활동은 청소년의 자아정체감 형성에 도움을 준다. 청소년기는 인지발달과 함께 높은 자의식이 생기면서, 자신의 정체성에 대한 고민 시작된다. 이러한 자아정체감 형성은 청소년기에 이루어야 할 중요한 발달과업 중 하나이다. 청소년 봉사활동은 다른 사람과 상호작용을 하면서 진정한 나의 모습을 찾게 되는 계기가 된다. 그 결과 청소년들에게 자아정체감을 형성하는 데 많은 도움을 가져다준다.

셋째, 청소년 봉사활동은 청소년들에게 민주시민으로서 자질과 역량을 갖추게 한다. 민주시민은 사회 구성원으로서 사회규범을 지키고, 사회적 책임감, 공동체 이익을 고려하는 자세 등을 가지고 있어야 한다. 봉사활동에 참여한 청소년들은 봉사활동 과정에서 규칙과 질서를 준수하고 자신의 행동과 결정에 대한 책임을 져야 한다. 또한, 민주시민은 공동체의 이익을 고려해야 하는데, 봉사활동에 참여한 청소년들은 개인의 이익보다는 공동체 이익을 중요하게 생각하는 자세를 갖게 된다.

(2) 사회적 발달 측면

사회적 발달 측면에서 청소년 봉사활동 효과를 살펴보면 첫째, 봉사활동에 참여한 청소년들은 봉사활동을 통하여 공동체 의식 및 사회적 연대감을 형성한다. 공동체 의식은 개인이 사회 구성원으로 집단에 속해 있다는 의식과 공동의 사회문제를 해결하려는 것으로 청소년이 성취해야 할 과업이다. 이러한 공동체 의식은 봉사활동을 통하여 쉽고 빠르게 청소년들에게 심어줄 수 있다. 공동체 의식이 형성되는 과정은 봉사활동에 참여한 청소년이 다른 사람을 배려하고 이해하는 마음을 갖는 데서 생긴다. 또한, 환경보전 활동과 정치참여 활동 등과 같은 공동의 사회문제를 해결하기 위한 봉사활동에 참여하므로 공동체 의식을 형성할 수 있다.

둘째, 사회적 발달 측면에서 봉사활동의 다른 효과는 청소년의 사회성 개발을 돕는 것이다. 사회성은 사회생활 할 때 필요한 것인데, 다른 사람과 원만한 관계를 유지하는 것이다. 이러한 사회성을 개발하는데 봉사활동이 청소년들에게 많은 도움을 준다. 청소년이 봉사활동 준비하면서 만나는 지도자와의 관계, 봉사활동 현장에서 만나는 봉사활동 관리자, 실제 봉사 수혜자 등을 만나서 원만한 대인관계 기술, 소통 기술 등을 형성하므로 사회성을 높일 수 있다.

(3) 진로 발달 측면

청소년 봉사활동은 청소년이 진로를 선택하고 결정하는 데 많은 도움을 준다. 청소년의 진로교육에 있어서 다양한 직업 세계에 대한 정보, 미래 사회 환경에 대한 교육도 중요하지만 더 중요한 것은 청소년 자신에 대한 자기 이해가 있어야 한다. 자기 이해를 통해 청소년이 자신의 직업에 대한 적성과 흥미, 태도를 파악하는 것이다. 따라서 봉사활동을 하면서 다양한 직업 세계에 대한 정보 습득과 자기 적성과 흥미에 적합 직업이 무엇인가를 간접 체험할 수 있다. 예를 들어, 한 청소년이 의료 시설에 가서 봉사활동을 했을 때 의사, 간호사, 간병인 등 의료인력 전반에 관한 정보를 습득할 수 있을 것이다. 의료 시설 종사자가 각각이 맡은 업무를 파악할 수 있고, 더불어서 만약 '내가 간호사가 된다면 잘할 수 있을까?' 하는 성찰을 통하여 의료인으로서 본인이 적합한 적성과 소질을 가졌는지를 확인할 수도 있을 것이다.

3) 청소년 봉사활동 유형

청소년 봉사활동 유형은 학교에서 분류한 유형이나 학교 밖 청소년활동 시설과 단체 등에서 분류한 유형이 큰 차이가 없으므로, 학교 봉사활동 영역 분류를 통하여 청소년 봉사활동에 관한 전반적인 유형을 알아보고자 한다. 학교에서 이루어지고 창의적 체험활동에서 봉사활동을 교내 봉사활동(또래 상담, 지속 가능한 환경보호 등), 지역사회 봉사활동(지역 사회참여, 캠페인, 재능 기부 등), 청소년단체 활동으로 구분하고 있다. 한편, 서울특별시교육청(2023학년도 학생 봉사활동의 활성화 운영계획)에서는 학생 봉사활동 활동영역별 세부 유형과 세부 내용을 〈표 4-3-1〉과 같이 상세히 제시하고 있다. 이 계획서에서 활동영역을 이웃돕기 활동, 환경보호 활동, 캠페인 활동 세 가지로 구분하고 있다. 활동영역별 세부 유형을 보면 먼저, 이웃돕기 활동은 지역사회 개발 · 발전 활동, 문화, 관광, 예술, 체육 진흥 활동, 민주시민 사회 구현 활동, 민원 안내 및 업무 보조 활동, 일손 돕기 재능 나눔 활동, 교통안전 활동, 지도 활동(재능 나눔), 재난 관리 및 구호 활동 등으로 분류하고 있다. 환경보호 활동의 세부 유형은 환경보호 및 시설정비 활동, 환경감시 활동이 있으며, 캠페인 활동은 의식개선 활동과 헌혈 활동으로 나누고 있다.

〈표 4-3-1〉 학생 봉사활동 유형 및 세부 내용

활동 영역	세부 유형	세부 내용
이웃돕기 활동	지역사회 개발 발전	집짓기, 수리 보조(전기 및 보일러 수리, 도배 장판, 도색 등)
		공동체 마을 만들기, 아파트 공동체 실천 활동, 주민자치활동
		농촌 봉사활동, 텃밭 가꾸기
		알뜰시장 및 벼룩시장 봉사활동
		지역사회 바자회
		꽃길 가꾸기, 놀이터 보수 활동
		지역 행사 지원 활동

활동 영역	세부 유형	세부 내용
이웃돕기 활동	문화, 관광, 예술, 체육 진흥	문화재 관광 가이드, 문화 해설
		문화예술시설 견학 안내
		문화, 예술, 체육행사 지원 활동
		문화 체험, 취약아동 대상 수련활동 보조 지도
		문화, 예술, 체육 분야에서 (보조)지도자 활동
	민주시민 사회 구현	여성차별 개선활동, 아동인권 보호활동
		외국인 노동자 및 결혼이민자 지원활동
		인권 옹호 및 평화 구현 분야 봉사활동
		부패 방지 및 소비자 보호 분야 봉사활동
	민원 안내 업무 보조	선거 관련 봉사활동
		공공기관 내 민원 안내, 사무 협력, 서가 정리
		장애인 및 노인 민원 접수 보조 및 안내
		병동 내 및 재가 세대 대상 도서 대출 및 회수
		헌혈자 접수 및 안내
		김장김치 만들기
		나들이 보조
		노인이나 장애인 수발
		노인 놀이, 말벗 봉사
		도시락, 밑반찬, 물품 배달
		급식소 봉사활동
		보육, 음식 조리
		사무보조, 장애인 직업 재활 작업장 보조
		청소, 빨래, 주변 환경 정리
		식사 보조
		목욕 봉사활동
		체육 보조 활동
		국제기구 및 단체 지원 활동
		공공기관, 사회복지시설 등 행사 지원 활동

활동 영역	세부 유형	세부 내용
이웃돕기 활동	일손 돕기 재능 나눔	음식 조리(제과제빵 포함)
		이 · 미용 봉사활동
		통·번역 봉사활동
		영정사진 촬영 및 제작 지원
		장애우 점자 입력 봉사활동
	교통 안전 활동	등하교 횡단보도 지도
		교통안전교육 지도
		아동 안전지킴이 활동
	지도 활동 재능 나눔	멘토링(멘토링 사업 참가자) 활동
		학교 교과목과 관련된 학습 지도
		교육관련 지도활동(예술, 컴퓨터, 언어 등)
	위문 공연 재능 나눔	교도소, 감호소 위문(공연) 활동
		공연 봉사활동
	재난 관리, 구호 활동	피해복구 활동
		피해복구 참여자 대상 급식 활동
		피해지역 현장사무소 업무 보조
		북한동포돕기 활동
		재해예방교육 보조지도
		피해지역모니터활동
환경보호 활동	환경보호, 시설정비	환경정화활동, 재활용품 수거 및 분류
		문화재지역 환경정화활동
	환경감시	환경보호 모니터링
캠페인 활동	의식개선 활동	모금활동 및 후원 캠페인
		헌혈 거리 캠페인
		청소년 보호 관련 캠페인 활동
		북한동포돕기 캠페인
		부정주차금지 캠페인
		대민안전캠페인 및 재난재해모금 캠페인
		청소년 유해업소 추방 캠페인활동

활동 영역	세부 유형	세부 내용
캠페인 활동	의식개선 활동	의식계몽활동, 소비자보호 캠페인활동
		문화재 보호 캠페인
		건전한 사이버 문화 조성 캠페인
	헌혈	헌혈

출처: 서울특별시교육청(2023), pp. 25~26에서 재구성.

4) 청소년 봉사활동 과정

청소년 봉사활동 과정을 학교 교육계획에 의해 학교가 주체가 되어 운영하는 학생 봉사활동과 학교 밖 청소년활동 시설 등의 주체로 운영되는 청소년 봉사활동 과정을 분리해서 생각해 볼 수 있다. 먼저, 학교 교육계획에 의한 학생 봉사활동 과정을 보면 [그림 4-3-1]과 같다. 우선 봉사활동계획을 수립하고 계획에 따라서 봉사활동 참가자를 모집한다. 참가자가 모집되면 봉사자에게 사전교육을 한다. 이때 봉사자의 자세, 봉사방법에 관하여 교육을 하고 역할분담도 한다. 봉사 장소에 배치되면 현장교육을 하게 되는데, 현장교육 내용을 살펴보면 안전교육, 역할 점검, 봉사활동 현장 상황을 파악하고 그에 따른 유의 사항을 이해하는 교육 등이다. 봉사활동을 실행하고 나면 반성 및 평가 시간을 갖는다. 봉사자들이 봉사활동 내용 및 결과에 대한 반성적 성찰을 할 수 있도록 하고 더불어서 봉사활동 결과에 대한 격려와 포상, 인정의 시간을 가지므로 활동이 마무리된다(서울특별시교육청, 2023: 8).

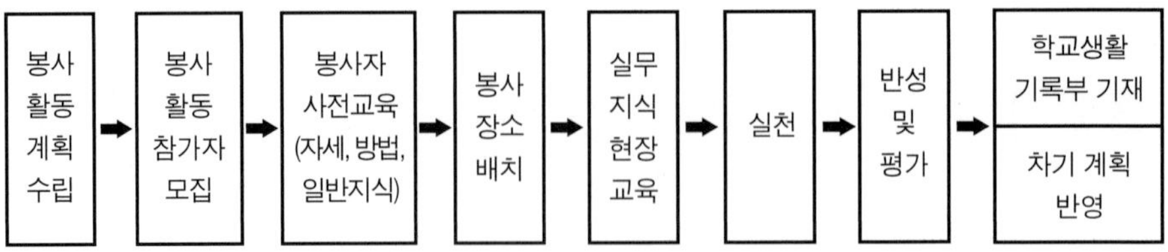

[그림 4-3-1] 학교 교육계획에 의한 봉사활동 과정

출처: 서울특별시교육청(2023), p. 8.

학교 교육계획에 의한 봉사활동 과정을 준비단계, 실행단계, 평가단계로 구분하여 세부적인 활동 내용 및 방법을 살펴보면 다음과 같다. 준비단계에서는 봉사활동 문제 인식, 사전 학습, 실행 계획 수립이 이루어진다. 문제 인식은 학생들이 봉사활동 필요성과 활동 대상에 대한 동기부여를 상기시키고 봉사 방향을 설정할 수 있으며, 사전 학습은 구체적 활동에 필요한 지식 또는 기능의 습득 과정이다. 실행 계획 수립 시 사전 조사, 실행 가능한 봉사활동 선정, 대상 기관 담당자와 협의, 활동 내용 및 준비물 점검 등이 필요하다. 실행단계에서는 학교 안팎에서의 봉사 대상 기관이나 장소에서 대상을 만나 실제 봉사활동을 실천한다. 이 단계에서는 안전사고 예방, 계획대로 실행 여부, 상황 변화에 따른 대처, 활동 과정에서 인간관계 유지, 지도자 지시 순응 여부, 봉사자 상호 간 협조 등에 유의하여 실시하도록 지도해야 한다. 평가단계는 반성 · 발전하는 단계로 봉사활동 교육적 성과, 학생 및 봉사 대상 만족도 등을 확인하고 활동 결과를 기록한다. 평가는 프로그램 실행 직후에 실시하는 것이 효율성이 높다. 봉사활동 프로그램 학습 목표가 어느 정도 달성되었는지 평가하되, 소감문 작성, 면접, 설문 조사, 간담회, 우수 사례 발표회 등 다양한 평가 방법을 활용하며, 지도교사는 모범적인 자세로 활동에 임한 학생들을 칭찬 · 격려한다. 그리고 지도교사는 봉사활동이 당사자인 학생, 가족, 집단 그리고 지역사회로까지 확대 · 발전할 수 있도록 추수 지도해야 한다(서울특별시교육청, 2023: 18).

학교 교육계획에 의한 봉사활동 과정과 마찬가지로 학교 밖의 청소년활동 시설 및 단체 등에서 이루어지는 청소년 봉사활동 과정도 크게 다르지 않다. 하지만 학교 밖에서 이루어지는 청소년 봉사활동은 학교 교육계획에 의한 봉사활동과는 달리, 봉사활동 준비단계에서부터 참여 청소년 욕구가 반영되고 자율성이 확보되어 봉사활동 절차가 수행된다는 점에서 차이가 있다. 그리고 학교 밖에서 이루어지는 청소년 봉사활동은 학교 교육계획에 의한 봉사활동보다는 유연하게 활동이 진행되는 부분도 있다. 그렇지만 앞서 제시한 학교 교육계획에 의한 학생 봉사활동이나 학교 밖 청소년 봉사활동이나 봉사활동 과정은 큰 차이가 없이 [그림 4-3-2]와 같이 준비단계, 실행단계, 반성 및 평가단계로 정리할 수 있다.

준비단계, 실행단계, 반성 및 평가단계의 세 가지 단계에 기초하여 학교 밖 청소년활동 시설에서 이루어지는 봉사활동 과정을 살펴본다. 먼저, 준비단계는 봉사자 개인 측면과 봉사활동을 주관하는 기관 측면으로 구분하여 살펴볼 수 있다. 봉사자 개인은 준비단계에서 봉사활동 주관 기관을 찾아 참가 신청을 하고 활동 참여가 결정되면 사전교육을 받는다. 봉사활동 주관 기관은 봉사활동 계획(내용, 방법, 기간, 대상 등)을 하여 참가자를 모집하고 사전교육을 시행한다. 실행단계에서는 봉사자 개인은 현장교육을 통하여 안전교육, 상황 대처법 등에 관하여 인지하고 능동적으로 활동에 참여해야 한다. 봉사활동 주관 기관은 현장교육을 하고, 봉사활동 인솔자, 현장관리자 등과 유기적인 협조 체계를 형성하여 원활한 활동이 될 수 있도록 지원해야 한다. 반성 및 평가단계에서 봉사자는 소감문 및 설문작성, 포트폴리오 등 각종 기록물 작성 등을 통하여 봉사활동에 대한 반성의 시간을 갖는다. 봉사활동 주관 기관은 반성 및 평가단계에서 봉사활동 참여 청소년들이 의미 있는 반성적 사고가 일어날 수 있도록 돕고, 활동의 결과에 대하여 심리적 격려와 물질적 보상을 시행한다.

준비단계	
봉사자	봉사 신청, 사전교육 참여
활동 주관 기관	활동계획(프로그램), 봉사기관 선정, 사전교육 시행

→

실행단계	
봉사자	현장교육 참여, 적극적 경험
활동 주관 기관	현장교육, 다른 현장지도자와 협조하여 활동 지원

→

반성 및 평가단계	
봉사자	소감문, 설문지, 각종 기록물 작성 등
활동 주관 기관	심리적 격려와 물질적 보상을 시행

[그림 4-3-2] 청소년 봉사활동 과정

5) 청소년 봉사활동 지원 포털사이트

[그림 4-3-3] 청소년 봉사활동 지원 포털사이트

(1) e청소년 자원봉사 두볼(Dovol)

여성가족부 산하 공공기관인 한국청소년활동진흥원에 총괄 운영 · 관리하고 있는 청소년자원봉사 포털사이트(청소년자원봉사시스템) 약칭이 두볼(Dovol)이다. e청소년 자원봉사 두볼은 Do Volunter(자원봉사 하다)의 축약어이다. 2012년 정부 부처 간 칸막이 제거를 통해 이용자의 편리성을 증대하자는 정부 3.0의 일환으로 2014년 7월부터 두볼(Dovol)과 행정안전부 자원봉사 통합관리시스템인 1365 자원봉사포털의 연계 서비스를 제공하고 있다. 두볼과 1365자원봉사포털 간의 자원봉사 실적 연계는 물론, 교육부의 교육행정정보시스템 '나이스(NEIS)'를 통하여 학생생활기록부에 봉사활동 실적을 온라인으로 전송할 수 있도록 하고 있다. 한편, 2017년에는 청소년활동정보서비스(youth.go.kr)와 통합하여, 청소년 자원봉사활동뿐만 아니라 청소년국제교류, 자유학기제 연계 체험활동 등 타 청소년활동 정보와의 연계도 크게 강화하였다(여성가족부, 2023: 167).

(2) 1365 자원봉사포털

2011년 구축된 1365 자원봉사포털(자원봉사통합시스템)은 행정안전부에서 개발 · 보급하여 재단법인 한국자원봉사센터에서 위탁 운영하는 자원봉사포털이다. 한국자원봉사센터에서 운영 · 관리하는 1365 자원봉사포털은 자원봉사에 관한 다양한 정보를 제공하고, 자원봉사센터의 업무 효율성 강화를 위한 체계를 구축하며, 관리자를 대상으로 한 교육도 실시한다.

광역단위의 시 · 도 자원봉사센터나 시 · 군 · 구 자원봉사센터에서는 1365 자원봉사포털 서비스 이용 및 회원 정보 관리 · 운영을 한다. 1365 자원봉사포털은 전국의 자원봉사 정보를 한곳에 모아서, 자원봉사 정보 검색, 신청, 봉사 실적 확인까지 원스톱으로 서비스를 제공 받을 수 있으며 이용 방법은 아주 간단하다. 회원가입 후 봉사조회 및 신청하면 누구나 쉽게 이용할 수 있다. 한편, 1365 자원봉사포털은 청소년이 1365자원봉사포털을 통하여 봉사활동을 한 실적이나, 청소년 자원봉사시스템 두볼(Dovol)에서 넘어온 결과(봉사실적)를 나이스에 연계하는 작업을 한다.

(3) 사회복지 자원봉사 포털 'VMS'

전국 사회복지자원봉사의 체계적인 조직 관리를 통한 자원봉사 활성화를 도모하고자 보건복지부, 지방자치단체와 한국사회복지협의회, 시 · 도사회복지협의회, 시 · 군 · 구 사회복지협의회가 2001년도부터 국내 최초의 자원봉사 실적 인증사업을 추진하였다. 사회복지 자원봉사 인증관리시스템(VMS) 사업 주체는 보건복지부이고 주관은 한국사회복지협의회, 시 · 도 사회복지협의회에서 한다. 그리고 사업수행은 사회복지자원봉사관리센터(시설 · 법인 · 단체, 보건 · 의료, 기업 등)에서 한다. 사업수행 기관인 사회복지자원봉사관리센터 상호 간에는 유기적인 협력체계를 구축하여 사회복지자원봉사 프로그램을 운영하고, 소속 자원봉사자의 봉사활동 실적을 데이터베이스에 누적 · 관리하여, 국가 · 사회적 인증프로그램을 발굴 · 제공하고 있다(사회복지 자원봉사인증관리 홈페이지).

2001년 오픈 이후, 전국에 많은 VMS관리센터에서 활동한 봉사활동 실적정보를 한눈에 확인할 수 있고 VMS에 등록된 실적정보는 홈페이지에서 '사회복지자원봉사실적인증서'로 출력하여 진학, 취업원서 등 제출 시 사용할 수 있다. VMS에서 제공되는 콘텐츠는 자원봉사활동 신청하기, 사회복지자원봉사 실적인증서 발급 및 발급내용조회, VMS관리센터 및 봉사일감 조회, 사회복지 자원봉사 통계 정보, 이달의 우수봉사자(단체) 선정 및 소개, 자원봉사자카드 발급 안내, 지역사회봉사단 소개 및 참여 방법 안내, 자원봉사와 관련된 각종 자료 등이 제공되고 있다(한국사회복지협의회 '복지넷' 홈페이지).

제4장 환경교육활동

환경교육활동은 장소적 측면에서 학교 교육과정으로 이루어지는 학교환경교육활동과 학교 밖에서 비교육과정으로 이루어지는 사회환경교육활동으로 크게 구분하여 볼 수 있다. 환경교육활동의 내용적 측면에서는 자연환경 문제 관련 교육 내용, 생활환경 문제 관련 교육 내용, 생태계 오염과 파괴 문제 등 광범위한 내용을 포함하고 있다. 이러한 환경교육활동은 환경교육과 큰 차이 없이 같은 의미로 사용되고 있다. 따라서 환경교육의 개념을 먼저 이해하고, 환경교육보다 더 확장된 개념으로서 환경교육활동에 관해 살펴보기로 한다. 그러기 전에 환경문제의 특성, 환경문제의 유형에 관해 이해한다. 다음은 환경교육활동에 관한 개념과 철학, 지속가능발전교육으로서 환경교육활동을 정리한다. 그리고 환경교육활동을 학교환경교육활동과 학교 밖 사회환경교육활동으로 구분하여 알아보고, 더불어서 환경교육활동 활동가 내지는 지도자로서 '환경교육사' 제도에 관해서도 살펴본다.

1. 환경문제의 기초 이해

1) 환경문제의 특성

오늘날 심각하게 여기고 있는 환경문제는 아주 오래전부터 있었다. 그리스나 로마 시대에도 도시국가가 발달하면서 건물 건축, 채굴 · 채석, 전쟁 물자를 만들기 위하여 광범위한 산림파괴 등이 있어서 심각한 환경문제를 초래하였다. 산업혁명 이후에는 이전과는 다른 양상이 나타났는데, 그것은 환경문제의 양과 질적인 부분에 엄청난 변화이다. 이러한 변화는 유한한 자원의 고갈과 생태계의 교란을 가져왔으며, 이런 환경문제는 지금도 계속되고 있다.

환경문제는 환경오염, 환경파괴, 환경위기 등 다양한 용어들과 함께 사용되고 있다. 이 용어들은 모두 자연이 원래 가지고 있는 질의 오염 · 파괴라는 뜻으로 사용되고 있으나, 자연이 원래 가지고 있는 질의 오염 · 파괴 그 자체가 환경문제라기보다는 자연의 오염 · 파괴가 인간의 건강, 가치체계, 행위 양식, 인간관계, 사회변동 등 기존의 삶의 존재 양식에 원하지 않는 부정적 영향을 줄 때 비로소 인간에게 환경문제로 다가온다(정대연, 2004: 73).

환경문제의 특성에 관해 박길용(2014: 42~45)에 다음과 같이 제시하고 있다. 첫째, 환경오염 요인은 매우 다양하고 복잡하게 발생한다. 환경문제는 개발과정에서 나타나는 자원고갈, 생태계 파괴, 자연환경 훼손 등과 생산과정에서 유발되는 매연, 폐수, 폐기물, 소음, 분진, 진동, 산업 쓰레기, 그리고 소비과정에서 연소, 생활하수, 생활 쓰레기 등 오염물질이 발생한다. 이 같은 개발과정, 생산과정, 소비과정에 상호연관성을 가지고 아주 다양하고 복잡하게 환경문제가 나타난다. 둘째, 환경문제는 어떤 특정 지역에 발생하는 국지적 현상이 아니라 광범위한 범위에서 발생하고 영향을 미친다. 지구온난화, 생물 다양성 감소 등은 한 지역만의 문제가 아니라 광범위하게 확산된다. 이러한 환경오염의 광역성으로 인하여 환경문제는 점차 공통화 내지는 국제화하는 성격을 나타내고 있어서, 한 국가만의 문제가 아니라 지구촌 전체가 해결해야 할 문제이다. 셋째, 환경문제의 인과관계를 찾는 어려움이 있다. 환경오염이나 자연 파괴의 영향이 오랜 시차를 두고 나타나기 때문에 원인과 결과 사이에 존재하는 인과관계를 확인하는데 상당히 어려움이 따를 뿐만 아니라 다른 사회문제보다 상대적으로 미래를 예측하기도 힘들다. 넷째, 환경오염이나 파괴를 회복하는 데 오랜 시간이 걸리며 다시 원상으로 회복이 거의 불가능한 불가역적 성격을 가지고 있다. 일단 파괴된 자연환경, 질서가 무너진 생태계 등은 원상으로 회복되고 치유되는 데 시간이 오래 걸리므로, 환경문제는 사후 규제보다는 사전 예방적인 대책으로 대응하는 것이 바람직하다. 다섯째,

환경문제의 자기 증식성이다. 대기 · 물 · 토양 등 자연생태계는 그것을 구성하고 있는 생물적 요소 내에서뿐만 아니라 생물적 요소와 비생물적 요소 사이에도 항상 균형 상태를 유지하려는 평형 보존 능력 또는 자기조절 능력이 있다. 그러나 그 능력 이상으로 오염물질이 부하되면 자정작용이 불가능하게 되어 오염 현상이 더욱 심화한다.

이상 몇 가지 환경문제에 관한 특성을 살펴보았다. 환경문제는 대단히 복잡한 문제이기 때문에 단순하게 접근하고 해석할 문제가 아니다. 그렇다고 속수무책으로 내버려둘 수만 없다. 그래서 온 인류는 인류 존폐의 문제로 환경문제를 받아들이며 사활을 걸고 환경을 보존하기 위한 노력을 하고 있다. 환경문제가 아무리 다양한 요인이 복합되어 발생하는 난해한 문제이더라도, 인류는 지구촌 전체의 사회문제로서 환경문제를 생각하고 해결해야 할 것이다. 위기에 처한 지구의 환경문제를 해결하기 위한 최선의 실천 방법이 환경교육활동이다.

2) 환경문제의 유형

자연의 구성요소인 물, 공기, 나무, 토양, 동식물 등의 구성요소들은 다음과 같은 차원을 중심으로 항상성과 안정성을 유지하며 존재한다. 첫째 차원은 자연자원이다. 자연은 인간의 삶에 필요한 자원을 공급해 준다. 둘째 차원은 자연의 질이다. 자연의 구성요소들은 각기 원래의 질을 가지고 있다. 셋째 차원은 생태계이다. 자연의 구성요소들은 상호 유기적 관계를 맺은 자기조절 체계라는 것이다(정대연, 2004: 74). 이상의 세 가지 차원으로 작동하는 자연 생태계는 가역적인 것이 아니므로 인간의 무차별적인 환경파괴로 인하여 자연 생태계 질서에 오류가 발생하는데, 이를 환경문제라고 할 수 있다. 첫째 차원의 자연자원 부족으로 나타나는 환경문제는 자원의 고갈이다. 둘째 차원의 변화로 나타나는 환경문제가 자연의 질이 오염되고 파괴되는 것인데, 대표적인 오염이 수질오염, 대기오염, 토양오염 등이다. 셋째 차원의 이상으로 나타나는 환경문제는 자연 생태계가 정상적으로 움직이지 않고 무너지는 것이다. 자연자원의 부족, 자연 질의 하락,

생태계 이상을 자연 구성요소의 기능 상실이라 할 수 있으며, 이를 환경문제로 유형화시키면 〈표 4-4-1〉과 같다.

〈표 4-4-1〉 자연의 구성요소 기능 상실에 따른 환경문제 유형

차원 구분	기능	환경문제 유형	세부 내용
자연자원	인간에게 필요한 자원 공급	자연자원의 고갈	식량문제, 연료문제, 각종 자원 부족 문제 등
자연의 질	자연의 구성요소들은 각기 원래의 질을 가지고 있음	자연의 오염	수질오염, 대기오염, 토양오염 등
자연 생태계	자연의 구성요소들은 상호 유기적 관계를 형성	자연 생태계 파괴	생물 다양성 감소, 기후변화, 자연재해, 자원고갈, 건강문제 등

(1) 자연자원의 고갈 문제

인간 생명을 유지하는 데 필요한 자연자원은 환경체계의 화학적 · 물리적 순환과정을 통해 무한정으로 만들어지는 공기, 햇빛, 바람 등을 제외하면, 크게 광물자원(금속, 모래, 석면 등), 식량자원, 수자원, 에너지자원(화석에너지, 대체에너지 등), 생물자원(산림자원, 수산자원 등)으로 범주화할 수 있다(이종문 · 박찬석, 1996: 3~10; 이상훈, 1997: 96~126; 정대연, 2004: 77). 이와 같은 자연자원은 인간의 일상생활에 도움을 주어 생명을 유지 · 성장 · 발달하는 데 이용할 수 있을 때 자원으로서 가치와 의미를 지닌다. 예를 들어, 땅속에 묻혀 있는 석탄, 석유, 천연가스 등을 인간 생활에 활용하지 않으면 자원이라고 볼 수 없다. 또한, 나무도 인간에게 필요한 다양한 목재로 사용했을 때 자원으로서 가치가 있고, 바닷속의 수많은 해양자원도 인간 생명 유지에 도움이 되는 자원으로 활용했을 때 진정한 자원이라고 할 수 있다. 따라서 자연자원은 자원을 활용하고자 하는 인간의 인식과 자원을 활용하는 인간의 기술력으로 '자원화'된다고 볼 수 있다. 이처럼 인간의 생명과 생활 편의

를 위한 욕망 충족의 도구로 활용되는 자연자원(광물자원, 식량자원, 수자원, 에너지자원, 생물자원 등)은 자원의 유한성 때문에 고갈을 가져온다. 더불어서 자원 활용 과정에서 인간의 인위적 기술력을 동원한 자원의 활용은 심각한 환경문제를 발생하게 한다. 특히, 화석에너지 사용 증가로 대기 중 질소산화물(NOx), 황산화물(SOx), 미세먼지, 휘발성 유기화합물 등과 같은 오염물질의 농도가 꾸준히 증가해 왔다. 또한, 광물자원의 개발 후 발생하는 폐기물인 광물 찌꺼기를 내버려둠으로써 인근 토양과 물이 오염되어 피해를 유발할 뿐만 아니라 바람에 의해 흩날리는 먼지에 의한 피해도 우려되고 있다(전상호 · 이종범 · 김범철 · 안태석 · 김희갑 · 강신규 · 한영지, 2011: 20).

(2) 자연의 오염 문제

자연의 질은 자연의 구성요소(물, 공기, 나무, 토양, 동식물 등) 간 화학적 · 물리적 상호작용을 통해 형성된다. 자연의 질은 고정불변하게 상태를 유지하는 것이 아니라, 자연의 구성요소 간의 화학적 · 물리적 상호작용을 통해 계속 변하는 과정에 있고, 그 과정에서 동식물들은 진화 또는 멸종되었다. 예를 들어 "공기가 어떠한 상태가 본래의 질이냐?"라는 물음에는 정확한 답을 찾기가 어렵다. 공기의 질은 화학적 · 물리적 변화를 통해 계속 변화하고 있고, 변화 가운데 안정성을 유지하고 있기 때문이다. 그러나 분명한 사실은 공기의 질이 변하는 것이 자연현상으로서 화학적 · 물리적 변화 과정을 거치지 않고 인간의 활동 및 그 결과에 따라 타동적으로 변질할 때 이것을 자연의 질의 오염 · 파괴라고 할 수 있다는 것이다(정대연, 2004: 77).

초기 순수과학에서는 "순수하지 않은 상태"를 오염이라고 정의하였으나, 오늘날 환경과학에서는 "사용하기에 방해가 될 만큼 충분히 이물질이 포함된 상태"를 오염이라 정의하고 있다. 이러한 오염의 원인은 크게 자연적 오염과 인위적 오염으로 나눌 수 있다. 천재지변(화산폭발, 해일, 지진 등), 생물의 배설 등의 자연적 오염은 대부분 자연이 정화할 수 있는 능력 범위 안에 있지만, 인간의 농약 사용, 화학물질 사용 등의 인위적인 활동에 의한 오염으로 인해 자정 능력의 한계를 벗어날 때는 자연이 정화할 수 없는 상태가 된다(전상호 · 이종범 · 김범철 · 안태석 · 김희갑 · 강신규 · 한영지, 2011: 21). 이 같은 자연의 오염을 이상훈(1997: 127~128)은 "물, 공기, 토양에 통상적으로 발견되지 않은 물질이 유입되거나 정상적인 범위를 초과하여 인간에게 피해를 주는 현상"이라고 정의하고 있다. 자연의 질을 유지하는 것은 자연이 참으로 위대한 자정 능력을 갖추고 있음을 알 수 있다. 하지만 인간의 개입을 통한 인위적 변화는 오염과 파괴라는 결과를 가져왔다.

대기오염물질은 발생원에 따라 자연적 발생원(natural source)과 일상생활에서 인위적으로 발생하는 인위적 발생원(artificial source)으로 나눌 수 있다. 자연적 발생원은 황사, 화산폭발, 산불 등으로 인하여 분진, 매연, 흙먼지가 바람에 날려 생기는 것이다. 인위적 발생원은 발전소, 소각로, 공장, 난방시설 등에서 굴뚝을 통해 배출되는 황산화물, 질소산화물, 먼지 등 같은 오염물질이 있다. 산업시설뿐만 아니라 주거 및 상업 시설 등에서 오염물질이 발생하고 있다. 또한, 자동차, 선박, 항공기, 농기계, 건설기계, 기차 등과 같이 이동하면서 일산화탄소, 질소산화물, 탄화수소, 기타 중금속 분진이 배출되어 대기오염 문제를 일으킨다. 이러한 대기오염은 복합적인 현상들로 온실효과, 오존층 파괴, 산성비, 열섬 현상, 스모그 현상 등이 나타난다(박길용, 2014: 72~95).

수질오염은 수중에 오염물질의 양이 정상적인 농도를 초과하여 인간이나 동식물 등이 이용함에 있어서 악영향을 주는 것을 말한다. 수질오염은 나뭇잎이나 동물 사체 등의 유입으로 오염되어 자연정화의 능력을 벗어나지 않는 범위에서는 오히려 정상적인 '자연적 오염'과 인간의 활동으로 야기되는 '인위적 오염'으로 나눌 수 있다. 인위적 수질 오염원은 기름유출, 가정생활하수, 공장폐수, 도시폐수, 농장 · 축산단지폐수, 비료, 농약, 제조업 및 광산 등에서 만들어진 독성물질, 각종 쓰레기, 개발 행위 등이 있다(전상호 · 이종범 · 김범철 · 안태석 · 김희갑 · 강신규 · 한영지, 2011: 101). 이와 같은 수질 오염원은 지하수나 하천을 오염시키고 더 나아가 해양오염을 시킨다. 오염된 물을 마신 인간이나 생물체의 체내에 중금속을 축적시켜 해를 끼치며, 해양오염은 연안 지역 해양생태계 어족자원의 오염과 감소를 초래한다.

토양오염은 토양 중에 특정 물질의 농도가 한계농도 이상으로 높아져 토양의 화학적 성질을 약화시키거나 토양생물의 생육에 지장을 주고, 더 나아가 먹이 연쇄를 통해 생물농축이 일어남으로써 생태계에 변화를 일으키고, 인체에도 유해 작용을 일으키는 것이다. 토양오염의 원인은 수은, 카드뮴, 구리 등 중금속 오염과 농약 화학비료 등 영농오염이 있다. 중금속은 채광활동 과정에서 배출되기도 하지만 2차 산업의 활동 과정에서 더욱 많이 배출된다. 농약 및 화학비료는 당장 눈앞에 보이는 생산성을 높이기 위한 것이지만 장기적으로는 천적의 멸종, 해충의 저항성 증가 등을 가져와 오히려 농업 생산 조건을 파괴시키며 잔류되어 있는 농약은 식품오염을 일으킨다(정대연, 2004: 89).

(3) 자연 생태계 파괴 문제

자연 생태계는 동물, 식물 등과 같은 생물체와 땅, 공기, 물 등과 같은 미생물로 구분되는 생물체들이 서로 그리고 그들의 환경과 상호작용함으로서 그 자체를 영속화시키는 생물체들의 집단을 말한다(이두호 · 김형철 · 김종석, 1993: 53). 생태계는 생물체와 비생물적 요소가 균형과 조화를 이룰 때 물질순환이 이루어지고 생물군집이 유지된다. 생물체와 그 생물체를 싸고 있는 비생물적 요소를 자연환경이라고 하는데, 이들은 서로 불가분의 관계를 가지고 있다(정회성 · 변병설, 2003: 42).

자연 생태계의 생물환경과 비생물환경 간에는 물질과 에너지를 상호 순환시키는 물질 운반 및 에너지 순환 기능, 자연환경 변화에 대한 균형 상태를 유지하려는 평형 보존 기능, 생물체가 환경에 적응하려는 자기조절 기능, 생물 간의 먹이 연쇄 기능, 생물종의 교환과 진화 기능 등을 가지고 생태계의 구조를 지속적으로 유지한다. 이러한 안정적 기능은 인간이 배출한 오염물질, 산림 제거, 습지 개간 등으로 인하여 그 수용 한계 용량을 초과하게 되면 생태계 본래 기능의 변화를 형성하여 생태계 질서를 파괴한다(박길용, 2014: 40). 무너진 생태계 질서는 생물 다양성 감소, 기후변화, 자연재해, 자원고갈, 건강 문제 등을 가져온다.

2. 환경교육활동의 기초 이해

1) 환경교육과 환경교육활동의 개념

지구 환경문제에 대하여 태도 형성과 실천 방안을 모색하는 환경 관련 교육이나 활동은 '환경활동'이란 표현보다는 '환경교육' 또는 '환경교육활동'이라고 표현한다. '환경활동'보다 '환경교육' 또는 '환경교육활동'이라고 사용하는 이유는 그만큼 환경에 관해 교육기관(공식교육기관 및 비공식기관 포함)을 통한 교육적 활동을 강조하는 것이라고 볼 수 있다. '환경교육'과 '환경교육활동'은 거의 같은 의미로 사용하고 있다. 따라서 환경교육에 관한 개념을 살펴보고, 그 개념을 토대로 환경교육활동의 개념을 정리해 보고자 한다.

환경교육이란 용어를 사용한 것은 1948년 국제 자연 및 자연자원보존연맹(International Union for Conservation of Nature and Natural Resources: IUCN) 설립 총회에서 언급되었고, 그 후 미국의 닉슨 대통령이 1970년 의회에 제출한 환경문제 백서에서 환경교육 용어를 공식적으로 사용하였다(최석진 · 최경희 · 김용근 · 김이성, 2014: 11).

한국의 「환경교육의 활성화 및 지원에 관한 법률」(약칭: 환경교육법)에서 환경교육이란 용어를 사용하고 있다. 「환경교육법」에서 "환경교육이란 국민이 환경의 중요성을 이해하고, 환경을 보전하고 개선하는 데 필요한 지식 · 기능 · 태도 · 가치관 등을 갖추어 환경의 보전 및 개선을 실천하도록 하는 교육을 말한다."라고 정의하고 있다. 한편, 환경교육의 사전적 의미는 "환경에 관한 문제를 바르게 인식하고 환경보전을 위한 구체적인 실천 능력을 개발하기 위한 교육"이라고 고려대 한국어 대사전에서 설명하고 있다.

법률적 의미나 사전적 의미에 종합하면 환경교육은 사전 예방 활동으로서 환경의 소중함과 환경보호의 필요성, 환경문제를 바르게 인식하는 것 등 환경관을 심어주기 위한 측면과 올바른 환경관을 바탕으로 환경을 보호하고 개선하려는 실천적인 측면으로 이해된다. 환경교육에 관한 사전 예방 교육활동은 사전적 의미에 나타나 있듯이, '환경문제를 어떻게 인식하는가?'가 핵심이라고 할 수 있다. 관점에서 따라서 꽤 다양한 의견이 나오고, 그에 따라서 실천 방향과 방법이 다르게 나타나기 때문이다.

이상의 환경교육 개념과 함께 환경교육활동에 관하여 개념을 정리해 보고자 한다. 환경교육활동과 환경교육은 별반 다르지 않게 사용되고 있으나, 두 개념 간에는 다소 차이점이 있다. 환경교육이라고 하면은 주로 공식적인 교육기관인 학교에서 이루어지는 환경 관련 교육활동이고, 환경교육활동은 공식적인 교육기관을 포함해서 학교 밖의 비공식 교육기관의 교육활동까지도 포함된 의미이다. 앞서서 제시한 환경교육의 개념을 바탕으로 환경교육활동의 개념을 정의하면 "환경교육활동은 공식 교육기관이나 비공식 교육기관에서 환경과 환경문제에 관한 올바른 환경관을 형성하고 환경보전과 환경문제 해결을 위한 실천적 교육활동이다."라고 한다.

2) 환경교육활동과 환경관

환경교육활동은 청소년들에게 이미 오염된 자연환경을 보존하는 활동을 하게 하는 것보다, 앞서서 올바른 환경관을 심어 주는 것이 필요하다. 왜냐하면, 환경문제는 사후적인 처리보다는 사전에 자연환경의 소중함, 환경보호의 필요성 등 바람직한 인식과 태도를 형성하는 것이 중요하기 때문이다.

환경론은 일반적으로 오리오던(O'Riordan, 1981a; 1981b)이 제시한 '기술지향주의'와 '생태지향주의'라는 두 입장으로 구분한다. 이러한 구분은 현대 환경론에서 거의 공식처럼 받아들여지고 있으며(Pepper, 1984), 이는 환경 담론을 구분하는 관건이 인간중심적인지, 생태중심적인지에 달려있다고 한 애커슬리(Eckersley, 1992)의 견해와도 일치한다(전소영, 2013: 19). 다양한 학자들에 의해 구분되는 환경관은 서로 배타적이지 않으며 인간중심주의 세계관이나 생태중심주의 세계관이나에 따라서 양분된다.

인간중심주의 세계관은 이성제일주의와 과학기술주의에 입각하여 근대 산업

문명을 탄생시켰다 해도 과언이 아니다. 산업문명의 가치체계를 형성한 것은 중세와 르네상스, 계몽기를 거치면서 자연에 대한 범신론적 세계관을 극복하고 16~17세기 갈릴레이, 뉴턴, 베이컨, 데카르트 등의 기계론적 자연관으로 발전하며 이루어졌다고 볼 수 있다. 이는 자연에 대한 객관적인 태도의 확립을 의미하며, 인간의 수학적 이성과 합리적 이성에 의해 우주 질서의 법칙성을 설명하려는 과학의 절대화 '과학만능주의'와 '신화화된 이성'을 의미하기도 한다. 근대 과학이 성립한 이래 과학이 기술로, 기술이 과학으로 스며들며 과학과 기술의 경계가 사라졌다. 이때부터 기술의 발달은 자연 전체의 변화를 불가피하게 만들었다. 기술의 발전이 인간의 삶에 영향을 미치는 가장 중요한 부분은 환경이다. 산업문명의 후유증으로 보이는 증후군, 즉 자연자원의 고갈 및 편재, 자연환경의 오염과 파괴, 생태계의 교란, 기상 이변의 위협 등이 오늘날 인류를 위기에 몰아넣고 있다(박길용, 2014: 267~268). 이와 같은 상황에서 새로운 세계관으로 전환이 필요하다.

21세기 새롭게 창조해야 할 새로운 문명은 이성과 감성(직관)이 공존할 수 있는 유기체적이고 역동적인 '생태문명'을 창조할 수 있는 생태 중심의 세계관 전환이 요구된다. 생태문명은 인간과 자연이 조화의 질서 안에서 우주의 기운을 호흡하면서 우주적 생명을 회복하자는 문명이다. 우주적 생명을 회복하기 위해서는 마음, 문화, 인간이 변해야 한다. 마음이 변하지 않고는 지구생태계를 지킬 수 없고, 문화가 변하지 않고는 정치, 경제, 사회를 변화시킬 수 없다. 특히, 인간과 자연에 대한 근본 해석이 변하지 않고는 아무것도 바뀔 수 없다. 유기체적인 생태적 사고가 필요하다(박길용, 2014: 274).

다음은 오리오던(O'Riordan)이 제시한 '기술지향주의'와 '생태지향주의'에 관해 알아본다. '기술지향주의'는 이원론적 세계관으로 인간이 자연에 대한 지배를 강조하는 정복관을 지닌다. 이러한 관점의 배경에는 서양의 전통적인 자연관인 인간과 자연을 분리된 존재로 이해하는 데서 나타났다. 따라서 인간 이외의 다른 존재들에 대한 지배가 가능하다고 본다. 또한, 지속 가능한 성장(sustainable growth)을 추구함에 따라, 환경보다는 경제적인 가치와 이익을 중요하게 인식한다. '생태지향주의'는 '기술지향주의'와는 다르게 일원론적인 세계관을 가지고 있다. 인간과 자연과의 화합을 강조하는 조화관을 지닌다. 이러한 관점은 인간을 자연 일부로 봄에 따라, 인간은 인간 이외의 다른 자연 존재들을 조정하고 지배할 수 없다고 보며, 인간과 자연과의 조화를 중시한다. 그리고 사회 · 경제적인 것뿐만 아니라 환경적으로도 지속가능한 발전(sustainable development)을 선호한다(노경임, 1999: 54).

3) 지속가능발전교육으로서 환경교육활동

우선 '지속가능발전'과 '지속가능발전교육'에 관해 이해하고 '지속가능발전교육으로서 환경교육활동'에 관하여 살펴보도록 한다. '지속가능발전'이라는 용어 등장 배경은 인류의 대표적인 과제인 '경제발전'과 '환경보전'의 관계를 상반적인 입장에서 상생의 관계로 발전시키기 위해서이다. 1970년대부터 이미 여러 차례 국제회의에서 지속가능발전에 관한 국제적인 논의가 계속 이어져 오고 있었는데, 특히나 1992년 브라질의 리우데자네이루에서 개최된 유엔환경개발회의(United Nations Council for Environment and Development: UNCED, 일명 Rio 회의)에서는 '지속가능발전' 개념을 정립하고 실천 전략을 구체화하여 제시하였다. 여기에서 구체적으로 제시한 내용을 보면 '환경적으로 건전하면서 지속가능한 발전(Environmentally Sound and Sustainable Development: ESSD)'이다. 이를 아주 간략히 '지속가능발전(Sustainable Development: SD)'으로도 사용한다(최석진 · 최경희 · 김용근 · 김이성, 2014: 49).

리우회의에서 논의된 실천 전략은 경제성장에 환경을 고려해야 한다는 선진국과 후발주자로서 경제성장을 우선시하는 개발도상국의 상황을 고려한 지속가능발전 개념으로 확대되었고, 2002년 남아프리카공화국 요하네스버그에서 열린 지속가능발전세계정상회의(World Summit on Sustainable Development, WSSD, Rio+10)에서는 사회 분야가 추가되어 환경, 경제, 사회가 균형 있게 발전하는 개념으로 자리 잡게 되었다(이정삼, 2015: 12~13).

2012년 유엔지속가능발전회의(UN Conference on Sustainable Development, UNCSD, Rio+20)는 지난 20년간에 걸친 각국의 지속가능발전 노력을 점검하고, 결의문인 '우리가 원하는 미래(The Future We Want)'를 통해 '녹색경제'로의 세계 경제 패러다임 전환이라는 방향을 제시하고 지속가능발전목표(Sustainable Development Goals, SDGs) 설정에 합의하였다. 그 후 3년에 걸쳐 진행된 후속 논의를 바탕으로(환경부, 2023: 49~50), 2015년 9월 제70차 유엔총회에서 지속가능발전목표(SDGs)가 담긴 '2030 지속가능발전의제(2030 Agenda for Sustainable Development)'가 채택되었다. 2016년부터 2030년까지 15년간 '단 한 사람도 소외되지 않는 것(Leave No one Behind)'을 골자로 사람, 지구, 번영, 평화, 파트너십이라는 5개 영역에서 인류가 나아가야 할 방향성을 17개 목표와 169개 세부목표로 구성되었다. 〈표 4-4-2〉에서 5개 영역별로 17개 목표를 분류하여 제시하였다.

지속가능발전의 목표는 인간중심의 지속가능발전을 지향하며, 현재뿐만 아니라 다음 세대의 평등 · 인권 · 평화와 안보 · 의식주에 대한 권리, 법치주의, 건전한 거버넌스, 성 평등, 여성의 역량 강화, 민주주의 등을 아우르는 포용적 경제성장, 사회발전, 환경보호를 위한 향후 15년간 인류 발전의 공통 목표로서 제시되었다(강주내, 2020: 41).

온 인류가 겪고 있는 경제문제, 환경문제, 각종 사회문제 등을 해결하고자 하는 노력의 결과물로서 지속가능발전에 관한 논의 과정, 목표 등에 관해 알아보았다. 이러한 지속가능발전을 추진하기 위하여 지속가능발전교육이 필요하다. 지속가능발전교육(Education for Sustainable Development: ESD)은 1992년 리우데자네이루에서 개최된 유엔환경개발회의(WCED)에서 인류의 핵심 추진 과제로 선정된 '환경적으로 건전하며 지속가능한 경제 발전(Environmentally Sound and Sustainable Development: ESSD 또는 SD)'을 달성하기 위한 핵심 동력이다. 한편, 유네스코에서는 지속가능발전교육(ESD)을 "현재 세대의 삶과 미래 세대의 삶을 개선하고 유지하는 데 필요한 교육"으로 정의하고 있다(최석진 · 최경희 · 김용근 · 김이성, 2014: 51).

환경적으로 건전하면서 지속가능한 발전을 위한 핵심 동력이 지속가능발전교육이고, 그러한 지속가능발전교육의 구체적인 교육활동 영역의 하나로서 '환경교육활동'이 존재한다. 따라서 환경교육활동은 지속가능발전 가치와 지속가능발전 목표의 달성이라는 진일보한 학습관이 필요하다. 환경교육활동은 학습자(청소년)가 단순히 자신의 일상 공간인 주변과 지역사회 · 국가를 위한 올바른 환경인식과 환경보존 실천활동을 교육받는 차원을 벗어나, 세계시민으로서 연대감이나 책임감을 심어주는 것이 필요하다. 결과적으로 환경교육활동은 교육활동에 참여하는 학습자(청소년)에게 폭넓은 자연관, 인간관, 환경관을 토대로 실천적 환경보전활동을 할 수 있도록 하는 교육활동이 되어야 한다.

〈표 4-4-2〉 SDGs의 주제별 분류

<table>
<tr><th colspan="2">주제 영역(5p)</th><th>SDGs 목표</th></tr>
<tr><td>사람</td><td>사회통합</td><td>1. 빈곤퇴치 2. 기아종식
3. 건강과 웰빙 4. 양질의 교육
5. 성평등 6. 깨끗한 물과 위생
10. 불평등 감소
11. 지속가능한 도시와 공동체
17. 평화 · 정의 · 강력한 제도</td></tr>
<tr><td>지구</td><td>환경보호</td><td>6. 깨끗한 물과 위생 7. 깨끗한 에너지
12. 지속가능한 생산과 소비 13. 기후변화와 대응
14. 해양생태계 보존 15. 육상생태계 보존</td></tr>
<tr><td>번영</td><td>경제발전</td><td>7. 깨끗한 에너지 8. 양질의 일자리와 경제성장
9. 산업 · 혁신 · 인프라 10. 불평등 감소
11. 지속가능한 도시와 공동체</td></tr>
<tr><td>평화</td><td rowspan="2">전제조건 및 방법</td><td>1. 빈곤퇴치 5. 성평등
16. 평화 · 정의 · 강력한 제도</td></tr>
<tr><td>협력</td><td>지구촌 협력 · 정책 일관성</td></tr>
</table>

출처: 강주내(2020), p. 43.

3. 환경교육활동의 유형

1) 학교환경교육활동

(1) 학교환경교육 교육과정의 구성

학교환경교육활동은 유치원, 초등학교, 중학교, 고등학교 등에서 학생을 대상으로 벌이는 환경교육을 말한다. 학교환경교육활동은 대체로 범교과적으로 시행되고 있으며, 학교 밖 환경교육활동 기관과 연계하여 통합적으로 이루어진다. 학교급별로 환경교육활동의 목표, 내용이 상이하게 구성된다. 중학교에는 선택 교과 교육과정으로 '환경' 과목이 개설되어 있고, 고등학교는 교양 교과 교육과정으로 '생태와 환경' 과목이 개설되어 있다. '환경' 과목 교육과정 구성을 교육부 교육과정 고시 내용(교육부 고시 제2022-33호 [별책 18])을 통해 소개한다.

'환경' 과목의 학습 영역은 [그림 4-4-1]에 나타나 있듯이, '환경과 인간', '환경체계', '환경문제와 쟁점', '기후위기와 기후 행동', '지속가능성과 시민 참여'로 구성되어 있다. '환경과 인간'에서는 환경과 인간이 서로 연결되어 있음을 알고 느낄 수 있도록 하였으며, '환경체계', '환경문제와 쟁점', '기후위기와 기후 행동'에서는 환경 및 환경문제와 쟁점, 기후변화 등에 관한 탐구를 수행할 수 있도록 하였다. '지속가능성과 시민 참여'에서는 지속가능한 사회와 미래를 위해 실천하고 참여할 수 있는 시민 양성을 지향하고 있다.

학습 영역별 내용을 좀 더 살펴본다. '환경과 인간'에서는 환경이 인간과 다른 생물의 생존 및 활동의 기반이 되며, 인간과 환경은 연결되어 있다는 사실에 대한 이해를 바탕으로 환경 감수성을 기를 수 있도록 하였다. '환경체계'에서는 환경이 자연 생태계와 사회 체계가 상호 작용하여 형성·변화되는 하나의 체계라는 통합적 관점을 강조하고, 이를 시스템적으로 사고하고 접근할 수 있도록 하였다. '환경문제와 쟁점'에서는 환경문제가 다양한 요소와 유기적으로 연결되어 있음을 이해하고, 다양한 관점에서 통합적이고 심층적으로 환경문제를 탐구하되, 환경

정의를 고려하여 해결 방안과 의사 결정에 참여할 수 있도록 하였다. '기후위기와 기후 행동' 영역에서는 기후위기, 생물 다양성, 기후정의, 탄소 중립, 기후행동 등과 관련된 쟁점과 문제에 대한 이해, 해결 방안 탐색, 기후행동에의 참여와 실천 등이 가능할 수 있도록 하였다. '지속가능성과 시민 참여'에서는 건강하고 행복한 삶의 질을 위해서는 일상생활에서 지속가능한 삶의 양식을 추구해야 하며, 생태시민으로서의 역할을 알고 지속가능한 미래를 위한 개인적 · 사회적 노력에 참여할 것을 촉구하였다.

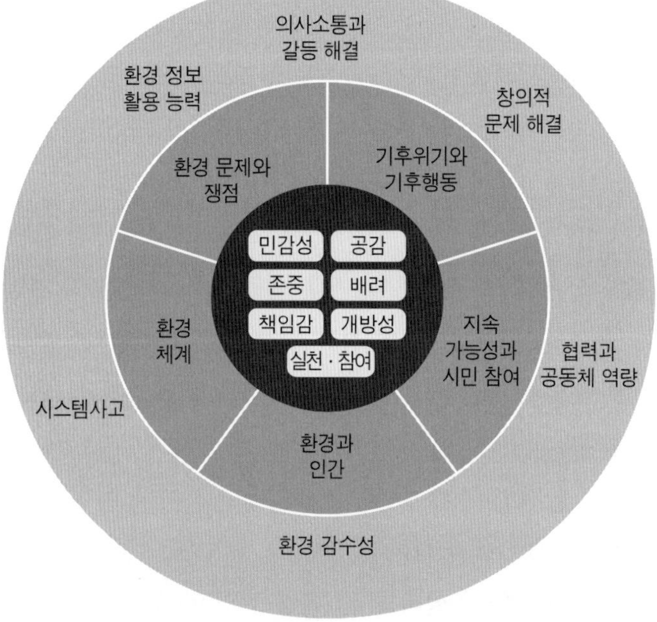

[그림 4-4-1] 2022 개정 환경과 교육과정의 구성

출처: 교육부 고시 제2022-33호 [별책 18].

(2) 학교환경교육의 목표

중학교와 고등학교 환경교육의 목표를 교육부 교육과정 고시 내용(교육부 고시 제 2022-33호 [별책 18])을 통해 소개한다.

중학교 '환경' 과목은 학습자들이 환경의 중요성과 가치를 인식하고, 다른 사람들과 더불어 지구 생태계 내에서 조화로운 삶을 살아가는 데 요구되는 의지와 역량을 갖추어, 기후변화와 생물다양성 감소 등 인류가 직면한 환경문제를 해결하고 지속가능한 사회를 만드는 데 기여할 수 있게 하는 과목이다. 교육 목표는 다음과 같다. 첫째, 인간과 환경 간의 상호 의존 관계를 인식하고, 환경, 경제, 사회 시스템이 서로 밀접하게 연관되어 있음을 이해한다. 둘째, 환경을 탐구하고 환경문제의 통합적 해결책을 찾는 데 필요한 시스템사고, 창의적 문제 해결력, 의사소통 및 갈등 해결 역량 등을 기른다. 셋째, 환경에 대한 다양한 경험과 성찰을 통해 환경 감수성과 환경친화적 태도를 기른다. 넷째, 건강하고 쾌적한 환경을 보전하고 지속가능한 삶을 실천하는 다양한 수준의 활동에 적극적으로 참여한다.

고등학교 '생태와 환경' 과목은 기후변화와 생물다양성 감소 등 인류가 경험하고 있는 환경위기와 지구가 가진 한계에 대한 문제의식을 바탕으로, 학습자들이 지속가능한 사회의 체계와 삶의 양식을 이해하고 실천하도록 돕기 위한 과목이다. 교육 목표는 다음과 같다. 첫째, 인간과 환경 간의 상호 의존 관계를 인식하고, 기후변화 등 환경문제 해결에 필요한 지속가능한 사회 체계와 삶의 양식을 이해한다. 둘째, 환경문제를 자연과학 및 인문사회 측면에서 통합적으로 탐구하고, 해결책을 찾는 데 필요한 시스템사고, 창의적 문제 해결력, 의사소통 및 갈등 해결 역량 등을 기른다. 셋째, 환경에 대한 다양한 경험과 성찰을 통해 환경 감수성과 환경 친화적인 가치관을 기른다. 넷째, 현세대와 미래세대, 환경 등을 함께 고려하여 지속가능한 삶을 실천하는 다양한 수준의 활동에 적극적으로 참여한다.

(3) 학교환경교육의 내용

① 환경과 인간

〈표 4-4-3〉 중 · 고등학교 '환경과 인간' 관련 세부 교육 내용

구분 범주	중학교	고등학교
지식 · 이해	• 환경과 인간의 관계 • 다양한 환경관: 인간중심주의와 생태중심주의 • 자연의 아름다움 • 지역 환경과 나의 관계: 지역 환경 탐사	• 환경의 의미와 상호 연결성 • 다양한 환경관: 인간중심주의, • 생태중심주의, 동물 복지, 생명 윤리 등 • 생명과 환경에 대한 윤리적 성찰 • 삶의 터전과 장소로서의 환경
과정 · 기능	• 환경과 인간의 관계 조사하기 • 환경에 대한 다양한 관점 비교하기 • 환경과 인간의 바람직한 관계 토론하기 • 자연에 대한 자신의 느낌과 경험 표현하기 • 지역 환경 탐사 계획하고 수행하기	• 인간과 환경의 상호 연결성 사례 분석하기 • 다양한 환경관 비교하고 분석하기 • 환경에 대한 윤리적 쟁점 분석하기 • 환경과 인간의 바람직한 관계 성찰하기 • 일상에서 자연과 지역 환경 경험하고 공유하기
가치 · 태도	• 환경의 아름다움과 변화에 대한 감수성 • 자신과 다른 관점에 대한 포용적 태도 • 생명과 환경에 대한 존중과 배려 • 자신이 사는 지역과 장소에 대한 관심과 참여 의지 • 환경에 대한 책임감	• 환경의 변화와 훼손 등에 대한 민감성과 연민 • 자신과 다른 관점에 대한 포용적 태도 • 생명과 환경에 대한 존중과 배려 • 지역 및 지구 환경에 대한 관심과 개선 의지 • 환경 문제 및 환경 갈등 해결을 위한 책임감과 실천 의지

출처: 교육부 고시 제2022-33호 [별책 18], [별책 19]에서 재구성.

② 환경체계

〈표 4-4-4〉 중 · 고등학교 '환경체계' 관련 세부 교육 내용

범주 \ 구분	중학교	고등학교
지식 · 이해	• 물, 대기, 토양, 생물 등 지구 생태계 구성 요소의 특징과 역할 • 물, 대기, 토양, 생물 등 지구 생태계와 인간 사회의 상호 작용 • 환경 변화와 시스템사고 • 환경 체계의 의미와 복잡성	• 환경 체계의 의미와 복잡성 • 물, 대기, 토양, 생물 등 지구 생태계의 구성 요소와 상호 작용 • 정치, 경제, 문화 등 사회 체계의 특성과 변화 • 지구 생태계와 사회 체계의 상호 작용과 시스템사고
과정 · 기능	• 환경 체계 구성 요소의 특징 조사하기 • 환경 체계 구성 요소 간 상호 작용 분석하기 • 지역적 · 지구적 수준에서 환경 체계의 변화 추론하기	• 환경 체계의 특성과 변화 조사하기 • 지구 생태계의 구성 요소와 사회 체계의 상호 작용 탐구하기 • 환경 변화의 영향 추론하기
가치 · 태도	• 환경 체계 내 자연과 문화 다양성의 가치 인식 • 부분에서 나아가 전체를 바라보는 인식과 태도	• 지구 생태계 다양성 가치 인식 • 사회 체계의 다양성 존중 • 부분에서 나아가 전체로 접근하는 태도

출처: 교육부 고시 제2022-33호 [별책 18], [별책 19]에서 재구성.

③ 환경 문제와 쟁점

〈표 4-4-5〉 중 · 고등학교 '환경 문제와 쟁점' 관련 세부 교육 내용

범주 \ 구분	중학교	고등학교
지식 · 이해	• 환경 문제와 지구 생태계 및 사회 체계의 연결성 • 에너지 이용과 자원 순환의 문제 및 쟁점 • 지역 환경 문제와 지구 환경 문제 • 지속가능성과 형평성을 고려한 환경 문제 해결 방안	• 물, 대기, 토양, 생물, 자원과 에너지, 폐기물 등 지구 생태계와 관련된 환경 문제와 쟁점 • 정치, 경제, 문화, 법과 제도 등 사회 체계와 관련된 환경 문제와 쟁점 • 지역 및 지구 차원의 환경 문제와 쟁점 • 지속가능성과 형평성을 고려한 환경 문제와 쟁점의 해결 방안
과정 · 기능	• 환경 문제와 환경 체계 내 상호 작용 연결하기 • 환경 문제의 원인과 영향 조사하고 추론하기 • 환경 문제에 관한 탐구 계획 및 수행하기 • 환경 문제 해결을 위한 참여와 실천하기	• 환경 문제와 쟁점에 관련된 환경 체계의 상호 작용과 연결성 파악하기 • 환경 문제와 쟁점의 원인과 영향에 대한 자료 수집 및 분석하기 • 환경 문제와 쟁점에 관한 사례 기반의 심층 탐구 수행하기 • 합리적 의사 결정 과정 적용하기
가치 · 태도	• 환경 문제의 복잡성과 통합성 인식 • 환경 문제에 대한 인간의 책임 인식 • 환경 문제 이해 및 해결 과정에서 지속가능성과 형평성 추구 • 환경 문제 해결을 위한 주체적 환경 행동 의지	• 환경 문제와 쟁점에 대한 인간의 책무성 • 환경 문제와 쟁점 이해 및 해결 과정에서 지속가능성과 형평성 • 환경 문제와 쟁점 해결을 위한 주체적 환경 행동 의지

출처: 교육부 고시 제2022-33호 [별책 18], [별책 19]에서 재구성.

④ 기후위기와 기후행동

〈표 4-4-6〉 중 · 고등학교 '기후위기와 기후행동' 관련 세부 교육 내용

구분 범주	중학교	고등학교
지식 · 이해	• 기후변화와 기후위기 • 기후변화의 영향과 피해 • 기후위기와 생물다양성의 관계 • 온실가스 배출과 기후위기 • 기후행동	• 기후변화와 기후위기 • 기후변화의 영향과 피해(생물다양성 감소와 삶의 질 저하) • 기후위기의 원인(온실가스 배출 및 사회 · 문화적, 기술적, 경제적, 정치적 원인) • 기후변화 미래 시나리오 • 기후행동(탄소 중립, 순환 경제, 에너지 전환, 정의로운 전환)
과정 · 기능	• 기후변화의 영향과 불평등 사례 조사하기 • 일상생활 속 온실가스 배출 조사하고 비교하기 • 기후위기 대응 원칙에 대해 토의하기 • 기후행동을 계획하고 실천하기	• 기후변화의 영향과 피해 사례 조사하기 • 기후변화 대응 사례 분석하기 • 온실가스 배출원과 배출량 조사하고 분석하기 • 기후변화에 따른 미래 사회 모습 전망하기 • 기후행동 계획을 수립하고 참여하기
가치 · 태도	• 기후변화 피해에 대한 공감 • 기후위기에 대한 인간의 책임감 • 기후행동 참여와 실천 의지	• 기후변화 피해에 대한 공감과 연민 • 기후변화 대응을 위한 책무성의 공유 • 원하는 미래를 만들 수 있다는 자신감과 효능감 • 기후행동 실천 의지

출처: 교육부 고시 제2022-33호 [별책 18], [별책 19]에서 재구성.

⑤ 지속가능성과 시민 참여

〈표 4-4-7〉 중 · 고등학교 '지속가능성과 시민 참여' 관련 세부 교육 내용

범주 \ 구분	중학교	고등학교
지식 · 이해	• 지속가능성의 의미와 필요성 • 지속가능한 사회와 환경 정의 • 생태시민의 의미와 역할	• 지속가능한 삶의 양식 • 지속가능발전목표(SDGs)와 삶의 질 • 생태시민과 공동체 • 연대와 협력
과정 · 기능	• 지속가능성의 복합적 의미 탐색하기 • 지속가능한 미래를 꿈꾸고 상호 소통하기 • 배려의 대상과 범위 토의하기 • 개인적 · 사회적 환경 실천에 참여하고 평가하기	• 지속가능한 삶의 양식 조사하기 • 행복한 삶의 기준 제안하고 토의하기 • 지속가능발전목표(SDGs) 분석하기 • 지역, 국가, 국제 수준의 연대와 협력 활동 참여하기
가치 · 태도	• 미래 세대와 비인간 존재에 대한 배려 • 지속가능한 사회를 위한 책임감과 실천 의지 • 지속가능한 미래를 위한 창의성 · 개방성	• 미래 세대와 비인간 존재에 대한 배려와 책임감 • 지속가능한 미래를 위한 행위 주체성

출처: 교육부 고시 제2022-33호 [별책 18], [별책 19]에서 재구성.

2) 사회환경교육활동

사회환경교육활동은 학교환경교육활동을 제외한 환경교육활동을 말한다. 따라서 사회환경교육활동 범위는 상당히 넓다. 각종 사회환경교육 기관에서 시행되는 환경교육활동을 이해하기 위해서는 사회환경교육 기관에 관하여 알고 있어야 한다. 사회환경교육활동 교육기관은 공공기관이 설립한 시설과 민간기관(민간기업, 단체, 기관 등)이 설립한 시설로 구분하여 설명할 수 있다.

대표적인 공공기관이 설립한 환경교육활동 시설은 환경부가 「환경교육법」에 근거하여 설치 운영 중인 국가환경교육센터, 광역환경교육센터, 기초환경교육센

터이다. 국가환경교육센터는 2012년부터 운영되고 있으며 2021년 12월 환경보전협회가 제4기 국가환경교육센터로 지정(기간: 2022.1.1.~2023.12.31)되었다. 국가환경교육센터는 환경교육교재 및 프로그램 개발, 환경교육 전문인력 양성 및 활용, 국가환경교육계획 수립 지원 등 환경교육의 거점 역할을 하고 있다. 광역환경교육센터는 지역 내 환경교육의 활성화를 위해 시 · 도지사는 광역환경교육센터를 지정하여 운영하고 있다. 2023년 기준으로 부산, 울산, 인천, 경기, 강원, 충북, 충남, 전북, 경북, 경남, 전남, 대전, 세종, 제주, 대구 총 15개 광역지자체에서 18개의 광역환경교육센터를 지정 · 운영 중이다. 기초환경교육센터는 지역 내 주민 등에 대한 환경교육을 효과적으로 수행하기 위해 2022년부터 시장 · 군수 · 구청장이 기초환경교육센터를 지정하여 운영하고 있다. 2023년 기준으로 48개의 기초환경교육센터가 지정 · 운영 중이다. 그 외 환경부 소속 · 산하 기관에서 설치 운영 중인 기상청, 한강 · 낙동강 · 금강 · 영산강 유역환경청, 지역별 홍수통제소, 국립환경과학원, 국립환경인재개발원, 온실가스종합정보센터, 국가미세먼지정보센터, 한국환경공단, 한국수자원공사, 국립공원공단, 환경보전협회, 국립생태원 등에서 환경교육활동 사업이 운영되고 있다(국환경교육통합플랫폼 홈페이지).

민간 주도의 환경교육활동은 민간기관, 민간단체, 민간기업 등에서 이루어진다. 전국적으로 수많은 민간기관과 시설에서 환경문제에 대한 기본적인 이해와 환경보전활동을 일상생활에 실천할 수 있도록 다양한 환경교육을 시행하고 있다. 한편, 학교 밖 사회환경교육활동 가운데, 청소년활동활동시설이나 청소년단체에서의 환경교육활동은 청소년활동의 중요한 영역 중의 하나로 여겨지고 있다. 청소년활동시설이나 단체에서의 환경교육활동 프로그램은 주로 생태체험활동, 환경탐사활동, 환경음식 만들기, 재활용공예활동, 환경살리기캠페인활동, 환경 · 시설 보존 활동 등이 시행되고 있다. 일부 청소년활동시설이나 단체에서 광역환경교육센터나 기초환경교육센터를 위탁 운영하는 곳도 있다.

4. 국가환경전문자격 '환경교육사'

환경교육활동을 지도하기 위하여서는 전문가로서 인간적 자질과 전문적 자질을 갖추고 있어야 한다. 인간적 자질로서 생명 존중에 대한 윤리, 인간과 자연을 총체적으로 이해하는 세계관 등을 가지고 있어야 하며, 전문적 자질로서 기후변화, 환경오염, 생태파괴 등에 관한 전문 지식이 있어야 하고 환경교육 프로그램을 기획, 홍보, 운영, 평가 등을 원활하게 수행할 수 있는 능력을 갖추고 있어야 한다. 이러한 자질을 통하여 국민에게 더 나은 환경교육 서비스를 제공하기 위한 국가환경전문자격증이 '환경교육사'이다.

환경교육사는 「환경교육의 활성화 및 지원에 관한 법률」 제16조에 근거하여, 환경교육사 양성기관에서 개설하는 환경교육사 교육과정을 이수한 사람 중, 자격요건을 갖춘 사람에게 환경교육사 자격을 부여한다. 환경교육사는 환경교육프로그램의 기획, 진행, 분석, 평가 및 환경교육을 수행한다.

환경교육사 자격증 구분은 1급, 2급, 3급으로 구분하며 자격등급별 역할과 직무 '환경부 국가환경교육센터 환경교육사 안내자료'를 통하여 살펴보면 〈표 4-4-8〉과 같이 1급은 환경교육기관 책임자로서 환경교육기관의 운영과 관리를 총괄하며 직무는 환경교육 기반 구축 · 경영을 한다. 2급은 중간관리자로서 환경교육 사업기획과 기관 내 인적자원을 관리하며 직무는 환경교육 프로그램의 기획과 운영 등을 한다. 3급은 강사 · 해설가로서 단위 환경교육프로그램 개발과 운영, 지도안 개발을 주로 담당하며, 주요 직무는 환경교육을 수행하고 해설한다. 한편, 「환경교육의 활성화 및 지원에 관한 법률 시행령」 제15조 관련 환경교육사 자격요건 〈표 4-4-9〉와 같다.

환경교육사 자격 취득 절차는 먼저, 환경교육 포털사이트에 회원가입 후 이력 등을 등록한다. 그다음 희망 양성과정에 교육 신청하고 출석하여 교육을 받고 필기평가와 실기평가를 한다. 시험에 응시하여 합격하게 되면 환경부 장관 명의의 자격증을 발급받고 자격 취득일부터 3년마다 1일(7시간) 보수교육을 이수하여야 한다.

환경교육사는 〈표 4-4-10〉과 같이 급수별 기본 및 실무 과정에 따라 1급 과정(120시간 이상), 2급 과정(144시간 이상), 3급 과정(144시간 이상)의 교육과정을 운영하고 있다.

〈표 4-4-8〉 환경교육사 자격등급별 역할과 직무

구분	역할	직무
1급	〈환경교육기관 책임자〉 - 환경교육기관의 운영과 관리를 총괄	〈기반 구축 · 경영〉 - 환경교육 프로그램의 기획과 운영을 위한 기반 구축과 경영 - 기관 책임자
2급	〈중간관리자〉 - 환경교육 사업기획과 기관 내 인적 자원 관리	〈기획 · 운영 관리〉 - 환경교육 프로그램의 기획과 운영 - 기관 · 단체의 실무책임자
3급	〈강사 · 해설가〉 - 단위 환경교육프로그램 개발과 운영, 지도안 개발을 주로 담당	〈교육 수행 · 해설〉 - 단위 환경교육 프로그램의 개발 · 운영 - 강사 · 해설가

출처: 환경부 국가환경교육센터 '환경교육사' 안내자료.

〈표 4-4-9〉 환경교육사 자격요건

구분	자격 기준
1. 환경교육사 1급	가. 환경교육사 2급 자격증을 취득한 후 환경교육 관련 업무에 3년 이상 종사한 경력이 있는 사람으로서 환경교육사양성기관에서 운영하는 환경교육사 1급 양성과정을 이수한 사람 나. 환경교육 관련 박사학위를 취득한 후 환경교육사양성기관에서 운영하는 환경교육사 1급 양성과정을 이수한 사람
2. 환경교육사 2급	가. 환경교육사 3급 자격증을 취득한 후 환경교육 관련 업무에 3년 이상 종사한 경력이 있는 사람으로서 환경교육사양성기관에서 운영하는 환경교육사 2급 양성과정을 이수한 사람 나. 환경교육 관련 석사학위를 취득한 후 환경교육사양성기관에서 운영하는 환경교육사 2급 양성과정을 이수한 사람 다. 환경교육 관련 업무에 6년 이상 종사한 경력이 있는 사람으로서 환경교육사양성기관에서 운영하는 환경교육사 2급 양성과정을 이수한 사람

구분	자격 기준
3. 환경 교육사 3급	환경교육사양성기관에서 운영하는 환경교육사 3급 양성과정을 이수한 사람

출처: 「환경교육의 활성화 및 지원에 관한 법률 시행령」 [별표 1].

〈표 4-4-10〉 환경교육사 급수별 과목

구분	1급 과목명	2급 과목명	3급 과목명
이수 시간	(기본: 39시간 이상, 실무: 81시간 이상)	(기본: 48시간 이상, 실무: 96시간 이상)	(기본: 54시간 이상, 실무: 90시간 이상
기본 과목	- 생태문명의 이해(9시간) - 조직 운영 및 인재관리(9시간) - 사회적 경제 이해(6시간) - 회계 및 재무관리(9시간) - 환경교육과 리더십(6시간)	- 환경과 사회(6시간) - 통합적 환경탐구(15시간) - 환경교육정책 및 법규(6시간) - 기후위기와 탄소중립(12시간) - 인적자원 관리(9시간)	- 환경과 철학(6시간) - 환경교육론(12시간) - 환경생태학(12시간) - 생활환경문제와 환경 보건(15시간) - 기후위기와 지구환경 문제(9시간)
실무 과목	- 환경교육 현황과 진단(9시간) - 환경교육 세미나(12시간) - 환경교육 시설 계획 및 실습(12시간) - 환경교육 협력과 네트워크(12시간) - 경영 진단과 전략 수립 (24시간) - 선택교과(12시간)	- 지역 환경교육 현장 연구(12시간) - 환경교육 사업 기획, 평가(24시간) - 환경교육 홍보 · 마케팅 (9시간) - 환경교육프로그램 컨설팅(12시간) - 환경교육 전시 관리(9시간) - 선택교과(30시간)	- 환경교육 교수학습방법 (18시간) - 환경교육 프로그램 개발 및 평가(24시간) - 지역환경문제 탐구(12시간) - 환경교육과 의사소통(12시간) - 안전사고 예방과 응급처치(6시간) - 선택교과(18시간)

출처: 환경부 국가환경교육센터 '환경교육사' 안내 자료.

제5장
진로교육활동

청소년기는 주요한 발달과업으로서 진로와 관련된 문제를 탐색하여 진로 찾기 활동을 펼치는 결정적 시기이다. 청소년들의 진로 관련 활동은 단순하게 꿈을 꾸고, 직업 선택을 위한 학과를 찾아 진로를 계획하는 차원을 넘어서 자기 자신에 대한 정확한 이해와 다양한 직업 세계를 탐색하는 작업 등을 하는 것을 말한다. 이와 같은 진로 관련 활동을 학교 교육과정이나 학교 밖 지역사회에서 체계적으로 실시하는 것이 진로교육활동이다. 진로교육활동은 '진로교육'과 거의 유사한 의미로 사용되고 있다. 좀 더 면밀하게 살펴보면 진로교육이 교육과정의 하나로 이루어지는 정규 교육적 의미가 크고, 진로교육활동은 '진로교육'에 '활동'이라는 용어가 포함되어 정규교육으로서의 진로교육을 넘어서는 광범위한 개념으로 사용되고 있다. 이러한 진로교육활동의 필요성과 개념, 목표를 살펴보고 진로교육활동의 유형을 크게 학교진로교육활동과 국가 및 지역사회 진로교육활동으로 구분하여 알아본다.

1. 진로교육활동의 기초 이해

1) 진로교육활동의 필요성

행복한 인생을 살기 위해서는 경제적 안정과 자아실현, 건강, 봉사하는 삶의 태도 등이 기본 조건인데, 이를 가능하게 하는 일차적 요인이 올바른 '진로와 직업'을 선택하는 것이다. 올바른 진로와 직업 선택을 도와주는 진로교육활동은 학령기의 아동 · 청소년뿐만 아니라 성인에게도 필요한 평생교육활동이다. 평생에 걸쳐서 누구에게나 이루어지는 진로교육활동은 진로와 직업에 대한 탐색이 시작되는 청소년들에게는 더욱 중요한 교육활동이다.

청소년들도 행복한 삶을 꿈꾸며 원하는 진로를 찾기 위하여 큰 노력을 하고 있다. 이러한 청소년들의 진로와 직업에 관한 관심과 노력을 통계 조사 결과를 통하여서도 알 수 있다. 2022년 여성가족부 '청소년 통계'를 보면 청소년(13~24세) 중 90.8%가 고민이 있다고 응답하였으며, 가장 고민하는 문제는 공부(31.7%), 직업(26.7%), 외모(10.6%)순이다. 공부 다음으로 직업에 관하여 상당히 고민하는 것을 알 수 있다. 청소년의 진로와 직업에 관한 고민을 해결해 주기 위해서 가장 필요한 것이 '진로교육활동'이다. 학교에서 다양한 교과목을 통하여 관련 지식을 배우는 것처럼, 진로와 직업에 관해서도 전문지식을 학습해야 한다. 다시 말해 수학, 과학, 사회, 외국어 등 교과목 학습을 통하여 필요한 지식을 학습하는 것과 마찬가지로 진로수업과 진로지도 및 상담, 진로체험활동 등을 통하여 '진로와 직업'에 관한 정확한 자기 적성과 흥미의 이해, 직업 세계의 이해 등 전문지식을 배워야 한다는 것이다.

청소년의 고민 가운데 높게 나타나는 진로 고민을 해결하고 청소년기 중요한 과업으로 진로 탐색과 선택을 할 수 있게 하려는데 진로교육활동이 필요하다는 것과 더불어서, 진로교육활동이 필요한 이유는 급격하게 변화하는 직업 세계에 관해 이해하기 위해서다. 4차 산업혁명으로 일컬어지는 디지털 대전환 시대의 급속한 과학기술의 발달은 새로운 직업 즉 신사업분야를 탄생시키고 있으며, 이에 적합한 디지털 인재가 필요하게 되었다. 대표적인 신산업은 항공과 드론, 인공지능, 빅데이터, 지능형 로봇, 스마트 팜, 첨단 신소재, 미래 자동차, 신재생에너지, AR, VR, IoT 가전 등이다. 이러한 직업 세계의 변화에 능동적으로 대처하고 자기주도적인 진로개발역량 강화를 위하여 체계적인 진로교육활동이 요구되고 있다.

2) 진로교육과 진로교육활동의 개념

진로교육활동은 진로교육과 같은 의미로 사용되므로 진로교육의 개념을 먼저 살펴보고 진로교육의 확장된 개념으로서 '진로교육활동'의 개념에 관해 정리해 보고자 한다. 진로교육은 '진로'와 '교육'의 합성어로서 사전적으로 해석하면 "앞으로 나아갈 길에 필요한 지식과 기술 따위를 가르치며 인격을 길러주는 것"이라고 할 수 있다. 이러한 진로교육에 관한 사전적 정의는 다소 추상적이다. 좀 더 면밀한 진로교육의 개념 정의를 2015년 제정된 「진로교육법」을 통해 살펴보면 "진로교육이란 국가 및 지방자치단체 등이 학생에게 자신의 소질과 적성을 바탕으로 직업 세계를 이해하고 자신의 진로를 탐색 · 설계할 수 있도록 학교와 지역사회의 협력을 통하여 진로수업, 진로심리검사, 진로상담, 진로정보 제공, 진로체험, 취업지원 등을 제공하는 활동을 말한다."라고 되어 있다. 「진로교육법」에서의 정의는 학교와 지역사회의 협력적 관계에서 다양한 진로교육 방법 및 기법을 활용하여 학생이 자신의 소질과 적성에 맞는 진로를 탐색하고 설계할 수 있도록 제시하고 있는 것이 특징이다. 이와 같은 사전적, 법적 정의에 이어서 다른 연구자들의 개념 정의를 알아본다.

호이트(Hoyt, 1972)는 진로교육을 일 지향적인 사회 가치에 친숙하게 하여 이 가치들을 자신의 인성적인 가치체계 속으로 통합하고 일을 통해 보람과 만족을 느끼는 삶을 살도록 조력하는 공교육이라고 정의하였으며, 베일리와 슈타트(Bailey & Stadt, 1973)는 진로교육을 개인이 만족스럽고 생산적인 삶을 누릴 수 있도록 진로에 대한 방향을 세우고 선택하며 그에 대해 준비를 하고 선택한 진로에 들어가 계속된 발달을 꾀할 수 있도록 돕기 위해 제공되는 일체의 경험이라고 정의하였다(최윤미, 2016: 16에서 재인용). 한편, 우리나라 진로교육의 발전을 위해 오랫동안 이론적 연구와 실제적인 기법 연구를 주도해 온 한국진로교육학회(2011)에서 저술한 『진로교육의 이론과 실제』에서 장석민은 진로교육을 "현명한 진로선택과 진로발달을 통해 생산적 사회 구성원으로서 그리고 행복한 개인으로서 삶을 살 수 있도록 성장을 돕는 교육의 과정"으로 정의했다(김봉환 외, 2017: 16에서 재인용).

이상 진로교육에 대한 개념 정의를 살펴본 결과, 진로교육은 올바른 진로와 직업 선택을 통하여 개인이 일상생활에 만족하며 행복한 삶을 영위해 나가도록 하는 의미 있는 교육적 행위이다. 이와 같은 진로교육에 '활동'이라는 단어가 포함된 진로교육활동은 '교육'보다는 '활동'에 방점을 둠으로 직업과 진로와 관련된 실천적 활동을 강조하는 측면이 강하다고 볼 수 있다. 진로교육활동은 학교 교육과정에서 이루어지는 진로 수업, 진로지도 및 상담 등 학습자(청소년)가 진로를 탐색하고 설계하는 측면을 넘어서, 현장직업체험, 학과체험, 진로캠프 등과 같은 진로체험활동 등을 하는 것을 포괄하는 개념이다. 정리하면 진로교육활동은 학교에서 교육과정 하나로 이루어지는 진로교육과 청소년활동시설 등 학교 밖 지역사회에서 이루어지는 진로교육을 포괄하는 개념이며 학습자(청소년)가 진로 관련 활동에 능동적으로 참여하는 활동을 말한다.

3) 진로교육활동의 목표

진로교육활동을 통하여 일반적인 목표에 관해서 이재창 외(2017: 20~22)는 다음과 같이 제시하고 있다.

첫째, 진로교육활동의 목표는 '자신에 대한 정확한 이해 증진'을 위해서다. 청소년들은 각자의 발달 정도와 특성, 개인이 처한 심리적 · 사회적 환경 특성에 따라서 고유한 자신만의 가치관, 직업의 종류에 따른 적성과 흥미, 지적 능력, 기능, 정서 및 신체적 특성 등을 가지고 있다. 청소년이 진로와 직업을 선택할 때 자신의 능력과 특성을 객관적으로 정확하게 이해하고 있어야만 올바른 의사결정을 할 수 있으며, 선택한 결정에 대하여 후회하지 않을 것이다. 자신에 대한 정확한 이해를 돕기 위하여 표준화된 진로와 관련된 심리 검사를 하도록 해야 한다.

둘째, 진로교육활동의 목표는 '직업 세계에 대한 이해 증진'에 있다. 청소년들에게 직업 세계에 대한 이해를 돕기 위해서 광의적 측면에서 직업 세계의 다양성과 가변성, 고용 동향, 장래 전망 등을 제공해야 한다. 협의적 측면에서 직종별 정보, 직업에 필요한 요구 조건, 훈련 및 고용기회, 작업조건, 보수 등에 관해 구체적으로 청소년들이 알 수 있도록 해야 한다.

셋째, 진로교육활동의 목표는 '진로 정보 탐색 및 활용 능력을 함양'하는 데 있다. 청소년이 자신에 대한 객관적 이해와 직업 세계에 대해 올바른 이해를 하기 위해서는 진로 정보를 정확하게 탐색하고 활용하는 능력을 갖추고 있어야 한다. 청소년들에게 일과 직업을 선택하는 데 도움이 되는 정보의 출처는 다양하며 정보의 양도 많다. 특히, 청소년들에게 주어지는 정보의 질적인 부분도 중요하다. 따라서 청소년들은 진로교육활동 전문가의 도움을 받아 정보의 양적 측면에서 꼭 필요한 정보만을 받아야 하고, 어느 정도 정보의 질도 보장되어야 하며, 효율적인 정보 탐색 및 활용할 수 있는 능력을 함양하여야 한다.

넷째, 진로교육활동의 목표는 '합리적인 의사 결정 능력을 증진'하는 데 있다. 다양하고 변화가 끊임없이 이루어지는 직업 세계의 선택은 함부로 할 수 없는 의사결정이다. 청소년의 올바른 의사 결정을 돕기 위해서 진로교육활동 전문가는 청소년 스스로가 선택하고 결정하는 데 필요한 정보를 제공하고, 의사 결정의 대안들이 갖는 장단점을 비교할 수 있도록 조력하며, 현명한 의사 결정을 방해하는 정서적, 심리적 문제의 특성이 무엇인지 확인하고 극복할 수 있도록 도와줄 필요가 있다. 합리적인 의사 결정 과정의 학습을 통해 청소년이 자신과 환경에 적합한 선택을 하고, 변화하는 사회에 적응해 나갈 수 있도록 도와주어야 한다.

다섯째, 진로교육활동의 목표는 '일과 직업에 대한 올바른 가치관 및 태도를 형성'하는 데 있다. 모든 사람에게 인기 있는 일과 직업보다는 개인의 직업관, 적성과 흥미, 능력과 특성에 적합한 일과 직업을 선택하여야 한다. 이러한 결정에 영향을 주는 것이 일과 직업에 대한 현명한 가치관과 태도이다. 진로교육활동을 통하여 일을 하므로 얻어지는 보수보다는 일을 통한 인류 사회공헌이 훨씬 더 아름다운 삶의 자세라는 차원 높은 가치를 심어야 주어야 한다.

2. 진로교육활동의 유형

1) 학교진로교육활동

(1) 학교 '진로와 직업' 교육과정의 구성

학교진로교육활동은 학생을 대상으로 유치원, 초 · 중 · 고등학교 등에서 이루어지는 진로교육을 뜻한다. 중학교에는 선택 교과 교육과정으로 '진로와 직업' 과목 있고, 고등학교에는 교양 교과 교육과정으로 '진로와 직업' 과목이 있다. 중 · 고등학교 '진로와 직업' 교육과정 구성을 교육과정 교시 내용(교육부 고시 제2022-33호 [별책 18], [별책 19])을 통해 소개한다.

중 · 고등학교 '진로와 직업' 교육과정의 영역은 [그림 4-5-1]에 나타나 있듯이 '진로와 나의 이해', '직업 세계와 진로 탐색', '진로 설계와 실천'의 총 3가지로 구성되어 있다. 중학교 '진로와 직업' 교육과정 구성에 관해 세부적인 내용을 알아보면 다음과 같다. '진로와 나의 이해' 영역은 직업인의 삶의 모습에서 드러나는 진로 특성에 비추어 학생의 진로 특성에 대한 이해, 긍정적인 자아 개념의 형성, 함께 일하고 싶은 직업인의 긍정적인 특성과 태도를 기를 수 있도록 설계되었다. '직업 세계와 진로 탐색' 영역은 국내외 사회 환경 및 일과 직업 세계의 변화에 대한 이해를 바탕으로 자신의 진로와 관련된 정보를 주도적으로 탐색할 수 있도록 하는 데 강조점을 두었다. '진로 설계와 실천' 영역은 진로의사결정의 방법과 고려 사항을 충분히 이해하고 진로 목표달성을 위한 장단기적인 학습 계획 및 진로 계획을 수립하고 실행해 볼 수 있도록 구성되었다.

고등학교 '진로와 직업' 교육과정 구성에 관해 세부적인 내용을 알아보면 다음과 같다. '진로와 나의 이해' 영역은 관심 분야 직업인의 삶의 모습과 진로 경로에서 드러나는 진로 특성에 비추어 학생의 흥미, 적성, 가치관 등의 진로 특성에 대한 심도 있고 통합적인 이해가 수행될 수 있도록 구성하였다. 또한, 이 영역은 개인적 · 사회적 차원의 직업윤리를 인식할 수 있도록 하였으며 진로에 영향을 미치는 직업 가치를 성찰하는 데 중점을 두었다. '직업 세계와 진로 탐색' 영역은 국내외 사회, 기술, 환경 변화에 대한 관심과 이해를 바탕으로 자신의 진로와 관련된 정보를 주도적이고 비판적인 태도로 수집 및 활용할 수 있도록 하였다. 또한, 이 영역은 진로 개발의 계속성을 고려하여 평생 학습 차원에서 교육 기회 및 직업 정보 탐색의 필요성을 강조하였다. '진로 설계와 실천' 영역은 진로 의사 결정에 영향을 미치는 다양한 요인과 그에 따른 의사 결정의 변화 가능성을 이해하고 더 나은 의사 결정이 계속될 수 있음을 인식하는 데 중점을 두었다. 또한, 이 영역에서는 진로 목표의 성취에 있어 구체적인 계획과 이를 실천하는 수행과 노력이 수반될 수 있도록 구성하였다.

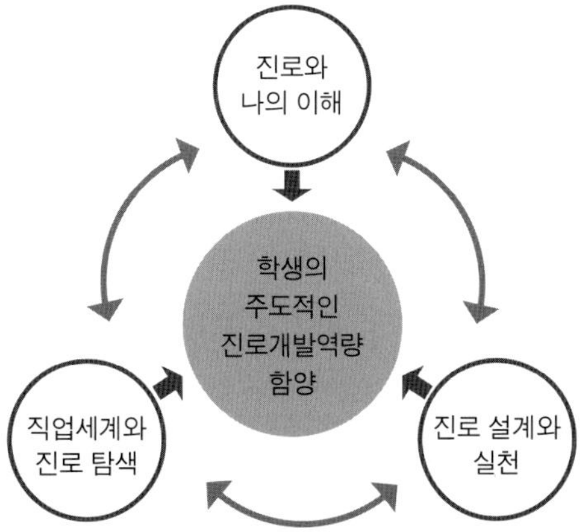

[그림 4-5-1] 2022 개정 '진로와 직업' 교육과정의 구성

출처: 교육부 고시 제2022-33호 [별책 19].

(2) 학교 '진로와 직업' 교육 목표

중 · 고등학교 '진로와 직업' 과목은 학생이 자신의 삶에 대한 의미와 사회적 기여의 중요성을 이해하고 일생에 걸쳐서 이루어지는 진로 인식과 진로 탐색, 진로 설계, 진로 관리에 이르는 일련의 진로 개발 과정에 필요한 역량을 함양하는 과목이다. 이와 같은 중 · 고등학교 '진로와 직업' 교육 목표에 관해서 교육부 고시 제2022-33호 [별책 18], [별책 19]에서 다음과 같이 제시하고 있다.

중학교 '진로와 직업'은 삶과 진로, 직업의 중요성을 이해하고 다양한 진로 탐색을 바탕으로 자신의 진로 특성과 성장 가능성, 도전의 기회를 발견하며 학교와 일상생활에서 자기 주도적으로 진로를 이끌어 나가는 진로 개발 역량을 함양한다. 세부적인 교육 목표는 다음과 같다. 첫째, 진로의 다양성을 수용하고 자신의 삶의 가치를 발견하여 자신에 대한 긍정성을 향상하며 지속 가능한 사회에 기여할 수 있는 방법을 탐색한다. 둘째, 직업 세계의 특성과 변화 가능성을 이해하고 다양한 진로 활동에 참여함으로써 주도적으로 진로를 탐색하며 진로 정보에 접근하고 활용할 수 있는 소양을 기른다. 셋째, 진로의사결정에 진로와 관련된 조언과 지원을 받을 수 있음을 인식하고 잠정적인 진로 목표와 그에 따른 진로 및 학업 계획을 수립하고 실천한다.

고등학교 '진로와 직업' 과목은 관심 분야에 대한 깊이 있는 나의 이해, 급변하는 직업 세계의 이해, 심층적인 진로 탐색을 바탕으로 잠정적인 진로 목표를 설정하고 학교 안팎의 구체적인 진로 정보를 활용하여 진로 설계를 자기 주도적으로 해낼 수 있는 진로 개발 역량을 함양한다. 세부적인 교육 목표는 다음과 같다. 첫째, 관심 직업 및 전공 분야에 대한 자신의 진로 특성을 파악하고 급변하는 사회에 대응하여 다양한 직업 가치를 존중하며 직업윤리의 중요성을 인식한다. 둘째, 직업 세계 변화에 따라 관심 직업 및 전공 분야에서 요구되는 역량을 이해하고 역량의 변화 가능성에 대해 유연한 태도를 갖추며, 지속 가능한 진로를 위해 필요한 진로 정보를 주도적이고 비판적으로 수집하고 활용한다. 셋째, 자신이 설정한 잠정적인 진로 목표에 따라 교과목 선택, 진학 또는 취업에 필요한 학업

계획 수립과 실천을 구체화하고 이를 실현할 수 있도록 자기를 관리한다.

(3) 학교 '진로와 직업' 교육 내용

① 진로와 나의 이해

〈표 4-5-1〉 중 · 고등학교 '진로와 나의 이해' 관련 세부 교육 내용

범주 \ 구분	중학교	고등학교
지식 · 이해	• 진로와 직업의 의미와 중요성 • 다양한 직업인의 진로 특성과 삶의 모습 • 나의 진로 특성 및 긍정적 자아 개념 • 바람직한 직업인의 기본자세 • 일과 여가의 개인적 · 사회적 의미	• 관심 분야 직업인의 진로 특성 및 나의 진로 특성 • 직업 가치 및 직업 윤리의 개념 • 건강한 일터의 특징 • 삶과 진로에 영향을 미치는 일, 학습, 여가의 상호 관계
과정 · 기능	• 다양한 직업인의 삶과 진로 특성 조사하기 • 다양한 방법으로 자신의 진로 특성 분석하기 • 함께 일하고 싶은 바람직한 직업인의 특성과 자세 분석하기	• 나의 진로 특성 점검하기 • 관심 분야 직업인과 자신의 진로 특성 비교하고 개발하기 • 직업 윤리를 성찰하고 관심 분야의 직업 윤리 조사하기
가치 · 태도	• 자신과 타인의 진로 특성 존중 • 진로에 대한 자기 주도적 태도와 자신감 • 삶에서 일과 여가의 가치와 행복	• 유연한 사고와 협업적 태도 • 직업 가치의 다양성 포용 • 관심 분야 직업 윤리 의식 형성 • 직업인의 사회적 책임 내면화

출처: 교육부 고시 제2022-33호 [별책 18], [별책 19]에서 재구성.

② 직업 세계와 진로 탐색

〈표 4-5-2〉 중 · 고등학교 '직업 세계와 진로 탐색' 관련 세부 교육 내용

구분 범주	중학교	고등학교
지식 · 이해	• 직업 세계의 다양성과 가변성 • 직업 및 학과 정보 • 진로 경로와 교육 기회 • 창업과 창업가 정신	• 관심 분야의 산업 및 기술 발전과 요구 역량 • 관심 직업의 진로 경로 • 관심 분야의 진학 및 취업 정보 • 사회 문제 해결과 창업가 정신 • 고용 관계의 권리와 책임
과정 · 기능	• 직업 세계와 진로 정보 탐색하기 • 다양한 진로 활동 참여하기 • 창업가 사례 조사하기	• 관심 직업과 산업 구조의 관계 탐색하기 • 관심 진로 정보 탐색 및 선별하여 활용하기 • 관심 분야 진학 및 취업 정보 탐색하기 • 평생 학습 기회 탐색하기 • 창업가 정신을 나의 진로 탐색에 적용하기
가치 · 태도	• 직업 세계 변화에 대한 적응성 • 진로 탐색의 자기 주도적인 태도 • 창의적 발상과 도전정신	• 진로 탐색의 주도성 • 평생 학습에 대한 열린 자세 • 창업가 정신의 내재화

출처: 교육부 고시 제2022-33호 [별책 18], [별책 19]에서 재구성.

③ 진로 설계와 실천

〈표 4-5-3〉 중 · 고등학교 '진로 설계와 실천' 관련 세부 교육 내용

구분 / 범주	중학교	고등학교
지식 · 이해	• 진로의사결정의 개념, 방법 및 고려 사항 • 진로 경로와 학습 계획 • 진로 목표 달성을 위한 자기 관리	• 진로의사결정의 요인과 변화 가능성 • 생애 진로 경로의 변화와 특징 • 진로 계획과 학업 설계의 연계성 • 진로 설계와 자기 관리
과정 · 기능	• 잠정적 진로의사결정하기 • 진로 목표 달성을 위한 학습 방법 수립하기 • 진로 계획 및 단계별 실천 방법을 수립하고 실행하기	• 진로의사결정에 대한 점검 및 보완하기 • 진로와 연계한 학업 계획을 수립하고 실천하기 • 생애 진로 경로에서 발생 가능한 어려움을 예상하고 해결 방안 모색하기 • 생애 진로 목표 설정과 장단기 진로 계획 수립하기
가치 · 태도	• 진로의사결정의 주도성 • 학습에 대한 긍정적 태도와 의지 • 자기 주도적인 학습 실천 태도 • 진로 계획 실천의 중요성 내면화	• 진로의사결정의 주도성과 유연성 • 진로 계획 점검 및 보완 자세 • 학업과 진로에 대한 긍정적 태도

출처: 교육부 고시 제2022-33호 [별책 18], [별책 19]에서 재구성.

2) 국가 및 지역사회 진로교육활동

「진로교육법」에서 "국가 및 지방자치단체는 학생의 발달단계 및 소질과 적성에 맞는 진로교육을 활성화하는 데 필요한 시책을 마련하여야 한다."라고 제시되어 있다. 이는 학교에서 이루어지는 진로교육과 함께 지역사회 진로교육활동의 활성화를 통하여 청소년들에게 적절한 진로 탐색과 설계에 도움을 주기 위한 것이다. 특히나 "국가 및 지방자치단체는 장애인, 북한이탈주민, 저소득층 가정의 학생 및 학교 밖 청소년 등 사회적 배려 대상자를 위한 진로교육 시책을 마련하여야 한다."라는 내용을 포함하고 있어서, 소외된 청소년까지도 국가 및 지역사회에서

관심을 가지고 진로교육활동을 지원하고 있음을 알 수 있다.

교육부장관은 진로교육을 지원하기 위하여 국가 차원에서 '국가진로교육센터'를 운영하고 그 업무 수행에 필요한 경비를 지원해야 한다. 국가진로교육센터 주요 업무(진로교육법 제15조)는 진로교육의 목표 및 성취기준 개발, 진로정보망 구축 · 운영, 진로심리검사 개발, 진로상담 지원, 진로체험 프로그램 개발, 진로교육 콘텐츠 개발, 진로전담교사 교육, 진로교육 현황조사 및 평가, 진로교육에 관한 국제 교류 · 협력 등이다. 또한, 교육감은 국가진로교육센터와 연계하여 지역 실정에 맞는 진로정보 제공, 진로심리검사 및 진로상담 제공, 진로교육 콘텐츠 개발 · 보급, 진로체험 운영 · 지원 등을 수행하는 '지역진로교육센터'를 설치 · 운영하거나 전담기관을 지정하여 운영할 수 있다.

한편, 교육부에서는 학생들의 다양한 진로체험을 지원하기 위해서 '대국민 진로 서비스 플랫폼'을 운영하고 있다. 일명 '꿈길(꿈꾸는 아이들의 길라잡이)'이라고 불리는 이 플랫폼에서는 지역사회의 다양한 진로체험처와 프로그램을 관리하고 학교의 진로체험 운영을 지원하고 있다. 꿈길 플랫폼에서 제공하는 진로체험 유형은 현장직업체험형, 직업실무체험형(모의일터 직업체험), 현장견학형, 학과체험형, 진로캠프형, 강연형 · 대화형으로 구분하며, 유형별 활동 내용은 〈표 4-5-4〉와 같다.

〈표 4-5-4〉 진로체험 유형별 활동 내용

유형	활동 내용
현장직업체험형	학생들이 관공서, 회사, 병원, 가게, 시장과 같은 현장 직업 일터에서 직업 관련 업무를 직접 수행하고 체험하는 활동 ※ 멘토 1인당 10명 내외 학생 지도 권장
직업실무체험형 (모의일터 직업체험)	학생들이 직업체험을 할 수 있는 모의 일터에서 현장 직업인과 인터뷰 및 관련 업무를 직접 수행하고 체험하는 활동(현장직업인 멘토 필요) ※ 멘토 1인당 15명 내외 학생 지도 권장
현장견학형	일터(작업장), 직업 관련 홍보관, 기업체 등을 방문하여 생산공정, 산업 분야의 흐름과 전망 등을 개괄적으로 견학하는 활동

유형	활동 내용
학과체험형	특성화고, 대학교(원)를 방문하여 실습, 견학, 강의 등을 통해 특정 학과와 관련된 직업 분야의 기초적인 지식이나 기술을 학습하는 활동
진로캠프형	특정 장소에서 진로심리검사 · 직업체험 · 상담 · 멘토링 · 특강 등 종합적인 진로교육 프로그램을 경험하는 활동(1일 6시간 이상 운영)
강연형 · 대화형	기업 CEO, 전문가 등 여러 분야의 직업인들의 강연, 진로 특강을 통해 다양한 직업 세계를 탐색하는 활동(대화형은 40명 내외 학생 기준)

출처: 교육부 '꿈길' 홈페이지.

지역사회, 지자체, 교육(지원)청, 단위학교 등에서 유기적으로 협력하여 진로체험이 운영되고 있다. 지자체와 교육(지원)청에서는 '꿈길'과 '진로체험센터'에 예산과 체험처 정보제공 등을 한다. 지역사회의 공공기관, 학교, 민간기업, 청소년 시민단체 등에서는 체험처 정보제공과 체험 프로그램을 제공한다. 단위학교에서는 '꿈길'과 '진로체험센터'에 체험신청을 하고 체험처가 매칭이 되면 학생들은 진로체험을 실시한다. 기관별 세부적인 역할은 〈표 4-5-5〉과 같으며 진로체험 운영체계는 [그림 4-5-2]과 같다.

〈표 4-5-5〉 진로체험 기관별 주요역할

구분	주요역할
교육지원청	- 지역사회 진로체험 기획 · 총괄 - 체험처 정보 제공 및 예산 지원
관할 지자체	- 공공기관, 기업 등의 체험처 정보 수집 및 제공 - 자유학기제 · 진로체험지원센터 예산 지원
지역사회	- 직업 현장 · 멘토 제공 및 진로체험 제공
진로체험지원센터	- 체험처 발굴 · 관리 - 체험프로그램 컨설팅 - 체험처 학교 매칭 - 센터 자체 프로그램 운영 - 진로체험지원 자원봉사자 양성, 활용, 관리 - 교육기부 진로체험기관 인증제 심사 등

구분	주요역할
단위학교	- 체험프로그램 신청 - 배정받은 체험프로그램 운영
꿈길	- 체험처 및 체험프로그램 관리, 체험처 - 학교 매칭을 위한 시스템

출처: 교육부 '꿈길' 홈페이지.

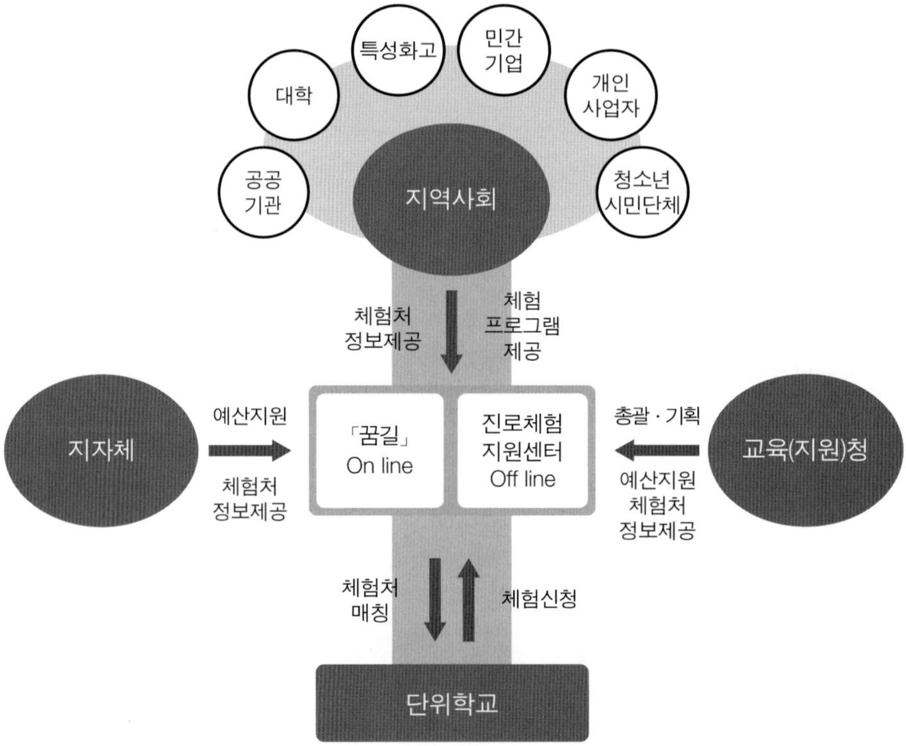

[그림 4-5-2] 진로체험 운영체계

출처: 교육부 '꿈길' 홈페이지.

제6장
인권과 참여활동

청소년이 자신에게 주어진 권익을 증진하기 위해서는 올바른 인권교육과 참여활동이 병행되어야 한다. 한 인간으로서 청소년이 자신에게 주어지는 권리가 무엇이고, 그러한 권리를 찾고 누리기 위해서 어떻게 해야 하는지를 인권 교육을 통하여 알아야 한다. 그리고 청소년 참여활동이 의미와 가치에 관해서도 청소년이 습득하고 지속해서 청소년 참여가 이루어져야 한다. 따라서 인권과 참여활동에 관하여 학습하기 위해서 인권에 관한 기초적인 이해 측면에서 인권의 개념, 인권의 특성, 청소년 인권 발달 과정에 관해 살펴보고, 청소년 인권의 유형과 내용에 관해서도 알아본다. 그다음 청소년 참여활동은 청소년 참여의 개념과 가치, 청소년 참여의 유형에 관해 자세히 정리한다.

1. 인권의 기초 이해

1) 인권의 개념

인권은 인간이기 때문에 가지는 권리이며, 인간이면 누구나 가지는 모든 사람의 권리이다. 인간답게 살아갈 권리로서 인권은 「헌법」에 제시된 기본권(행복추구권, 자유권, 평등권, 사회권, 참정권, 청구권 등)에 의해 보장된다. 인간의 존엄성과 가치성에 근거하고 있는 인권은 태어날 때부터 자연적으로 가지는 천부적인 권리이다.

그리고 인권의 개념은 시대가 변화하고 지역이 달라지면 구체적인 보장 내용은 다르나, 그 성격(보편성, 천부성, 불가침성, 항구성, 양도 불가성)은 모든 사람에게 동등하게 적용되며 변하지 않는다.

인권의 출발점은 인간의 존엄성과 가치성에 대한 확신이다. 인간의 존엄성과 가치성을 위해 요구되는 여러 가지 조건 중에 적어도 인간의 자유와 평등은 인권 개념을 이해할 때, 가장 보편적이고 필수적이라고 할 수 있다. 따라서 인간은 자유롭고 평등한 존재일 때에만 존엄하고 가치 있는 존재가 될 수 있다(박영하 · 박노정, 2009: 12). 만약에 자유와 평등이 유지되지 못하고 제한되었을 경우, 인간의 존엄성은 무너질 수밖에 없다. 인간의 존엄성과 가치성을 지키는 인권 보장을 위한 토대로써 자유권과 평등권에 관해 살펴보고자 한다.

자유권이란 헌법과 법률에 따라 보장되는 국민의 기본권으로서 개인이 국가권력에 의한 간섭이나 침해를 받지 않고 자유롭게 행동할 수 있는 권리를 의미한다. 자유권은 천부 인권적 성격이 강한 오래된 기본권 중의 하나로서 국가나 타인으로부터 과도한 간섭과 억압이나 부당한 절차에 따른 자유 제한을 받지 않도록 보장받는 권리를 의미한다. 「헌법」에 규정된 자유권을 보면 신체의 자유(헌법 제12조), 거주이전의 자유(헌법 제14조), 직업선택의 자유(헌법 제15조), 사생활의 비밀과 자유(헌법 제17조), 양심의 자유(헌법 제19조), 종교의 자유(헌법 20조), 언론 · 출판 자유와 집회 · 결사의 자유(헌법 21조), 학문과 예술의 자유(헌법 22조) 등이 있다(최윤진 · 손진희, 2023: 157).

평등권은 자의적 판단에 따른 차별을 금하고 합리적 고려에 의한 상대적 평가를 법적으로 보장받을 수 있는 권리를 말한다. 이러한 평등권에 관해 우리나라 「헌법」 제11조 1항에서는 "모든 국민은 법 앞에 평등하다. 누구든지 성별 · 종교 또는 사회적 신분에 의해 정치적 · 경제적 · 사회적 · 문화적 생활의 모든 영역에 있어서 차별을 받지 아니한다."라고 규정하고 있다. 평등의 원칙은 국민의 기본권 보장에 관한 우리 헌법의 최고 원리로서 국가가 입법하거나, 법 해석 및 집행에 있어서 따라야 할 기준인 동시에, 국가에 대하여 합리적 이유 없이 불평등한 대우를 하지 말 것과 평등한 대우를 요구할 수 있는 모든 국민의 권리로써 국민의 기본권 중의 기본권이라 할 수 있다(네이버 지식백과 홈페이지).

평등권과 관련하여 실제적인 차별 금지 조항의 실천을 위하여 「국가인권위원회법」 제2조에서 구체적인 차별을 금지하는 영역을 설정하고 있다. 이에 따르면 "평등권 침해의 차별행위란 합리적인 이유 없이 성별, 종교, 장애, 나이, 사회적 신분, 출신 지역(출생지, 등록기준지, 성년이 되기 전의 주된 거주지 등을 말함). 출신 국가 출신 민족, 용모 등의 신체 조건, 기혼 · 미혼 · 별거 · 이혼 · 사별 · 재혼 · 사실혼 등의 혼인 여부, 임신 또는 출산, 가족 형태 또는 가족 상황, 인종, 피부색, 사상 또는 정치적 의견, 형의 효력이 실효된 전과, 성적 지향, 학력, 병력 등을 이유로 한 다음 각 목의 어느 하나에 해당하는 행위를 말한다."라고 하여 일상에서 차별이 일어날 수 있는 다양한 유형을 제시한다(김영인 · 구정화, 2022: 72).

인권의 개념은 역사적 산물로서 시대가 바뀌면 새로운 인권 개념이 지속해서 형성된다. 역사적으로 인권은 자유권이 먼저 주장되었고, 제2차 세계대전 이후 사회권이 각국 헌법에 반영되었다. 역사적 변화와 함께 나타난 인권의 이념을 세대별로 구분하여 제시하면 제1세대 인권 이념을 '자유', 제2세대 인권 이념을 '평등', 제3세대 인권 이념은 '연대성'이라 할 수 있다. 제1세대 인권은 신체의 자유, 사상의 자유, 참정권 등의 내용으로 자유를 강조하였으며, 제2세대 인권은 노동권, 사회보장권, 교육권 등의 내용으로 평등을 강조하였다. 그리고 제3세대 인권은 연대성을 통하여 국제적 협력을 중요하게 여겼다. 인권 개념을 이해할 때 중요한 토대가 되는 것은 자유와 평등과 함께 연대성이다. 연대성은 프랑스혁명 당시 구호였던 '자유, 평등, 박애(인류애)' 가운데 인류애에 대한 현대적인 표현이다. 박애의 요소, 즉 현대적 표현으로는 연대, 협력, 결속이다. 이러한 제3세대 인권 이념의 바탕에는 국제적 연대와 결속을 의무로 인정하는 길이 인권의 실현에 현실적으로 진보를 가져올 수 있는 길이라는 관념이 깔려 있다. 인권의 역사적인 측면에서 볼 때, 제3세대 인권론의 중요한 의미는 전 지구적인 연대성의 불가피성을 세계가 인식하고 있다는 것이다(박영하 · 박노정, 2009: 48). 제1세대부터 제3세대 인권 개념의 발전 과정을 〈표 4-6-1〉와 같이 정리할 수 있다.

〈표 4-6-1〉 인권 개념 발전 과정

구분	이념	내용
제1세대 인권론	자유	신체의 자유, 사상의 자유, 참정권 등
제2세대 인권론	평등	노동권, 사회보장권, 교육권 등
제3세대 인권론	연대성	환경권, 평화권 등

2) 인권의 특성

인간으로서 당연히 가지는 권리인 인권은 몇 가지 특성이 있는데, 이를 살펴보면 보편성, 천부성, 불가침성, 항구성, 양도 불가성 등으로 구분할 수 있다. 상세히 살펴보면 첫째, 인권은 인종, 종교, 사상, 출생 국가, 성별, 직업 등에 상관없이 모든 사람에게 주어지는 '보편적 권리(보편성)'이다. 부연하자면 빈자든 부자든, 잘생겼든 못생겼든, 건강하든 병약하든, 공부를 잘하든 못하든, 늙든 젊든, 어떠한 조건이나 상황을 전혀 고려하지 않고 인간이면 누구에게 보편적으로 동등하게 보장되어야 한다는 것이다. 둘째, 인권은 생득적으로 주어지는 '천부적 권리(천부성)'이다. 태어남과 동시에 아무런 이유 없이 무조건 인간에게 부여되는 것이 인권이다. 인간이 살아가면서 권리 신장을 위한 개인의 노력이나, 타인에 의해서 얻어지는 것이 아니라, 자연적으로 부여되는 권리이다. 이러한 천부적 권리는 자연법칙에 의하여 인간이 태어나면서 가지고 있는 권리인 '자연권'이라고도 할 수 있다. 셋째, 인권은 함부로 침범할 수 없는 '불가침의 권리(불가침성)'이다. 불가침성은 개인의 인권을 부모라고 해서, 상사라고 해서 가지는 권위를 이용해서 권리를 박탈하거나 침해해서 안 되는 것을 말한다. 넷째, 인권은 타인에게 나눠줄 수 없는 '양도 불가능한 권리(양도 불가성)'이다. 개인이 가지는 고유한 권리로서 인권은 남에게 넘겨줄 수 없다. 다섯째, 인권은 권리의 주체인 개인에게 일생 지속하는 '항구적 권리(항구성)'이다. 항구성은 상황이나 형편과 조건에 따라서 달라지는 것이 아니라, 모든 인간에게 일생 기간 영원히 주어지는 것을 의미한다.

2. 청소년 인권과 참여

1) 청소년 인권 발달

청소년의 인권은 아동의 인권에 포함되어 뚜렷한 구분 없이 함께 논의되어 오다가, 20세기 후반 1985년 유엔이 정한 '세계 청소년의 해'를 계기로 활발히 전개되기 시작하였다(최윤진 · 손진희, 2023: 49). 그러므로 아동권리에 관한 발달 과정에서 아동 인권과 함께 청소년 인권에 관한 역사적 전개 과정과 논의 내용을 살펴본다.

아동권리의 선구는 1922년 영국의 국제아동기금단체연합이 발표한 '세계아동헌장'으로서, 이 땅에 생명을 부여받은 모든 아동의 신체적 · 심리적 · 정신적 행복을 위해 필요한 요소를 부여받아야 함을 세계를 향해 제시했다. 이것이 뒷받침되어 1924년 제네바에서 개최된 국제연맹회의에서 '제네바 선언' 5개 항이 채택되었다. 5개 항에서 제1항은 아동의 생존권 보장, 제2항은 아동보호의 접근방법, 제3항은 아동보호의 최우선 원칙, 제4항은 자립과 착취에서의 보호, 제5항은 아동육성의 궁극적 목표를 제시하고 있다. 구체적인 조문 내용을 보면 1항은 '아동은 신체적, 정신적으로 발달을 위해 요구되는 모든 수단을 마련해야 한다.', 2항은 '굶주린 아동에게 먹을 것을, 병든 아동에게 치료의 혜택을, 지능발달이 뒤늦은 아동에게는 도움을, 불량한 아동에게는 감화를, 고아와 부랑아에게는 주거를 마련하여 보호해 주어야 한다.', 3항은 '위기에 직면하였을 때, 최우선으로 아동을 구해야 한다.', 4항은 '아동을 장래 설계를 세울 수 있는 지위로 이끌며, 아동은 모든 종류의 착취에서 보호를 받을 수 있어야 한다.', 5항은 '아동에게 자기의 능력은 인류 동포에게 봉사하기 위한 것이라는 자각을 주며 교육을 해야 한다.'라고 되어있다(장인협 · 오정수, 2002: 41~42; 전남련 · 김재환 · 박혜경 · 전대성 · 김경희, 2009: 74에서 재인용).

유엔은 창설 직후인 1946년부터 '아동권리에 관한 헌장'을 만드는 작업을 시작하였지만, 13년이 지난 1959년에야 '아동권리선언'을 채택하게 되었다. 이 선언은 아동의 권리 신장에 획기적으로 이바지한 국제문서라고 볼 수 있다. 아동권리선언은 전문과 10개 조 본문으로 구성되어 있는데, 내용을 보면 아동이 차별받지 않을 권리, 건전한 성장, 이름과 국적의 취득권, 적절한 영양 및 주거, 의료혜택을 받을 권리, 학대 및 방임 그리고 고용에서 보호받을 권리 등을 포함하고 있다. '아동권리선언'이 제정된 지 20주년이 되던 1979년 유엔은 '국제 아동의 해'로 정하였고 아동의 생존, 보호, 발달과 같은 이슈를 기초로 활발한 아동권익 운동을 전개하였다. 또한, 이때 국제법으로서 법률적 구속력을 가질 수 있는 '국제아동권리협약'을 제정해야 할 필요성이 제기되면서 이 협약의 초안을 작성하기 위한 실무협의회를 구성하여 협약문 작성을 시작하였다(최윤진 · 손진희, 2023: 49~51).

이후 '국제 아동의 해'가 정해진 후 10년이 지난 1989년, UN은 보다 구속력을 가지고 아동과 청소년의 권리를 보장해 주기 위해 '아동의 권리에 관한 국제 협약(유엔아동권리협약)'을 통과시켜 1990년 9월부터 국제법으로서 효력이 발생하게 되었다. 우리나라도 1991년 이 조약에 비준하면서 협약 당사국이 되었으며, 아동을 보호하는 국내법과 제도를 만들 책임을 갖게 되었고 협약 이행 상황을 유엔 아동 권리위원회에 보고할 의무가 생겼다(전영주 · 아영아 · 이경희, 2014; 4). 한편, 1991년 우리나라가 유엔아동권리협약을 비준하여 협약 당사국이 됨에 따라 국내 청소년정책은 권리보장의 관점에서 새롭게 출발하게 되었다. 이후 협약에 명시된 비차별 원칙, 아동 이익 최우선 원칙 등을 기본이념으로 삼고 아동보호전문기관 설치 · 확대, 아동정책조정위원회 및 청소년정책위원회 도입, 아동권리모니터링센터의 설치 등 아동 · 청소년의 권리증진을 위한 정책이 추진되었다(여성가족부, 2023: 144).

2) 청소년 인권의 유형과 내용

청소년 인권은 일반적으로 말하는 인권 이외에 청소년이라는 지위에 따라 갖게 되는 고유한 권리를 말한다(김영인 · 구정화, 2022: 228~229). 인권이 보편적인 권리이지만, 청소년이라는 발달상의 특성 및 지위에 의해서 청소년들에게 특별히 주어지는 권리의 유형과 내용이 있다. 이를 프랭클린(Franklin, 1986)과 프리먼(Freeman, 1983)은 복지권, 보호권, 성인권, 부모에게 대응하는 권리 네 가지로 분류하고 있다. 첫째, 복지권(welfare rights)이다. 복지권은 가장 기본적인 권리로서 국가가 청소년들에게 제공하는 복지혜택 및 서비스를 받을 권리를 말한다. 이는 보건 · 의료 혜택, 의무교육, 주거 지원 등에 관한 권리이다. 국가는 청소년들에게 복지권을 확실하게 보장하기 위하여서는 각종 제도와 법률을 계속해서 체계적으로 정비해 나가야 한다. 둘째, 보호권(protective rights)이다. 보호권은 모든 청소년이 가정과 학교에서 학대, 방임 등으로부터 보호를 받아야 하며, 지역사회에서 유해한 물질과 환경으로부터 보호받을 권리를 나타낸다. 셋째, 성인권(adult rights)이다. 성인이 누리는 권리를 청소년도 누리는 것을 의미한다. 결혼과 출산, 일과 노동, 투표권, 운전, 표현의 자유 등이 이에 포함된다. 넷째, 부모에 대응하는 권리(rights against parents)이다. 부모의 통제에 벗어나, 독립적인 사고와 행동을 하는 권리이다. 일과 진로 결정 등과 같은 중대한 의사 결정에 있어서 자율적인 판단과 선택을 하는 것을 의미한다(최윤진 · 손진희, 2023: 72~73).

유엔아동권리협약에 나타난 4가지 아동 · 청소년의 권리영역은 생존권, 보호권, 발달권, 참여권 등이다. 4가지 영역의 내용을 여성가족부에서 다음과 같이 정리하고 있다. 생존권은 기본적인 삶을 살아가는 데 있어서 필요한 권리를 말한다. 생존권은 세부적으로는 적절한 생활 수준을 누릴 권리, 안전한 주거지에서 살아갈 권리, 충분한 영양을 섭취하고 기본적인 보건 서비스를 받을 권리로 구분하고 있다. 보호권은 유해한 것으로부터 보호받을 권리 의미한다. 세부적인 내용은 모든 형태의 학대와 방임, 차별, 폭력, 고문, 징집, 부당한 형사처벌, 과도한 노동, 약물과 성폭력 등으로부터 보호받을 권리이다. 발달권은 잠재능력을 발휘하는 데 필요한 권리이다. 발달권의 세부적인 내용을 보면 교육받을 권리, 여가를 즐길 권리, 문화생활을 하고 정보를 얻을 권리, 생각과 양심, 종교의 자유를 누릴 권리 등이 포함된다. 참여권은 나라와 지역사회에 참가할 수 있는 권리로서, 자신의 의견을 표현할 권리, 자기 삶에 영향을 주는 문제들에 대해 발언권,

단체에 가입하거나 평화적인 집회에 참여할 수 있는 권리이다.

3) 청소년 참여의 개념과 가치

참여란 의사결정 과정에 대한 영향력의 행사를 의미하지만 특히 정부의 정책 결정 과정에 대해서 영향을 미치는 것을 목적으로, 일반 시민의 활동을 가리켜 말하는 경우가 많다(21세기 정치학대사전 홈페이지). 이처럼 정치참여 성격이 강한 참여에 관한 개념을 바탕으로 청소년 참여에 관하여 다양한 학자들이 개념을 제시했다. 여러 학자 가운데, 윈터(Winter, 1997)는 "청소년들이 능동적으로 자신의 생활환경에 참여하는 기회"라고 정의하였으며, 하트(Hart, 1997)는 "자신의 삶에 영향을 주는 것과 그리고 자신이 거주하고 생활하는 지역사회에 영향을 주는 의사결정을 공유하는 과정"으로 정의하였다. 또한, 유럽평의회(Council of Europe, 1993)에서는 "책임과 의무를 갖고 스스로 의사결정을 할 수 있도록 포함되고, 허용되고, 조장되어야 할 청소년의 권리"라고 정의하였다(김남정, 2010: 17~18에서 재인용). 이와 같은 다양한 청소년 참여에 관한 개념 정의를 종합해서 최윤진 · 손진희(2023: 269)는 다음과 같이 제시하였다. 청소년 참여란 "청소년이 자신들의 삶에 영향을 미치는 제반 사항에 대해 자신들의 생각과 주장을 반영시키려는 노력 또는 청소년들에게 영향을 주는 결정, 계획, 자원 등에 영향력을 행사하고 통제와 책임을 공유하는 과정"이라고 하였다. 청소년 참여에 관해 좀 더 쉽게 이해하기 위해서 요약 정리하여 덧붙이면 "청소년이 자신의 삶에 영향을 미치는 의사결정 과정에 영향력을 미치는 과정"이라고 할 수 있다.

청소년 참여는 학교와 지역사회에서 일상을 살아가는 청소년들에게 민주시민으로서 역량을 키우고 권리 신장을 위하여 꼭 필요한 활동이다. 청소년 참여는 다양한 기능과 가치를 가지고 있는데, 김영인 · 구정화(2022: 228~229)는 청소년 참여의 가치를 다음과 같이 정리하였다. 첫째, 청소년 참여는 청소년이 인격적 존재이며 주체적인 존재로서 존엄성과 자율성 그리고 인간다움을 실현한다. 인간이 가장 인간답고 주체성이 드러날 때가, 자신의 삶에 영향을 미치는 의사결정에 주체적으로 참여하는 것이다. 다른 사람이 결정해 놓은 것, 다른 사람이 정해 놓은 것을 추종하는 것이 아니라, 청소년기부터 스스로가 결정하고 정해 보는 참여활동을 통하여 주체적인 삶의 태도를 형성하게 된다. 둘째, 청소년 참여는 청소년들에게 민주시민 역량과 책임감을 발달시키고 개발한다. 참여활동은 청소년들에게 민주시민으로서 바람직한 태도와 지식 등의 역량을 함양시켜 권리와 책임을 다하는 민주시민으로 성장하게 한다. 셋째, 청소년 참여는 청소년만이 가지고 있는 고유한 창조적인 아이디어와 에너지, 능력 등을 활용하여 사회발전을 도모한다. 청소년들은 새로운 것을 습득하는 것에 대해 탁월하고, 성인과는 다른 지적 호기심을 작동하여 새로운 아이디어를 생산한다. 이러한 청소년의 창조적 능력 발휘를 가능하게 하는 것이 청소년 참여이다. 넷째, 청소년 참여는 청소년 권익 증진에 유용하다. 청소년들은 성인보다는 사회적 약자이기 때문에 다양한 참여활동에서 자신들의 의견을 개진하여 권익을 증진할 필요가 있다. 다섯째, 청소년 참여는 공동체에 대한 청소년의 소속감과 책임감을 높여 사회통합에 이바지한다. 각종 사회문제, 청소년과 직접 관련된 교육문제, 의료 · 보건 문제 등에 참여하므로 공동체 구성원으로서 소속감과 그에 따른 책임감을 형성한다.

3. 청소년 참여활동의 유형

청소년참여활동의 유형은 제도권 참여활동과 비제도권 참여활동으로 구분할 수 있다. 대표적인 제도권 참여활동은 투표에 참여하는 것이다. 또한, '청소년 참여기구(청소년특별회의, 청소년참여위원회, 청소년운영위원회)'활동과 학교에서 교육과정 하나로 이루어지는 학생자치회 활동 등도 제도 기반 참여활동이다. 비제도권 참여활동은 청소년이 비정부 기구인 시민사회단체에 가입하거나 개인적 신분으로 정치문제나 사회문제 등에 관해 직접 집회 · 시위에 참가하거나 인터넷이나 SNS를 통한 온라인 참여활동 등을 하는 것을 말한다.

1) 제도권 참여활동

(1) 선거 참여

청소년이 선거권을 행사하는 것은 신성한 주권을 행사하는 행위이며, 제도 기반의 대표적인 참여활동이라고 할 수 있다. 대한민국「헌법」에서 "모든 국민은 법률이 정하는 바에 의하여 선거권을 가진다."라고 규정하고 있다. 이와 같은 선거권은 연령 요건을 갖춰야 선거권을 가질 수가 있다. 청소년도 선거 연령에 도달하면 '민주주의 꽃'이라 불리는 선거에 누구나 참여할 수 있다.

만 18세가 되면 선거권이 주어지는 나라는 미국, 독일, 영국, 프랑스, 폴란드, 호주, 뉴질랜드, 캐나다, 일본 등이다(시사상식사전 홈페이지). 우리나라도 그동안 여러 차례 조정을 통해 2019년에 선거 연령을 만 19세에서 만 18세로 하향 조정되었다. 선거 연령이 하향 조정되었다고 하더라도, 만 18세는 고등학교 3학년 일부에 해당하며, 대부분 중 · 고등학교 연령대 청소년들에게는 선거권이 없다. 이렇듯 소수의 청소년만이 선거에 참여하나, 이는 대한민국 청소년이 국민으로서 갖는 당연한 권리를 행사하는 소중한 참여활동이다.

한편, 선거에 참여한 청소년들은 자신이나 또래 청소년이 선거권을 행사할 만한 능력을 갖췄는지에 대한 우려와 걱정을 하고 있었으며 선거권을 올바르게 잘 수행하기 위해 신뢰할 수 있고 자신들의 눈높이에 맞는 실질적인 선거 정보, 정치정보를 원하고 있었다(남성희, 2020: ii). 따라서 청소년들에게 적합한 선거 관련 정보를 제공하여 올바른 정치적 태도를 형성하여 소신껏 선거권을 행사할 수 있도록 해야 한다.

(2) 참여기구 활동

제2차 청소년육성 5개년 계획(1998~2002)과 이를 발전적으로 계승한 제3차 청소년육성 5개년 계획(2003~2007년)을 계기로 '청소년 인권신장과 자율 · 참여'가 주요 정책이념이 되는 정책 패러다임의 획기적인 전환이 이루어졌으며, 사회 구성원으로서 아동 · 청소년의 시민권 보장을 위한 정책이 추진되기 시작하였다. 이에 따라 '청소년참여위원회' 등 청소년정책 참여기구가 만들어지고 청소년이 정책에 직접 참여 · 평가하는 시스템을 갖추게 되었다(여성가족부, 2023: 144). 대표적인 청소년 참여기구는 '청소년특별회의', '청소년참여위원회', '청소년운영위원회'이다.

① 청소년특별회의

청소년의 정책 참여에 대한 UN 등 국제기구의 권고와 2002년 월드컵을 계기로 청소년들의 사회참여가 확대되어 사업이 추진된 청소년특별회의는 「청소년기본법」 제12조에 의하여 17개 시 · 도 청소년과 청소년 분야의 전문가가 토론과 활동을 통해 청소년이 바라는 정책과제를 발굴하고, 정부에 제안하여 정책화하는 전국 규모의 청소년참여기구이다. 2004년 시범사업을 거친 후 2005년 「청소년기본법」에 근거 규정이 마련되면서 매년 정기적으로 개최되고 있으며, 매년 선정된 정책의제에 따라 청소년 의견수렴과 토론, 워크숍, 캠페인 등을 통해 정책과제를 발굴한 후 결과보고회에서 이를 최종적으로 정부에 보고 · 제안한다(여성가족부, 2023: 152).

〈표 4-6-2〉 청소년특별회 운영 개요

구분	청소년특별회의
운영주체	국가(여성가족부)
법적근거	• 「청소년기본법」 제12조(청소년특별회의의 개최) ① 국가는 범정부적 차원의 청소년 정책과제의 설정 추진 및 점검을 위하여 청소년분야의 전문가와 청소년이 참여하는 청소년특별회의(이하 "특별회의"라 한다)를 개최하여야 한다.
목적	• 청소년의 권익과 복지, 역량 강화와 사회발전 동력화를 위한 정책 모색 • 청소년정책의 중요성에 대한 사회적 공감대 확산
사업내용 및 기능	• 청소년위원(17개 지역회의 및 선발직) 및 전문가들의 토론과 활동을 통해, 청소년의 시각에서 그들이 바라는 정책과제를 정부에 제안
운영 현황	• 2005년부터 2021년까지 15년간 583건의 정책과제를 제안한 결과 약 89.4%인 521건의 정책과제가 정부의 청소년정책에 수용 • 2022년에는 청소년위원 등 400여 명이 참여하여 5~10월까지 정기회의 및 본회의를 통한 논의 및 온라인 정책제안 활동을 거쳐 선정된 4개 영역 32개의 정책과제를 결과보고회에서 보고

출처: 여성가족부(2023), 청소년참여포털 '누리집' 홈페이지.

② 청소년참여위원회

청소년참여위원회는 여성가족부 및 지방자치단체에서 설치 · 운영 중인 청소년 참여기구이다. 정부는 청소년참여위원회를 통해 청소년정책의 형성 · 집행 · 평가 과정에 청소년이 주도적으로 참여할 수 있도록 제도화함으로써 청소년 친화적 정책을 구현하고 청소년의 권익 증진을 도모하고 있다. 청소년참여위원회는 지방자치단체에 따라 '청소년자치위원회', '차세대위원회' 등의 명칭으로도 운영되고 있다. 운영 규모는 10~30명 내외이며, 공개모집, 기관추천, 청소년 선거 등 다양한 방식을 통해 구성된다(여성가족부, 2023: 149~150).

〈표 4-6-3〉 청소년참여위원회 운영 개요

구분	청소년참여위원회
운영 주체	국가(여성가족부) 및 지방자치단체
법적 근거	•「청소년기본법」 제5조의 2(청소년의 자치권 확대) ③ 국가 및 지방자치단체는 청소년과 관련된 정책 수립 절차에 청소년의 참여 또는 의견 수렴을 보장하는 조치를 하여야 한다. ④ 국가 및 지방자치단체는 청소년 관련 정책의 수립과 시행과정에 청소년의 의견을 수렴하고 참여를 촉진하기 위하여 청소년으로 구성되는 청소년참여위원회를 운영하여야 한다. ⑤ 국가 및 지방자치단체는 제4항에 따른 청소년참여위원회에서 제안된 내용이 청소년 관련 정책의 수립 및 시행과정에 반영될 수 있도록 적극 노력하여야 한다.
목적	• 청소년의 다양한 역량을 개발하고 사회성을 향상 • 청소년의 권리 신장과 건전한 민주시민으로의 성장에 기여
사업내용 및 기능	• 정기 · 임시회의를 통한 청소년정책 모니터링 • 청소년 의견 제안과 정책자문 • 각종 토론회 · 워크숍 개최 • 청소년 인권교육 프로그램 참여 등
운영 현황	• 2022년 현재 다양한 방식을 통해 구성된 4,100여 명의 청소년이 활동 중

출처: 여성가족부(2023), 청소년참여포털 '누리집' 홈페이지.

③ 청소년운영위원회

전국의 청소년수련시설 등에서는 「청소년활동 진흥법」 제4조에 근거하여 청소년수련시설의 사업, 프로그램 운영과 관련된 의사결정 과정에 청소년이 참여할 수 있도록 '청소년운영위원회'를 설치 · 운영하고 있다. 청소년운영위원회의 설치 목적은 청소년수련시설을 이용하는 청소년의 의견과 욕구를 반영하여 청소년수련시설이 청소년 중심으로 운영될 수 있도록 하는 데에 있다. 또한, 청소년운영위원회는 청소년수련시설의 심의 · 평가 등을 통해 시설 운영 전반에 참여함은 물론 프로그램을 직접 기획 · 운영하고, 청소년 대표로서 각종 지역사회 청소년 관련 행사에 참가하는 등 다양한 활동을 전개하고 있다(여성가족부, 2023: 149~151).

〈표 4-6-4〉 청소년운영위원회 운영 개요

구분	청소년운영위원회
운영 주체	청소년수련시설
법적 근거	• 「청소년활동 진흥법」 제4조(청소년운영위원회) ① 제10조 제1호의 청소년수련시설(이하 "수련시설"이라 한다)을 설치 · 운영하는 개인 · 법인 · 단체 및 제16조 제3항에 따른 위탁운영단체는 청소년활동을 활성화하고 청소년의 참여를 보장하기 위하여 청소년으로 구성되는 청소년운영위원회를 운영하여야 한다.
목적	• 청소년수련시설의 운영 및 프로그램 등을 청소년들이 직접 자문 · 평가하도록 함으로서 청소년의 의견과 욕구를 반영
사업내용 및 기능	• 청소년들의 청소년수련시설 및 프로그램 운영에 대한 참여와 모니터링 • 지역사회 문제해결을 위한 참여 및 의견 반영 • 시설 및 청소년활동의 활성화를 위한 주체적인 책임 역할 수행
운영 현황	• 2022년 기준으로 331개소가 운영 중 서울(45개), 부산(15개), 대구(10개), 인천(13개), 광주(7개), 대전(11개), 울산(8개), 세종(2개), 경기(64개), 강원(34개), 충북(17개), 충남(15개), 전북(18개), 전남(16개), 경북(15개), 경남(17개), 제주(24개)

출처: 여성가족부(2023), 청소년참여포털 '누리집' 홈페이지.

(3) 학생자치회

학생회라고도 부르는 학생자치회는 초 · 중 · 고등학교에서 시행되는 대표적인 참여활동이다. 학생자치회는 학교에 설치되어 있는 학생 대표 기구로 학교 운영과 학교생활에 학생들의 적극적인 참여를 유도하여 학생 권리를 증진하며 공동체 의식과 민주시민으로서 역량을 갖게 하는 것을 목적으로 한다.

학생자치회의 조직은 학교마다 다르게 구성되어 있으나, 대체로 회장과 부회장, 대의원(학급회장과 부회장), 집행부 등으로 구성된다. 집행부는 총무부, 행사부, 인권부, 도서부, 체육부, 안전부, 문화예술부, 방송부 등이다. 학생자치회의 주요한 활동은 교내활동과 교외활동으로 구분할 수 있다. 교내활동은 자치회의, 토론회, 모의법정, 각종 행사(스승의 날, 축제, 신입생 맞이 등), 캠페인(학교폭력예방 등) 등이 이루어지며 그 외로 부서별로 특화된 활동이 활발히 전개되고 있다. 교외활동으로는 모금활동과 환경보호활동과 같은 봉사활동을 실시하며, 각종 지역사회문제와 정치문제에 대한 집회에서 직접 참여하여 학생들의 의견을 제시하기도 한다. 또한, 다른 학교 학생자치회와의 네트워크 활동 등도 하고 있다.

2) 비제도권 참여활동

비제도권 참여활동은 청소년 스스로가 개인적 신분으로나, 또는 비정부 기구인 청소년 NGO에 소속되어 참여활동을 하는 것을 나타낸다. 청소년 NGO는 청소년의 자율성, 자발성, 창의성 등을 바탕으로 하는 결사체이며, 제도권 내의 청소년 참여기구가 가지는 형식적 한계에서 벗어나, 좀 더 자유롭게 청소년의 목소리를 내기 위해서 만든 자발적인 참여조직이다. 대표적인 청소년 NGO는 대한민국청소년의회, 인권운동단체 아수나로, 청소년운동단체 21세기 청소년공동체 희망 등이 있다(최윤진 · 손진희, 2023: 235~236). 그 외도 청소년들이 참여하는 환경단체, 인권단체, 봉사단체 등과 각종 비영리 청소년단체나 기관 등도 포함된다.

이러한 비제도권 단체에서 활동하는 청소년들은 단체 · 기관의 설립 목적에 적합한 활동을 한다. 예컨대 환경단체에서 활동하는 청소년들은 생태계 및 기후변화, 환경파괴 등에 대한 문제의식을 가지고 사회제도와 정책 변화를 위한 다양한 참여활동을 한다. 구체적인 참여활동 방법은 시위 · 집회에 직접 참석하는 것이다. 요즈음은 인터넷이나 SNS를 활용한 온라인 청원활동, 온라인 시위 등 같은 비대면 정책 참여활동이 활발하게 진행되고 있다.

제7장
디지털 미디어교육활동

디지털 미디어교육활동은 혁신적인 과학기술의 발달로 인하여 발생한 새로운 청소년활동 영역이라고 할 수 있다. 새로운 것을 배우고 익혀서 활용하는 능력에 탁월함을 나타내는 청소년들에게 새로운 미디어의 출현은 반가운 일이다. 디지털에 기반 한 뉴미디어는 청소년의 호기심을 자극하여 더욱더 청소년들을 미디어 활동에 몰입하게 하여 학습과 여가 활동 모두가 디지털 미디어 세상에서 이루어지게 하고 있다. 하지만 비판적 분석이 없이 무조건 받아들이는 디지털 미디어는 청소년들에게 부작용을 초래할 수 있다. 따라서 올바른 미디어 리터러시 교육활동을 통하여 올바른 미디어 수용 능력을 함양하게 하여 다른 사람과 디지털 세상에서 원활한 소통을 할 수 있도록 해야 한다. 이러한 디지털 미디어교육활동에 관해 전반적으로 이해하기 위하여 디지털 미디어의 기초적인 이해로서 디지털 미디어 개념과 특성에 대하여 살펴본다. 다음은 디지털 미디어 환경 변화와 청소년 미디어교육활동에 관해 학습한다. 마지막으로 디지털 미디어 리터러시 교육활동의 필요성, 디지털 미디어 리터러시 개념, 디지털 미디어 리터러시 역량과 교육활동을 알아본다.

1. 디지털 미디어의 기초 이해

1) 디지털 미디어의 개념

디지털 미디어(Digital media) 개념에 관해서 알아보기 위해서는 우선 미디어에 관해 살펴본다. 미디어(Media)는 표준국어대사전에서 "어떤 작용을 한쪽에서 다른 쪽으로 전달하는 역할을 하는 것"으로 정의하고 있다. 즉, 중간에서 전달해 주는 역할을 하는 것을 말한다. 또한, 자기 생각, 의견, 지식과 정보를 주고받을 수 있도록 마련된 수단을 뜻하기도 한다. 더불어서, 미디어는 동영상, 음악, 사진, 게임, 뉴스 등과 같이 어떤 내용을 담고 있는 콘텐츠를 의미하기도 하며, 콘텐츠를 볼 수 있도록 하는 스마트폰, 컴퓨터 등과 같은 기기를 뜻하기도 한다. 그리고 우리가 콘텐츠를 보게 하는 포털사이트, 동영상 서비스 프로그램, 애플리케이션과 같은 플랫폼을 의미하기도 한다(강용철 · 정형근, 2022: 33~34).

미디어는 레거시 미디어(Legacy media)와 뉴미디어(New media)로 구분할 수 있다. 레거시 미디어는 웹 기반의 새로운 미디어 플랫폼에 견주어서 전통적 미디어인 TV, 라디오, 신문 등을 가리킨다. 여기서 레거시는 정보 시스템에서 낡은 하드웨어나 소프트웨어를 통틀어 이르는 말로, 새로 제안하는 방식이나 기술을 부각하는 의미로 주로 사용한다. 즉, 레거시 미디어는 현재에도 여전히 사용되지만, 과거에 출시되었거나 개발되었거나, 오래된 대중매체를 지칭한다(시사상식사전 홈페이지). 레거시 미디어인 신문과 잡지, 공중파 TV, 라디오 등은 다수의 대중을 대상으로 보편적인 주제를 위주로 하여 미디어 내용물을 대량으로 전달하여 대중 다수가 널리 이용하므로 '매스 미디어(Mass media)'라고도 한다.

뉴미디어는 전술한 레거시 미디어와는 다르게 새로운 과학기술의 발달과 함께 새롭게 등장한 대중매체를 말한다. 뉴미디어 특성을 살펴보면 다음과 같다. 뉴미디어 방송에서는 분화된(한정된) 수용자를 대상으로 내로캐스팅이 가능해지며, 소수의 표적 수용자를 대상으로 하는 프로그램과 광고의 제작이 가능해진다. 또한, 온라인 신문에서 댓글 달기 등과 같은 형식으로 수용자가 피드백을 제공하는 것이 매우 편리해졌다. 무엇보다도 뉴미디어는 비동시성이 강화되므로 수용자가 원하는 시간에 원하는 프로그램을 제공받을 수 있다(이은택 · 황용석, 2023: 10~11). 이러한 특성이 있는 뉴미디어는 컴퓨터와 인터넷, 오디오 북, 디지털 멀티미디어 방송, 이동통신, 디지털 위성 방송 등이 대표적이다. 뉴미디어는 디지털을 기반으로 하고 있으므로 디지털 미디어라고도 한다. 그러면 뉴미디어와 유사한 용어로 사용되고 있는 디지털 미디어를 살펴본다.

디지털 미디어는 아날로그와 상반되는 개념으로 정보를 디지털화하여 송신자와 수용자가 상호 전달 및 공유할 수 있도록 만들어 주는 미디어를 통칭하는 말이다(PR용어사전 홈페이지). 즉, 정보를 0과 1이라는 이진법 디지털 신호로 문자, 소리, 영상 등 서로 다른 이질적인 형태의 다양한 정보를 통합적으로 처리하여 전송하는 미디어를 의미한다. 역사적으로 볼 때 디지털 미디어 개념은 뉴미디어와 멀티미디어 연장선에 있는 개념이지만, 굳이 디지털 미디어라는 별개의 개념으로 사용하는 이유는 생성–저장–전송–사용에 이르는 미디어 가치 사슬 전체를 디지털이란 단일한 신호체계로 완성시켰다는 점에서 완결성을 강조하기 위한 것이다(김선진 · 권만우, 2007: 37).

2) 디지털 미디어의 특성

TV, 라디오, 신문, 잡지 등으로 대변되는 레거시 미디어는 일방향성의 정보 전달, 정해진 특정한 형식에 의해서 제작되고 편집된다. 또한, TV 프로그램이나 잡지 등에서 보듯이 생산하고 유통하는 과정에서 고비용이 들어간다. 또한, 전통 미디어는 이미 제작된 정보(인쇄물, 영상물, 음성 방송물 등)를 업데이트하거나 수정하는 데에는 상당한 시간과 비용이 소모된다. 이러한 특성을 가진 전통 미디어는 디지털 미디어 등장으로 역할과 기능에 있어서 상당한 변화가 일어났다. 진일보한 인류의 전자기술, 정보기술, 통신기술 등 과학기술의 발달로 인하여 나타난 디지털 미디어는 전통 미디어와 다른 특성으로 인류에게 생존 방식에 있어서 획기적인 변혁을 가져다주었다.

디지털 미디어는 전통 미디어와는 확연히 다른 특성이 있다. 김선진 · 권만우(2007: 39)는 『디지털 미디어의 이해』라는 연구서에서 디지털 미디어는 디지털의 응용(Application)으로서 디지털 자체가 가지고 있는 속성과는 다른 독립적 속성이 있다고 하며, 디지털 미디어 속성(특성)은 크게 이동성(Mobility) · 휴대성(Portability), 상호연결성(interconnectedness) · 네트워크성(networkability), 상호작용성(interactivity), 비동시성(Asynchrony)으로 구분하여 설명하였다. 그 외도 디지털 미디어는 다양한 사용자들의 특성을 고려하여 맞춤형 콘텐츠를 제공하기 때문에 '개인화(Personalization)'된 특성이 있다. 또한, 디지털 미디어는 텍스트, 이미지, 오디오, 비디오 등의 다양한 형식의 매체를 통합하여 서비스를 제공하는 '다중매체 형식(Multimedia Format)' 특성으로도 설명할 수 있다.

2. 디지털 미디어 환경 변화와 청소년 미디어교육활동

디지털 미디어 발달로 인하여 경제 분야, 사회 분야, 문화 분야 등 전반에 걸쳐서 획기적인 변화를 가져왔다. 지금의 4차 산업혁명 시대에는 그 변화가 빠르며 다양하게 이루어지고 있다. 전반적인 변화에 관해서 2020년 정부 디지털 미디어 관계 부처 합동으로 발표한 '디지털 미디어 소통 역량 강화 종합계획'에서 다음과 같이 제시하고 있다.

첫째, 4차 산업혁명 시대를 맞이하여 디지털 소통 역량의 중요성이 증대되었다는 것이다. 네트워크가 중요한 특성인 디지털 세상에서는 사회 구성원 간의 원활한 소통과 협업도 오프라인 공간 못지않게 중요하게 되었다. 따라서 청소년들에게 올바른 미디어 교육을 통하여 디지털 공간에서 타인과 상호작용을 할 때, 깊은 공감과 신뢰성을 바탕으로 소통을 할 수 있도록 해야 한다. 디지털 공간에서 익명성을 악용하여 타인에게 피해를 주는 일이 없도록 디지털 미디어 교육을 해야 한다.

둘째, 사회문화 · 경제의 중심이 '비대면'을 이동하고 있는 점이다. 직장인들의 대면과 비대면 근무가 일상화되었고, 많은 학교에서도 하이브리드 · 블렌디드 러닝 수업 방식을 채택하고 있다. 또한, 온라인 유통과 원격 진료 등 온라인 서비스가 증가하여 디지털 경제가 더욱 활성화되고 있다. 비대면활동이 일상화되는 현실적인 변화에 청소년들이 적응하기 위해서는 디지털 미디어 플랫폼과 콘텐츠를 활용할 수 있는 역량이 필요하다. 이러한 역량을 강화하기 위해서는 체계적인 디지털 미디어교육활동에 참여하여야 한다.

셋째, 온라인동영상 확대 및 1인 미디어의 급성장이다. 레거시 미디어인 고정형 TV를 시청하는 것보다, 비실시간으로 이루어지는 온라인 동영상 서비스(OTT)와 SNS의 이용이 증가하고 있다. 유튜브와 같은 플랫폼이 발달하면서 단순하게 미디어 소비자에 머물렀던 것에 벗어나 많은 사람이 영상 제작에 참여하는 미디어 생산자로서 역할을 하게 되었다. 디지털 공간에서 단순한 소비자가 아닌 생비자 역할을 하려면 디지털 미디어 기기의 기능, 플랫폼, 콘텐츠 등에 관한 전반적인 이해가 선행되어야 한다.

넷째, 디지털 격차로 인한 불평등과 양극화가 심화하고 있다. 〈표 4-7-1〉에서 보듯이, 고령층, 저소득층, 농어민, 장애인 등은 일반 국민보다 디지털정보를 활용하는 수준이 현저하게 낮게 나타나 디지털 불평등이 갈수록 심화하고 있음을 알 수 있다. 디지털 소통 격차는 디지털 경제 시장에서 사회경제적 지위를 약화하는 결과를 초래한다.

다섯째, 허위 정보 · 사이버폭력 · 혐오 표현 등 디지털 위험성이 증대하고 있다. 인터넷 발달로 사회관계망 서비스 성장을 가져왔고, 대부분 사람은 온라인 공간에서 소통하며 지낸다. 이 과정에서 허위 정보와 혐오 표현 등과 같은 불특정 다수에게 유포되는 디지털 리스크가 발생하여 피해자가 속출하고 있다. 디지털 사이버공간에서 피해를 보지 않으려면 가짜뉴스와 정보를 분별하여 받아들이는 능력이 있어야 한다. 따라서 디지털 미디어교육활동을 통하여 방대한 지식과 정보를 비판적으로 받아들이면서, 다른 사람과 원만한 소통을 할 수 있도록 해야 한다.

한편, 디지털 미디어 환경에 따른 적절한 미디어 교육 기회를 국민 누구나 가질 수 있도록 해야 한다. 특히, 청소년들은 외부 지식과 정보, 뉴스 등에 대하여 여과 없이 받아들이는 성향이 강하므로 다양한 디지털 미디어교육활동을 통하여 청소년들이 올바르게 미디어 정보를 판별하는 능력을 기르도록 디지털 윤리교육 등을 실시해야 한다.

〈표 4-7-1〉 계층별 디지털 정보화 수준(일반 국민의 수준을 100으로 한 대비 수준을 나타냄)

구분	평균
장애인	82.2
고령층	69.9
저소득층	95.6
농어민	78.9
북한이탈주민	91.8
결혼이민자	90.2

출처: 과학기술정보통신부 · 한국지능정보사회진흥원(2022).

3. 디지털 미디어 리터러시 교육활동

1) 디지털 미디어 리터러시 교육활동 필요성

인류는 언어와 문자를 발명하여 고등한 문명을 이루어 왔다. 하지만 누구나 글을 읽고 쓰는 능력이 있는 것은 아니다. 따라서 모든 국가는 공교육 형태로 리터러시 교육(문해 교육)을 실행해 왔다. 문맹인이 글을 읽고 쓰는 것은 천지가 개벽하는 사건일 것이다. 오늘날에도 우리 주변에서 노인이 한글을 익혀 기뻐하는 일을 자주 목격할 수 있다. 읽고 쓰는 능력은 가장 초보적인 인간의 역량이어서 누구에게나 꼭 필요한 교육활동이므로 예전부터 문해 교육이 이루어져 왔다. 하지만 이제는 문맹률은 낮아지고 디지털 미디어 등장으로 인하여 과거 텍스트 기반의 리터러시 교육을 넘어서, 디지털 미디어에 올바르게 접근하고 활용하는 능력인 '디지털 미디어 리터러시'가 절대적으로 필요하게 되었다.

미디어 리터러시 교육활동 필요성에 관해 권영부(2022: 39~43)가 제시한 내용을 바탕으로 재정리한다. 첫째는 전통적으로 이어져 오던 인쇄 미디어의 쇠퇴가 커지는 상황에서 인쇄매체를 대신하는 새로운 디지털 미디어에 관해 이해하고 활용할 수 있는 역량이 필요하다. 인쇄매체의 전산화는 1970년대 이래 지속해 진행됐다. 사진들이 디지털화되면서 대부분의 편집은 컴퓨터상에서 이루어지게 되었고, 웹을 통한 전자 전송이 가능해짐으로써 잡지 전송의 새로운 길이 열렸다. 월드 와이드 웹(world wide web)과 잡지(magazine)를 합쳐 만든 신조어 '웹진(webzine)'은 잡지 시장의 새로운 물결을 만들었다. 또한, 출판 산업계는 전자책(e-book), 오디오북(audio book) 등을 도입하였다(이은택 · 황용석, 2023: 298). 이러한 인쇄 미디어의 변화에 대응할 수 있는 디지털 미디어 리터러시 교육활동이 필요하다.

둘째는 다양한 언론사에서 허위 정보와 뉴스를 생산하고 제공하는 바람에 언론의 신뢰성이 추락하고 있기 때문이다. 미디어 환경 변화에서 가장 두드러진 변화는 '1인 미디어' 등장으로 인한 미디어 시장의 양적변화이다. 양적변화는 비정상적인 미디어를 양산하게 되었다. 오보(hoax), 가짜뉴스 퍼 나르기, 선동적인 뉴스, 미확인된 정보 등을 무분별하게 기사화하는 비정상적인 미디어의 난립은 정상적인 미디어 생태계를 헤쳐 놓고 있다. 따라서 올바른 미디어 리터러시 교육활동을 통하여 정보와 지식이 왜곡된 가짜뉴스 생산을 막고 비판적 시각으로 미디어에 접근하고 해석할 수 있도록 해야 한다.

셋째는 트위터, 페이스북, 카카오톡, 인스타그램 등의 소셜 미디어의 출현과 함께 새롭게 등장한 커뮤니케이션 형태는 부작용을 낳고 있다. 이와 같은 소셜 네트워킹서비스(SNS, social networking service) 사용자들은 각자의 의견을 나누는 소통 과정에서 일방적인 의사소통 방식을 취하거나, 상대방의 사고와 태도를 무시하는 언사로 인하여 많은 부작용을 초래하고 있다. 또한, 나쁜 콘텐츠 공유, 저질의 뉴스 정보, 거짓 제품 홍보, 심리적으로든 경제적으로 힘든 사람들을 대상으로 사기성 투자 홍보 및 취업 광고 등으로 SNS 이용자들에게 정신적 스트레스와 경제적 피해를 주고 있다. 이와 같은 소셜 미디어 공간에서 일어나는 폐해를 막기 위하여 미디어 리터러시 교육활동이 절실하다.

끝으로, 디지털 미디어 환경 변화에 따라서 디지털 윤리교육이 한층 강조되고 있기 때문이다. 디지털 윤리교육은 디지털 기술을 사용하는 환경에서 사용자가 윤리적인 책임감을 강조하여 올바른 디지털 미디어 활용을 전제하는 교육이다. 디지털 미디어 소비자나 생산자 모두가 네티켓, 개인정보(사생활)보호, 저작권 보호, 사이버 범죄 예방과 대응책 등에 관한 미디어 리터러시 교육활동에 참여하여 디지털 미디어 생태계를 안전하게 보호할 수 있어야 한다.

2) 디지털 미디어 리터러시 개념

미디어 리터러시는 미디어(Media)와 리터러시(Literacy)의 합성어이다. 우선 미디어를 살펴보면 미디어란 정보, 지식, 뉴스, 사상, 감정, 태도 등을 전달하는 역할을 하는 것을 말한다. 그리고 리터러시는 '문해력'으로 번역되는데, 이는 글을 읽고 이해하고 사용하는 역량을 의미한다. 쉽게 정리하면 미디어 리터러시는 미디어를 이해하고 사용하는 역량을 의미한다. 이와 같은 리터러시 개념은 미디어의 발달과 함께 변화해 왔다. 인쇄 미디어 중심에서는 인쇄물의 내용을 이해하는 능력이 리터러시였고, 영상 미디어 중심에서는 영상물의 언어를 이해하는 능력을 리터러시라고 하였다. 아날로그 미디어를 넘어서 디지털 미디어 세상에서는 다른 개념의 리터러시 개념이 제시되고 있다.

미디어 리터러시는 단순하게 미디어를 읽고 사용할 수 있는 능력을 넘어서, 다른 사람이 만들어 놓은 콘텐츠에 효율적으로 접근하고 비판적으로 해석하는 것은 물론, 본인의 지식과 사상을 담은 콘텐츠를 생산하여 디지털 미디어를 통하여 보급하는 것도 포함한다. 더 나아가서 다양한 디지털 미디어를 활용하여 다른 사람과의 민주적인 상호작용을 하는 능력도 디지털 미디어 리터러시 개념에 속한다고 볼 수 있다. 이렇게 확장된 개념으로서 디지털 미디어 리터러시 개념을 교육부에서는 "디지털 환경과 미디어의 특성을 제대로 이해하여 전달하고 있는 정보의 진위를 분별하고, 이를 통해 합리적으로 의사소통하며 사회 참여할 수 있는 능력"이라고 정의하였다. 그리고 김경희 외(2022: 47)는 미디어 리터러시 개념을 다음과 같이 제시하였다. ㉠ 다양한 미디어를 통해 필요한 콘텐츠에 접근하고, ㉡ 미디어에 대한 이해를 바탕으로 미디어 콘텐츠를 비판적으로 해석하며, ㉢ 자기 생각을 표현하기 위해 미디어 콘텐츠를 창의적으로 생산하되 그 영향력을 책임지고, ㉣ 미디어를 활용해 사회적 소통에 참여할 수 있는 능력을 의미한다.

한편, 2018년에 미국에 있는 미디어교육전국연합회(NAMLE, National Association for Media Literacy Education)에서는 "오늘날 어떻게 하면 비판적 사고를 하는 사람, 효과적으로 의사소통하는 사람, 참여하는 시민이 될 수 있을까?"라는 핵심 질문을 통해 미디어 리터러시에 대한 교육적 방향성을 표출하고 있다. 이러한 핵심 질문에 대한 구체적 실천 방향 차원에서 미디어 리터러시는 "모든 종류의 의사소통 수단을 기반으로 접근, 분석, 평가, 창조, 그리고 행동하는 능력"이라고 규정한다(권영부, 2022: 26~27). 또한, 미국 미디어 리터러시 센터(Center for Media Literacy)에서는 "인쇄 미디어에서 비디오 그리고 인터넷에 이르기까지 해당하는 다양한 미디어의 메시지에 접근하고 분석, 평가하며 이를 바탕으로 제작하고 참여하는 능력"이라고 정의했다. 미디어 리터러시는 연구자나 기관에 따라 다양하게 정의되고 있지만 기본적으로 미디어의 메시지를 해독하고 부호화하고 더 나아가 이를 분석, 평가, 제작 및 참여하는 능력을 의미한다고 할 수 있다(이은택 · 황용석, 2023: 298). 이상의 내용을 정리하여 저자는 디지털 미디어 리터러시란 "다양한 미디어에 접근하여 콘텐츠를 비판적 해석 · 분석 및 평가하고, 창의적인 다양한 미디어 콘텐츠를 생산하여 활용하며, 사회적 의사소통(상호작용)을 하는 역량"이라고 정의한다.

3) 디지털 미디어 리터러시 역량과 교육활동

디지털 시대에서 민주시민 육성을 위한 미디어 리터러시 역량은 미디어 실천 중심의 역량이다. 미디어 정보를 빠르게 이해하고 비판적 사고를 기초로 비평하고, 미디어 안에서 정보를 유통시키거나 타인과 사회적 관계를 맺으며, 미디어를 통해 자신의 생각을 표현하거나 창작하는 역량이다(신삼수 외, 2023: 28). 디지털 미디어 리터러시 핵심 역량을 봉미선 · 신삼수(2020: 55~56)는 ㉠ 접근과 활용, ㉡ 비판적 이해, ㉢ 창의적 생산 ㉣ 소통과 참여, ㉤ 윤리와 규범 다섯 가지로 제안하였다. 이러한 다섯 가지 역량 정의를 보면 〈표 4-7-2〉와 같다.

〈표 4-7-2〉 미디어 리터러시 역량과 정의

구분	정의
접근과 활용	다양한 미디어를 통해 필요한 자료를 찾아 적확한 정보를 선택하여, 의도에 맞게 활용할 줄 아는 능력
비판적 이해	미디어 리터러시 핵심 개념(저자, 포맷, 수용자, 콘텐츠, 동기)에 기반하여 콘텐츠의 내용과 맥락을 파악할 줄 아는 능력
창의적 생산	미디어 특성과 언어를 활용하여 고유의 의미 있는 메시지를 창출하며, 사회적으로 이로운 문화콘텐츠를 생산할 수 있는 능력
소통과 참여	미디어를 통해 다른 사람과 어울릴 수 있고, 시민사회의 일원으로서 책임 있게 참여하는 능력
윤리와 규범	윤리를 준수하며, 표절 금지, 초상권 보호, 개인정보 보호 등 사회적 규범을 숙지하고 준수하는 능력

출처: 봉미선 · 신삼수(2020), p. 56.

미디어 리터러시 역량을 키우기 위해서는 미디어 리터러시 교육이 필요하다. 따라서 미디어 리터러시 역량과 교육은 따로 생각할 수 없는 불가분의 관계에 있다. 미디어 리터러시 교육활동의 목적은 우리나라 교육부나 미국의 NAMLE과 같은 기관 또는 여러 연구자가 제시해 놓은 '미디어 리터러시 역량 증진'을 위한 것이다. 이런 맥락에서 전술한 바 있는 NAMLE의 미디어 리터러시 역량 개념을 토대로 미디어 리터러시 교육의 개념을 정리해 보면 “모든 종류의 의사소통 수단을 기반으로 접근, 분석, 평가, 창조, 그리고 행동할 수 있는 역량을 신장시키는 교육”(권영부, 2022: 29)이라고 볼 수 있다. 이 개념을 바탕으로 미디어 리터러시 교육활동은 접근 교육활동, 분석과 평가 교육활동, 창조 교육활동, 행동 교육활동으로 세분화할 수 있다. 이러한 관계를 적용하여 〈표 4-7-2〉 내용도 접근과 활용 교육활동, 비판적 이해 교육활동, 창의적 생산 교육활동, 소통과 참여 교육활동, 윤리와 규범 교육활동으로 나타낼 수 있다.

한편, 김경희 외(2022: 50~70)에 여러 연구자는 『미디어에 대한 올바른 이해와 활용, 디지털 미디어 리터러시』라는 연구서에서 미디어 리터러시 역량 증진을 위하여 필요한 능력을 미디어 접근 능력, 비판적 이해 능력, 창의적 표현 능력, 사회적 소통 능력 네 가지로 구분하여 제시하였다. 이 같은 능력에 관해 나타내고 있는 연구서 내용을 요약하여 정리하면 다음과 같다. 첫째, 미디어 접근 능력이다. 미디어 접근 능력은 다양한 미디어를 통하여 나쁜 정보는 걸러내고 유익한 정보를 찾아내는 능력을 말한다. 이와 같은 접근 능력은 기술적 능력과 인지적 능력으로 구분한다. 기술적 능력은 미디어를 조작하여 정보를 검색하여 필요한 것과 필요하지 않은 콘텐츠를 차단하는 능력이다. 인지적 능력은 넘쳐나는 콘텐츠들 가운데서 자신에게 필요한 정보를 찾기 위해서 의도적인 인지적 노력으로서 주의를 분산하지 않고 집중하는 능력이다. 둘째, 비판적 이해 능력이다. 미디어를 비판적으로 읽는 것은 미디어 메시지가 생산된 맥락과 의도를 파악하는 것이다. 미디어 메시지의 맥락과 의도를 파악하기 위해서는 미디어에 담긴 메시지를 누가, 어떻게, 왜 구성했는지를 심도 있게 분석할 수 있어야 한다. 그렇게 했을 경우 메시지 생산자나 작성자를 비난하지 않고 정확하게 이해하여 주체적으로 자신의 의견을 형성할 수 있다. 셋째, 창의적 표현 능력이다. 사이버공간에서 창의적 표현 능력을 나타내기 위해서는 자신의 관심사와 정체성을 올바르게 드러낼 수 있어야 한다. 또한, 다양한 문제를 발견하고 발견된 문제를 해결하기 위한 새로운 관점을 제시할 수 있는 콘텐츠 제작 능력, 수많은 정보를 자신의 필요와 가치에 따라 재구성해 공유하는 능력 등도 포함한다. 마지막으로 사회적 소통 능력이다. 사회적 소통 능력이란 사회적 문제 · 사안 · 현상 등에 대해 공개적으로 자신의 의견을 개진하고 사회적 네트워크를 통해 공론화하는 과정에 참여할 수 있는 능력이다. 소통되는 내용이 공적 사안이라는 점, 그리고 의견이 공개적으로 많은 사람에게 개진된다는 점, 다른 사람과 공개적으로 논의하는 공론화 과정을 거친다는 점, 공동체의 목표 달성을 위한 것이라는 점에서 미디어 공간에서 사회적 소통은 사적 대화와 확연히 구별될 수 있다. 이러한 능력 함양은 디지털 미디어교육활동을 통하여 가능하므로, 디지털 미디어 교육 내용을 구성할 때, 앞서 제시한 네 가지 능력을 개발할 수 있어야만 한다. 결과적으로 디지털 미디어교육활동의 핵심 내용은 접근 능력 교육활동, 비판적 이해 능력 교육활동, 창의적 표현 능력 교육활동, 사회적 소통 능력 교육활동이라고 할 수 있다.

제8장
스포츠활동

인간은 정신활동과 신체활동을 하며 살아간다. 정신활동과 신체활동은 상호 영향을 주며 한 인간의 성장과 발달을 돕는다. 정신활동 못지않게 중요한 신체활동은 단순한 노동에서부터 체계적인 집단활동까지 매우 다양하다. 일생에 걸쳐 끊임없이 이루어지는 신체활동 가운데서 스포츠활동은 많은 사람이 즐긴다. 이유는 스포츠활동이 인간에게 재미와 건강한 신체 발달을 가져다주기 때문이다. 특히, 청소년기의 스포츠활동은 급속한 신체 발달을 경험하고 있는 청소년들에게 여러 가지 영향을 미친다. 체계적인 체육수업과 스포츠활동은 청소년의 신체 발달을 촉진하여 균형 있는 성장을 돕는다. 또한, 청소년 스포츠활동은 학업 스트레스 해소, 비만 예방, 건전한 여가선용 기회가 되기도 한다. 결과적으로 스포츠활동에 적극적 참여하는 청소년들은 자아존중감도 높아져서 학교생활이나 진로설계를 할 때도 자신감을 가지고 적극적으로 임하게 된다. 이와 같은 긍정적인 효과가 있는 청소년 스포츠활동을 이해하기 위해서 청소년 스포츠활동의 개념과 효과에 대해서 정리한다. 그리고 청소년 스포츠활동의 전체적인 영역을 알아보고, 실제 영역으로서 공공스포츠클럽, 학교스포츠클럽, 신나는 주말체육학교와 청소년활동시설 가운데서 청소년수련시설 중심으로 살펴본다.

1. 청소년 스포츠활동의 기초 이해

1) 청소년 스포츠활동의 개념

스포츠(Sports)의 어원은 라틴어의 'desporto'에서 유래되고 고대 불어인 'desport'에서 파생된 중세 영어의 'desport' 또는 'disport'에서 'sport'로 변화되었다고 한다. 스포츠의 정의를 스포츠과학 및 체육평의회(ICSSPE)의 스포츠 선언(1964)에서는 "놀이 성격의 신체적 운동이나 자기 힘의 한계를 시험하는 신체활동으로서 다른 사람과 경쟁하는 형태의 신체활동"이라고 하였고, 1993년 유럽 스포츠 헌장에서는 "스포츠는 사회적 관계를 형성하거나 경쟁적 수준에 있어서 결과를 내기 위해서 통상적 또는 조직화된 참가를 통하여 육체적 건강과 정신적 만족을 표현하고 증진할 목적으로 행해지는 모든 형태의 신체적 활동"이라고 정의하고 있다(김 범, 2013: 13). 이와 같은 스포츠의 개념에 관해서 광의적 개념과 협의적 개념으로 정의하면, 광의의 개념은 플레이(play)로서의 신체활동을 모두 스포츠라 보는 견해로 경쟁적인 스포츠는 물론 야외활동, 댄스, 체조 등을 포함하는 것이다. 협의의 개념은 주로 18~19세기 영국을 중심으로 발생한 근대 스포츠를 중심으로 생각하는 것으로 육상경기, 축구, 테니스, 야구 등과 같은 경쟁적인 스포츠활동을 총칭하는 것이다(김연수, 2005: 7). 이러한 일반적인 스포츠 개념을 통하여 청소년 스포츠활동을 개념 정리해 보면, 청소년 스포츠활동이란 "청소년이 조직적 · 경쟁적으로 하는 스포츠 경기뿐만 아니라 플레이(play)로서 이루어지는 모든 신체활동을 포함하는 것"이라고 할 수 있다.

2) 청소년 스포츠활동의 효과

청소년 스포츠활동은 청소년들에게 신체적 측면에서의 효과뿐만 아니라, 심리 · 정서적 측면, 사회적 측면 등에서 여러 가지 효과를 나타내고 있다. 김정숙 · 정은주 · 정현우(2021)는 '지역사회 청소년 스포츠활동 활성화 방안 연구'에서 청소년 스포츠활동의 효과에 관해 각 논문의 주요 결과를 요약 정리하여

〈표 4-8-1〉과 같이 제시하였다. 정리한 내용 가운데 신체적 측면을 살펴보면 학교스포츠클럽 활동 등 운동 프로그램에 참여한 청소년들이 신체 기능 개선과 체력이 향상되었음을 확인할 수 있다. 또한, 스포츠활동에 비참여 집단보다 참여자 집단에서 학교생활에 더 잘 적응하며, 학업성취도나 학업태도가 유의하게 높은 것으로 나타났다. 청소년 스포츠활동은 심리 · 정서적 측면에서도 긍정적 발달을 초래하고 있다. 스포츠활동 참여 기간이 길고 빈도가 높은 집단일수록 성적, 수업, 공부 등으로 인한 스트레스가 낮은 것으로 나타났으며, 스포츠활동 참여는 자아탄력성에 정적 영향, 정서조절능력과 적응 유연성 향상에도 긍정적 영향을 끼치는 것으로 확인되었다. 역량 개발 측면을 보면 청소년의 스포츠활동 참여는 생애학습역량, 생활관리역량, 진로개발역량, 대인관계역량, 사회참여역량의 하위변인에 정적 영향을 끼쳤다. 그 외도 청소년 스포츠활동은 우울, 불안, 반항, 공격성 등 문제행동도 감소시키는 것으로 연구되었다.

〈표 4-8-1〉 청소년 스포츠활동의 효과

구분		저자	주요 내용
긍정적 발달	신체적 측면	백창식 외 (2015)	학교스포츠클럽 참여가 비만 청소년의 체중, 체질량지수, 항산화, 면역기능 개선에 기여함
		한태경, 이형록 (2014)	10주간의 줄넘기 운동 프로그램이 초등학생의 기초체력 향상과 혈중 지질 개선에 효과가 있음
		채창목, 김영식 (2015)	주 3회 이상 학교스포츠클럽 활동 참여 집단이 비참여 집단에 비해 건강 체력이 향상되었음
	학업 및 학교 생활 측면	육영숙(2015)	방과 후 스포츠클럽, 교외 스포츠클럽 참여자가 비참여자에 비해 학교생활 적응 중, 수업 태도에 대한 적응이 더 높은 것으로 나타남
		하정윤(2016)	교육청의 학교스포츠클럽 지원 요인 중 하나인 학교스포츠클럽등록률이 중학교의 학업성취도 차이에 유의한 영향을 주는 것으로 확인됨
		김영식, 김동경, 채창목(2014)	초등학생 중, 스포츠클럽활동 참여집단이 비참여 집단에 비해 학업성적, 학습 태도가 유의하게 높은 것으로 나타남

<table>
<tr><th colspan="2">구분</th><th>저자</th><th>주요 내용</th></tr>
<tr><td rowspan="5">긍정적 발달</td><td rowspan="3">심리 · 정서적 측면</td><td>강태진, 하숙례(2017)</td><td>중학생의 스포츠활동 참여기간이 길고 참여 빈도가 높은 집단일수록 학업스트레스(성적, 수업, 공부)가 낮은 것으로 나타남</td></tr>
<tr><td>유춘옥, 박갑준, 김승환(2015)</td><td>중학생의 스포츠활동 참여는 자아탄력성에 정적 영향을 끼치는 것으로 나타남</td></tr>
<tr><td>최미란(2016)</td><td>중학생의 스포츠활동 참여는 정서 조절 능력과 적응 유연성 향상에 긍정적 영향을 끼치는 것으로 확인됨</td></tr>
<tr><td rowspan="2">역량 개발 측면</td><td>서희진, 김민, 김기운(2017)</td><td>청소년의 스포츠활동 참여는 생애학습역량, 생활관리역량, 진로개발역량, 대인관계역량, 사회참여역량의 하위변인에 정적 영향을 끼침</td></tr>
<tr><td>박선영, 김민, 김기유(2017)</td><td>청소년의 체육활동 참여 여부와 정도가 지역사회 인식 및 공동체 인식 수준에 긍정적 영향을 끼침</td></tr>
<tr><td rowspan="4">문제 행동 감소</td><td>반항, 공격성</td><td>장봉우, 김재연(2016)</td><td>초등학생의 방과 후 스포츠활동 참여는 문제행동(우울, 불안, 반항, 공격성 등)을 감소시킴</td></tr>
<tr><td>학교폭력</td><td>조병호, 성창훈(2020)</td><td>학교스포츠클럽 활동의 효과성을 메타 분석을 통해 살펴본 결과, 학교스포츠클럽이 학교폭력에 미치는 전체 효과 크기는 미미했으며, 학교폭력 태도에 미치는 효과는 작은 효과 크기를, 학교폭력 가해 행동에는 효과가 없었음</td></tr>
<tr><td>중독</td><td>지명근, 김용만, 김세윤(2017)</td><td>스포츠 활동 참여는 청소년의 감성지능 향상을 통해 스마트폰 중독 및 반사회적 경향성을 감소시킴</td></tr>
<tr><td>집단 따돌림, 자살충동</td><td>이영익(2012)</td><td>스포츠 활동 참여는 청소년의 감성지능 향상을 통해 스마트폰 중독 및 반사회적 경향성을 감소시킴</td></tr>
</table>

출처: 김정숙 · 정은주 · 정현우(2021), pp. 25~26.

2. 청소년 스포츠활동 영역 범주

전통적으로 학교체육의 개념은 유 · 청소년의 체육, 스포츠, 신체활동 등의 개념을 대부분 포괄하는 의미로 사용되었다. 과거에는 체육수업 이외에 유 · 청소년이 경험할 수 있는 조직적인 체육활동이 거의 없었기 때문이다. 그러나 스포츠가 전 세계 공통적으로 지배적인 신체활동 문화로 자리 잡으면서 스포츠의 개념이 체육과 동일한 개념 혹은 신체활동 개념과 유사하게 쓰이면서 체육을 포괄하는 개념으로 사용되기 시작하였다(정현우 외, 2017: 22). 이와 같은 체육, 스포츠, 신체활동 등에 대한 개념 변화로 인하여 청소년 스포츠활동 영역에 관하여 정현우 외(2017)는 [그림 4-8-1]에서와 같이 범주화하였다. 청소년 스포츠활동 영역을 학교체육과 지역스포츠로 크게 양분하여 제시하였다. 다시 학교체육은 정과체육과 학교스포츠로, 학교스포츠는 생활스포츠와 엘리트스포츠로 영역을 구분하였다. 여기서 정과체육이란 교육과정상의 체육수업을 의미한다.

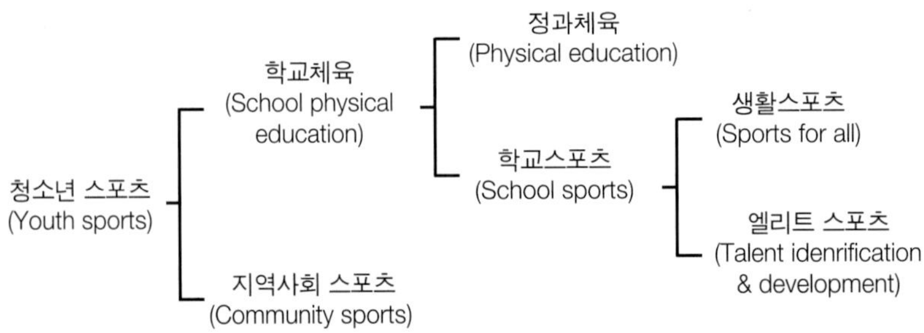

[그림 4-8-1] 청소년 스포츠활동 영역 범주

3. 청소년 스포츠활동 영역의 실제

1) 스포츠클럽

남녀노소 많은 사람이 참여하고 있는 스포츠클럽은 회원 참여(가입 및 탈퇴)가 자발적이며, 회원의 공통된 관심사를 지향하며 운영한다. 또한, 회원 관심사 실현을 위해 의사결정구조는 민주적이어야 한다. 영리 목적보다는 비영리성의 특징을 가지고 있으며, 회원 간의 상호협력을 바탕으로 유대감 형성이 중요하다(남상우 · 김미옥 · 장현우 · 탁민혁 · 박세윤, 2020: 35~36). 이와 같은 스포츠클럽의 특징에 비춰, 청소년스포츠클럽 활동에 적용해 보면 청소년의 자발성 · 자율성 증대, 민주적 의사결정력 습득, 회원 상호 간 유대감 형성 등에 많은 도움이 되기 때문에 청소년기의 스포츠클럽 활동은 의미는 활동이라고 할 수 있다. 청소년들에게 의미 있는 활동으로서 스포츠클럽은 다음과 같이 영역 구분을 하고 있다.

국민이 인식하는 스포츠클럽의 영역을 『제1차 스포츠클럽진흥 기본계획서(문화체육관광부, 2024)』에서 〈표 4-8-2〉와 같이 민간영역의 사설클럽과 동호회, 공공영역의 공공스포츠클럽과 학교스포츠클럽으로 구분한다. 여기에서는 정부 주관으로 이루어지는 공공영역 스포츠클럽인 공공스포츠클럽과 학교스포츠클럽을 살펴본다. 더불어서 〈표 4-8-2〉에는 제시되어 있지 않지만 '신나는 주말학교'도 스포츠클럽의 한 영역으로 포함하여 내용 정리를 한다.

〈표 4-8-2〉 국민이 인식하는 스포츠클럽 현황

구분	민간영역		공공영역	
	동호회	사설클럽	공공스포츠클럽	학교스포츠클럽
개념	같은 운동 취미를 가진 동호인들이 자발적 결성	일정한 대가를 지불받고 스포츠 교습을 업으로 영위하는 자와 그로부터 스포츠 강습을 받는 자의 집합 또는 사업장	지역의 생활체육 활성화를 위해 설립	체육활동에 취미를 가진 동일한 학교의 학생들로 구성된 모임으로, 초 · 중 · 고 학교에서 운영

구분	민간영역		공공영역	
	동호회	사설클럽	공공스포츠클럽	학교스포츠클럽
주관	개인 또는 단체	개인 또는 사업장	문체부	교육부
현황	2021년 기준 약 7만 개	2020년 기준 1,519팀 (34개 종목)	2021년 총 229개소 선정, 222개소 운영 중	2019년 기준 운영클럽 수 160,036개 등록 학생 수 3,948,352명

출처: 문화체육관광부(2024), p. 5와 김정숙 · 정은주 · 정현우(2021), p. 74에서 재구성.

(1) 공공스포츠클럽

공공스포츠클럽은 체육시설 거점, 다계층 · 연령, 다 종목, 다 수준의 프로그램을 제공하는 스포츠클럽을 말한다(정현우 · 성문경 · 남상우, 2021: 16). 이러한 공공스포츠클럽은 지역의 생활체육 활성화를 위해 문화체육관광부의 '공공스포츠클럽 육성사업(2013~2021년)'을 통해 설립되어 기초지방자치단체 단위로 운영되는 비영리법인이다. 2021년까지 총 229개소 선정되어서, 222개소가 운영 중이다(문화체육관광부, 2024: 5).

공공스포츠클럽에서 운영되고 있는 종목은 일반종목과 선수반 종목으로 구분한다. 일반종목은 댄스스포츠, 배드민턴, 수영, 에어로빅, 요가, 테니스, 탁구, 배구, 체조, 줄넘기, 태권도, 클라이밍, 풋살, 바둑 등이 있으며, 선수반 종목은 축구, 배드민턴, 농구, 테니스, 수영, 야구, 탁구 등이 운영 중이다(공공스포츠클럽 홈페이지).

공공스포츠클럽 서비스 특성은 첫째, 전문성 있는 우수한 인력으로 강습 서비스를 받을 수 있다. 스포츠클럽 지도자의 30% 이상이 은퇴 선수 출신으로 전문적이고 수준 높은 스포츠 강습 서비스를 저렴한 회비로 경험할 수 있다. 둘째, 회원을 위한 맞춤형 체육 프로그램을 제공한다. 회원 연령대를 고려한 생애주기형 프로그램은 물론, 경기력 수준에 따른 수준별 맞춤 프로그램을 회원 특성에 맞게 최적화된 서비스를 제공한다. 셋째, 누구에게나 열린 개방적 체육시설이다. 지자체가 보유한 공공체육 시설을 활용하여 수준 높은 체육활동이 가능함은 물론, '공공성'을 통한 저렴한 회비로 지역 주민 모두에게 열린 생활체육 시설을 제공한다. 넷째, 엘리트 선수로의 발전 기회가 될 수 있다. 스포츠클럽 활동을 통해 우수한 재능을 보유한 회원을 발굴하고 육성하여 전문선수로 성장할 기회를 제공하며 더 높은 꿈을 향한 발돋움이 가능하다. 끝으로, 커뮤니티 형성으로 열린 사랑방 역할을 한다. 다양한 연령대 및 소득계층의 지역민들이 한자리에 모여 생활체육에 참여 함으로써 인적 교류가 활성화되고 공동체 의식 증진에 크게 이바지한다(공공스포츠클럽 홈페이지). 이와 같은 공공스포츠클럽의 서비스 특성을 정리하면 청소년들이 공공스포츠클럽에서 전문지도자와 함께 수준에 맞는 스포츠활동을 하므로, 본인의 스포츠 기능력을 증가시킬 수 있다. 증가된 기능은 엘리트 선수로 진출할 기회가 될 수도 있다. 또한, 저렴한 비용으로 수준 높고 안전하고 쾌적한 공공체육시설을 활용함으로써 참여율을 높이고 활동에 대한 만족도도 높아질 수 있다.

(2) 학교스포츠클럽

2007년부터 5년간 시범사업을 진행한 후 현재까지 실시되고 있는 학교스포츠클럽은 「학교체육진흥법」 제10조(학교스포츠클럽 운영)에 근거하고 있다. 「학교체육진흥법」 제10조 세부 항목 내용을 보면, 학교의 장은 학생들이 신체활동 프로그램에 참여할 수 있도록 학교스포츠클럽을 운영하여 학생들의 체육활동 참여 기회를 확대하여야 한다. 학교스포츠클럽을 운영하는 경우 학교스포츠클럽 전담 교사를 지정하고 소정의 지도 수당을 지급해야 한다. 또한, 학교의 장은 학교스포츠클럽 활동 내용을 학교생활기록부에 기록하여 상급학교 진학자료를 활용할 수 있도록 하여야 하며, 교육부령으로 정하는 바에 따라 일정 비율 이상은 학교스포츠클럽을 해당 학교의 여학생들이 선호하는 종목으로 학교스포츠클럽으로 운영하여야 한다.

학교스포츠클럽이란 "초등학교 1학년부터 고등학교 3학년 재학생 중 체육활동에 취미를 가진 동일 학교의 학생으로 구성 · 운영되어 학교에서 이루어지는 스포츠클럽"을 말한다. 이러한 학교스포츠클럽 활동 과정은 중학교 정규교육과정 내

(창의적 체험활동)에서 운영되는 학교스포츠클럽 활동과 초 · 중 · 고등학교 정규교육과정 이외로 운영되는 학교스포츠클럽 활동으로 구분한다(전라북도교육청, 2024: 1).

학교스포츠클럽 운영 목적은 학교스포츠클럽 활동을 통한 학생 건강 체력증진과 바른 인성 함양, 학교스포츠클럽 학생 자율역량 강화로 행복하고 건강한 학교문화 조성, 다양한 학교스포츠클럽 대회 운영으로 모든 학생 참여 기회 확대이다. 그에 따른 세부 방침으로는 ㉠ 교내 · 외 스포츠활동을 통한 존중, 배려, 정직, 규칙 준수 등의 바른 인성교육 마련, ㉡ 아침 등 틈새 시간 활용 교육과정 내 · 외 다양한 학교스포츠클럽 일상화 방안 마련, ㉢ 리그 거점 학교 등 다양한 학교스포츠클럽 활동 확대를 통한 모든 학생 참여기회 확대, ㉣ 학생이 기획하고 운영하는 학생(주도)중심 학교스포츠클럽 활동 운영, ㉤ 교내 · 외 학교스포츠클럽 활동 시 안전사고 예방 계획 수립 및 안전 지원, ㉥ 유관기관과의 지역협의체 연계를 통한 학교스포츠클럽대회 활성화이다(경기도교육청, 2024: 1).

학교스포츠클럽은 학교에서 이루어지는 체육수업과 함께 학교체육활동을 이끌어 나가고 있는 핵심적인 제도이다. 이와 같은 학교스포츠클럽 성과와 한계를 『학교스포츠클럽 지역 연계 활성화를 위한 기초 연구』(정현우 외, 2020: 38~41) 보고서에서 다음과 같이 제시하고 있다. 우선 성과를 보면 첫째, 학교스포츠클럽은 학생들에게 신체활동 참여 기회를 증진하였다. 소수 학교 운동부 선수나 혹은 동아리 활동으로 축구, 배드민턴, 농구반 등에 소속되어 있는 학생 중심의 스포츠활동이, 학교스포츠클럽 도입으로 소외되었던 학생들도 스포츠활동에 많이 참여하게 되었다. 둘째, 학교스포츠클럽의 교육적 효과이다. 학교스포츠클럽 활동 참여가 단순히 참여 시간의 제공만이 아니라, 신체활동의 즐거움, 체력 유지 및 향상, 학업 스트레스 해소 등 긍정적인 효과를 주고 있다. 이는 학교스포츠클럽의 가치를 격상시키는 결과들이라고 볼 수 있다. 셋째, 학생들이 학교스포츠클럽 리그 및 대회 참가를 통해 체계적인 스포츠활동 경험을 갖게 되었다. 체계적인 스포츠활동 경험은 학생들이 자신이 참여하는 종목에 많은 관심과 흥미를 느낄 수 있도록 돕고, 나아가 성인이 되어서도 평생 체육활동에 자연스럽고 자신감 있게 참여할 수 있도록 하는 계기가 될 수 있다. 끝으로, 학교스포츠클럽은 학교 체육

정책의 방향성을 변화시켰다. 학교스포츠클럽 도입은 엘리트 선수 중심의 정책에서, 일반학생 중심의 체육활동 정책을 펼치게 되었다. 또한 그동안 체육활동에 소외되었던 여학생의 참여 비율을 크게 향상시켰다. 이처럼 여러 가지 성과가 있음에도 불구하고 학교스포츠클럽은 한계를 가지고 있다. 다양한 종목 운영의 부재와 운동 기능이 우수한 학생 중심으로 일시적으로 클럽을 조직하여 운영하는 것 역시 문제로 지적된다. 그리고 대회 중심의 운영 방식 역시 문제로 지적되고 있으며, 지나친 축제 형태의 대회 운동도 한계점으로 드러나고 있다. 특히나 학교스포츠클럽 담당 교사와 담당 장학사의 업무 과중의 문제점도 가지고 있다.

[그림 4-8-2] 학교스포츠클럽 운영 절차

출처: 전라북도교육청(2024), p. 2.

(3) 신나는 주말체육학교

신나는 주말체육학교는 전국 초 · 중 · 고등학생 및 동 연령대 청소년의 스포츠, 레저 활동과 체력 강화 및 여가생활의 기회를 무료로 제공하는 방과 후 스포츠프로그램이다. 대한체육회가 2014년부터 문화체육관광부 및 교육부와 함께 운영 중이며 문화체육관광부 및 국민체육진흥공단의 기금후원으로 시행되는 사업이다(신나는 주말체육학교 홈페이지). 신나는 주말체육학교가 정과 체육수업이나 학교 스포츠클럽과 다른 점은 학생들의 자발적인 참여를 통해서 이루어진다는 점이다. 즉, 정규수업시간에 이루어지는 스포츠활동은 반드시 참여해야 하는 의무가 있으므로 자칫하면 스포츠활동에 대한 부정적인 태도를 미칠 수 있지만, 신나는 주말체육학교는 참여 의지가 있는 학생들만 신청해 운영되고 있는 스포츠활동이어서 능동적인 참여를 유도할 수 있다(이양주 · 임봉우, 2020: 77).

2023년 기준으로 신나는 주말체육학교 종목별 현황을 살펴보면 학교 안에서는 배드민턴, 축구, 뉴스포츠, 배구, 농구, 피구, 탁구, 티볼, 풋살, 플로어볼, 플라잉디스크, 방송댄스, 네트볼, 킨볼, 족구 등에 학생들이 참여하고 있다. 학교 밖에서는 볼링, 탁구, 수영, 골프, 축구, 배드민턴, 방송댄스, 클라이밍, 풋살, 승마, 농구, 테니스, 복싱, 음악줄넘기, 검도, 야구, 인라인스케이팅, 스크린골프, 태권도, 점핑피트니스, 당구, 요가 등으로 나타났다(신나는 주말체육학교 홈페이지).

신나는 주말체육학교는 대한체육회에서 관리하는 '방과 후 스포츠프로그램 신나는 주말체육학교' 홈페이지를 활용하여 단일한 홍보와 신청이 이루어지고, 대한체육회의 풍부한 인력풀을 활용하는 것이 강점이다. 또한, 학교 밖 프로그램의 경우 쉽게 접할 수 없는 프로그램을 운영하고 있어 다 종목으로의 저변 확대 차원에서 매우 긍정적인 성과를 거두고 있다(정현우 외, 2020: 53).

2) 청소년활동시설 스포츠활동

「청소년활동 진흥법」에 근거한 청소년활동시설은 청소년수련시설과 청소년이용시설로 구분하는데, 여기에서는 청소년수련시설 중심의 청소년 스포츠활동을 알아보고자 한다. 청소년수련시설에서 시행하고 있는 청소년 스포츠활동을 이해하려면 청소년수련시설 조직을 알아야 한다. [그림 4-8-3]은 청소년수련시설 가운데, 비숙박형 생활권 시설인 청소년수련관(청소년센터)의 일반적인 조직도이다. 시설장(관장 · 센터장) 아래로, 팀 조직은 시설에 따라 팀명이 조금씩 다르나 대체로 업무지원팀, 청소년활동팀, 교육문화팀(시설에 따라 팀명이 다름) 등으로 편성되어 있다.

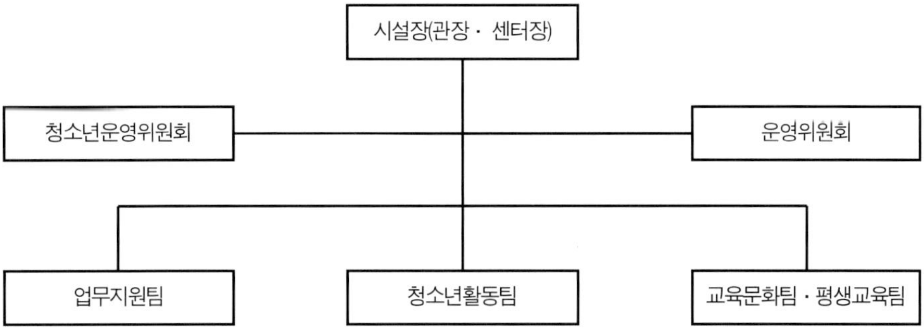

[그림 4-8-3] 일반적인 청소년수련관(청소년센터) 조직도

업무지원팀을 제외한 청소년활동팀과 교육문화팀 · 평생교육팀에서 스포츠활동을 주관한다. 따라서 청소년수련시설에서 시행하고 있는 청소년 스포츠활동 프로그램은 크게 두 축으로 설명할 수 있다. '교육문화 · 평생교육팀 주관 청소년 스포츠활동'과 '청소년활동팀 주관 청소년 스포츠활동'이다.

교육문화 · 평생교육팀 주관 청소년 스포츠활동은 정기적 참여자를 모집하여 강좌형으로 실시되며 참여 비용을 내고 참여하는 경우가 많다. 청소년수련시설 내의 각종 스프츠활동시설(수영장, 체육관, 헬스장, 농구장, 스포츠클라이밍 등)을 활용하여 전문 강사의 지도에 의해 활동이 이루어진다. 이러한 교육문화 · 평생교육팀 주관 청소년 스포츠활동의 운영 목표는 개인의 체력증진이나 스포츠 기능 향상 등이

이다. 활동 목적이 개인의 변화에 초점이 맞춰 있으므로 활동프로그램에 참여하는 회원 간의 교류와 유대감은 떨어진다. 교육문화팀 · 평생교육팀 주관 스포츠활동 프로그램은 시설에 따라 매우 다양하게 실시되고 있다. 통상적으로 농구, 검도, 플로어볼, 요가, 탁구, 음악줄넘기, 방송댄스, 아쿠아로빅, 수영, 헬스 등의 활동이 이루어지고 있다.

청소년활동팀 주관 청소년 스포츠활동은 교육문화팀 · 평생교육팀 주관 청소년 스포츠활동에서 기대하는 개인의 체력증진이나 기능 개선과 더불어서, 리더십과 공동체 의식 함양과 같은 다양한 역량 개발 등을 목표로 운영된다. 청소년수련시설의 핵심 조직인 청소년활동팀의 목적사업 일환으로 청소년 스포츠활동이 진행되므로, 생활체육 · 평생교육팀 주관 스포츠 프로그램과는 다른 활동의 목표, 내용, 방법 등이 적용되어 프로그램이 시행된다. 청소년활동팀 주관 청소년 스포츠활동은 청소년지도자에 의해서 구조화된 프로그램을 통해 조직적으로 이루어진다. 청소년활동팀 주관 청소년 스포츠활동 주요한 프로그램 내용을 몇 가지로 정리한다. 우선 농구, 축구, e스포츠, 탁구, 피구 등으로 이루어진 스포츠 동아리활동이다. 청소년수련시설내의 여타 동아리처럼 청소년활동팀에 소속되어 운영되고 있다. 스포츠 동아리활동은 참여 청소년의 체력 유지와 발전과 함께, 동아리 회원 간의 상호작용을 통하여 대인관계능력을 향상하고 소속감을 갖도록 한다. 다음은 청소년수련시설 청소년활동팀에서 개발하여 주관하는 대회나 스포츠활동 프로그램에 참여하는 것이다. 주로 많이 하는 프로그램은 트레킹, 헬스, 스포츠 클라이밍, 댄스, 생존수영, 응급처치, 스키캠프, 풋살, 탁구, 승마, 볼링, 음악줄넘기, 미니올림픽, 3×3 농구, 스킨스쿠버 등이 있다. 한편, 청소년수련시설에 외부에서 열리는 각종 스포츠대회에 참가하는 것도 청소년 스포츠활동의 중요한 영역으로 포함할 수 있다. 이상의 내용을 정리하면 〈표 4-8-3〉과 같다.

〈표 4-8-3〉 청소년수련시설 주관 팀별 청소년 스포츠활동 비교

구분	교육문화 · 평생교육팀 주관 '청소년 스포츠활동'	청소년활동팀 주관 '청소년 스포츠활동'
활동 목표	• 체력 유지 및 증진, 신체 기능 향상 등	• 다양한 역량 개발, 공동체 의식 함양, 자아 존중감 향상 등
활동 내용	• 농구, 검도, 플로어볼, 요가, 탁구, 수영, 헬스, 음악줄넘기, 방송댄스 등	• 스포츠 동아리 활동 • 스포츠 프로그램(트레킹, 헬스, 클라이밍, 댄스, 생존수영, 응급처치, 스키캠프, 풋살 등) • 각종 스포츠 대회(리그) 주관 및 외부 대회 참가
활동 특성	• 강좌형으로 실시	• 청소년활동 프로그램 일환으로 실시
활동 지도자	• 강사, 전문가 등	• 청소년지도사, 자원지도자, 전문가, 강사 등

3) e스포츠

e스포츠의 개념은 좁은 의미로는 '프로 e스포츠'로 한정할 수 있지만(이상호, 2024: 41), 더 확장된 개념으로 e스포츠는 게임을 매개로 하여 사람과 사람 간의 승부를 겨루는 경기 및 부대 활동을 뜻한다. 실제 세계와 유사하게 구현된 가상의 전자 환경에서 정신적, 신체적 능력을 활용하여 승부를 겨루는 여가 활동, 그리고 대회 또는 리그의 현장에 참여하는 일과 전파를 통해 전달되는 중계를 시청하는 일, 이와 관계되는 커뮤니티 활동 등 온라인 문화 전반을 포함한다(노성산 · 김새미나 · 오혜신, 2022: 259). 한편, 「이스포츠(전자스포츠) 진흥에 관한 법률」 제2조 제1호에서 "이스포츠란 게임물을 매개로 하여 사람과 사람 간에 기록 또는 승부를 겨루는 경기 및 부대활동"이라고 정의한다.

e스포츠의 특성을 이상호(2024: 37~40)는 다음과 설명한다. 첫째, e스포츠는 특정한 규칙을 받아들인다. e스포츠는 규칙이 있고 경쟁이 있다는 점에서 기존의 스포츠와 다르지 않다. 우리가 스포츠를 통해 건강한 삶과 정당한 경쟁의 가치를 배울 수 있듯이, e스포츠도 우리에게 많은 가치를 가져다준다. 디지털 기기를 통

한 e스포츠의 참여는 언제 어디에서 참여한다고 할지라도 그 규칙을 받아들인다는 사실을 전제로 한다. 둘째, e스포츠는 평등성을 강조한다. 여성과 남성의 영역으로 구분된 일반 스포츠 영역과는 다르게 e스포츠는 모두가 참여가 가능한 평등성을 보여준다. 셋째, e스포츠는 인지, 지각, 감정, 경험의 총제적 현상으로 이해해야 한다. e스포츠는 승패는 화면에서 보이는 상대 움직임의 패턴을 얼마나 빨리 판단하고 지각하느냐에 승부가 결정된다. 지각하는 과정에서 인지와 감정 등이 모두 작용하므로 기존 스포츠활동 만큼이나 긴장감과 스트레스 호르몬 변화가 일어난다. 넷째, e스포츠는 디지털 기기를 이용한 가상 공간성의 움직임을 이해해야 한다. 축구의 공, 야구의 배트, 사격에서 총이라는 도구를 사용하듯, e스포츠는 마우스와 키보드를 도구로 확장된 자신의 아바타를 바탕으로 가상공간에 이루어진다. 이는 일반 스포츠 경기가 현실에서 작동하지만 e스포츠는 인위적으로 만든 가상공간이라는 점이다. 이러한 메커니즘을 이해하는 것이 e스포츠에 관해 이해의 폭을 확장하는 데 도움이 된다. 다섯째, e스포츠는 인간의 주도적 행동 경험을 갖는다. e스포츠의 가상 경험은 현실과 다르겠지만, 가상공간의 경험도 일상의 공간과 연관된 의미를 갖는다. e스포츠의 가상공간에서 보인 움직임의 확대는 자신의 주도적인 행동의 결과이기 때문에 가상세계의 경험이 현실세계에도 연결된다.

앞서 설명한 e스포츠의 특성을 정리하면 정해진 규칙에 따라 공정한 경쟁을 하는 것, 경험의 총체적 현상, 평등성, 가상 공간성의 움직임의 이해, 주도적 경험 등이다. 이러한 e스포츠 특성이 포함하고 있는 e스포츠 가치와 내용을 청소년들은 쉽게 받아들일 수 있다. 왜냐하면, 청소년들은 공정한 경쟁 아래 평등한 가치를 추구하며 가상공간의 경험도 일상생활의 경험 못지않게 중요하게 생각하고 있기 때문이다. 따라서 청소년들은 쉽게 e스포츠에 몰입하고 e스포츠를 일상에서 즐기고 있다. 그 외도 청소년들은 지적 호기심이 왕성하여 새로운 e스포츠를 배우고 익히는데, 성인보다 훨씬 더 빨라서 e스포츠에 쉽게 접근할 수 있다. 무엇보다도 지금의 청소년들은 어린 시절부터 게임 문화에 익숙하기 때문에 e스포츠를 일반 스포츠보다 더 친숙한 스포츠활동 영역으로 받아들이고 있다.

제9장
국제교류활동

산업화 시대 이후 더욱 발전한 통신기술과 교통수단으로 인해 국가 간에 민간 영역과 공공영역에서의 교류가 폭발적으로 증가해 왔다. 더구나, 최근에는 인터넷을 기반으로 하는 뉴미디어 등장으로 다양한 분야에서 시간과 장소에 구애받지 않고 교류가 가능하다. 교육, 문화, 복지, 정치, 경제, 스포츠, 종교 등 여러 영역에서의 교류 증가는 세계를 하나로 묶는 세계화를 가속했다. 세계화는 일시적인 현상이 아닌, 인류가 새롭게 모색하는 인류 공영을 목표로 하는 실천적인 움직임이라고 볼 수 있다. 세계화는 여러 나라 시민에게 상호 의존성을 증가하게 하고, 과거에 가졌던 나라와 민족의 의미를 달라지게 하고 있다. 이렇게 변화되고 있는 지구촌 세상을 살고 있는 청소년들에게 국제교류는 상당히 의미 있는 활동이므로 계획적이고 체계적인, 그리고 정확한 목표를 가진 활동을 제공해야 한다. 구조화된 국제교류 프로그램을 제공하기 위해서 청소년지도자는 청소년 국제교류와 관련된 이론과 현황 등을 잘 이해하고 있어야 한다. 따라서 여기서는 청소년 국제교류활동의 기초 이해로서 청소년 국제교류활동의 의의 및 필요성, 청소년 국제교류활동의 개념과 목적, 청소년 국제교류활동의 유형과 내용에 대하여 살펴본다. 그리고 청소년 국제교류활동 주요 사업 추진 현황과 청소년 국제교류사업의 단계별 운영 절차에 관해 알아본다.

1. 청소년 국제교류활동의 기초 이해

1) 청소년 국제교류활동 의의 및 필요성

1960년대 초 마셜 매클루언(Marshall McLuhan)이 통신기술의 발달을 통해 지구상의 모든 사람이 긴밀히 연결되는 '지구촌'이라는 새로운 용어를 소개한 이래, 과학 분야뿐만 아니라 경제, 사회, 문화, 교육 등 많은 분야에서 전 세계가 서로 밀접하게 연결되는 세계화 현상을 경험하게 되었다(김다원 · 이경한 · 서기준 · 고혜수, 2022: 17). 특히, 정보통신기술 발달은 정보화를 확산시키고, 확산 · 발전된 정보화 과학기술은 세계화를 가속하고 있다. 이와 같은 세계화된 지구촌 시대를 살고 있는 청소년이, 세계화 · 글로벌화 주역으로 성장하기 위해서는 청소년기부터 다양한 국제교류활동에 참여하는 것이 매우 필요하다.

청소년 국제교류활동의 의의 및 필요성에 관해 몇 가지로 정리한다. 첫째, 청소년 국제교류활동은 청소년들에게 세계시민의식을 함양할 수 있는 계기가 될 수 있다. 세계화는 거역할 수 없는 대세이다. 세계화는 세계사회와 그 사회에 속하는 세계시민을 만들었고, 앞으로 청소년 개인이든 집단이든, 세계시민으로서 지구촌에서 정주하고 삶을 영위해 나가야 한다. 이러한 세계시민으로서 세계시민의식 함양을 위한 글로벌시민교육은 '탈국가주의와 보편적 관심, 그리고 다양성 존중'에 핵심적 키워드를 두고 있으며, 국가별 차이는 있으나 대부분의 경우 유네스코를 중심으로 전개되어 온 세계시민주의에 토대를 두고 있다(김다원 · 이경한 · 서기준 · 고혜수, 2022: 22). 세계시민의식 함양에 관한 실증적 연구를 한 조남억 · 김고은(2014: 209)은 국제교류 프로그램에 참여한 학생들은 팀워크가 증진되었고, 세계시민으로서 태도와 의지, 관심과 같은 세계시민의식이 향상되는 것으로 나타났다. 한편, 유네스코에서 제시한 세계시민의 특성은 〈표 4-9-1〉과 같다.

둘째, 청소년들이 타문화에 대한 이해와 수용 능력을 통하여 문화의 다양성을 갖추게 하는데 청소년 국제교류활동이 필요하다. 청소년들이 자문화중심주의, 민족주의, 국가주의와 같은 문화적 이해 태도가 아닌, 문화상대주의 입장에서 다른 나라 문화를 이해하고 수용하는 태도를 형성하기 위해서 국가 차원에서 체계적인 문화다양성을 형성할 수 있는 국제교류활동 사업이 제공되어야 한다. 문화다양성교육은 소수자와 다수자 모두를 대상으로 일상생활에서 문화적 다양성에 기초한 사회통합을 추구하고, 문화의 다름을 이해하며 배려하는 태도를 함양하기 위한 교육이라 할 수 있는데(권오경, 2023: 22), 이러한 문화다양성교육은 청소년국제교류활동을 통하여 올바르게 이루어져야 한다.

셋째, 청소년 국제교류활동에 참여한 청소년들이 다른 나라 청소년들과 협력하는 과정에서 공동체 의식을 함양하고 리더십을 키우는 데 의의가 있다. 리더십 관련한 오해섭 · 우영주(2006: 71)의 실증적 연구 결과를 살펴보면 청소년국제교류 참여 경험이 있는 청소년이 참여 경험이 없는 청소년보다 글로벌리더십 수준이 크게 높은 것으로 나타났다. 또한, 참여횟수, 참여기간, 참여정도에 따라서 글로벌리더십 수준에 영향을 미치는 것으로 나타났다. 참여횟수가 많을수록, 참여기간 길어질수록, 참여 정도가 강화될수록 글로벌리더십 수준은 대체로 높아지는 경향을 보였다.

〈표 4-9-1〉 UNESCO에서 제시한 세계시민의 특성

핵심 주제 영역	세부 학습 내용
지식과 비판적 사고력 (인지적 영역)	1. 지방, 국가, 세계의 체제 및 구조 2. 지방, 국가, 세계 차원에서 공동체 간 상호작용 및 관계에 영향을 끼치는 이슈들 3. 현상의 이면에 존재하는 전제와 권력의 역학관계
사회적 관계와 다양성 존중 (사회-정서적 영역)	4. 다양한 차원의 정체성 5. 사람들이 소속된 다양한 공동체와 이들의 연결 양상 6. 차이와 다양성에 대한 존중
윤리적 책임감과 적극적 참여 (행동적 영역)	7. 개인 및 집단 차원에서 실천할 수 있는 행동 8. 윤리적으로 책임감 있는 행동 9. 행동에 참여하고 실천에 옮기기

출처: UNESCO(2015: 28); 김다원 · 이경한 · 서기준 · 고혜수(2022), p. 31에서 재인용.

2) 청소년 국제교류활동의 개념과 목적

청소년 국제교류활동 개념은 법과 사전, 그리고 학자에 따라서 다양하게 고찰되어 정의된다. 따라서 청소년 국제활동교류활동의 법적 개념을 이해하고 사전적 개념과 여러 학자가 제시한 내용도 알아본다. 한편, 청소년 국제교류활동의 개념을 정리할 때, 대체로 청소년 국제교류활동의 목적을 포함하여 제시하고 있으므로 청소년 국제교류활동의 개념과 목적을 함께 제시하도록 한다.

우선 청소년 국제교류활동과 관련한 법적 개념을 살펴보면 「청소년활동 진흥법」 제2조에서 청소년교류활동을 "청소년의 지역 간, 남북 간, 국가 간의 다양한 교류를 통하여 공동체 의식을 함양하는 체험활동"으로 정의하고 있다. 「청소년기본법」에서 청소년활동을 청소년의 균형 있는 성장을 위하여 필요한 활동으로 정의하고 있고, 이러한 청소년활동 중의 하나로 교류활동이 포함되어 있어서, 청소년교류활동은 "청소년의 균형 있는 성장과 공동체 의식 함양을 위하여 필요한 체험활동"이라고 할 수 있다.

사전에서는 청소년 국제교류란 국제화, 개방화 시대를 맞아 청소년의 글로벌리더십을 함양하고, 국가 간의 우의와 협력을 증진하기 위하여 행하는 국제적 활동(국립국어원 우리말샘 홈페이지)으로 정의하고 있다. 이 같은 사전적 개념에는 청소년 국제활동교류는 '글로벌리더십 함양'과 '국가 간의 우의와 협력 증진'이 목적임을 알 수 있다.

청소년 국제교류 관련 연구의 초장기 연구서인 『청소년 국제교류 활성화 방안 연구』에서 김경준(1995: 14)은 청소년 국제교류활동의 개념을 "청소년 집단이 외국과의 직접적 접촉을 통하여 조직적으로 이루어지는 활동"으로 여겼다. 이는 과거에는 직접적 접촉만을 교류활동이라고 보았다. 하지만 지금은 비대면 · 온라인을 통한 간접 접촉이 일상화되어서 간접 접촉을 통한 교류활동도 중요한 국제교류활동 영역에 포함하고 있다.

윤철경 · 이상오 · 김경준(2000: 10)은 "청소년의 지적, 신체적, 정신적인 면에 있어서 바람직한 변화를 목적으로 청소년 동아리나 청소년단체, 사회단체 등 청소년집단에 의해 이루어지는 외국과의 인적, 물적, 문화적, 사상적인 교류를 의미한다."라고 하였다.

양계민 · 권오영(2023: 12)은 청소년 국제교류활동을 "글로벌 이슈에 대해 주도적으로 인식하고 행동하며, 글로벌 수준의 가치와 태도 및 역량을 증진 시키는 청소년활동"으로 정의하였다. 이 정의에서는 청소년 국제교류활동은 청소년의 주도성을 강조하고 있다. 이러한 자기 주도성을 기반으로 글로벌 태도와 역량을 키우는 것이 청소년 국제교류활동의 목적으로 하고 있음을 나타낸다.

3) 청소년 국제교류활동의 유형

청소년 국제교류는 수행 주체에 따라서는 ㉠ 정부 간 교류, ㉡ 지방자치단체 간 교류, ㉢ 청소년단체 간 교류, 여행, 관광 형태 등으로 분류하며, 교류 내용에 따라 ㉠ 일반교류, ㉡ 연수, ㉢ 국제회의, ㉣ 국제행사 등으로 분류한다. 일반교류는 정부, 단체, 기구 간의 정기교류, 친선교류 등 일반적인 형태를 모두 포함하며, 연수는 특정한 분야나 주제를 가지고 시행되는 교류 형태이고, 국제회의는 말 그대로 국가 간, 지역 간 혹은 세계적인 회의 형태이며, 국제행사는 캠프, 대회, 축제 등의 행사를 의미한다(한국청소년개발원 편, 2004: 76). 그 외도 교류 형태에 따라서 초청교류와 방문교류로 구분하며, 교류 진행 방식에 따라 온라인과 오프라인 방식 그리고 혼합형 방식으로 이루어지기도 한다.

2. 청소년 국제교류활동 주요 사업 추진 현황

청소년 국제교류활동은 국제교류사업 수행 주체에 따라 민간과 공공영역에서 다양하게 추진되고 있다. 교육부, 문화체육관광부, 과학기술정보통신부, 외교부, 여성가족부 등 공공영역에 해당하는 여러 부처에서 각 부처의 여건과 특성을 토대로 청소년을 대상으로 각종 국제교류사업을 활발하게 전개하고 있다. 또한, 공공영역의 지방자치단체에서도 활발하게 청소년 국제교류활동이 시행되고 있다.

〈표 4-9-2〉는 여러 부처 가운데 여성가족부에서 추진하고 있는 청소년 국제교류사업에 관한 내용을 개괄적으로 정리해 놓은 것이다. 이를 통하여 청소년 국제교류활동 주요한 사업 내용 및 현황에 관해 알아보고자 한다.

〈표 4-9-2〉 여성가족부 시행 청소년 국제교류사업 추진 개요

사업명	국가 간 청소년 교류	해외자원 봉사단	국제회의 및 행사 파견	글로벌 서밋
목적	청소년의 글로벌 역량 강화, 국가 간 우의증진 및 협력 기반 조성	청소년의 국제협력 활동 참여를 통한 세계시민의식 함양과 글로벌 역량 강화	다자 간 교류활동 참가를 통해 세계시민으로서 참여의식 제고 및 역량 강화	국제문제에 대한 참여활동 및 각국 청소년들과 인식 공유를 통해 세계 시민의식 제고 및 글로벌 의식 함양
프로그램의 지향과 특성	청소년 교류를 통한 국가 간 협력기반 조성 및 글로벌 리더로서 역량을 개발하기 위하여 진행	봉사를 주제로 한 국제협력활동에 참여함으로써 청소년의 자아실현과 글로벌 역량강화 및 세계시민 의식 함양을 도모	미래세대의 일원으로 청소년이 다양한 국제사회의 문제를 해결하기 위해 의사결정에 참여할 수 있는 국제교류활동	미래세대의 네트워크 구축과 연대감 강화, 우호적 이미지 형성, 전 지구적 문제에 대한 참여활동 및 의견교류를 통하여 환경문제에 기반한 글로벌 역량 강화
프로그램 내용	상대국 청소년과의 교류활동, 청소년 관련기관 · 시설 방문, 홈스테이, 문화체험 등	교육봉사, 노력봉사, 청소년교류, 문화체험 등	다양한 국제회의 · 행사 참석, 강연, 문화체험, 토론 및 발언문 낭독 등	기조강연, 국가별 사례발표, 분과 토론, 전체 총회, 정책 환류, 한국 문화 연수 프로그램 등
근거	「청소년활동 진흥법」 제54조(국제청소년교류활동의 지원)			
대상	만 16세~만 24세 청소년	만 15세~만 20세 청소년	만 16세~만 24세 청소년	만 18세~만 24세 청소년
규모	300명 내외	약 140여 명	33명 내외	10여 개국 200명

사업명	국가 간 청소년 교류	해외자원 봉사단	국제회의 및 행사 파견	글로벌 서밋
시기	4월~11월 (10일 내외)	7월~8월 중 파견 (10일 내외)	연중(15일 내외)	7월~8월 중/ 8박 9일 내외(초청)

출처: 양계민 · 조영미 · 정진경(2022:32)와 한국청소년활동진흥원(2022) 홍보자료 내용을 종합하여 양계민 · 권오영(2023), p. 28에서 수정한 것을 재인용.

먼저, 국가 간 청소년교류는 양국 청소년 담당 부처 또는 청소년 관련기관과의 약정에 의해 매년 정기적으로 실시되는 사업으로 청소년 교류를 통한 국가 간 우의 증진 및 협력기반 조성, 글로벌 리더로서 역량 개발 등을 위해 1979년부터 2023년까지 초청 및 파견 사업을 실시했다(한국청소년활동진흥원 청소년국제교류네트워크 홈페이지). 주요한 프로그램 내용은 상대국 청소년과의 교류활동, 청소년 관련기관 · 시설 방문, 홈스테이, 문화체험 등이다. 교류 실적을 보면 2023년도에 초청인원 194명, 파견인원 186명이며, 2024년 현재 국가 간 청소년교류 체결은 총 39개국이다. 자세한 국가 간 청소년교류 체결현황 및 사업 추진실적은 〈표 4-9-3〉와 〈표 4-9-4〉과 같다.

〈표 4-9-3〉 국가 간 청소년교류 추진실적

구분	2019	2020	2021	2022	2023
초청인원	170명	25명(온라인)	112명(온라인)	119명(온라인)	194명
파견인원	149명	24명(온라인)	122명(온라인)	126명(온라인)	186명

출처: 한국청소년활동진흥원 청소년국제교류네트워크 홈페이지.

〈표 4-9-4〉 국가 간 청소년교류 체결현황

지역	국가
아시아(11개국)	중국, 일본, 말레이시아, 몽골, 베트남, 필리핀, 인도, 인도네시아, 싱가포르, 브루나이, 캄보디아
유럽(14개국)	러시아, 프랑스, 체코, 폴란드, 핀란드, 헝가리, 그리스, 터키, 스페인, 불가리아, 슬로바키아, 아제르바이잔, 오스트리아, 아르메니아
중남미(4개국)	칠레, 멕시코, 콜롬비아, 아르헨티나
중동, 아프리카(10개국)	사우디아라비아, 이스라엘, 이집트, 수단, 모로코, 파키스탄, 튀니지, 카메룬, 아랍에미리트, 카타르

출처: 한국청소년활동진흥원 청소년국제교류네트워크 홈페이지.

청소년해외봉사단은 봉사를 주제로 한 국제협력활동에 참여함으로써 청소년의 자아실현과 글로벌 역량강화 및 세계시민 의식 함양을 도모하기 위하여 실시한다. 주요한 활동 내용은 교육봉사, 노력봉사, 청소년교류, 문화체험 등이다. 2023년도 추진실적을 보면 캄보디아, 베트남, 라오스, 몽골에서 4개팀, 137명 청소년이 봉사활동에 참여하였다. 최근 5년간 청소년해외봉사단 추진실적은 〈표 4-9-5〉와 같다.

〈표 4-9-5〉 청소년해외봉사단 추진실적

시기	시행국가	파견팀	파견인원
2019	5개국(캄보디아, 필리핀, 태국, 몽골, 베트남)	7팀	139명
2020	4개국(캄보디아, 필리핀, 베트남, 말레이시아)	5팀	36명(온라인)
2021	5개국(캄보디아, 필리핀, 베트남, 말레이시아, 라오스)	9팀	122명(온라인)
2022	8개국(캄보디아, 필리핀, 베트남, 말레이시아, 라오스, 네팔, 몽골, 스리랑카)	8팀	185명(온라인)
2023	4개국(캄보디아, 베트남, 라오스, 몽골)	4팀	137명

출처: 한국청소년활동진흥원 청소년국제교류네트워크 홈페이지.

국제회의 및 행사파견은 미래세대의 일원으로 청소년이 다양한 국제사회의 문제를 해결하기 위해 의사결정에 참여할 수 있는 국제교류활동이다. 국제회의 참가단 파견은 청소년 해외체험프로그램의 일환으로 추진되는 사업으로 청소년들이 국제회의 및 행사 등 다양한 해외 활동에 직접 참여하도록 지원함으로써 청소년의 국제적인 능력을 배양하기 위해 2008년부터 2023년까지 유엔 회의기구 등에 청소년을 파견했다(한국청소년활동진흥원 청소년국제교류네트워크 홈페이지). 활동 목적을 살펴보면 다자 간 교류활동 참가를 통해 세계시민으로서 참여의식 제고 및 역량 강화이다. 국제회의 및 행사파견의 주요한 활동 내용은 다양한 국제회의 · 행사 참석, 강연, 문화체험, 토론 및 발언문 낭독 등으로 구성되어 있다. 2019년 3개국에 10명, 2020년 1개국(온라인)에 1명, 2021년 1개국(온라인)에 6명, 2022년 2개국(온라인, 오프라인)에 11명, 2023년에 2개국(온라인, 오프라인)에 12명을 파견하였다. 이는 아주 적은 인원이지만, 참석자들이 대표성을 가지고 한국 청소년도 국제사회 일원임을 나타내는 상징적인 사업으로 볼 수 있다.

글로벌 서밋은 원래 국제 청소년포럼이었는데, 2020년부터는 한 · 아세안 서밋으로 발전하였고 2023년부터는 글로벌 서밋으로 확대되어, 전 세계 청소년들이 참여하는 활동으로 성장한 프로그램이다(양계민 · 권오영, 2023: 27). 이러한 글로벌 서밋은 미래세대의 네트워크 구축과 연대감 강화, 우호적 이미지 형성, 전 지구적 문제에 대한 참여활동 및 의견교류를 통하여 환경문제에 기반한 글로벌 역량 강화를 위한 활동이다. 글로벌 서밋의 주요한 프로그램 내용은 기조강연, 국가별 사례발표, 분과 토론, 전체 총회, 정책 환류, 한국문화 연수 프로그램 등이다. 추진실적을 보면 2019년 54개국 198명, 2020년 11개국 110명, 2021년 10개국 100명, 2022년 10개국 61명이 참여하였다(양계민 · 조영미 · 정진경, 2022: 32).

3. 청소년 국제교류사업의 단계별 운영 절차

국가 중앙정부나 지자체 주도 청소년 국제교류활동뿐만 아니라, 민간 차원에서 이루어지는 모든 청소년 국제교류활동은 일정한 운영 절차와 그에 따른 세부 내용 추진 방식에 있어서 큰 차이가 없이 사업이 진행되고 있다. 여러 기관이나 연구자들이 제시한 청소년 국제교류사업의 단계별 운영 절차 가운데, 사업기획에서부터 사후관리까지 운영 절차를 매우 일반적 내용으로 적절하게 제시한 한국청소년활동진흥원 연구서(2022)의 내용을 발췌하여 정리한 청소년 국제교류사업의 운영 단계 및 절차는 [그림 4-9-1]과 같다.

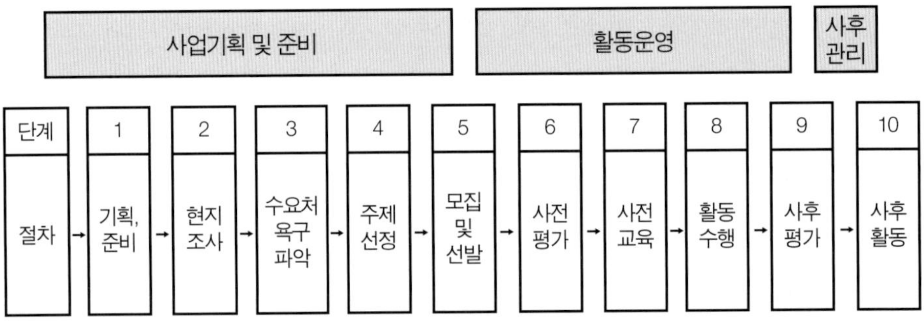

[그림 4-9-1] 청소년 국제교류활동의 운영 단계 및 절차

출처: 양계민 · 조영미 · 정진경(2022), p. 86.

첫 단계인 기획, 준비 과정에서 해당 교류활동을 통하여 달성할 수 있는 목적과 목표를 설정하고 상대국의 내 · 외부 상황을 파악한다. 상황을 파악할 때는 상대국과의 협력이 가능한 우리 단체나 부처의 역량과 관련 문제에 대한 전문성, 구체적인 인력 현황, 내 · 외부적인 자원과 참여 청소년들의 개인적 역량뿐만 아니라 지역사회, 국가 더 나아가서는 협력 국가와 연대 방안이나 발전 방안에 대한 면밀한 검토를 진행해야 한다. 또한, 프로그램 진행 방식과 환경 파악과 국내외 협력기관도 찾아봐야 한다. 상대국과의 교류를 기획할 때 프로그램을 진행할 수 있는 시간과 장소 등의 환경적인 여건과 온라인활동에 대비하여 국가별 인터넷 시스템

등을 사전에 확인할 필요가 있다. 무엇보다도 기획, 준비 절차에서는 원활한 프로그램 진행하기 위하여 실행계획을 꼼꼼하게 세워야 한다. 자세한 실행계획 수립 과정에 필요한 고려 사항은 〈표 4-9-6〉과 같다.

〈표 4-9-6〉 실행계획 수립의 고려 사항

- 일시, 장소, 주제, 내용 확정
- 참가자 모집 계획 방법 및 기준 결정
- 단위 프로그램의 시간 배정은 여유롭게 계획
- 참가자들의 라포를 형성하는 프로그램을 앞에 배치
- 프로그램 준비에서 우선순위 결정
- 프로그램의 기승전결에 따른 프로그램 각각이 연결되도록 정리
- 사소한 부분까지 상세하게 정리
- 날씨와의 연관성이 있다면 우천 시 등 대비 프로그램 계획
- 운영 방법, 재료, 담당자 결정
- 필요한 강사 섭외 계획 수립
- 예산 편성, 홍보 방법 확정
- 프로그램이 목적에 맞게 운영되기 위한 사전 작업 결정
  (예: 인솔자, 코디네이터, 퍼실리테이터 연수, 훈련, 모임 등)
- 사후 프로그램 계획
- 워크북의 제작 형태 결정
- 신청서, 평가서 등 양식 작성
- 종합 점검표
- 사업 기간까지의 실행계획표 수립
- 역할 분담: 각 주체 간의 역할 명확성(퍼실리테이터, 코디네이터, 주관 기관, 지원기관 등)

출처: 양계민 · 조영미 · 정진경(2022), p. 90.

1단계의 기획, 준비 과정 다음 2단계와 3단계 과정으로 현지 조사 및 상대국 요구 분석이 이루어진다. 현지 조사의 목적은 프로그램을 위한 지역의 현재 상황을 파악하고 그 지역의 문제에 대한 해결 노력을 파악하기 위해서이다. 특히, 그 지역이 가지고 있는 기회와 자원, 문제점 등을 면밀하게 파악하고 협력하는 국가의 협력 기관의 역량과 지속적인 교류 의지도 파악할 필요가 있다.

4단계 과정에서는 교류 주제 선정을 한다. 주제 선정 시 우선 고려 사항은 교류의 목적에 부합하는 주제를 선정해야 한다. 더불어서, 국제적인 이슈와 교류 해당 국가의 주요한 사회문제 등을 다루어야 하며, 청소년들의 관심과 흥미를 유발할 수 있는 다양한 주제를 선정해야 한다. 주제 선정에 이어 다음 5단계는 참여자 모집 및 선발을 진행한다. 이 단계에서는 다양한 홍보방안을 마련하여 적극적인 홍보가 이루어져야 한다. 6단계 사전평가는 필요시 평가를 시행한다.

7단계에서 사전교육이 이루어지는데, 이때 참여자들과 소그룹의 라포형성, 프로그램 목표에 대한 명확한 이해, 그리고 주제에 대한 사전 이해 및 참가자들의 욕구 분석, 프로그램에 맞는 주요 이슈에 대한 공동의 연대와 협력을 모색하는 부분이다. 국가 간 청소년 교류 사전교육의 내용은 〈표 4-9-7〉과 같다.

8단계는 실제로 국가 간 청소년 교류활동 프로그램이 수행되는 단계이다. 활동이 끝나면 9단계와 10단계 과정으로 사후평가와 사후관리가 이루어진다.

〈표 4-9-7〉 국가 간 청소년 교류 사전교육의 내용

사전교육의 내용
• 사업의 목적, 운영방식 및 내용, 사업이 지향하는 방향과 청소년에게 기대하는 것 • 세계의 상호의존성과 상호연계 관계와 과정 • 동등한 파트너십으로서 지구촌 바라보기 • 지구사회의 체제와 각종 이슈와 연관된 국제기구 및 역할 이해하기 • 세계시민교육(지역사회, 국가, 세계의 체제와 구조의 이해 등 포함) • 교류 상대국이 한국과 공동으로 직면한 문제 또는 교류국에 대한 일반적인 이해 • 글로벌 에티켓, 저개발 국가에 대해 가지기 쉬운 고정관념이나 우월적 심리에 대한 문제의식 • 온라인 활동 시의 기본적인 태도와 온라인 에티켓

출처: 양계민 · 조영미 · 정진경(2022), p. 98.

제10장
성교육활동

청소년기는 발달 과정에 신체적, 인지적, 정서적, 사회적 변화가 일어난다. 특히 신체적 변화는 다른 변화에도 큰 영향을 준다. 청소년의 생리적 · 신체적 변화에 따라서 신장과 체중이 급격하게 증가하는 성장급등과 호르몬 변화에 따른 성적 성숙이 일어난다. 급작스러운 성적 성숙은 청소년들에게 성적 호기심을 자극하고 이성에 관한 관심이 폭발적으로 증가하게 한다. 몸은 성인이지만, 여러 가지로 미성숙한 청소년들은 변화된 몸과 성적 요구와 호기심으로 고민한다. 이렇게 고민하는 사춘기 청소년들이 성적 본능에 적응 및 올바른 행동을 할 수 있도록 성교육활동이 절대적으로 필요하다.

성에 대한 바람직한 가치관을 형성하게 해주고 성 문제를 해결할 수 있는 지식과 정보를 제공해 주는 성교육활동에 관해 전반적으로 이해하기 위해 다음과 내용을 정리한다. 먼저, 청소년 성교육활동의 기초 이해로서 성의 개념과 다양한 측면에 관해 알아본다. 그리고 성과 청소년의 문제를 파악하기 위하여 청소년기의 성욕구와 이성교제 및 청소년 성문제를 다룬다. 더불어서 청소년 성교육 및 상담에 관해서는 청소년 성교육 및 상담 목표, 성교육 및 상담이 필요한 영역 및 주제를 살펴본다. 끝으로 청소년 성교육 기관으로서 '청소년성문화센터'에 관해 설명한다.

1. 성의 개념과 다양한 측면

1) 성의 개념

(1) 성의 다양한 의미

다양한 성의 개념을 분석적으로 살펴본 김상원(2005: 22)은 선천적으로 결정된 남성, 여성이라는 생물학적 성(Sex)과 사회 · 문화적으로 남자다움과 여자다움의 특성과 역할을 상징하는 행동과학적 성(Gender) 및 위 두 개념을 포괄하면서 전인(全人)적이고 전 인격적인 개념으로서의 인간학적 성(Sexuality)으로 구분하였다.

① 생물학적 성(sex)

섹스는 라틴어의 '섹수스(sexus)'에서 유래된 용어이다. 그리고 섹수스는 '세카레(secare)'라는 동사에서 나온 용어로서 세카레는 '분리하다' '단절하다'라는 의미가 있다(하혜숙 · 정환욱, 2022: 5). 이처럼 섹스는 생물학적으로 구분되는 성을 의미하는 데 구체적으로 남녀의 생식기를 기반으로 구분할 때 사용된다. 이것은 태어나면서부터 구분되는 선천적인 성별을 의미한다. 또한, 남녀 간의 성기 접촉에 의한 육체적인 행위를 포함하는 의미도 있다.

② 행동과학적 성(gender)

남녀가 후천적으로 학습하게 되는 사회 · 문화적 환경에서 의해서 성역할 차이, 성에 대한 행동양식 및 태도나 가치가 형성된다. 이같이 후천적인 사회 · 문화와 심리적인 환경에 의해서 그 특성이 결정되는 성을 행동과학적 성 또는 후천적 성(gender)이라고 한다. 우리는 흔히 남자라고 하면 적극적이고 강하며 용감하다고 생각하고 여자는 소극적이고 연약하며 아담하고 의존적이라고 생각하는 경향이 있다. 그러나 이와는 다르게 파푸아뉴기니의 원주민들은 우리가 흔히 생각하는 남성과 여성의 역할과 지위, 성적 특성이 반대로 나타난다. 여자는 용감하고 적극적이며 사냥과 농사를 지어 남성을 부양하고, 남성은 가정에서 아기를 돌

보며 살림살이를 꾸려나가는 역할을 한다(김상원, 2005: 23). 정리하면 여성은 여성으로서 여자다움과 역할 및 여성성, 남성은 남성으로서 남자다움과 역할 및 남성성이 후천적인 사회 · 문화적 환경의 영향으로 결정되는 성을 행동과학적 성이라고 한다. 이는 후천적 환경의 영향을 받아서 성적 정체성 및 역할 등을 내면화하는 '성역할 사회화'에 관한 것으로도 이해할 수 있다.

③ 인격적 성(sexuality)

전인적 · 인격적 성은 생물학적 성(Sex)과 후천적 성(Gender)을 포괄하는 개념으로서, 인간의 태도, 가치관, 감성, 문화, 성 형태 등을 포함하는 전성적(全性的)이고 전인적(全人的)인 인격(人格)성을 말한다. 다시 말하면 이것은 남성과 여성이라는 인격체의 모든 행동을 지칭하는 것이다. 때문에 인격적 성은 선천적, 생물학적으로 설정된 남녀의 특성과 후천적으로 학습되어진 행동과학적 성역할(Gender role)과 성 정체성(Gender Identity)을 인격체라는 틀 속에 통합시킨 개념이다(김상원, 2005: 23). 이러한 섹슈얼리티는 19세기에 등장한 용어로서, 성이 개인의 사회 · 문화적 배경과 함께 사회의 규범이나 제도와도 연관성을 가지고 있다고 본다. 따라서 섹슈얼리티는 성행위 등과 같은 신체적인 성적 접촉뿐만 아니라 성의 가치, 문화, 태도, 경험, 인식 등 육체적, 정신적, 인격적, 사회적인 것을 모두 포함한다(하혜숙 · 정환욱, 2022: 6).

(2) 성의 다양한 측면

생물학적 측면에서의 성에 관한 측면을 우선 알아본다. 사람의 몸에서는 일차적 요구인 생물학적 성 본능이 발생한다. 이런 성 본능은 자연스러운 반응이며 사람에게 즐거움과 신체적인 것과 정신적인 것의 균형을 유지하게 한다. 성적 요구는 너무나 자연스럽고 원초적인 것으로 사춘기에 발현하여 평생 한 개인의 삶에 지대한 영향을 준다. 이러한 생물학적 욕구는 성행위, 즉 생식기능을 통하여 임신과 출산으로 이어져 자손을 얻는다. 부모는 아이를 양육하며 삶의 행복을 느끼며 살아간다. 아름답고 성스러운 삶의 여정을 채워주는 임신과 출산의 과정은 생물학적 성 본연으로 자연스럽게 주어지는 선물과 같은 것이다. 따라서 성행위의 주체로서 인간은 성행위 과정이나 결과에 대하여 책임을 져야 한다. 그럴 때 무분별한 낙태와 미혼모 양산이라는 사회적 문제를 감소시킬 수 있다.

다음은 심리적 측면에서의 성이다. 생물학적 측면이 본능적인 쾌락을 추구하는 자연스러운 현상이라면 심리적 측면에서는 개인의 의지에 관한 영역으로서 성적 태도와 행동에 영향을 주는 것이다. 심리적 측면에서는 '성 주체성'을 강조하므로 청소년들이 성역할과 성행동을 할 때 사회적 관행이나 주변 사람들의 의견을 따르지 않고 자신의 의지나 판단에 따라 주체적으로 책임 있게 행동하게 된다. 또한, 성의 심리적 측면으로서 '성적 자기결정권' 행사에 관해서도 이해할 수 있다. 자신이 원하지 않는 사람과의 성관계를 거부할 권리 등 자신이 성행동을 스스로 결정해야 하는 측면이다.

끝으로 사회 · 문화적 측면에서의 성이다. 성은 아주 개인적이며 은밀한 것이지만, 사회적 관계에서 일상을 살아가는 사람들은 성에 관한 태도, 성역할, 성 정체성 형성 등에 있어서 다른 사람과 환경에서 영향을 받는데, 이는 사회 · 문화적 측면으로 성을 이해하는 것이다.

2. 성과 청소년

1) 청소년기의 성욕구와 이성교제

아동기와 다르게 성적으로 성숙한 청소년들은 성욕이 일어난다. 성욕이란 이성에 관한 관심과 더불어 이성과 사귀고 싶어 하는 것, 더 나아가 육체적으로 접촉하고 싶은 것을 의미한다. 특히나 성욕은 성적 자극을 받게 되면 성적 욕망이 생기는데 이러한 성적 욕망을 일컫는 말이기도 하다(이해경 · 방기연, 2011: 59). 따라서 청소년들은 친구들끼리 모이면 성에 관한 화제에 집중하고 성에 관한 사진이나 영상물에 강한 자극과 호기심을 느낀다. 이런 것들은 성적 욕구에 관한 표현으로 하는 행동이라고 할 수 있다.

증가하는 성욕구는 이성에 관하여 관심을 끌게 한다. 증가한 이성에 관한 관심은 또래의 동성 친구와의 우정보다는 이성과의 교제를 통하여 애정을 추구하게 된다. 그러므로 이성교제는 청소년기의 증가하는 성적 욕구를 자연스럽게 해소할 수 있는 행동으로 이해하는 것이 바람직하다.

청소년 이성교제는 성인들과 별반 다를 바 없이 사랑의 본질과 의미를 알게 해주며 이성에 관한 관심과 흥미를 충족시켜 준다. 청소년 이성교제의 기능을 몇 가지로 정리할 수 있는데, 첫째, 배우자 선택 기능이다. 남자청소년은 여자청소년의 특성을 깊이 있게 이해하고, 여자청소년은 남자청소년의 특성을 깊이 있게 이해할 수 있는 계기가 된다. 이는 상당히 중요한 부분이다. 가족 구성원이나 다른 집단에서 이성과의 관계에 학습되는 이성에 대한 정보보다는 직접 건전한 이성교제를 통하여 획득하는 정보가 앞으로 배우자를 선택하고 결혼하는 데 있어서 훨씬 더 도움이 될 것이다. 둘째, 이성교제는 이성 간에 친밀감을 형성하고 서로 즐겁게 지낼 수 있는 오락적 기능이 있다. 셋째, 이성교제를 통하여 자신의 장단점을 알 수 있고 다른 사람과 잘 어울릴 수 있는 사회화 기능을 한다. 넷째, 이성교제 경험은 이성과 비교를 통하여 일관성이 있고 통합적으로 나타나는 자신만의 고유한 특성을 발견하므로 자아정체감을 형성하는 기능을 한다. 이러한 기능 외에도 이성교제를 통해 청소년들은 정서적 안정감과 갈등 관계를 풀어나가는 방법을 습득할 수 있다.

청소년은 이성교제로 인한 부모와 세대 갈등, 이성교제에 따른 학업성취 문제 등 여러 가지 문제를 가지고 있다. 따라서 성교육 및 상담의 일환으로 올바른 이성교제에 관한 프로그램과 상담을 제공하여 청소년들이 바람직한 이성관 · 연애관을 형성하여 청소년으로서 발달과업을 잘 성취해 나가면서 이성교제를 할 수 있도록 해야 할 것이다. 또한, 올바른 이성교제에 관한 교육을 통하여 데이트폭력 등과 같은 성비행을 하지 않고 나중에 결혼하여서도 원만한 결혼생활을 할 수 있도록 해야 한다.

2) 청소년 성문제

(1) 음란물 접촉 문제

통설과 판례에 따르면 음란이란 그 내용이 성욕을 자극하여 흥분시키고 정상적인 수치심과 선량한 성적 도의관념을 현저히 침해하기에 적합한 것을 말하며, 음란을 일으키는 성표현물을 음란물이라고 할 수 있다. 음란물의 3대 구성요건은 ㉠ 성적 흥분 또는 자극을 일으키는 효과가 있고 ㉡ 보통인(평균인)의 성적수치심을 해하며 ㉢ 선량한 성적 도의관념에 반하는 문서, 도화, 기타 물건이다(김은경, 2008: 139). 오로지 성적 자극만을 추구하여 사람의 존엄성과 가치를 훼손하고 왜곡된 성인식를 형성하게 하는 음란물을 매체별로 분류하면 〈표 4-10-1〉과 같다.

뉴미디어 세상에서 살고 있는 청소년들은 다양한 디지털 미디어를 이용하면서 음란물을 탐닉하여 많은 시간을 보내고 있다. 음란물이 청소년에게 미치는 영향을 간략히 살펴본다. 첫째, 디지털화된 뉴미디어 세상에서 살고 있는 청소년들은 선정적인 사진과 그림, 음란 동영상, 음란 채팅, 음란 웹툰 등을 자주 접하게 되므로 사회가 요구하는 기본적 성에 대한 가치에서 벗어나는 잘못된 성적인 태도와 가치관을 갖게 된다. 둘째, 청소년들이 사회통념을 넘어서는 왜곡된 성의식으로 인하여 즉흥적이고 쾌락적인 성적 만족을 추구하고 다른 사람에게 신체적·정신적 피해를 주어서 어린 나이에 성범죄자로 전락하는 경우도 있다. 셋째, 음란물은 계속해서 보고 싶은 충동을 참지 못하는 청소년들에게 중독 현상을 나타나게 한다. 이와 같은 음란물이 청소년에게 미치는 영향을 청소년 성교육 및 상담전문가는 이해하고 청소년들의 음란물 접촉을 줄이는 방안을 적극적으로 탐색하여, 실천적으로 청소년들에게 적용할 수 있는 역량을 강화해야 한다.

〈표 4-10-1〉 매체별 유정해보(음란물)의 분류

매체	형태	사용 은어	주요 내용
문자	전자게시판 게시글, 소설	음란한 소설=야설	근친상간, 성폭력 등 비정상적인 내용
정지 화상	사진, 그림, 만화(웹툰), 애플릿	음란한 사진=야사	가장 많이 유통되는 음란물 나체, 성적 학대 등 폭력적 · 혐오적 내용
동영상	MPG, MOV, RV, AVI, ASF, 파일형태의 동영상물	음란한 동영상=야동	음란한 내용의 불법 촬영물(몰카), 강간 장면을 찍은 스너프 필름 등
게임	음란 게임 소프트웨어 가상섹스 게임	음란한 게임=야게임	퇴폐적 · 폭력적 내용
기타	음란 대화(채팅) 음란사이트 배너 광고 음란물 판매 광고	음란한 소리=야음 음란한 대화=컴섹 번개 섹스=번섹	IRC를 통한 음란한 대화 및 안내 주선 선정적 배너 광고

출처: 인터넷윤리실천협의회 · 한국정보처리학회(2008); 장현희(2018), pp. 6~7에서 재인용.

(2) 성폭력 문제

성폭력은 성을 매개로 상대방의 의사에 반해 가해지는 모든 행위로 강간뿐만 아니라 추행, 성희롱 등 모든 신체적, 정신적 폭력을 포괄하는 광범위한 개념이다. 성폭력의 유형은 행위와 대상에 따라 분류될 수 있다. 행위에 따른 분류는 강간, 강간미수, 성추행, 성희롱, 성기노출, 음란전화, 인신매매, 강제 매매춘, 성적 가혹행위 등이고 대상에 따른 분류는 어린이 성폭력, 청소년 성폭력, 데이트 성폭력, 부부강간, 친족 성폭력 등이다(이해경 · 방기연, 2011: 269).

성폭력을 설명하는 이론에 관해서 하혜숙 · 정환욱(2022: 370~371)은 다음과 같이 설명한다. 첫째, 질병이론으로 성폭력 가해자가 주로 정신병, 성충동 통제불능 혹은 알코올 중독 때문에 폭행을 저지른다는 것이다. 둘째, 희생자 낙하이론인데, 이 이론은 어떤 옷을 입고, 어떠한 행동을 했는지, 또 어디를 가고 있었는지 등을 바탕으로 희생자가 성폭행을 당하기 쉬운 상태였다고 말한다. 이 관점은 가해자의 동기를 무시하고 희생자에게 초점을 두기 때문에 '희생자 비난이론'이라고도 불린다. 셋째, 페미니스트 이론으로 이 이론은 성폭력과 성폭행 위협이 우리 사회에서 여성들을 제자리에 머물게 하는 도구라고 주장한다. 남성은 강하고 공격적이며 단호해야 하며 여성은 가냘프고 수동적이어야 한다는 전형적인 고정관념이 성폭력을 유발한다는 것이다. 넷째, 사회학 이론으로 '힘의 균형 이론'이다. 성폭행이 사회 안에서의 권력의 차별화를 위한 표현이라고 봄으로서 남성이 성역할의 변화 때문에 혹은 직업 때문에 사회에서 권한이 없다고 느낄 때 자신의 남성성의 상징(남근)으로 여성을 제압함으로써 세상을 지배한다고 느낀다는 것이다. 이러한 이론들은 청소년의 성비행을 설명하는 데도 적용이 되므로 청소년 성교육 및 상담 전문가는 제시된 이론을 숙지하고 청소년 성비행을 예방하는 데 일조하도록 해야 한다.

(3) 임신과 낙태 문제

결혼을 통하여 가정을 꾸리고 임신과 출산을 하는 것은 아름다운 삶의 여정이다. 행복한 가정을 꾸리기 위해서는 충분한 준비 기간을 거쳐서 결혼하여 자녀를 출산하고 양육하여야 한다. 그러나 사전에 준비하지 못한 원하지 않은 임신을 하게 되면 낙태와 미혼모가 되는 어려움을 겪게 된다. 특히 청소년들에게 혼전 임신은 여러 가지로 위협적인 문제를 가져다 준다. 청소년 혼전 임신에서 올 수 있는 문제들을 살펴보도록 한다. 우선 결혼 여부와 상관없이 학업중단이 될 가능성이 높아 교육 기회를 상실할 수 있다. 또한, 임신으로 인한 결혼 강요는 실패할 가능성이 크며, 태어난 아이의 미래도 문제가 된다. 청소년 혼전 임신은 청소년이 경제적으로, 심리적으로 부모가 될 준비가 되지 않은 상태이기에 어린아이를 돌보기가 현실적으로 매우 어려운 일이다. 의학적으로도 임신 기간 중에 호르몬의 변화로 인하여 미혼모의 성장이 억제된다(이해경 · 방기연, 2011: 181). 따라서 청소년 성교육 및 상담 전문가는 청소년들이 책임지지 못할 임신과 출산을 하지 않도록 사전에 예방교육과 상담을 실시할 수 있도록 해야 한다.

3. 청소년 성교육 및 상담

1) 청소년 성교육 및 상담 목표

청소년이 신체적 발달과 변화, 사회적 관계의 폭이 다양해지면서 성에 관한 관심 증가로 각종 음란물 접촉, 성폭력과 같은 성문제 등으로 인하여 청소년들에게 성교육 및 상담이 필요하다. 청소년 성교육 및 목표에 관해서 이해경 · 방기연(2011: 11)은 다음과 같이 제시한다.

첫째, 청소년들의 성문제와 고민에 대한 현명한 대처능력을 키워기 위해 올바른 성지식을 습득하도록 한다. 사춘기에 접어든 청소년들은 성문제로 인하여 많은 고민을 한다. 성교육이나 상담을 통하여 올바른 성관련 지식을 습득하므로 혼자서 성문제에 관해 고민하지 않고 현명하게 문제를 해결해 나갈 수 있다.

둘째, 청소년들이 사전에 성문제를 예방하도록 하기 위해서이다. 모든 교육이나 상담의 목표가 사전예방이 우선적인 것처럼, 성문제도 예방차원에서 사전에 교육과 상담이 이루어지는 것이 바람직하다.

셋째, 청소년들에게 성적 의사결정능력을 키우는 것이다. 성적 자기결정권을 행사할 때 필요한 태도와 지식을 습득하므로 자신이 원하는 성적 결정을 할 수 있다.

넷째, 다양한 성표현물에 대한 비판적 안목을 키운다. 성표현물인 영화, 도서, 기타 성표현물들은 음란과 예술의 경계에서 항상 다툼의 여지가 있다. 따라서 청소년들에게 성표현물에 관한 비판적 시선을 키울 수 있도록 해야 한다. 예컨대, 예술적 포르노와 음란물 포르노를 구분하고 비판적으로 받아들일 수 있는 능력을 키우는데 성교육 및 상담이 필요하다.

다섯째, 생명에 대한 존엄의식을 갖는다. 무책임한 성행위를 통한 임신과 출산을 예방하기 위해서는 생명에 대한 존엄성을 깨우는 교육이나 상담이 청소년들에게 제공되어야 한다.

여섯째, 양성평등의식을 키운다. 남성과 여성은 서로 고유한 특성을 인정하고 가정에서든 지역사회에서든 존중과 배려의 대상으로 여겨야 한다. 그러한 의식을 갖게 하려면 청소년에 성교육과 상담이 꼭 요구된다.

2) 성교육 및 상담이 필요한 영역 및 주제

청소년지도사와 청소년상담사 등 청소년 성교육 및 상담 전문가는 앞서 제시한 내용의 성교육 및 상담의 목표를 이루기 위해서 체계적인 교육프로그램 및 상담을 제공해야 한다. 성교육 및 상담에 있어서 반드시 포함되어야 할 영역 및 주제는 〈표 4-10-2〉와 같다.

한편, 『제5차 2021 청소년 성문화 실태조사 연구보고서』에서 초 · 중 · 고등학교 학생들이 원하는 성교육 내용을 살펴보면 〈표 4-10-3〉과 같다. 청소년 성교육 및 상담 전문가는 청소년들이 희망하는 성교육 내용을 잘 파악하여 청소년들의 요구에 부응하는 성교육을 실시하여야 한다.

〈표 4-10-2〉 성교육 및 상담이 필요한 영역 및 주제

구분	영역 및 주제
신체 및 성적 발달	성적발달, 성호르몬의 영향, 월경과 몽정, 성관련 콤플렉스
성욕구와 성충동	인간과 동물의 성욕구의 차이, 남녀의 성욕구의 차이, 자위행위의 성차 및 허와 실
성건강	일상에서의 남녀 생식기 위생, 성인성 질환, 에이즈
이성교제와 사랑	이성교제 경험과 장단점, 매력 남녀의 조건, 사랑의 유형과 결정요인
성적 의사결정과 행동	성과 사랑의 관계, 청소년들의 혼전 임신과 영향, 주체적인 성적 의사결정과 방법
성교와 성반응	성교와 성반응, Good Sex와 Bad Sex, 성기능 장애와 원인
임신과 낙태	임신의 원리와 과정, 출산, 인공임신중절의 문제
피임	피임원리와 방법, 피임의 실제, 피임에 대한 바른 태도와 가치관
사이버세계와 성	성상품화와 인터넷, 인터넷과 음란물, 인터넷과 사이버섹스
비정상적인 성행동	비정상적인 성행동의 진단과 기준, 비정상적인 성행동의 유형과 대처, 비정상적인 성행동의 오해

구분	영역 및 주제
성폭력의 심리와 대처	성희롱과 성폭력의 개념 및 유형, 데이트 성폭력, 근친상간
성문화와 성심리	다양한 성문화와 윤리, 청소년 성매매, 동성애와 성전환
성차 및 성역할	성역할정체감, 성역할 사회화, 성정형화의 폐해

출처: 이해경 · 방기연(2011), p. 10에서 재구성.

〈표 4-10-3〉 청소년이 희망하는 성교육 내용

(단위: %)

구분	초등	구분	중등	고등
사춘기, 몸과 마음의 변화	51.2	성평등 개념과 실천	17.3	21.8
남녀 성기의 기능과 구조	9.1	성욕 조절(자위)	22.7	20.2
몸의 명칭과 역할	11.5	사랑과 연예	27.3	30.6
임신과 출산	6.0	성소수자	10.8	10.6
피임(임신예방)	8.1	사춘기와 2차성징	19.6	7.2
사랑과 연예	21.9	성적의사소통	12.3	13.0
성에 대한 호기심	9.1	남녀 성기의 기능과 구조	5.0	3.8
음란물 대처	12.8	임신, 출산	12.3	13.7
성평등 개념과 실천	14.9	피임	21.9	28.1
성상품화의 문제점	8.1	인공임신중절	4.6	5.6
성폭력 예방	37.3	성매매예방	4.6	4.5
기타	5.5	성병, 에이즈 예방	10.8	14.6
		성상품화 문제	2.3	6.7
		음란물 대처	4.2	4.0
		성폭력 예방	16.5	10.6
		기타	6.2	4.0

출처: 이명화 외(2021), pp. 18~20에서 재구성.

4. 청소년성문화센터

1) 설립배경 및 목적

청소년성문화센터는 「아동 · 청소년의 성보호에 관한 법률」 제47조에 의거하여 설립된 기관으로 「아동 · 청소년의 성보호에 관한 법률」 제47조와 더불어 「아동 · 청소년의 성보호에 관한 법률 시행령」 제15조와 제16조에 근거하여 운영되는 기관이다. 이러한 청소년성문화센터는 아동과 청소년들이 성폭력이나 성매매, 음란물 등 위기경험에 노출되고 있으나, 성에 대한 올바른 가치관을 가지지 못한 채 인터넷이나 또래 등을 통해 잘못된 내용을 습득하고 있는 실정이며, 기존 학교 성교육 또한 이론 중심의 단편적이고 피상적인 교육에 그쳐 올바른 성 지식과 성가치관 습득 및 정립에 한계가 있다는 위기 인식에서 시작되었다. 따라서 청소년성문화센터는 아동과 청소년의 특성과 발달단계에 맞는 실천적이고 체험 중심적인 성교육 실시 필요에 따라 건강한 성가치관 정립을 지원하고 성범죄 피해를 예상하는 목적을 가지고 설립된 기관이다(노경혜 · 임예슬, 2018: 35). 2007년 21개소를 시작으로 2023년 12월 기준으로 전국에 고정형 47개소, 이동형 10개소로 총 57개소가 운영 중이다(〈표 4-10-4〉 참조).

〈표 4-10-4〉 청소년성문화센터 현황

구분	전국	서울	부산	대구	인천	광주	대전	울산	경기	강원	충북	충남	전북	전남	경북	경남	제주
고정형	47	8	3	2	2	2	1	1	6	3	2	2	4	4	3	2	2
이동형	10	–	2	–	–	–	–	–	3	1	1	1	–	–	1	1	–

출처: 여성가족부 홈페이지.

2) 역할과 사업 내용

청소년성문화센터는 유치원, 초 · 중 · 고등학생 등 대상별로 특화된 성교육 프로그램을 기본적으로 추진하고, 발달단계별 양성평등 이해적 인권 통합교육 프로그램을 마련하여 교육하고 있다. 청소년성문화센터 사업은 ㉠ 체험관 및 이동형 교육장을 활용한 아동 · 청소년 성교육 및 성폭력 예방 교육, ㉡ 학교와 연계한 찾아가는 성교육 ㉢ 지역사회 내 교육 및 홍보활동 ㉣ 교사 및 보호자 대상 교육프로그램 운영 ㉤ 농 · 산 · 어촌 지역 등으로 찾아가는 성교육 실시 등이 있다. 아동 · 청소년을 대상으로 하는 체계적이고 전문적인 성교육을 위해 2007년 청소년성문화센터 운영 표준 프로그램인 'SAY' 매뉴얼을 개발하였고, 이후 변화된 상황에 맞게 매뉴얼을 리뉴얼하고 있으며, 2015년에는 아동 · 청소년의 발달단계별 특성 등을 반영한 전문적 교육프로그램인 'SAY 2'를 개발하여 현재 운영 중이다. 또한, 2019년에는 이동형 청소년성문화센터의 특성을 반영한 프로그램 매뉴얼을 개발하였고, 2022년 프로그램 매뉴얼 개발 및 보완이 추가로 진행되었다(여성가족부, 2023: 356).

참고문헌

참고문헌

강용철·정형근(2022). 미디어 리터러시, 세상을 읽는 힘(슬기로운 미디어 생활을 위하여). 샘터.

강주내(2020). 지속가능발전목표(SDGs) 관점의 지방자치단체 정책내재화 수준 분석 -고양시를 중심으로-. 광주대학교 대학원 박사학위논문.

경기도교육청(2024). 2024년 학교스포츠클럽 추진 계획(안). 경기도교육청(학생건강과).

곽삼근(2016). 현대인의 삶과 문화예술교육. 서울: 집문당.

교육부(2021). 2022 개정교육과정 총론 주요사항(시안). 세종: 교육부.

______(2022). 개정 교육과정 창의적 체험활동 해설(초등학교).

______(2022). 고시 제2022-33호(별책 4). 창의적 체험활동 교육과정. 세종: 교육부.

구학서(2003). 이야기 세계사 2. 파주: 청아출판사.

국가청소년위원회(2007). 청소년활동참가실태조사연구 보고서.

권낙연·김동엽(2006). 교수-학습 이론의 이해. 용인: 문음사.

권영부(2022) 미디어 리터러시 교육 어떻게 할 것인가?. 지식프레임.

권오경(2023). 미얀마와 한국의 문화다양성교육이 한국문화 적응에 미치는 영향: -외국인 근로자와 외국인유학생을 중심으로-. 부산외국어대학교 대학원 석사학위 논문.

권일남·오해섭·이교봉(2016). 청소년활동론. 고양: 공동체.

__________________(2018). 청소년활동론. 고양: 공동체.

권일남·전명순·김태균·김정률(2023). 청소년프로그램 개발과 평가. 서울: 창지사.

김 범(2013). 체육학개론. 광림북하우스.

김경준(1995) 청소년 국제교류 활성화 방안에 관한 연구, 한국청소년정책연구원 연구보고서(N/A). 1-104.

김경준(2008). 발제 : 청소년지도사 자격검정제도 개선방안. 한국청소년학회 학술발표논문집. 2008(1). 1-4.

김경준·박정배(2020). 청소년지도사 자격검정과목 개편방안 연구. 한국청소년정책연구원.

김경희·이숙정·김광재·정일권·박주연·심재웅·최세정·전경란(2022). 디지털 미디어 리터러시. 파주: 한울.

김관진·이광수(2011). 야외교육론. 서울: 대경북스.

김국태·조현호·가나이 노부요시·김만석·최희경(2005). 대중문화와 문화기획. 서울: 글누림.

김남정(2010). 청소년정책 참여활동의 촉진 및 장애 요인에 관한 질적 연구-청소년정책 참여 기구 활동 참여자를 중심으로-. 법과인권교육연구, 3(3) 15-47.

김다원·이경한·서기준·고혜수(2022). 국제교육·교류 활성화 방안연구. 세종특별자치시교육청.

김대현(2015). 교육과정의 이해. 서울: 학지사.

김도영(2016). 청소년활동 참여행동 예측모형 검증. 중앙대학교 대학원 박사학위 논문.

김민·김정주·조남억(2019). 숙박형 등 청소년수련활동계획의 신고제도 개선 및 활성화 방안 연구. 순천향대학교 산학협력단.

김봉환·김은희·김효원·문승태·방혜진·이지연·조붕환·허은영(2017). **진로교육개론**. 서울: 사회평론.

김상원(2005). **성교육/성상담의 이론과 실제**. 교육출판사.

김선진·권만우(2007). **디지털미디어의 이해**. 서울: 세종출판사.

김세훈·김형숙·박만용·안이영노(2004). 문화예술교육 중장기 발전 방안. 한국문화관광정책연구원.

김연수(2005). 대학생의 스포츠활동 참가가 생활만족에 미치는 영향. 경기대학교 석사학위논문.

김영인·구정화(2022). 청소년 인권과 참여. 한국방송통신대학교 출판문화원.

김영인·김민(2018). **청소년지도방법론**. 서울: 창지사.

김우철·임순선·한상철(2011). 국제청소년성취포상제 활동경험과 진로성숙도와의 관계. **교육학논총**, 31(1). 107-125.

김윤나·오승근·정건희·손진희·양은일(2018). **청소년프로그램 개발과 평가**. 서울: 신정.

김윤나·정건희·진은설·오세비(2019). **청소년활동론**. 서울: 신정.

김은경(2007).『음란물에 대한 사회적 인식과 법률 규정간의 부정합성 연구』, **형사정책연구**, 19(1). 한국형사법무정책연구원.

김정숙·정은주·정현우(2021). 지역사회 청소년 스포츠활동 활성화 방안 연구. 한국청소년정책연구원.

김정환(1988). **현대의 비판적 교육이론**. 서울: 박영사.

김종훈·김진숙·이림·박수련·백준호·정유숙·조성원·박시영·주주자·노병태(2022). 2022 개정 창의적체험활동 교육과정 시안 개발연구. 세종: 교육부.

김진숙·이미숙·김종훈·노병태·박수련·박시영·백준호·정유숙·조성원·주주자(2022). 2022 개정 창의적체험활동 교육과정 시안 개발연구. 세종: 교육부

김진호(2013). 국체청소년성취포상제 활동경험이 청소년의 자기주도성에 미치는 영향. **미래청소년학회지**, 10(1), 1-18.

김진호·권일남·이광호·최창욱(2022). **청소년활동론**. 서울: 한국방송통신대학교 출판문화원.

김창남(2008). **대중문화의 이해**. 파주: 한울.

김청송(2009). **청소년심리학의 이론과 쟁점**. 서울: 학지사.

김청송(2019). **현대 청소년심리 및 상담**. 수원: 싸이앤북스.

김현철·고미숙·박노자·권인숙·나임윤경(2009). **이팔청춘 꽃띠는 어떻게 청소년이 되었나?**. 인물과 사상사.

김희진(2017). 초기 YMCA 교육운동의 전개와 특징. 숙명여자대학교대학원 석사학위 논문.

나일주(2007). **교육공학 관련 이론**. 파주: 교육과학사.

남궁용권(2012). **교육의 역사 철학적 기초**. 서울: 학문사.

남상우·김미옥·정현우·탁민혁·박세윤(2020). 학교체육관형 스포츠클럽 운영모형 연구. 한국스포츠정책과학원.

남성희(2020). 청소년의 선거권 확대가 정치적 태도에 미치는 영향-21대 국회의원 선거를 중심으로-. 서울대학교 대학원 석사학위논문.

남세진·조흥식(1999). **집단지도방법론**. 서울: 서울대학교출판부.

노경임(1999). 환경관 분석 틀의 개발 및 환경관에 따른 인식 특성 연구. 단국대학교 대학원 박사학위 논문.

노경혜·임예슬(2018). 청소년성문화센터 운영실태 및 개선방안. (재)경기도가족여성연구원.

노성산·김새미나·오혜신(2021). **뉴미디어 트렌드 2022**. 서울: 샌드박스 스토리.

류기형·남미애·박경일·홍봉선·강대선(2014). **자원봉사론**. 파주: 양서원.

맹영임·조혜영·김민·김영호·이명희(2011). 청소년수련시설 인증방안 연구: 청소년수련관·청소년문화의집을 중심으로. 서울: 한국청소년정책연구원.

문종규(1999). 기독교가 한국의 근대체육에 미친 영향. 부산교육대학교 대학원 석사학위논문.

문호영(2022). 청소년활동 참여 실태 및 요구에 관한 연구. 세종: 한국청소년정책연구원.

박길용(2014). **현대환경학**. 고양: 대영문화사.

박선영·조남억(2017). 청소년국제교류 심층분석과 교류 다각화 방안. 세종: 한국청소년정책연구원.

박선영·조남억(2023). 교육과정 연계, 인증수련활동 신규 운영 모형 및 기준 마련 연구. 세종: 한국청소년정책연구원.

박성익·임철일·이재경·최정임·조영환(2023). **교육공학과 수업**. 파주: 교육과학사.

박승희·전상신·박지연(2015). 고등학교 현장에서 실행된 봉사활동 및 봉사학습의 내용, 효과 및 과제: 1995~2014년 국내외 연구 분석. **특수교육학연구**, 50(2). 249-276.

박영균·김경준·김주일·설인자·이봉주·이소희·주은지(2014). **청소년복지론**. 파주: 교육과학사.

박영하·박노정(2009). **인권론**. 패스앤패스.

박의수·강승규·정영수·강선보(1999). **교육의 역사와 철학**. 서울: 동문사.

박지훈·남정희·강유진·박종석·손정우(2019). 초임 중등 과학교사를 위한 협력적 멘토링에서 나타나는 멘토의 멘토링 특징과 멘티의 반성적 실천 사이의 관계. **Journal of the Korean Association for Science Education**, 39(1), 115~128.

방은영(2023). **놀이하는 예술가 유아예술교육**. 고양: 어가.

배규한·김민·김영인·김진호·김호영·문성호·박진규·송병국·한상철· 김혜원·설인자·임영식·조아미(2004). **청소년심리학**. 파주: 교육과학사.

봉미선·신삼수(2020). 디지털 시대 미디어 리터러시 역량 증진을 위한 공영방송의 역할 고찰. **방송과 커뮤니케이션**, 21(3). 41-751.

서울시립청소년성문화센터(2021). 제5차 2021 청소년 성문화 실태조사 연구보고서.

서울특별시교육청(2023). 2023학년도 학생 봉사활동 활성화 운영 계획.

서희정·구경희·이은진(2016). 청소년지도사의 활동역량 탐색, 한국청소년문화연구소 ISSN 1975-2733 〈청소년문화포럼〉VOL.48.

손옥주(2014). 듀이의 반성적 사고에 기반한 철학상담 방법론의 고찰과 적용. 경성대학교 대학원 박사학위 논문.

송미숙·김경은·홍애령(2014). **문화예술교육의 이론과 실제(문화융성시대를 살아가는 우리들을 위한)**. 레인보우북스.

송미숙·이재정·한애진(2019). **문화예술교육개론**. 레인보우북스.

신득렬·이병승·우영효·김회용(2011). 쉽게 풀어 쓴 교육철학 및 교육사. 파주: 양서원.

신삼수, 이선민, 김봉섭, 유경한, 김지연, 이창호, 홍남희, 김경화, 봉미선, 강진숙(2023). **디지털 미디어 문해력(이해와 실천)**. 서울: 지금.

신성철(2018). **청소년 심리 및 상담**. 파주: 정민사.

신승희(2023). 청소년 봉사학습이 진로 탄력성과 직업 가치관에 미치는 영향 : 서울지역 고등학생 중심으로. 성공회대학교 NGO대학원.

신원동(2013). 경험주의 교육으로서의 봉사학습과 봉사활동의 실행 양상. 서울대학교 대학원 박사학위 논문.

심상신(2005). **야외교육 및 야외활동**. 서울: 대경북스.

안만홍(2017). **에코 산책 생태 교육**. 맘에드림.

양계민·권오영(2023). 글로벌 K-청소년 국제교류사업 성과측정 체계연구. 여성가족부. 한국청소년활동진흥원.

양계민·조영미·정진경(2022). 포스트코로나시대 청소년 국제교류활동 운영모델 개발연구. 세종: 한국청소년정책연구원.

양흥권(2017). **학습세기의 교육론 평생교육론**. 서울: 신정.

여성가족부(2021). 2020년 청소년백서. 서울: 여성가족부.

_________(2023). 2022년 청소년백서. 서울: 여성가족부.

_________(2024). 2023년 청소년백서. 서울: 여성가족부.

_________(2024). 2024년 청소년사업 안내(Ⅰ). 서울: 여성가족부.

여성가족부·한국산업인력공단·한국청소년활동진흥원(2023). 청소년지도사 자격검정 요강(안내).

여성가족부·한국청소년활동진흥원(2016). 청소년수련활동인증제 10주년 기념백서 청소년수련활동인증제 10년을 되짚다. 서울: 한국청소년활동진흥원.

오세비·문성호(2012). 국제청소년성취포상제 참여청소년의 활동경험에 관한 연구. 세종: 한국청소년정책연구원.

오윤선·황인숙(2019). **청소년지도방법론**. 파주: 양서원.

오해섭·우영주(2006). 국제교류활동 참여와 청소년의 글로벌리더십 함양-서울시 대학생을 중심으로-, 숙명리더십개발원기획논문-숙명 리더십 연구 제4집 2006년 제2호.

원용진(2001). **대중문화의 패러다임**. 서울: 한나래.

유진이(2018). **청소년심리 및 상담**. 파주: 양서원.

윤성철(2018). 예비교사의 성찰 중심 경험학습(REL)에 대한 사례연구. 한국교원대학교 대학원 박사학위 논문.

윤은영·홍원표(2016). 학교 봉사활동의 교육적 가치 탐색 : 학생들의 경험을 중심으로, **학습자중심교과교육연구**, 16(2).

윤철경·이상오·김경준(2000). 청소년 국제교류사업 실태와 평가 연구. 세종: 한국청소년정책연구원.

이가람(2013). 미국YMCA 체육진흥운동의 전개양상. 중앙대학교 대학원 박사학위 논문.

이광호(2012). **새로운 청소년 육성제도 및 정책론**. 서울: 창지사.

이남·김용탁·김종국(2023). **청소년활동론**. 파주: 양성원.

이두호·김형철·김종석(1993). **인간환경론**. 파주: 나남.

이상훈(1997). **교양 환경과학**. 파주: 자유아카데미.

이병승·우영효·배제현(2015). **쉽게 풀어쓴 교육학**. 서울: 학지사.

이상효(2024). **e스포츠의 이해**. 서울: 박영사.

이양주·임봉우(2020). 중학생의 신나는 주말체육학교 참여동기와 또래관계 및 사회성발달의 관계, **한국융합과학회지**, 9(2). 76–94.

이은택·황용석(2023). 뉴미디어론. 한국방송통신대학교 출판문화원.

이재창·조붕환·최인화·임경희·박미진·김진희·정민선·최정인·김수리(2017). **상담전문가를 위한 진로상담의 이론과 실제**. 서울: 아카데미프레스.

이정삼(2015). 지속가능발전 구성요소에 대한 입장차이 분석 및 환경요소 강화방안 연구, 전남대학교 박사학위 논문.

이종문·박찬석(1996). 인구와 자원. 한국방송대학교 출판부.

이철우(2013). **신사회학 초대**. 학지사.

이해경·방기연(2011). **부모·교사가 함께하는 청소년 성교육과 상담**. 파주: 양서원.

이화정·양병찬·변종임(2003). **평생교육 프로그램 개발의 실제**. 서울: 학지사.

인터넷윤리실천협의회, 한국정보처리학회(2008). **U시대의 인터넷 윤리**. 서울: 이한출판사.

임동호·김용준·김제원·류동수·이연수·장은석(2021). **청소년육성제도론**. 고양: 공동체.

임순선·조정운·한상철(2010). 국제청소년성취포상제 활동경험과 시민성과의 관계. **교육학논총**. 32(1), 21–39.

장인협·오정수(2002). 아동·청소년복지론. 서울대학교 출판부.

장현희(2018). 음란물 매체에 노출된 고등학교 청소년의성행동에 관한 질적 연구–생태체계적 관점–. 울산대학교 대학원 박사학위논문.

전남련·김재환·박혜경·전대성·김경희(2009), **아동복지론**. 파주: 학현사.

전상호·이종범·김범철·안태석·김희갑·강신규·한영지(2011). **인간과 환경**. 서울: 북스힐.

전소영(2013). 환경 공익광고에 나타난 환경관 분석. 서울대학교 대학원 교육학석사학위논문.

전희일·신명철·류기덕·신용식·유영주·정남환·최은규(2018). **청소년지도방법론**. 파주: 양서원.

정갑수(2019). **스포츠클라이밍의 거의 모든 것**. 서울: 열린세상.

정건희·김웅수·김경휘(2013). 청소년활동이 시민성 향상에 미치는 영향에 관한 연구. **미래청소년학회지**, 10(4). 미래를 여는 청소년학회.

정대연(2004). **환경주의와 지속가능한 발전**. 서울: 집문당.

정현우·김미옥·남상우·조기희·진연경·류태호·이민표(2020). 학교스포츠클럽 지역연계 활성화를 위한 기초 연구. 한국스포츠정책과학원.

정현우·한태룡·남상우·박정준·장경환·최의창·이용식·장민우(2017). 유·청소년 스포츠정책 방향 및 과제 수립을 위한 연구. 한국스포츠개발원.

정회성·변병설(2003). **환경정책의 이해**. 박영사.

조남억·김고은(2014). 청소년의 국제교류활동 프로그램의 효과성 연구, **청소년학연구**, 21(1). 191—215

조성현(2019). 도산 안창호의 교육사상과 흥사단 교육을 통한 평생교육의 실천적 함의 연구: 시민창여교육을 중심으로. 대진대학교 대학원 석사학위 논문.

조의령·전일균(2022). 도산 안창호의 흥사단 운동이 갖는 현대 시민운동의 교육적 가치. 고려대학교 교육문제연구소. **교육문제연구**, 35(3). 265-283.

조지숙(2018). 1920·30년대 흥사단의 운동노선과 약법개정논의. 서강대학교 대학원 석사학위 논문.

진은설·임영식(2009). 청소년활동경험에 관한 현상학적 연구. **미래청소년학회지**, 6(4), 211-234.

차갑부(2014). **평생교육론**(제2판). 파주: 교육과학사.

천정웅·오해섭·김정주·김민(2011). **청소년활동론**. 파주: 양서원.

청소년활동진흥원(2010). 국제청소년성취포상제 효과성 연구I 보고서.

______________(2010). 한국형 아동청소년성취포상제 개발 연구 보고서.

최석진·최경희·김용근·김이성(2014). **환경교육론**. 파주: 교육과학사.

최승숙, 김은하(2017). 초등학교 통합학급 차원의 봉사학습 경험에 대한 초등학생의 인식 연구. **특수교육저널: 이론과 실천**, 18(1). 251-276.

최윤미(2016). 만 5세 유아를 위한 진로교육 프로그램 개발 및 적용 효과, 배재대학교 대학원 박사학위 논문.

최윤진(2008). 청소년 호칭의 역사에 관한 연구-청소년 호칭 유형과 의미 변화를 중심으로-. **청소년학 연구**, 15(7), 369-386.

최윤진·손진희(2023). **청소년 인권과 참여**. 파주: 교육과학사.

하혜숙·정환욱(2022). 성교육과 성상담. 한국방송통신대학교 출판문화원.

한국보이스카우트 60년사 편찬위원회(1984). 한국보이스카우트 60년사. 서울: 한국보이스카우트연맹.

한국청소년개발원(2003). 청소년수련활동론. 파주: 교육과학사.

______________(2004). 청소년지도방법론. 파주: 교육과학사.

______________(2005). 청소년 프로그램 개발 및 평가론. 파주: 교육과학사.

______________(2004). 청소년학 용어집. 파주: 교육과학사.

한국청소년정책연구원(2008). 청소년학개론. 파주: 교육과학사.

한국청소년정책연구원·한상철·김혜원·설인자·임영식·조아미(2014). 청소년심리학. 파주: 교육과학사.

한국청소년활동진흥원(2011). 국제청소년성취포상제 홈페이지 http://www.koraward.or.kr/

한상덕(2001). 야영활동의 이론과 실제, 산과들

한상만(2013). 경험학습을 통한 명의의 전문성 발달과정. 중앙대학교 대학원 박사학위논문

한상철(2008). 청소년학 청소년 이해와 지도. 서울: 학지사.

함병수 외(2004). 청소년지도방법론. 세종: 한국청소년개발원.

현승일(2011). 사회사상사. 도서출판오래

현외성(2011). 자원봉사론 강해. 서울: 학지사.

홍봉신·남미애(2019). 청소년복지론. 고양: 공동체.

홍원표(2013). "학교 봉사활동의 교육적 의미를 강화하기 위한 방안 탐색 : 봉사활동을 넘어 봉사학습으로", 교육과정연구, 31(3). 228-251.

홍은실·김태윤·안원현(2020). 문화예술교육 프로그램 개발의 이론과 실제. 서울: 동문사.

환경부(2023). 2022 환경백서.

ASDAN, UK Youth(2004). A Guide to the Youth Challenges and Youth Achievement Awards.

ASDAN, UK Youth(2010). Youth Challenges and Youth Achievement Awards.

Bailey, L. J., & Stadt, R.(1973). *Career education: New Approaches to human development. Bloomington*, Illinois.: McNight Publishing.

Catalano, R., Berglund, M., Ryan, J., Lonczak, H., and Hawkins, D.(1999). Positive Youth Development in the United States: Research Findings on Evaluations of Positive Youth Development Programs. U.S. Department of Health and Human Services, Seattle, WA.

Cheon, J.(2008). Best practices in community-based prevention for youth substance reduction: Toward strengths-based positive development policy. *Journal of Community Psychology, 36*(6), 761-779.

Colaizzi P. F.(1978). *Psychological research as the phenomenologist views it. In: Existential Phenomenological Alternatives for Psychology* (eds R. Valle & M. King), pp. 48 - 71. Oxford University Press,

Oxford.

Council of Europe(1993). European Charter on the Participation of Young People in Municipal and Regional Life. Online: http://www.coe.fr

Hart, R. A.(1997). *Children's Participation: The Theory and Practice of Involving Young Citizens in Community Development and Environmental Care.* New York: UNICEF

Hoyt, K. B.(1972). Career education. What it is and how to do it. Salt Lake City, Utah: Olympus

Kolb, D. A.(1984). Experiential learning: Experience as the source of learning and development. NJ: Prentice Hall.

O'Riordan, T.(1981a). Environmentalism. London: Pion Limited.

O'Riordan, T.(1981b). Environmentalism and education, *Journal of Geography in Higher Education, 5*(1), 3-18.

Pepper, D.(1984). The Roots of Modern Environmentalism. London: Groom Helm Ltd. 이명우, 오구균, 김태경, 최승 역 (1996), **현대환경론 : 환경문제에 대한 환경철학적 · 민중론적 이해**. 한길사.

Winter, Micha de(1997). Children as Fellow Citizens:participation and commitment. Oxford: Radcliffe Medical Press.

[인터넷 자료]

청소년활동정보서비스 e청소년 홈페이지. "청소년수련활동 인증제 안내." https://www.youth.go.kr/youth/youth/contents/trngActCrtfcIntroForm.yt;jsessionid=rpSImrDGW7nYc2Db71o6GxNxfu9l9OU36a1NAnvLjTH3hNMaz41XTkkd3jlyOm1z.youth-was02_servlet_kywaYouth?curMenuSn=undefined에서 2024년 7월 16일 인출

청소년활동정보서비스 e청소년 홈페이지. "인증수련활동의 유형." https://www.youth.go.kr/youth/youth/contents/trngActCrtfcStdrForm.yt?curMenuSn=undefined에서 2024년 7월 17일 인출

한국청소년활동진흥원 홈페이지. "청소년수련활동 인증제 운영체계." https://www.kywa.or.kr/business/business3.jsp에서 2024년 7월 17일 인출

저자소개

최정경

경기대학교 대학원 청소년학 박사(Ph.D)

전) 성남시립청소년수련관 청소년활동팀 팀장

(사)청소년행복세상 경기중부연맹 회장

청소년지도사 및 청소년상담사 자격검정 면접위원

남양주 진접지역아동센터 대표

백석대학교 사회복지학부 청소년전공 겸임교수

청소년수련활동인증제 인증심사원

이연수

경기대학교 대학원 청소년학 박사(Ph.D)

전) 극동대학교 산학협력단장

극동대학교 인재개발학부 학부장

극동대학교 사회복지학과 학과장

청소년수련활동인증제 인증심사원

현) 극동대학교 사회복지학과 교수(청소년 전공)

극동대학교 산단 교육복지 센터장

사단법인 한국청소년진흥재단 이사장

국제청소년교육원 원장

청소년지도사 자격검정 출제 및 면접위원

저서) 청소년육성제도론 공저, 꿈들의 합창 공저

박철웅 감수

독일 빌레펠트대학교 사회학 박사

전) 여성가족부청소년정책자문위원회 위원장

한국청소년활동진흥원 이사

국립중앙청소년수련원 원장

국제청소년성취포상제 운영위원

청소년수련활동인증제 인증위원

현) 백석대학교 청소년전공학과 교수

청소년활동론

초 판 1쇄 발행 2025년 1월 10일
초 판 2쇄 발행 2025년 8월 26일

지 은 이 | 최정경 · 이연수 · 박철웅
펴 낸 이 | 김기섭
편 집 인 | 오선율
펴 낸 곳 | 창지사 www.changjisa.com
08589 서울시 금천구 가산디지털 1로 83 파트너스타워 1차 9층
전화 (02)719-2211~3
팩스 (02)701-9386
등 록 | 1977년 4월 28일 · 제1-421호

ISBN 978-89-426-1888-0 (93370)

값 24,000원